교회의 종말

기독교 종교의 몰락과 새로운 영적 각성운동

다이애나 버틀러 배스 지음

이원규 옮김

kmc

CHRISTIANITY AFTER RELIGION

Copyright ⓒ 2012 by Diana Butler Bass
published by arrangement with HarperCollins Publishers
All rights reserved.

Korean translation copyright ⓒ 2015 KMC Press
Korean translation rights arranged with HarperCollins Publishers,
through EYA (Eric Yang Agency)

이 책의 한국어판 저작권은 EYA (Eric Yang Agency)를 통한
HarperCollins Publishers사와의 독점계약으로 한국어 판권을
'도서출판 KMC'가 소유합니다.
저작권법에 의하여 한국 내에서 보호를 받는 저작물이므로
무단전재와 복제를 금합니다.

교회의 종말

초판 1쇄 2017년 9월 20일

다이애나 버틀러 배스 지음
이원규 옮김

| 발 행 인 | 전명구 |
| 편 집 인 | 한만철 |

펴 낸 곳	도서출판 kmc
등록번호	제2-1607호
등록일자	1993년 9월 4일

03186 서울특별시 종로구 세종대로 149 감리회관 16층
기독교대한감리회 도서출판 kmc
TEL. 02-399-2008 FAX. 02-399-4365
http://www.kmcmall.co.kr

인   쇄 리더스커뮤니케이션

ISBN 978-89-8430-754-4 93230

값 18,000원

이 도서의 국립중앙도서관 출판예정도서목록(CIP)은 서지정보유통지원시스템 홈페이지(http://seoji.nl.go.kr)와
국가자료공동목록시스템(http://www.nl.go.kr/kolisnet)에서 이용하실 수 있습니다.(CIP제어번호: CIP2017022713)

Christianity After Religion

The End of Church and the Birth
of a New Spiritual Awakening

by Diana Butler Bass

이 책에 쏟아진 찬사

"그녀가 다시 해냈다! 다이애나 버틀러 배스는 당신이 하나의 직관이나 감각으로 전에 경험했던 것을 명백하고 흥미진진하게 설명하는 독특한 능력을 가지고 있다. 많은 사람들이 우리 주변에서 일어나고 있는 광범위한 변화에 대하여 감지하고 있는데, 여기에서 배스는 그것을 규정하고, 그것을 설명하며, 증거를 제시하는 선물을 우리에게 주고 있다. 이 책은 매우 예언자적이고 흥미로우며 대단히 중요하고 희망적이다."

— Rob Bell, *Love Wins*의 저자

"오늘날 우리를 당황하게 하는 영적 상황에 대한 읽을 만하고 매력 있는 이 탐구에서 다이애나 배스는 많은 사람들이 '영적이지만 종교적이지는 않다'라고 말할 때 그것이 의미하는 바에 대한 식상한 토론을 훌쩍 넘어서고 있다. 그녀는 신조와 제도에 얽매인 종교에 집착하거나 그것을 거부하는 것을 뛰어넘어 우리가 '무엇'을 믿는지(혹은 믿지 않는지)의 문제가 아니라, 그녀가 '어떻게'의 문제라고 부르는 것, 즉 '행동할 수 있는 것'에 대한 탐구에 중심을 두는 신앙으로의 길을 제시한다. 이 책은 참신하고, 주의를 환기시키며, 세련되고, 창의적이다. 그것은 전문가와 평신도 모두에게 호소력이 있을 것이다."

— Harvey Cox, *The Future of Faith*의 저자

"미국의 종교 생활은 분명히 빠르게 변하고 있다. 다이애나 버틀러 배스는 경험, 관계, 그리고 봉사가 어떻게 새로운 대각성운동의 핵심으로서 신학을 자리매김하고 있는지 설명하고 있다. 그것은 매혹적인 이야기이다."

— Bill McKibben, *Eaarth*의 저자

"말을 잘하는 사람이 있고, 말해야 하는 것을 말하는 사람도 있다. 그러나 모두가 이해할 수 있고 동의할 수 있게 말하는 경험과 능숙함을 함께 가지고 있는 사람은 드물다. 다이애나 버틀러 배스는 그 두 가지를 다 가지고 있으며, 더 좋은 것은 그것을 신앙과 사랑으로 한다는 것이다. 그녀가 종교를 바닥으로부터 끌어올려 재건하는 일에 동참하자!"

– Richard Rohr, *Falling Upward*의 저자

"버틀러 배스는 항상 그의 여러 저서에서 중요한 어떤 것을 말해 왔지만, 이 책은 지금까지의 모든 것을 능가하고 있다. 절제되었지만 낙관적인 통찰로 가득 찼고, 최근의 통계를 활용하고 그것을 해석하는 학자적 능력에 따라 저술된 이 책은 깊이 생각하는 모든 기독교인들이 읽어야 할 책이다. 이것은 읽는 것이 또한 즐겁기도 한 분석의 블록버스터이다."

– Phyllis Tickle, *The Great Emergence*의 저자

"다이애나 버틀러 배스는 전통주의자가 아니면서도 전통을 소중히 여긴다. 그는 영리하지만 고리타분한 학자가 아니다. 그는 신비적이지만 여전히 현실적이다. 그는 터무니없는 종교의 냄새를 맡는 좋은 코를 가지고 있지만, 또한 기독교 세계(christendom)의 퇴비로부터 싹트는 생명을 보는 눈을 가지고 있다. 다이애나는 여기서 우리에게 모든 대각성운동 전에는 사람들이 그것은 불가능하다고 말하지만, 모든 대각성운동 후에는 사람들이 그것은 불가피했다고 말한다는 것을 상기시켜주고 있다."

– Shane Claiborne, 저술가이자 활동가

"「교회의 종말」은 우리 시대 가장 멋진 종교 저자가 쓴 중요하고 활기를 주는 책이다. 다이애나 버틀러 배스는 오늘날 기독교 세계에서 일어나고 있는 것에 대한 예리한 눈을 가지고 있다. 너무 예리해서 그는 나쁜 소식을 통해서도 새로 생겨나고 있는 좋은 소식을 볼 수 있다. 역사에 대한 학자적 능력, 미래에 대한 희망적인 안목, 교회에 대한 현장 경험, 그리고 아름답고 간결한 문체를 쓰는 재능을 가지고 저자는 우리 신앙 전통 가운데 최고의 것을 개간하도록 우리를 도울 수 있는 책을 선사했다."

― Parker J. Palmer, *Healing the Heart of Democracy*와 *Let Your Life Speak*의 저자

"흥미롭고, 통찰력이 있으며, 인상적이고, 중요한 이 은혜로운 책은 배스를 21세기 기독교에 대한 가장 탁월한 논평자 중의 한 명으로 만들고 있다."

― Marcus Borg, *Speaking Christian*의 저자

"배스의 많은 탁월한 저서 가운데 이것은 가장 중요하고 도발적이며 영감을 주는 책이다. 과거와 현재에 대한 본질적인 역사적, 사회학적 분석에 근거하여 이 책은 미래를 위한 사려 깊은 지침의 설득력 있는 대단원으로 이끌고 있다. 줄곧 이 책은 성서에 대한, 운동과 제도에 대한, 종교와 영성의 요점에 대한, 기독교 정체성에 대한, 그리고 어떻게 끝과 시작이 현재 순간의 단일한 씨앗에 배태될 수 있는지에 대한 폭넓은 통찰로 넘치고 있다. 나는 이 책이 오랫동안 모든 기독교 지도자 ― 성직자와 평신도 ― 가 반드시 읽어야 할 '교회 책'이 될 것이라고 기대하고 희망한다."

― Brian D. McLaren, *A New Kind of Christianity*와 *Naked Spirituality*의 저자

감사의 글

　1980년 가을 나는 한 복음주의 기독교 대학의 학생이었고, 종교학 수업 시간에 리처드 러브레이스(Richard Lovelace)가 쓴 「영적 삶의 역동성」(Dynamics of Spiritual Life)이란 책을 읽었다. 복음주의와 주류 개신교인들에게 호평을 받은 그 책은 미국이 새로운 대각성운동의 한가운데 있다고 주장했고, 영적 갱신을 이끌 수 있는 실천적 지혜의 도식 가운데서 과거와 현재의 경향, 역사와 신학, 그리고 성서적 해석을 함께 엮어내었다. 그것은 나에게 미국의 부흥운동, 종교사, 그리고 영적 각성 연구의 시작이었고, 나는 신학교와 대학원에서 그 주제에 대한 탐구를 계속했다. 비록 내가 당시에는 그것을 알 수 없었지만, 영성과 사회 정의, 개인적 신앙과 제도적 운동, 살아 있는 전통과 변형적인 기독교 수행에 관한 그 책의 저자와 그 과목을 가르쳤던 젊은 교수 커티스 화이트먼(Curtis Whiteman)은 이후 30년간 나의 소명감, 연구, 그리고 열정의 토대가 되었다. 매우 현실적인 방식으로 「교회의 종말」은 사회학, 역사학, 그리고 신학에서의 종교적 경향을 탐구하면서 최근의 영적 각성의 역동성에 대한 학문적이고 개인적인 나의 견해를 피력하고 있다. 그것은 또한 기독교인들, 그리고 다른 전통의 신앙 친구들을 위한 영적 갱신의 지표이기도 하다. 이 책의 내용은 대학교 3학년 시절에 하나의 책과 한 선생님이 제기했던 문제들에 대하여 오랫동안 고찰해 온 나의 대답이다. 책들, 교수들, 수업 시간들이 활기를 불어넣어 주었으며, 나 자신의 생각을 정리하도록 도움이 되었다는 점에서 리처드 러브레이스와 커티스 화이트먼에게 깊은 감사를 드린다. 나는 그들이 내가 보고 있는 역동성이나 여기서 제시되고 있는 대답에 대하여 동의할 것인지, 혹은 나의 옛 멘토들이 이 긴 글에 어떤 평가를 내릴지 알지 못한다. 그러나 그들이 적어도 나의 노력에 대해서만큼은 인정해 주지 않을까 생각한다.

많은 나의 친구들과 동료들이 이 연구에 도움을 주었는데, 어떤 이들은 직접적으로 기여했고, 다른 이들은 대화를 통하여 덜 의도적인 방식으로 기여했다. 특별히 마커스와 매리언 보그, 앤 하워드, 팻 디용과 샘 킨, 마이클과 프래니 키쉬닉, 브라이언 맥클라렌, 라이사와 데이비드 돔키, 에릭 엘네스, 데이비드 펠튼, 제프 프록터 머피, 필리스 티클, 조와 메간 스튜어트 시킹, 알렉산더 샤이어, 테레사 톰슨 셰릴, 로버트 존스, 캐럴 하워드 메리트와 브라이언 메리트, 줄리 잉거솔, 린나이 힘슬 페터슨, 피터와 케이트 이튼, 토니 존스, 메리 레이, 안젤과 캐넌, 아드리안 파일, 그레타 보스퍼, 필립 브레너, 레지날드 비비, 감독교회 주교 멤버들, 나의 목사 친구 집단, 그리고 통찰력 있고 항상 시끌벅적한 나의 페이스북과 블로그 집단에게 감사한다. 항상 그렇듯이 내가 수행했던 강연, 워크숍, 그리고 수련회에 참석했던 모든 이들, 그리고 나를 초청해 준 그 교회들과 모임들에 감사를 드린다. 여러분의 도전적이고 사려 깊고 때로는 정서적인 통찰, 이야기, 질문에 대하여 감사하는데, 그것들 가운데 많은 것을 가지고 나는 이 책에서 씨름하고 있다. 나는 시베리 프로젝트의 도움, 창조성, 그리고 공동체에, 특히 로버트 바텀과 엘리자베스 제임슨의 지도력 가운데서 니콜라스와 엘레노아 차브라자의 너그러움을 통해 21세기 신학 공동체가 되려는 도전에 참여했던 신학교에 깊이 감사드린다. 여러분과 함께 미래를 꿈꾸도록 초대된 것에 대하여 고맙게 생각한다.

이 책은 하퍼원(HarperOne)의 편집자 로저 프릿과 함께한 나의 세 번째 책이다. 대개 저자들은 편집자들에게 불평을 하기 마련이지만 나의 경우에는 그렇지 않다. 그 대신 나는 디어도어 화이트의 구절을 인용하고 싶다. "두 종류의 편집자가 있다. 하나는 당신의 원고를 수정하는 사람이고, 다른 하나는 그것이 훌륭하다고 말하는 사람이다." 물론 화이트는 원고를 수정하면서도 동시에 저자를 격려하고 도전하게 하면서 "당신의 원고는 훌륭하다"고 말하는 편집자다. 우리의 동료적 우정은 구식이지만 오늘날 많은 출판사에서는 발견할 수 없는 것이며, 그것이 이 책을 생각보다 훨씬 더 잘 만들게 했다. 로저, 크리스티나 베일리, 수전 키스트, 그리고 제작 팀 - 특히 원고 편집자 앤 모루 - 그리고 출판사 하퍼원에서 일하는 마케팅과 미술부 직원들의 노고에 감사드린다.

이 책을 마커스와 메리안 보그에게 바친다. 이 책은 예리한 통찰력으로 우리가 살고 있는 세계의 영적 역동성을 간파한 감독교회 사제 메리안과의 오랜, 주일 오후 대화에서 도움을 많이 받았다. 내가 저술 도중 낙심했을 때 그녀는 그 작업의 중요성에 대한 확신을 나에게 주었다. 마커스와 메리안은 나와 내 가족에게 좋은 친구들이었고, 자주 기도와 사랑과 친절을 늘 베풀어 주었다.

이유야 어쨌든 가장 중요한 감사는 마지막에 하게 된다. 리처드, 엠마, 요나는 내가 가장 아끼는 사람들로, 나는 그들과 함께 신앙을 실천하려고 하고 있는데, 그들은 나에게 하나님을 사랑하는 법을 가르쳐주고 있다. 내가 글을 쓰고 강연하고 여행하며 세계의 각성이라는 좋은 소식을 전하는 것을 가능하게 해 준 것에 대하여 그들에게 감사한다. 내가 설교하는 것을 책임 있게 실천하도록 나를 붙잡아 준 것에 대하여 감사한다. 소속하고 실천하고 믿는 여정을 떠날 때 이들보다 더 기쁨을 주고 도움을 주며 솔직할 수 있는 동반자는 없을 것이다.

버지니아 알렉산드리아에서
다이애나 버틀러 배스

| 옮긴이의 말 |

　최근 기독교의 세계적인 추세를 양적인 측면과 신앙적 성향에 근거하여 분석한 대부분의 연구 결과는 두 가지 특징적인 현상을 밝히고 있다. 하나는 교세로, 서구의 기독교는 급격히 몰락하고 있는 반면에, 비 서구 기독교는 크게 성장하고 있다는 사실이다. 실제로 오늘날 세계 기독교인의 3분의 2는 아프리카, 아시아, 라틴 아메리카와 같은 비 서구에 거주하고 있다. 다른 하나는 교회의 신앙적 성향으로, 이성적이고 지성적인 정서는 약화되는 반면에, 감성적이고 열정적인 정서가 확산되고 있다는 점이다. 그래서 영성과 경험이 강조되는 복음주의, 성령운동이 세계적으로 확산되고 있다. 실제로 현재 세계적으로 성령운동 기독교인은 전체 기독교인의 3분의 1이나 되며, 복음주의 개신교인은 전체 개신교인의 60%에 이르고 있다. 그래서 하비 콕스(Harvey Cox)와 같은 학자는 21세기를 맞으며 기독교에 성령의 시대가 도래했다고 주장하기도 한다.

　분명히 기독교, 혹은 교회 전체를 보면 새로운 바람이 불고 있으며 성장의 활기를 발견할 수 있다. 그러나 서구 기독교나 교회를 보면 상황이 달라진다. 교회는 쇠퇴하고 신앙적 열정은 식어가고 있으며, 이에 따라 서구 교회는 심각한 위기감을 느끼고 있다. 이것은 거의 모든 유럽 교회와 미국의 주류 교파 교회들에서 볼 수 있는 현상이다. 교회에 등록하거나 예배에 출석하는 교인 수가 눈에 띄게 줄고 있으며, 문을 닫는 교회는 점점 늘고 있다. 교회는 사회적 존경과 신뢰를 잃고 있으며, 영향력은 약화되고 있다. 전통적인 기독교 신앙에 대한 믿음도 과거보다 많이 약해지고 있다. 무신론자와 회의

주의자가 늘어나고 있으며, 기독교인 가운데서도 점차 무미건조하고 구태의연한 교회의 모습에 싫증을 내거나 실망하여 교회를 떠나는 사람이 늘고 있다. 혹은 쇼핑하듯 이 교회 저 교회 찾아다니는 떠돌이 교인이나 이름만 걸어놓고 교회에는 나가지 않는 소위 '가나안' 교인도 증가하고 있다.

양적으로 쇠퇴하고 영적으로 냉담해지고 있는 유럽의 교회나 미국 주류 교파 교회들의 문제가 이제는 남의 일로 여겨지지 않고 있다. 왜냐하면 최근 한국 교회의 현실을 보면 몰락하고 있는 서구 교회의 길을 따라가고 있는 것 같은 인상을 지울 수 없기 때문이다. 한동안 급성장했던 한국 교회가 이제 양적으로 쇠퇴의 길로 접어들었고, 과거의 뜨거운 신앙적 열정도 잃어버렸다. 많은 부조리와 모순으로 사회적 공신력마저 잃어버렸고, 교회의 사회적 평판은 부끄러울 정도로 낮아졌다. 떠돌이 교인이나 가나안 교인도 늘고 있다. 성공, 성장, 성취에 도취되어 세속화되면서 영성과 도덕성을 잃어버려 사양길로 접어든 서구 교회의 쇠락 과정을 그대로 닮아가고 있다. 따라서 한국 교회는 성공하거나 실패한 서구 교회의 현실을 직시함으로써 위기 극복의 대안을 발견할 수 있으리라고 본다.

이 책은 오늘날 실패하는 교회의 모습과 이를 대체하는 새로운 신앙적 운동에 대하여 폭넓게 연구하고 있다. 저자는 먼저 미국에서 발견되는 우려스러운 교회 현실에 대하여 고발하고 있다. 양적으로나 영적으로 실패하고 있는 많은 주류 교파 교회들은 제도, 조직, 형식, 규칙, 질서, 교리, 권위, 위계질서, 믿음 조항 등에 집착하면서, 안에 있는 사람들은 얽어매고 밖에 있는 사람들은 배척함으로써 사회로부터 외면받을 뿐만 아니라, 자체의 활기와 동력을 잃어버리고 있는 것이다. 이러한 성향을 가진 조직을 그는 '종교'라고 부른다. 그것은 무엇을 믿어야 하는지 따지는 머리의 종교로서 사람들에게 전혀 감동을 주지 못하고 거부감을 조장하고 있다는 것이다. 따라서 오늘날 죽어가는 것은 '종교'로서의 교회이며, 기독교는 이제 '종교'를 넘어서야 한다고 저자는 주장한다.

어떻게 교회는 사람들에게 감동이나 열정을 주지 못하는, 그리고 신앙의 본질이 아닌 형식과 교리에 집착하는 제도적인 '종교'를 넘어설 수 있을까? 이에 대한 대안은 '영성'이라고 저자는 단언하고 있다. 영성의 특징은 경험, 초월, 관계, 직관, 명상, 지혜, 내적 탐구와 같은 것으로, 이것들은 기독교의 본질에 해당하는 것이다. 영성은 '무엇'이 아니라 '어떻게' 믿어야 하는지, 어떻게 실천해야 하는지 일깨워주는 경험적 동력이라는 것이다. 이 영성을 회복하기 위해 우선적으로 필요한 것은 '깨달음'(각성)이라는 것이다. 미국에서 이미 18세기에서 20세기 초에 이르는 동안 교회의 부흥과 신자들의 영적 각성을 이루어냈던 세 번의 대각성운동의 역사와 의미를 되새기면서, 저자는 20세기 후반 침체되는 교회에 활기를 불어넣고 식어가는 신앙의 열기를 되살리는 네 번째 대각성운동이 얼마 전부터 일어나고 있다는 놀라운 사실을 밝혀내고 있다. 이러한 심각한 주제를 딱딱한 신학이나 이론이 아니라 구체적이고 다양한 그의 신앙적, 사회적 경험의 이야기로 풀어가는 그의 솜씨는 우리를 편안하게 해 주고 실감을 느끼게 한다.

교리 조항이 아니라 경험에 토대를 두는 믿음, 그리스도를 본받으려는 수행으로서의 실천적 행동, 공동체적인 관계를 나타내는 소속이 함께 조화를 이루면서, 죽어가는 제도적 종교로서의 교회의 관습과 전통을 대신하는 새로운 각성운동이 일어나고 있다는 저자의 분석은 전 세계 교회와 기독교인에게, 미국뿐만 아니라 한국의 교회와 기독교인에게도 커다란 희망의 메시지로 다가오고 있다. 이제 기독교의 시대는 갔다고, 교회와 교인들에게서는 영성이 사라지고 있다고 낙심하는 모든 이들에게 이 책은 새로운 소명과 결단에 대한 깨달음을 주고 있다. 그래서 저자는 우리가 이러한 새 역사를 만들어 가자고 제안하고, 새로운 각성운동에 동참하자고 권고하는 것이다. 오늘날의 한국 교회 현실에 대하여 위기감을 느끼거나 절망하는 한국의 목회자, 신학자, 평신도에게도 이 책은 많은 깨우침을 줄 수 있을 것이라고 생각한다.

이 책을 번역하는 데 많은 분들의 도움이 있었다. 먼저 이 책의 한국어 번역을 허락해 준 저자 다이애나 버틀러 배스 교수와 하퍼원 출판사에 감사드린다. 원고를 컴퓨터로 정리해 준 이성우 박사에게 고마움을 전한다. 연구하는 나의 모든 일에 항상 든든한 정신적 후원자가 되어 준 아내, 그리고 언제나 신뢰를 보내며 힘이 되어 준 두 자녀에게 고마운 마음을 전하고 싶다. 이 책의 출판을 허락해 준 기독교대한감리회 도서출판 kmc에 깊이 감사드린다.

이 책이 한국 교회의 새로운 영적 각성을 기대하고, 이 일을 위해 헌신하고자 하는 모든 분에게 조금이라도 도움이 되었으면 한다. 이 책을 한국 교회의 영적 성숙을 위해 평생을 바치신 모든 목사님들께 바친다.

2017년 여름
옮긴이 이원규

| 차례 |

감사의 글　7
옮긴이의 말　10

시작 17

제1부_ 종교의 종말

제1장 시작의 종말 26
불만의 소리 30   약세(弱勢) 시장: 종교의 대불황 33   앤, 엘렌, 쉴라 36   부흥과 각성 43   각성의 형태 49

제2장 옛 신에 대한 의문 56
선택 57   1960년과 2010년 61   세 가지 커다란 질문 64   믿음: 나는 무엇을 생각하는가? 66   행동: 어떻게 행동해야 하는가? 70   소속: 나는 누구인가? 75   규범과 일탈 80

제3장 종교의 실패 84
연상되는 단어 88   기업화된 종교 90   2000~2010: "끔직한 10년" 96   거룩한 불만 103   분출 108   '그리고'의 에너지 111   대전환 115

제2부_
새로운 비전

제4장 믿음 126

믿음의 괴리 129 종교적 물음: 나는 무엇을 믿는가? 135 영적 물음 1: 어떻게 믿을 것인가? 137 영적 물음 2: 누구를 믿는가? 139 영적 통찰: 경험으로서의 믿음 141 영적이며 종교적인: 경험적 믿음 145 되돌아온 신조 154

제5장 행동 163

실천적 괴리 165 종교적 물음: 어떻게 그것을 하는가? 169 영적 물음 1: 나는 무엇을 하는가? 의도의 기술 172 영적 물음 2: 왜 그것을 하는가? 본받는 것의 기술 180 영적 통찰: 하나님의 통치와 예지의 기술 186 다시 한 번 '어떻게' 189 영적이며 종교적인: 의도적인 기독교 수행 196

제6장 소속 199

정체성의 괴리 201 종교적 물음: 나는 누구인가? 203 영적 물음 1: 나는 어디에 있나? 206 영적 물음 2: 나는 누구의 것인가? 212 영적 통찰: 명제에서 전치사로 224 영적이며 종교적인: 관계적 자아 227 '어디'와 '누구의'를 향한 움직임 230

제7장 대반전 234

대반전 239 단계 1: 소속 242 단계 2: 행동 245 단계 3: 믿음 247 기독교, 아미시 형태와 아프리카 형태 248 경험적 기독교: 새로운 비전 253

제3부 _ 각성

제8장 대각성 256

네 번째 대각성운동 258 각성을 잃어버린 신기한 사례 264 각성과 낭만적 종교: 자아, 수행, 그리고 공동체 277 지금 각성하기 280 오늘날의 국수주의 287

제9장 각성의 수행 296

실행에 옮김 298 준비하라, 수행하라, 즐기라, 참여하라 302 무엇을 할까? 305 대각성의 실현 311

찾아보기 316

시작

사와로 고등학교, 애리조나 주 스코츠데일
1976년

    내가 사물함 - 그것은 늘 잡동사니로 가득 찼고 정리되어 있지 않았다 - 을 열자 표준새번역 성경이 밖으로 튀어나왔다. 성경책은 내 옆 사물함 소유자인 한 소녀의 발등 위에 떨어졌다.
    "너 종교를 믿는구나?" 하고 내 고등학교 친구가 퉁명스럽게 말했다.
    "학교에 성경을 가지고 와? 모르몬 같은 신도가 되려는 거니?"
    나는 "아니, 난 모르몬 교도가 아니야"라고 대답했다. 그러나 나는 최근에 성경을 진지하게, 그리고 자의(字意) 그대로 해석하는 어떤 초교파 교회에 나가고 있었다. 나는 어린 시절 교회학교를 통해서 성서를 막연하게 알고 있을 뿐이었다. 그러나 나의 새 교회 친구들은 성경을 거의 외우다시피 했다. 나는 점심시간에 성경을 읽어서 부족한 지식을 채우려고 노력하던 중이었다.
    "어떤 종류의 종교가 너로 하여금 학교에 성경을 가져오도록 만들었니? 너 혹시 종교적 광신도 아니니?"
    나는 "나는 종교적이지 않아"라고 대답했다. "난 단지 하나님과 관계를 가지고 있을 뿐이야. 실제로 나는 종교를 좋아하지 않아. 종교는 오히려 나를 예수로부터 멀어지게 해. 내가 가지고 있는 것은 단지….." 나는 어떻게 설명해야 좋을지 몰랐다. "난 영적일 뿐이야."

나의 대답은 궁색했다. 그녀는 내 면전에서 긴 머리를 무례하게 홱 돌리며 돌아서 가버렸다.

사람들이 "영적이지만 종교적이지는 않다"(spiritual but not religious)라고 고백하는 말을 듣게 되는 것은 그로부터 최소한 10년쯤 후의 일이었다. 당시 나는 단지 나에게 일어났던 일, 하나님이 함께하신 경험을 설명하려고 했던 것이다. 친구와의 대화가 있기 몇 달 전 나는 새 교회에 출석하기 시작했는데, 그 교회 목사는 교인들에게 거듭나라고 촉구했다. 나는 그것이 무엇을 의미하는지 잘 몰랐다. 그러나 나는 친구들이 그들의 삶에 하나님이 임재하신다고 증언하는 것을 들었다. 그들은 예수가 그들의 친구이며, 가슴으로 성령을 느낀다고 말했다. 비록 감리교회에서 자랐지만, 나는 사람들이 그렇게 뜨겁고 친밀하게 하나님에 대하여 말하는 것을 들은 적이 없었다. 그러다가 어느 주일 성찬식 때 포도주와 빵을 먹을 때 실제로 예수를 느낄 수 있었다. 그가 거기 계셨다. 며칠 후 청년 모임에서 우리가 휴거의 마지막 때를 묘사한, 잘 알려진 노래 "우리 모두 준비합시다"를 함께 부를 때, 예수가 다시 나타나셨다. 어떻게 설명할지는 몰랐지만, 하나님이 내 마음을 어루만지셨고 나는 신선하고 새로워짐을 느꼈으며, 하나님이 거기 계시다는 것을 깨달았다. 나는 목사가 "거듭나야 한다"고 하는 것이 바로 이것을 의미하는 것이라고 생각했다.

나는 한 친구에게 물었다. "이것은 어떤 종류의 종교지?"

그가 웃으며 대답했다. "그건 종교가 아니야. 관계지."

그때 나는 내가 매우 특별하다고, 이 경험을 위하여 하나님이 나를, 혹은 "우리" 작은 집단을 택하셨다고 느꼈다. 내가 몰랐던 것은 무수히 많은 다른 사람들이 내 경험을 공유했다는, 즉 공식 종교에서 성장을 한 뒤 그 종교가 왠지 으스스하고 낯설다고 여기다가 신비적 경험을 통해 하나님을 재발견했

교회의 종말

다는 사실이다. 그 가운데 많은 이들이 그 경험을 "거듭나는" 것이라고 불렀지만, 다른 이들은 "성령으로 충만하다"든가 하나님에 의해 "새로워졌다"고 말했다. 그들은 새로운 공동체를 찾아 전통적인 종교를 떠났다. 그들은 성령을 위해 기도함으로써 옛 교회를 개혁하려고 노력했다. 그들은 근본주의로부터 중세 가톨릭 신비주의에 이르는, 성령운동으로부터 스스로 만든 교리에 이르기까지 모든 종류의 신학을 수용했다. 그들은 세례(혹은 재침례)를 받고 대안적 공동체를 형성하며 찬양의 노래를 만들고, 팔을 높이 들어 환각적 기도를 했다.

기독교인들만 그랬던 것은 아니다. 많은 내 유대교 친구들도 불가지론적 혹은 세속적 가족에서 자란 사람들이 그렇듯이 당시 하나님을 새롭게 발견한 비슷한 경험을 이야기한다. 수백만의 사람들이 절대적 힘과의 관계를 회복했다. 종교는 일단의 외면적 규칙으로부터 하나님에 대한 활발한 영적 경험으로 바뀌었다. 어쩐지 "종교"라는 말은 일어났던 일을 설명하기에는 그리 적절치 않아 보였다. 왜냐하면 예수를 따르는 자로서 우리는 종교 이후의 기독교 세계, 즉 제도, 건물, 조직을 넘어서는 영적 공간이자 다른 종류의 신앙으로 들어섰기 때문이다.

돌이켜보면 그것은 이해하기 어렵지 않다. 1970년대는 커다란 변화의 시기, 사회적 관계성의 재배치 시기, 문화적 격동과 변형의 시기였다. 그 변화에는 정치적, 사회적 측면뿐만 아니라 영적인 것도 있었다. 미국인의 삶에서 한때 "정상적인" 것으로 생각되었던 제도와 관행은 장기간 쇠퇴하기 시작했고, 간헐적으로 발생했던 기능 부전은 오늘날에도 지속되고 있다. 옛 것이 끝나면서 미국인들은 신앙, 가족, 공동체, 그리고 국가를 재정립하려는 실험을 확장하기 시작했다.

내가 태어난 지 불과 2년 후인 1962년 여론조사에서는 미국인의 22%가 하나님에 대한 "신비적인 경험"을 한 적이 있다는 것을 밝혀냈다. 내 성경책이 친구의 발등을 거의 찍을 뻔했던 1976년에 그 수치는 인구의 31%로 올라갔다. 그 당시 우리는 부흥의 한복판에 있다고 생각했다. 그러나 분명히 그것은 끝이 아니었다. 2009년 미국인의 48%가 신과의 신비적 만남을 경험한 적이 있다고 고백했다. 이것은 새로워진 신앙이 감정적으로 잠시 분출하는 종류의 것이 아니었다. 그보다는 오히려 그 수치는 지난 30년 동안 미국인의 신앙이 외면화된 종교로부터 내면화된 영적 경험으로 심오하고 광범위하게 재정립되고 있다는 것을 나타낸다.

이러한 시기에 대부분의 신문과 잡지 기자, 역사가, 신학자들은 이 변화를 보수적인 기독교의 부활과 동일시했으며, 미국은 1740년대의 첫 대각성운동(the Great Awakening) 혹은 1800년대의 두 번째 대각성운동과 유사한 대대적인 복음주의적 각성을 경험한 것이라고 믿었다. 그러나 보다 최근에는 어떤 다른 것이 분명해졌다. 하나님을 새롭게 경험했던 사람이 모두 복음주의자, 근본주의자, 혹은 성령운동가는 아니다. 실제 그들은 다양한 종류의 신앙을 가졌으며 많은 이들이 기독교인이 아니다.

복음주의의 맥락에서 하나님의 경험을 처음 이해했던 이들이 모두 복음주의에 계속 머문 것도 아니라는 점 또한 사실이다. 고등학교 청소년 집단 출신의 내 친구들 가운데 소수만 복음주의 노선에 남아 있었다. 다른 아이들 – 나를 포함하여 – 은 우리가 한때 떠났던 옛 교회로 돌아왔지만, 어떤 아이들은 불교인, 힌두교인, 혹은 유대교인이 되었고, 적지 않은 수는 진지한 구도자, 불가지론자, 무신론자가 되었다. 어떤 친구는 기도하는 가운데 알라(Allah)를 경험했다. 다른 친구는 자연, 주술, 고대 신화에서 하나님을 만났다. 계속해서 우리는 하나님을 만나고 경험했지만 결코 자신을 "거듭났다"고 말하지 않는 많은 다른 사람들을 발견했다. 그 48%의 사람들은 신학적으로 잡다한 신앙인들이며, 신 자체가 말로 표현할 수 없는 것처럼 영성에 대한 이해도 다원적이다. 그러나 이 사람들 사이의 차이가 무엇이든지간에 그들의 다수는 의미를 찾기 위해 새로운 길을 가고 있고, 자신의 삶을 살기 위한 새로운 방식을 탐구하고 있으며, 새로운 의미의 진실과 경이를 경험하고 있고, 인간의 번영에 대한 지구적 관심을 표현하는 새로운 형태의 공동체를 만들어가고 있음이 분명하다.

이러한 상황을 바라보는 근본주의 설교자들은 고개를 저으면서 빛의 천사로 위장한 악마를 대적하라고 경고하며, 이단에 빠지는 것이 얼마나 쉬운지, 어떻게 사탄이 하나님의 자녀를 유혹하려고 돌아다니는지 역설한다. 그들에게 1970년대 부흥은 내리막길에 들어선 상태였다. 회심자들의 삶이든 문화를 변화시키려는 그들의 시도든 모두 계획대로 진행되지 않았다. 그들은 추세를 바로잡기 위해, 그리고 미국(나머지 기독교 세계)을 옛 종교, 하나님의 의로운 길로 돌아오게 하기 위해 분주히 새로운 군대를 훈련시키고 있다. 그들은 이교도들을 개종시키고, 성서적 무오성, 가족 가치, 사회 질서, 성직자 권위, 신학적 정통주의, 성적 순결, 자유 시장 자본주의, 그리고 개신교 경건성을 회복하기 위한 지구적인 변화를 꿈꾸고 있다.

그러나 현상을 보는 다른 방식이 있다. 1970년대를 단순히 옛날의 것들과 비슷한 복음주의 부흥이 아니라 새로운 영적 각성의, 개인적·사회적·문화적 변형을 향한 광범위한 종교적 운동의 첫 움직임으로 볼 수는 없을까? 하나님을 새롭게 이해하기 위하여, 즉 우리가 윤리적으로나 정치적으로 어떻게 행동해야 하고, 영적으로 우리는 어떤 존재인지 이해하기 위하여 씨름하면서 말이다. 우리는 삶의 대부분을 이러한 각성의 상황에서 살아오지 않았던가? 그 각성이 전적으로 기독교에서만 일어나는 것이 아니라, 전통적인 경계를 넘어 새로운 종류의 신앙의 윤곽을 형성하는 데 있어 어떤 형태의 기독교가 의미 있는 역할을 하고 있는 것은 아닐까? 미국은 길을 잘못 든 부흥을 좇아 살고 있는 것일까, 아니면 예측한 것은 아니지만 마침내 구체적 모습을 드러내고 있는 영적 각성을 좇아 살고 있을까?

문화적 불안, 거의 붕괴 상태의 경제, 테러의 공포, 정치적 폭력, 환경 위기, 당파적 분노로 가득 찬 이 시대에 이상하게 여겨질지 모르겠지만, 나는 미국(물론 미국 이외의 세계도)이 영적 각성의 진통 시기, 즉 세계를 보고 자신을 이해하며 신앙을 표현하는 우리의 방식이 소위 "거듭나고" 있는, 종교적, 정치적 지속적인 변동의 시기에 접어들었다고 믿는다. 실제로 종교에 있어서의 이 전환은 불안 – 이 불안이 하나님과 영적 생활에 대한 새로운 종류의 이해를 만들어내고 있는 그 순간에 – 의 원인이 되기도 한다. 공포와 혼란은 변화의 표시이다. 이 변형은 어떤 사람들이 희망하듯이 수많은 사람들을 가난, 폭력, 압제로부터 구하기 위하여, 공유된 인간관계에 기초하고, 지구를 돌보는 데 헌신하며, 정의와 평등을 실천하는 지구적 공동체를 향한 "대전환"일 수 있다.

이 각성은 이제 상당히 진행되었으며 새로운 "성령의 시대"(Age of the Spirit)가 도래함에 따라 결정적 단계에 이르렀다. 신학자 하비 콕스(Harvey Cox)는 신앙의 새로운 형태로서의 성령을 향한 이러한 전환은 지난 세기에 시작되었다고 지적한다. 1970년대는 옛 형식의 종교로부터 새로운 형태의 신앙으로 옮겨가는 오랜 과정에 있어 중요한 시기였다. 지난 10년간 이 전환은 엄청나게 가속화되어 변화에 대한 불만과 열망을 동시에 갖기에 이른 사람들은 수백만이나 늘었다.

근원적인 변화는 근원적인 희망과 함께 근원적인 두려움을 만들어낸다. 광범위한 변형은 쇠퇴와 갱신이라는 양날의 문화적 검을 만들어낸다. 근원적인 변화는 사람들이 한때 진실이라고 생각하고 신뢰했던 것들을 끝내 버린다. 동시에 격변은 미래를 향한 새로운 길을 연다. 변화는 마지막과 시작에 대한 것이며, 둘 사이의 필연적인 상호관계이다.

대부분의 사람들은 테크놀로지, 정치, 그리고 사회 상황이 변한다는 것을 받아들인다. 그러나 많은 사람이 또한 종교가 이 세속적 영역에서 일어나는 변화의 결과로부터 그들을 지켜줄 것이라고 생각한다. 다른 이들은 "우리 조상의 신앙"으로의 회귀가 두렵거나 원치 않는 사회 변화를 늦추거나 멈추게 할 것이라고 생각한다. 이 두 관점 어느 것도 사실이 아니다. 신앙은 변화로부터 면제될 수도 변화를 막을 수도 없다. 인간 경험의 모든 양상이 근본적으로 재배치됨에 따라 신앙은 지구적 변화의 물결에 휩쓸린다. 현대의 어떤 영역에서는(특히 아프리카와 남아프리카의 경우) 종교가 다른 종류의 변화를 실질적으로 주도하고 있다. 어쩌면 옛 형태의 신앙으로 돌아가야 한다는 사명감이 변화를 지연시킬 수는 있다. 하지만 이것은 으레 로마의 박해가 기독교의 확산을 지연시키거나 중세 후기 종교재판이 개신교의 출현을 후퇴시켰던 것 같은 식으로일 뿐이다. "조상의 신앙"이 일부 전투에서는 이겼지만, 많은 전쟁에서 지게 했다는 것을 역사는 가르친다.

그 기초가 매우 불안정해 보이는 요즈음 변화와 신앙을 이해할 수 있는 보다 나은 방식은 없는가? 종교, 신앙, 영적 경험, 신비주의, 교회, 신학, 이 모든 것들은 거룩한 것이며 하나님과 관계하는 심오한 방식들이다. 그러나 그것들은 모두 세계의 상황 가운데 존재하며, 신적 계시에 대한 확실성 못지않게 인간 경험의 우여곡절에 의존하고 있다. 종교적 표현은 불변의 것이 아니다. 그것은 항상 변한다. 신앙은 다른 지구적 압력들에 끊임없이 영향을 받는다. 우리 시대의 역사적 변형에 있어 기독교 역시 예외가 아니며, 신앙을 지구적인 문화적 변화의 범위 밖에 있거나 그것과 무관한 것으로 보는 것은 어리석은 일이다.

이 책은 종교와 변화 – 구체적으로 기독교, 특히 미국에서의 기독교가 어떻게 변하고 있으며, 사람들은 전통적인 형태의 신앙과 믿음에 어떻게 의문을 품고 있는지 – 에 대한 내용을 다룬다. 시작하면서 분명히 해두고 싶다. 나는 종교들을 가리지 않고 현대적 취향에 맞추는 것은 현명한 일이라고 생각하지 않는다. 비관적인 19세기 성공회 사제 윌리엄 잉게(William Inge)는 이렇게 말했다. "이 시대의 정신과 결혼하는 사람은 다음 시대에는 홀아비가 되어 있는 자신을 발견할 것이다." 그러나 신실한 사람이라면 현대 사람들도 의미 있는 방식으로 옛 전통을 개혁하고 갱신하고 다시 마음에 그리기 위하여, 의도적으로 새로 제기되는 종교적 물음들을 다루는 것은 매우 현명한 일이라고 나는 생각한다.

1970년대는 옛 형태 기독교의 마지막의 시작이었고, 수십 년이 흐른 이제 우리는 그 시작의 마지막을 보고 있다. 다음으로 우리가 할 일은 우리의 일생 – 마지막의 시작과 그 시작의 마지막 사이에서 살고 있는 삶 – 에서 종교가 어떻게 변화되어 왔으며, 그것이 기독교 신앙과 수행에 어떤 의미를 가지고 있는지에 대한 지속적인 성찰이다. 많은 것이 변했다. 지금 기독교가 활발한 곳에서, 그것은 이제 더는 실제로 "종교"로 보이지 않는다. 그것은 오히려 영적인 어떤 것이다.

제1부

종교의 종말

나를 끊임없이 곤혹스럽게 하는 것은 오늘날 우리에게 실제로 기독교는 무엇이며, 그리스도는 실제로 누구인가 하는 물음이다. … 우리는 완전하게 종교 없는 시대를 향해 움직이고 있다. 오늘날 사람들은 도저히 더 이상 종교적일 수 없다. 자신을 "종교적"이라고 정직하게 설명하는 이들조차 조금도 그에 걸맞게 행동하지 않으며, 그리하여 그들에게 "종교적"이라는 것은 매우 다른 어떤 것을 의미한다고 추정할 수 있다.

"기독교"라는 것은 무엇을 의미하는가? 만일 종교가 기독교가 입는 옷에 불과하다면 – 이 옷조차도 시대마다 매우 생김새가 달랐다 – 종교 없는 기독교란 무엇을 말하는 것일까?

– 디트리히 본회퍼(Dietrich Bonhoeffer), 「옥중서간」

제1장

시작의 종말

매번 봄이 오면 나는 전국에 배포되는 시사 잡지의 부활절 특집을 기다린다. 표지는 대개 아름다우며 미국의 신앙에 대한 기사에 수반되는 예수의 이미지나 다른 종교적 그림을 올려놓는다. 성탄절 특집호처럼 세속적 잡지들도 부활절 기간에 어울리는 가슴을 따뜻하게 하는 종교 기사를 제공한다.

2009년 4월 4일 내가 우편함에서 시사주간지 〈뉴스위크〉를 꺼냈을 때 나는 매우 놀랐다. 표지는 검은색이었고 크고 붉은 글씨로 다음과 같은 표지 제목이 새겨져 있었다. "기독교 미국의 종말." 나는 〈뉴스위크〉를 펼쳐서 편집장 존 미첨(Jon Meacham)이 쓴 머리글을 읽었다.

그것은 24페이지로 요약된 2009년 미국의 종교적 정체성 설문조사 보고서의 17페이지 다섯 번째 문단에 나오는 사소한 비교 항목이었다. 그러나 R. 앨버트 몰러(Albert Mohler) – 세계에서 가장 큰 신학교 중의 하나인 남침례교 신학대학 총장 – 가 3월에 발표된 그 보고서를 읽었을 때, 그는 한 문장을 읽고도 충격에 빠졌다. 몰러 – 자신의 특별한 신앙 영역을 구축하는 신학에 경도되어 있고, 성경 무오설과 영생의 유일한 길로서의 예수 그리스도 복음을 가르칠 목회자들을 양성하는 데 헌신했던 위엄을 중시하는 보수적인 기독교인 – 와 같은 신자에게 그 설문조사의 핵심적 내용은 매우 염려스러운 것이었다. 1990년 이래로 종교가 '없다'는 미국인 숫자는 8%에서 15%로 거의 두 배가 되었다. 그 다음에 그를 심각하게 생각하도록 만든 대목이 나온다. 보고서에 따르면, "종교를 가지고 있지 않은 사람들이 역사적으로는 태평양 연안 북서쪽에 집중되어 있었으나, 이 패턴이 이제는 변하여 2008년에는 미국 동북부 지역도 종교적 불신자의 새로운 본거지가 되고 있다." 몰러가 보듯이 미국 종교 문화의 역사적 토대가 무너지고 있다.

"무너진다"는 말이 너무 부정적인 용어로 보일지 모르지만 여론조사 자료에 대한 〈뉴스위크〉지의 분석은 분명히 정곡을 찌르는 것이다. 지난 10년간 미국의 기독교는 나라의 종교적 풍경을 바꾸어 놓은 구조적 변화를 경험했다.

〈뉴스위크〉지 기사가 나오기 2년 전, 나는 교파 임원들, 신학대학 총장들, 목회 지도자들에게 기독교의 전체적인 - 자유주의 종교, 로마 가톨릭, 주류 개신교뿐만 아니라 - 인구학적 양상이 전례 없는 양상으로 변화하고 있으며, 조사 결과는 미국의 종교성이 전보다 약해지고 있음을 보여준다고 지적한 적이 있다. 그때 사람들은 복음주의적이고 보수적인 거대교회 기독교가 계속 성장하고 있다고 주장하면서, 내 말을 믿지 않았다. 그러나 〈뉴스위크〉의 설명은 단호했다. 존 미첨은 말했다. "그렇다고 기독교 신이 죽었다는 것은 아니다. 그러나 그는 어느 다른 시대 때보다 요즈음 미국 정치와 문화에 있어 힘이 약하다. 복음주의적 신정정치(神政政治)의 출현을 두려워하는 자유주의자에게는 놀랍게도, 그리고 오랫동안 신앙이 공적 생활에서 보다 충분히 표현되는 것을 간절히 보고 싶어 하는 종교적 보수주의자에게는 실망스럽게도 기독교인 비율은 이제 미국 인구 가운데서 감소하고 있다."[1]

옛 일을 기억할 만큼 충분히 나이가 든 이들 - 혹은 역사에 관심이 많은 학자들 - 에게 2009년 4월의 〈뉴스위크〉 표지는 오래전 다른 뉴스 잡지 표지를 연상시켰다. 43년 전인 1966년 4월 〈타임〉 지는 비슷하게 암울한 검은색 바

탕에 붉은색으로 쓴 표지 기사 제목을 "신은 죽었는가?"라고 달았다. 종교학 교수 토머스 앨타이저(Thomas Altizer)가 작성한 그 기사는 급진적인 새로운 신학을 선포했다. "우리는 신의 죽음이 하나의 역사적 사건이라는 것을 인정해야 한다. 우리 시대에, 우리의 역사에서, 우리의 실존에서 신은 죽었다." 물론 신은 죽지 않았고, 10년 후 1970년대 나라를 휩쓸었던 복음주의 부흥 과정에서, 미국은 남침례교 신도인 지미 카터(Jimmy Carter)를 대통령으로 선출했다. 그러나 그 표지 이야기의 기억은 여전히 남아, 독자들로 하여금 주요 매체에서 다루는 그러한 류의 선포에 대하여 철저히 회의적이게 했다. 비록 "신은 죽었다"고 말한 옛 신학자들이 실제로 얼마간의 합리적이고 적절한 철학적 논지를 잘 밝혀냈으나, 〈타임〉 지는 그들의 주장을 일시적 유행으로 취급했고 그 이야기가 잘못되었다고 보았다. 하나의 유행으로서의 "신은 죽었다"라는 주제는 제리 폴웰(Jerry Falwell)과 팻 로버트슨(Pat Robertson), 그리고 종교적 우익에게, 즉 20세기 신앙을 재형성했던 다시 활발해진 거듭남의 부흥운동에 자리를 양도했다. 계속 이어진 종교적 열정은 1966년 〈타임〉 지의 표제를 웃음거리로 만들었고, 종교사가들은 그들이 쓴 교재에서 그것을 미국 종교 분석의 잘못된 예라고 비웃었다.

〈타임〉 지의 "신은 죽었다" 표제가 실패작이었기 때문에, 〈뉴스위크〉 지 독자들은 "기독교 미국의 종말"이란 주제를 냉소적으로 보았다. 그러나 〈뉴스위크〉 기사는 세속주의 혹은 실존주의에 대하여 이론화하는 몇 대학 교수들로부터 나온 것이 아니다. 〈뉴스위크〉 지는 미국 종교에 관한 두 주요 여론조사 결과를 제시했는데, 그 조사는 모두 풀뿌리 미국 신앙을 살펴본 중요하고 정교하며 과학적 근거를 가진 것이었다. 〈뉴스위크〉 지에 따르면 이 여론조사들은 스스로 기독교인이라고 밝힌 사람의 비율이 1990년 이후 86%에서 76%로 10% 포인트 줄어든 반면에, 어떤 신앙에도 속해 있지 않다는 사람의 비율은 최근 두 배로 늘어 16%에 이르고 있다는 사실을 발견했다. 자신을 무신론자 혹은 불가지론자라고 밝힌 사람의 숫자는 1990년에서 2009년 사이 약 네 배로, 즉 백만 명에서 360만 명으로 증가했다.² 다시 말하면 〈뉴스위크〉 기사는 신학자들이 종교에 대하여 어떻게 생각하는지를 보고한 것이 아니라 미국 국민들이 종교에 대하여 어떻게 생각하는지를 보고한 것이다. 이것은 매우 다른 이야기였다.

미첨에 따르면 보수적인 남침례교 목사 몰러는 이렇게 말했다. "우리 주위에서 놀라운 문화적 변화가 일어났다. 미국 문화의 가장 기본적인 형세가 급격히 바뀌었다. … 분명 하나의 새로운 내러티브, 후기 기독교 내러티브가 생겨났으며, 그것이 이 사회의 커다란 부분에 활력을 주고 있다."³ 그는 옳았다.

〈뉴스위크〉 기사에 나오는 좋은 보고에도 불구하고, 편집자들은 그 주제에 다소 늦게 동참한 것 같다. 지난 20여 년 동안 신학자들, 역사가들, 과학자들은 종교 생활에 있어서의 예상하지 못한 변화를 감지했고, "기독교 세계의 종말"과 "후기 기독교" 서구문화의 출현에 대하여 논의해 왔다. 그들 연구의 대부분은 유럽과 영국에 초점을 맞춘 것이었는데, 그것은 미국적 예외("미국은 다른 서구 국가들의 종교적 형태와 부합하지 않는다"고 말하는 것)라고 하는 모호한 주장을 펴서, 위험을 분산시키는 지적 방어 조치를 취하는 것이었다.

그러나 1990년대 중반 이래로 현대 종교에 대한 연구가들은, 기독교 믿음과 수행이 미국에서조차 침식되고 있다고 점차 주장해왔다. 전통적인 형태의 신앙이 많은 새로운 영적, 윤리적, 비종교적 선택으로 대체되고 있다. 종교의 종말은 아니라 하더라도, 그것은 분명히 전통적으로 미국의 종교로 이해되었던 것의 종말인 것처럼 보인다. 다시 말하면 내가 1970년대에 경험했던 변화가 마지막을 고하는 것 같다. 종교를 떠나는 과정, 즉 3, 40년 전에 시작되었던 그 일이 임계점에 이른 것 같아 보인다. 신앙의 위대한 변형의 시작이 이제 끝나고 있는 듯하다. 과거의 것은 더 이상 현재의 것이 아니다. 결국 불만, 회의, 각성이, 그리고 어떤 이들에게는 절망이 오늘날의 주제이다.

불만의 소리

지난 10년간 나는 무엇이 활발한 교인을 만드는지 연구하며 좋은 교회에 관한 책을 쓰고 있다. 그 과정에서 나는 크거나 작은, 오래되거나 새로운, 예산이 많거나 보통인 수백 곳의 유력한 기독교 공동체를 방문했다. 이 교회들의 대부분은 유럽에 뿌리를 두고 미국에 세워진 교파를 지칭하는 역사적 이름인 "주류 개신교" 교회였다. 비록 이 옛 교회들이 흔히 무시되거나 간과되지만, 몇몇 주류 교회들은 기도, 봉사, 정의 실천과 같은 신앙 실천을 적극적으로 행하는 데서 나오는 눈에 잘 띄지 않는 영적 활력이 있다는 것을 나는 발견했다.

내 연구의 대부분은 성공담 - 일반적으로 교파적으로는 어려움을 겪고 있는 시기임에도 불구하고 잘 해내고 있는 교회들 - 을 찾아내는 것이었다. 그러나 나는 보다 혼란스러운 물음에 대해서는 피하고 있는 것이 아닌가 생각하기 시작했다. 활기찬 신앙을 보여주는 그런 사례들이 있음에도 불구하고, 왜 미국의 기독교는 그 영향력, 제도, 수적인 힘을 유지하려고 애쓰고 있는가?

내가 성공적인 지역의 교회 공동체들을 분석했던 그 10여 년 동안 새로운 서베이나 여론조사들은 거의 모든 형태의 조직화된 기독교의 쇠퇴를 보여주고 있는데, 유일한 예외가 있다면 "비(非) 교파"(nondenominational) 교회들이 약간의 양적 성장을 보여주고 있다는 점이다. 활기 있는 교회들은 서구 불신앙(不信仰)의 차오르는 바다 위의 하나뿐인 섬이고, 문화적 변화의 높은 파고는 전통적인 종교를 표류하게 하는 듯 보이기 시작했다. 모든 종류의 사람들 - 성숙한 신앙적 기독교인들조차도 - 전통적인 종교가 점차 덜 만족스러워지고 있다는 것을 발견하고, 교회에 덜 정기적으로 나가며, 새로운 표현의 영적 공동체를 갈망하고 있다. 목회자들과 함께 내 연구를 수행하려고 나라를 여행했을 때 그들은 여론조사 자료를 반영하는 이야기를 현장에서 하기 시작했다. "사람들은 더 이상 교회로 나오지 않고 있습니다." 목회자들이 나에게 말했다. "우리가 무엇을 하든 우리 공동체가 얼마나 탄탄하든 그것은 사실 중요하지 않습니다. 스스로 '좋은' 교인이라고 생각하는 이들조차도 이제는 한 달에 한 번 정도 교회에 나옵니다."

처음에 나는 이러한 불평에 별로 주목하지 않았다. 결국 종교 지도자들은 항상 출석하는 교인들, 주일학교 교사들과 위원회 멤버들을 훈련시킬 필요성, 그리고 얼마나 많은 헌금이 걷히는지에 대해서 지나치게 관심을 가지는 것 같아 보인다. 1740년대 대각성 이래로 미국 목회자들은 하나님을 믿는 자들의 숫자를 부풀리는 방법으로 하나님이 그들 교회, 그들의 부흥, 혹은 그들 종교 집단을 축복하신다는 것을 입증하는 반면에, 다른 이들은 교회 출석이 부족한 것을 비판함으로써 영적으로 게으른 자들을 자극하려고 한다. 미국의 목회자들은 교회에 출석하는 사람들의 숫자에 대하여 자랑하는 것과 한탄하는 것 사이에서 왔다 갔다 하는데, 각 경우 신학적 입장을 뒷받침하기 위해 숫자를 이용한다. 결과적으로 미국 종교를 연구하는 우리 대부분은 성장과 쇠퇴에 대한 목회자들의 보고에 대하여 자주 회의적이다.

목회자들의 과장의 배경이 어떤 것이든, 나는 오늘날 숫자는 조작될 수 없다는 것을 확신하게 되었다. 서베이 자료는 매우 일관성이 있으며, 오랜 기간 동안 매우 많은, 그리고 서로 다른 출처에 근거하고 있다. 학문적 여론조사, 언론의 여론조사, 교파의 서베이, 그리고 깊이 있는 신학적 주제를 다룬 여론조사 - 이 모든 것이 개신교, 가톨릭, 유대교와 같은 전통적인 종교의 정체성이 미국에서 흔들리고 있다는 것, 주일 예배의 실제적인 출석률이 상당히 낮아지고 있다는 것, 사람들은 전보다 쉽게 종교를 섞거나 바꾼다는 것, 전통적인 종교 제도들이 지속적으로 쇠퇴하고 있다는 것, 그리고 하나님에 대한 일반적인 믿음조차도 지난 30여 년간 약해지고 있다는 것을 보여주고 있다.

많은 개체 교회들이 성공적일 수는 있다. 그러나 미국의 종교 생활의 전반적인 상황은, 특히 기독교인들에게는 썩 고무적인 것은 아니다. 간단히 말하면 미국에서의 종교 형태가 다른 서구 산업화된 나라들의 그것을 닮아가기 시작했으며, 전(前) 세대에 자랑으로 여겨졌던 영성에 있어서의 미국적 예외가 더 이상 사실이 아닌 것이 되고 있다는 것이다. 듀크 대학교의 종교사회학자 마크 차베스(Mark Chaves)는 말하기를, "수십 년간 지속되어 온 미국 종교성의 쇠퇴에 대한 증거는 이제 돌이킬 수 없는 것이며 - 지구 온난화가 명백한 것처럼 그것은 여러 근원에서 유래하며 여러 차원에서 나타나고 있고 일관된 사실적 모습을 띠고 있다 - 입증 책임은 미국 종교성이 쇠퇴하는 것이 아니라고 주장하고 싶어 하는 이들에게로 넘어갔다."[4]

개개인의 진술로 판단해 보아도, 더 많은 사람들이 지난 한 세기 다른 어느 때보다 종교, 특히 기독교에 대하여 분노하고 있다는 - 혹은 분노를 노골적으로 표현하고 있다는 - 점 또한 어쩌면 분명해진 듯하다. 예측 가능한 평가도 있지만("나는 나 자신의 종교를 만들었다"는 말을 나는 너무 많이 들어왔다), 비극적인 평가도 있는데, 한 사업가에게서 그의 아이가 유아 때 죽은 이래로 20년 이상 교회에 나가지 않았다는 이야기를 들은 것이 그 예가 될 것이다. 그는 말하기를, "장례식에서 목사는 우리가 기도를 충분히 하지 않았기 때문에 우리 아기가 죽었다고 말했습니다. 그것은 우리의 잘못 때문이며, 우리의 신앙 부족이 우리 아들을 죽게 했다고 말했습니다. 그날로 나는 교회를 떠났고, 다시는 돌아오지 않았습니다."

그러나 종교에 대하여 말할 때, 분노가 사람들이 표현하는 유일한 감정은 아니다. 많은 사람들이 단순히 싫증을 내고 있다. 그들은 똑같은 교회, 클럽 같은 교회, 여흥 같은 교회, 혹은 일터 같은 교회에 싫증을 내고 있다. 수십 년간 성실하게 교회에 나갔던 나의 많은 친구들은 종교가 무미건조하기 때문에 교회를 결국 떠나고 있는데, 그들이 보기에 교회 사람들은 변화를 원하지 않으며, 다른 사람의 성생활에 대하여 논쟁이나 하는 것으로 비쳐진다. 그들은 전통적인 교파 교회들이 옹졸하고, 세상의 평판에 신경을 쓰는 잘난 체하는 사람들로 가득 차 있는 것으로 본다. 일요일에는 다른 것들이 더 재미있다 - 예를 들면 뉴욕 타임스 읽기, 스포츠나 쇼핑, 페이스북, 가족과 시간 갖기, 정원 가꾸기, 자전거 타기, 등산, 동네 커피숍에서 라떼 마시기, 개 산책시키기, 축구 시합에 아이 데리고 가기, 아니면 단순히 일하기 등. 경제적으로 어려울 때는 많은 사람들이 일요일 아침(전통적으로는 종교적 의무로 교회에 나갈 시간)에도 일을 한다.

이전 세대 학자들은 일요일 오전 11시를 미국에서 인종적으로 가장 분리되는 시간 - 백인은 백인 교회로, 흑인은 흑인 교회로 갔다는 의미에서 - 이라고 보았다. 이제는 그 분리의 경계가 교회에 나가는 사람과 나가지 않는 사람 사이에 있다. 그리고 대부분의 미국 도시와 교외 지역에서의 일요일 아침 주차장에 주차되어 있는 차의 숫자로 판단해보면, 어느 집단이 늘어나고 있는지를 알아내는 것은 어려운 일이 아니다.

약세(弱勢) 시장 : 종교의 대불황

특별나게 하나님과 가까운 것으로 보이는(특히 외부인에게), 특히 미국과 같은 나라에서 "종교적 종말"을 말하는 것은 지나치게 호들갑스러운 것으로 보일지 모른다. 그러나 최근 다수의 저명한 학자와 작가는 우리가 지금 발견하고 있는 종교적 변화에 대하여 글을 썼다. 예를 들면 하버드 대학교의 하비 콕스(Harvey Cox) 교수는 「신앙의 미래」(The Future of Faith)에서 "믿음의 시대"의 종말에 대하여 심각하게 말하고 있으며, 저널리스트 필리스 티클(Phyllis Tickle)은 「위대한 출현」(The Great Emergence)에서 기독교 세계의 종말에 대하여 썼고, 작가 브라이언 맥라렌(Brian McLaren)은 "새로운 종류의 기독교"에 대하여 같은 제목의 책에서 서술하고 있다.[5] 분명히 변화는 문화적 계기를 이룬다. 변형은 우리가 숨 쉬는 공기와 같은 것이다. 그러나 모든 것 가운데 종교가 종말을 맞는 것인가?

20세기 내내 얼마간의 통찰력 있는 기독교 사상가들은 서구 기독교가 일종의 종말을 맞는 것은 아닌지 생각하기 시작했다. 일찍이 1912년 웨슬리 대학의 비다 스커더(Vida Scudder) 교수는 "전통적인" 유럽 기독교가 "죽어가고 있으며 조만간 잊히게 될 것"이라는 의견을 피력한 적이 있다. 기독교는 "매우 모험적인" 새로운 신앙으로 대체될 것이다.[6] 약 30년 후 나치 수용소에서 글을 쓴 독일의 신학자 디트리히 본회퍼(Dietrich Bonhoeffer)는 하나의 종교로서 기독교는 "끝났을지" 모른다고 생각했고, "전통적이고 잠정적인 형태의 인간 표현"으로서의 모든 종교는 당연히 사멸할 것이라고 했다. 종교는 퇴조하고 있었다. 이 변화를 깊이 생각해보면서 그는 "종교 없는 기독교란 무엇인가?"라고 의문을 제기했다.[7]

1950년대와 1960년대 급진 신학자들은 이러한 회의적인 입장을 취해서 그 주제를 죽음이 임박한 하나님에 대한 것으로 확장시켰다. 실제로 20세기 중반 종교 – 그리고 그것과 함께하는 하나님 – 는 상태가 심각한 듯 보였다. 전후 세대의 사람들이 그들 부모 세대의 전통적인 신앙을 거부하고 그 대신 종교적 구도자가 되는 길을 택했을 때, 교회는 비워지기 시작했다. 그 당시 하비 콕스는 "세속도시"에 대하여 쓰면서 제도로서의 교회 혹은 전통적인 교파를 비판하고, 세속 영역에서 활동하시는 하나님을 이야기했다. 로마 가톨릭은 제2차 바티칸 공의회에서 그들의 교회를 현대화하는 과정에 착수했다. 실제로 20세기 중반의 지성인들에게 기독교는 스커더와 본회퍼가 주장했던 것처럼, 전적으로 죽어가는 것은 아니라 하더라도 심각한 위기에 처한 것처럼 보였다.

그러나 다른 이들에게 상황은 불길해 보이지 않았다. 왜냐하면 이들 비판적인 지성인들은 심장부 미국 자체에 고유한 교회 출석 습관에 주의를 기울이지 못했으며, 활발하고 새로운 복음주의 종교의 활기찬 도약에는 더욱 주목하지 못했기 때문이다. 복음주의적 목회와 선교 기관, 그리고 성령운동의 기도 모임의 많은 미국 목회자와 부흥사들에게 하나님의 죽음, 종교 없는 기독교, 그리고 교회 쇠퇴에 대한 모든 이야기는 터무니없는 것이었다. 어떤 형태의 종교는 죽을 수 있으나, 그들의 종교는 그렇지 않다고 그들은 선언했다. "우리의 것은 종교가 아니다"라고 그들은 주장했다. "우리는 예수와의 관계를 가지고 있다." 그들이 말하는 기독교 - 그들 견해로는 유일하게 "참된" 기독교 - 는 여전히 강건했다. 단지 자유주의적인, 지나치게 지성화된, 배교적(背敎的) 종교가 죽어갈 뿐이었다. 보수적인 기독교 - 참되고 힘이 있고 신학적으로 정통주의적이고 정치적으로 우익인 예수 종교 - 는 고맙게도 문제가 없었다.

그들의 평가가 약 30년 동안은 사실인 것 같아 보였으나, 이제는 더 이상 그렇지 않다. 왜냐하면 21세기의 첫 10년간 가장 보수적인 기독교 교회도 성장이 멈추었기 때문이다. 교인 증가율은 낮아져 바닥을 기고, 어떤 경우에는 교인이 줄고 있다. 그동안 크게 성장해왔던 미국의 남침례교, 미주리 시노드 루터교, 그리고 보수적인 장로교도 1970년대 주류 교파들이 겪었던 것과 비슷하게 교인이 감소하고 있다. 새로운 대형 교회들이 생겨나서 얼마 동안 성공했지만, 그 역시 문을 닫고 건물을 팔고 있다. 가톨릭교회조차 겨우 그 인구를 유지하고 있으나, 그나마도 그것은 미국에서 태어난 교인의 대량 감소를 이민 오는 가톨릭 신도가 상쇄하고 있기 때문이다. 자유주의 교회는 쇠퇴하고 보수주의 교회는 성장하고 있다는 옛 주장은 이제 사실이 아니다. 한때 쇠퇴와는 거리가 멀었던 것 같아 보였던 교파들이 대부분의 다른 미국 종교 집단들처럼 되기 시작했다. 모두가 같은 상황, 즉 종교적인 약세 시장에 처해 있다. 실제로 21세기의 첫 10년은 정확하게 종교의 대불황이라고 불릴 수 있다.

앤, 엘렌, 쉴라

2010년 7월 28일 소설가 앤 라이스(Anne Rice)는 페이스북에 포기 선언문을 올렸다. "오늘 나는 기독교인이기를 포기한다. 나는 이제 기독교인이 아니다. 전처럼 그리스도를 믿기는 하겠지만 '기독교인'이 되거나 기독교의 일부가 되지는 않을 것이다." 이어서 그녀는 설명했다.

나는 반(反) – 페미니스트이기를 거부한다. 나는 반 – 인공산아제한을 거부한다. 나는 반 – 민주주의자이기를 거부한다. 나는 반 – 세속인본주의를 거부한다. 나는 반 – 과학을 거부한다. 나는 반 – 생명주의를 거부한다. 그리스도의 이름으로 나는 기독교를, 그리고 기독교인이기를 포기한다. 아멘.

24시간 이내에 4천 명 이상이 라이스의 페이스북 선언에 '좋아요' 표시로 응답했고, 수만 명 이상이 이를 공유하거나 리트윗했다. 그것은 유별나게 이상해 보였다. 왜냐하면 라이스는 그보다 10년쯤 전에 다소 과시하듯이 어린 시절의 종교인 가톨릭으로 되돌아갔었기 때문이다. 그녀는 자서전에서 자신의 종교로 다시 돌아온 것에 대하여 썼다. "복종의 순간, 나는 오랫동안 나를 하나님으로부터 떠나 있게 했던 모든 신학적 혹은 사회적 문제들을 놓아 버렸다. 하나님이 모든 것을 아신다고 해서 내가 모든 것을 알 필요는 없으며, 모든 것을 알려고 하다가 오히려 모든 나의 삶의 그 목적을 잃어버린 듯한 깊은 무언(無言)의 느낌이 있었다."⁸ 그녀는 가톨릭교회로 돌아왔다. 그녀가 다시 교회 품에 안겼을 때, 신앙에 대한 라이스의 확언은 대단한 뉴스거리였다. 이제 그 집 나갔던 딸은 다른 길로 가고 있다 – 모든 조직화된 종교를 버리고 교회에 비판적인 자칭 "국외자"가 되었다. 주요 신문, 온라인 뉴스 사이트, 텔레비전 방송은 그녀가 기독교를 거부했다고 보도했다. 며칠이 안 되어 라이스의 반 신앙고백은 인터넷, 토크 쇼, 설교, 블로그를 통해 퍼져 나갔고,

커피숍에서도 대화의 주제가 되었다.

물론 저명한 공인이 그런 선언을 했다는 것 자체가 커다란 뉴스거리였다. 그러나 단순히 라이스가 유명하기 때문에 그의 고백이 전염병처럼 퍼진 것은 아니었다. 오히려 기독교에 대한 대중적인 불만이 수백만의 미국인들로 하여금 그녀의 말에 공감하도록 한 것이다. 그녀는 문화적 정서를 자극한 것이다. 그녀는 다른 사람들이 의구심을 갖거나 느끼는, 혹은 남몰래 생각하고 있는 것 - 즉 기독교(다른 종교들도 마찬가지)의 현실과 그것의 당위성 사이의 심각하고 고통스러운 단절이 있다는 것 - 을 말했을 뿐이다.

라이스가 페이스북에서 고백하기 몇 주 전에 나는 주류 개신교 성직자들과 지도자들의 한 모임에서 기조강연을 했다. 그 모임 주제는 "기독교인, 당신은 누구인가?"였다. 그 물음은 근사한 것이다. 비록 미국이 여전히 세계에서 기독교인 숫자가 가장 많은 나라이지만, 여기에서도 기독교는 인구 감소를 경험하고 있다. 〈뉴스위크〉 기사에서 언급되었듯이 기독교인의 실제적인 비율은 최근에 급격히 낮아졌다. 많은 사람들이 점차 자신을 기독교인으로 밝히는 것을 편치 않다고 느끼고 있다. 어떤 이들은 분명히 기독교를 거부하고 다른 영적 대안을 선호하고 있으며, 다른 이들은 자신을 표현하는 데 있어 "예수 추종자"와 같은 다른 용어를 사용하고 있다.

나는 앤 라이스의 선언이 있기 전 몇 주 동안 계속 블로그에 그러한 변화에 대하여 글을 쓰고 있었다. 내가 올린 글에 대한 논평들은, 나의 많은 독자들이 솔직하게, 그리고 진지하게 종교 문제와 씨름하고 있다는 것을 보여주었다. 한 목회자는 "종교와 신앙의 차이"에 대하여 쓰면서 이렇게 말했다. "종교는 동조와 통제 - 성경 무오설과 문자주의, 다른 사람들에 대한 믿음의 강요 - 를 추구하며, 그렇게 규정된 경계선 밖에 있는 하나님을 만나는 어떤 다른 방식도 용납하지 않습니다. 그러나 신앙은 자신의 언어로, 자신의 방식으로 하나님을 경험하기 위하여, 모두를 위한 자유와 생명을 추구하는 것입니다. 그리고 보다 나은 세계를 건설하기 위하여 공동체적인 경험과 협력을 추구합니다." 자신을 40살이라고 소개한 사람이 말했다. "나는 점차 가톨릭교회와 주류 개신교 교회들이 시대에 뒤져 있다는 것을 발견하고 있습니다. 많은 신도들이 현상(現狀)에 만족하고 있으며, 특히 사회 정의 문제 등과 관련하여 도전받는 것을 불편해 하는 것 같아 보입니다. … 우리는 최근 커다란 고통을 경험하고 있습니다." 다음은 호주 시드니의 한 성공회 신자가 전해 온 날카로운 평가이다. "나는 제도적인 교회에 대하여 계속 환멸에 가까운 실망을 느끼고 있습니다. 교회는 신체적으로, 정서적으로, 그리고 영적으로 갈급한 사람들을 치유하는 일을 앞서서 실천하기보다는, 제도적인 자기 보존을 더 중요하게 여기는 것 같습니다. … 교회는 '현대' 생활에 대처하지 못하고 있습니다." 비슷하게 직설적으로 다른 사람이 지적했다. "기독교는 그 자체가 하나의 문화가 되었고, 예수가 말씀하셨던 것, 그리고 지금 말씀하시는 것을 깊이 생각하지 않고 있습니다."

앤 라이스가 신앙을 포기했다고 선언하며 매체에서 물의를 일으키기 며칠 전에 하나의 솔직한 증언이 내 블로그에 올라왔다. 2010년 7월 25일자로 자신을 단순히 "엘렌"(Ellen)이라고 밝힌 한 여성이 그녀의 교회 생활 경험을 공유하려고 글을 올렸다.

나는 오늘 일요일 아침 교회에 더 이상 나갈 필요가 없다는 생각에 즐거운 마음으로 일어났습니다. 나는 아직도 살아 계신 하나님을 믿지만, 이 교회 저 교회를 수년간 떠돌아다닌 후 이제는 교회에 나가지 않고도 내가 영혼의 불멸을 이룰 수 있다고 느낍니다. 나는 질서 잡히고 친절하고 매우 멋진 백인 주류 교파 교회에서 목회자의 딸로 자랐습니다. 나는 부자연스럽고 의례적인, 사생활이라고는 전혀 없는 상태에서 살았는데, 대학에 가기 위해 그곳을 떠나자마자 그런 생활로부터 자유로워졌습니다. … 젊은 엄마가 되어 나는 감독교회를 선택하였는데, 그 이유는 그 교회의 의례가 마음에 들기도 했지만, 한편으로는 남편의 가톨릭 배경과 나의 개신교 배경을 절충하기 위해

서였습니다. 나는 상상할 수 있는 가장 추한 방식으로 여성 성직자 안수에 반대하려고 싸우는가 하면, 동시에 가난하고 도움이 필요한 사람들에게는 등을 돌리는 것 같은 한 보수적인 교구에서 살았습니다. 나는 가톨릭교회로 옮겼는데, 여기서는 여성의 권리에 대한 가식은 없었으며, 적어도 소외된 자와 도움이 필요한 사람을 돌보는 훌륭한 전통을 가지고 있었습니다. 나는 나의 가장 좋은 교회 생활은 그때였다고 생각합니다. 그러나 성례전 때는 항상 나를 괴롭히는 물음이 있었습니다. 어떻게 그것이 그렇게 폐쇄적이고 통제적으로 되었을까 하는 것이었습니다. 접근을 제한적으로 허용하는 발상은 어디에서 온 것일까? 점차 나는 비교파 교회에 흥미를 가지게 되었는데, 왜냐하면 그 교회는 신앙의 길을 전혀 소홀히 다루지 않는 듯 보였기 때문입니다. … 그 교회는 오직 성경만을 설교했지만, 또한 그 설교는 헌금에 대한 메시지, "구하라"는 메시지, 그리고 구원과 관련하여 끝없이 위협하는 내용이 중심을 이루고 있었습니다. 하나님께 대하여 충성스럽지 못하다는 식의 목사 설교에 동의할 수 없어, 혐오감을 느끼며 나는 그 교회를 떠났습니다. 그 교회를 떠날 때 나는 당분간 어느 교회에도 나가지 않을 것임을 알았습니다. 얼마 동안 나는 성경을 읽고 기도하는 일상의 훈련을 지속했지만, 그것이 내 영혼을 채워주지는 못했습니다. 그것은 또 다른 시험이 되었습니다. … 그러나 나는 나의 영적 발달이 진행되고 있으며, 내가 그 일부분이었던 많은 기독교 전통이 축적되고 있음을 깨달았습니다.

나는 성경을 철저하게 두세 번 읽었고 많은 성경연구 집단에 참여했으며, 얼마 동안 성경을 읽지 않아도 될 만큼 충분한 성경 기초를 가지게 되었다고 느꼈습니다. 나는 종교 서적과 블로그를 즐겨 읽으며 설교 방송도 듣고 있습니다. 그러나 나는 대부분의 교회가 자기 보존에 지나치게 집착하고 있으며, 복음대로 살기보다는 그것을 단순히 설교만 하고 있다고 느낍니다.

그래서 지금 나의 헌금은 국경없는의사회와 다른 자선단체에 보내고 있습니다. 내가 매일 가슴에 상처를 받고 상실감을 느끼는 사람을 만날 때, 내가 하는 일은 나의 목회 사역입니다. 나는 낙담한 사람에게 조용하게 신앙의 용기를 주고, 다른 이들을 위해 기도하면서, 내 하나님과 함께 겸손히 걸으려고 노력합니다.⁹

엘렌은 주류 개신교인, 감독교회 교인, 가톨릭 신도, 복음주의 교회 신자였다. 교회마다 실질적이고 적절하며 포괄적이고 치유적으로 하나님의 사랑을 체현하는 데 실패했다. 각각이 자신의 의제에 너무 빠져 있어서 엘렌의 삶과 세상을 변화시킬 수 없었다. 앤 라이스만 기독교에 불만스러워하는 그리스도 추종자는 아니다. 잘 알려지지 않은 엘렌도 마찬가지다.

1985년 사회학자 로버트 벨라(Robert Bellah)는 그의 책 「마음의 습관」(*Habits of Heart*)에서, 그가 인터뷰했던 한 간호사 쉴라 라슨(Sheila Larson)을 독자들에게 소개했다. 쉴라는 교회를 떠났고 자신의 종교를 자기 이름을 따라 "쉴라이즘"(Sheilaism)이라고 불렀다. 그녀가 말했다. "나는 하나님을 믿습니다. 나는 종교적 광신주의자가 아닙니다. 나는 언제까지 교회를 다녔는지 기억할 수 없습니다. 내 신앙은 오랫동안 나를 이끌어 왔습니다. 그것은 쉴라이즘입니다. 그것은 바로 나 자신의 작은 목소리입니다." 쉴라는 20세기 후반기에 하나의 신앙 범례가 되었다 - 개인주의적, 치유적, 사적, 그리고 내면 지향적 신앙. "그것은 단순히 자신을 사랑하고 자신에게 관대하려는 노력입니다"라고 쉴라는 설명했다. "서로를 돌보십시오. 나는 그분이 우리가 서로를 돌보는 것을 원하신다고 생각합니다."¹⁰ 비록 쉴라가 신학자, 사회학자, 저널리스트에게 많은 비난을 받았으나, 「마음의 습관」이 출판된 후에 그녀는 그 책의 가장 특징적인 성격, 즉 종교적 변화, 개인주의적 영성, 그리고 미국 종교 공동체의 붕괴의 상징이 되었다.

엘렌은 쉴라가 아니다. 그러나 두 여성의 영적 순례는, 억압적인 가족종교 형태로부터 자신을 자유롭게 할 필요에 대한 자각이라는 비슷한 방식으로 시작되었다. 벨라에 따르면 쉴라는 "억압적이고 동조를 강요하는 어린 시절의 가족생활로부터 자유로워진 후 자신에게서 하나의 중심점을 발견하려고" 노력했다.[11] 그러나 다음에 그들의 영적인 순례는 서로 다른 길을 간다. 쉴라의 주요 종교적 경험에는 자신의 내면적 목소리에서 하나님의 소리를 듣고, 자신의 얼굴에서 하나님의 모습을 찾는 것이 포함되었다 - 그 두 가지는 모두 건강의 위기 때 생겨났다. 치유적 신비주의가 쉴라의 길을 형성했다.

쉴라의 것과는 달리 엘렌의 순례는 보다 외면적인 것이다. 순례의 여정에서 그녀는 신학과 행위에 기초하여 숙고를 거친 종교적 선택을 한다. 결코 만족하지 못하는 종교적 소비자, "교회 쇼핑객"으로 엘렌을 폄하하기 쉽다. 엘렌은 매우 진지한 사람이다. 그녀는 자신이 만났던 각 공동체의 신학에 몰두했고, 일정 기간 그 공동체 생활에 참여했으며, 각 교회가 실천하는 행위에 견주어 교회가 선포한 메시지를 평가했다. 그녀는 정치적 관심과 신학과 같은 중요한 주제들에 대하여 물음을 제기했다. 마침내 엘렌은 교회들이 예수의 가르침, 그리고 여성, 평등주의, 봉사, 권위에 대한 자신의 경험에 역행하고 있다고 판단했다. 그녀는 말과 행위가 조화를 이루고, 신학이 하나님의 사랑을 구현하는 교회 공동체를 발견하려고 노력했다.

엘렌은 마지못해 떠났다. 그녀는 개인주의에 빠져들지 않았다. 그녀는 교회를 떠나는 선택을 했을 뿐이다. 그녀의 양심은 제도적 위선으로 보였던 곳에 자신을 더 이상 머물 수 없게 했다 - 모든 교파들이 설교하는 것을 실천하는 데 실패했다. 실제로 엘렌은 너무 내부를 향하고 제도에 몰입된 것에 대하여 교회를 비판했다. 억압당하는 자, 주변으로 밀려난 자, 가난한 자, 낙담한 자를 잊을 때 종교는 실패한다고 그녀는 주장했다. 비록 그녀가 결국 개인적인 영적 길을 가고 있는 자신을 발견했지만, 엘렌은 여전히 관계를 추구하고 있다. 교회를 떠나간 후에도 그녀는 책, 인터넷, 자선, 일터를 통해 일종의 새로운 신앙 공동체를 만들려고 노력하고 있다. 그녀는 자신의 새로운 종교 "엘레니즘"(Ellenism)을 만들지는 않았지만, 결과적으로 자신의 탈 제도

교회의 목회자, 신학자, 도덕적 권위자, 교사, 그리고 영적 인도자가 되었다.

엘렌과 앤 라이스의 이야기는 좋은 교회 성원, 그리고 좋은 기독교인이 되려고 열심히 노력하는 이야기이다. 엘렌과 앤은 영적 표류자가 아니다. 그들의 증언과 쉴라의 증언 사이에는 질적인 차이가 있다. 그들은 현명한 여성으로 자신의 신앙 공동체에 성실하게 헌신했지만, 종교 제도가 그들을 실망시켰다. 그들은 하나님과 예수에 대한 자신의 이해와, 그들의 교회가 가르치고 선포하고 행했던 것 사이에서 적지 않은 괴리를 경험했다. 쉴라와 달리 엘렌과 앤은 누구도 치유적 신비주의, 즉 자아와 하나님 둘만에 대한 규정되지 않은 내면세계에 만족할 수 없었다. 앤과 엘렌에 따르면 교회, 회당, 그리고 다른 종교 조직들 또한 파탄 상태이며, 스스로 시대에 뒤처져 있다. 엘렌과 앤은 교회 다니기를 포기했는데, 그것은 그들이 위선적으로 살기 원하지 않고 하나님, 예수, 세계와 관계할 수 있는 보다 나은 방식을 찾으려고 노력하기 때문이다 - 그리고 그들은 제도의 실패를 종교의 실패와 동일시하고 있다.

만일 실천적이고 의미 있는 방식으로 하나님의 사랑과 긍휼을 구현하는 공동체 - 혹은 기독교 - 를 발견할 수 있다면 그들은 교회에 나갈 것이다. 간단히 말하면 앤과 엘렌은 교회에 대하여 보다 적은 것이 아니라, 보다 많은 것을 요구했던 것이다. 그들은 가르치는 대로 수행하는 공동체를 찾고 있었다. 만일 쉴라가 25년 전 미국 종교의 한 중요한 양상을 나타냈다면, 엘렌은 오늘날 종교에 있어서 똑같이 중요한 변화를 나타낸다. 사람들은 싫증을 내고 있다. 그들은 더 이상 기업화되는 종교를 참지 못한다. 그러나 역설적으로 그들이 못마땅해 하는 것 - 종교의 거부 - 은 또한 신앙 공동체의 미래를 위한 희망이 된다.

부흥과 각성

물론 종교 제도가 미국에서 유일하게 악전고투하고 있는 제도는 아니며, 종교의 쇠락은 경제, 정치, 사회의 쇠락과 궤를 같이하고 있다. 〈타임〉 지는 2010년 12월 6일자에서 10년을 회고했다. "2000~2010년, 어떤 일이 실제로 일어났는가?" 잡지의 표제는 "역사의 종말?"이라는 물음을 던졌다. Y2K(연도를 끝의 두 자릿수만으로 처리하도록 되어 있는 컴퓨터가 2000년도부터는 인식오류를 범해 오작동되어 전자와 관련된 모든 일에 엄청난 혼란이 있게 될 것이라는 1990년대 말의 예측을 말함 - 옮긴이)에 대한 종말론적 사색으로 시작하면서 작가 낸시 깁스(Nancy Gibbs)는 말했다.

정전이 되지 않고, 은행이 작동하며, 비행기가 추락하지 않고, 도시가 무너져 바다에 잠기지 않으면서 … 우리는 일시 유예를 받았다고 생각했다. 적어도 지금 당장은 아니다. 부동산 거품이 꺼지고 시장이 붕괴되며 도시가 물에 잠기는 데는, 제도에 대한 믿음이 무너지는 데는 조금 더 시간이 필요했다. - 은행, 법원, 교회, 지식인 공동체, 언론사, 그리고 마침내 정부에 대하여 거의 세 사람 중 하나가, 그 기관들이 옳은 일을 한다는 것을 '거의 전적으로' 믿지 못한다고 말하고 있다.12

연속적인 기사들이 실패를 다루었다. 2000년 대통령 선거에서의 정치적 실패, 9·11의 안보 실패, 2003년 이라크 전쟁과 관련한 국제 정책의 실패, 10년 내내 이어진 언론매체와 저널리스트와 같은 전통적인 문화적 감시자의 실패, 2005년 태풍 카트리나 등에서 드러난 자연적 재난에 대한 통제나 억제의 실패, 그리고 2007년 이후부터의 미국 경제의 실패. 그것은 어두운 10년의 도드라진 초상이며 쇠락하고 있는 국가의 모습이다.

〈타임〉 지 기사가 나가기 몇 주 전에 코미디언 존 스튜어트(Jon Stewart)는 그의 쇼를 보기 위해 모인 군중에게 "요즈음은 마지막 때가 아니라 힘든 때"임을 일깨웠다. 그보다 불과 두 달 전에는 라디오와 TV의 유명인사인 글렌 벡(Glenn Beck)이 링컨 메모리얼 센터에서 청중들에게 미국의 종말, 기독교 신앙의 종말, 사람들이 알았던 세계의 종말 가능성에 대해 설교했다. 비록 주님의 재림을 기다리기 위해 언덕 위로 달려가는 사람은 별로 없었지만, 벡은 분명히 재난 구명용품의 시장 판매에 불을 붙였다. 오늘날은 의심과 불만의 시대, 왜 모든 것이 변하고 있는지 의아해하는 시대, 상실에 대한 두려움을 가진 시대이다. 이 불안은 사람들로 하여금 종말 혹은 마지막 때가 되었다고 생각하게 만들 만큼 크다.

이런 분위기에서 스튜어트의 말은 현실을 돌아보도록 작용했다. 오늘날은 마지막 때가 아니라 매우 도전적인 시대일 뿐이다. 실제로 〈타임〉지 편집자들은 그들의 어두운 전망과 함께 오늘날이 역사의 "마지막"이 아니라 "시작에 더 가깝다"는 제언을 곁들였다. 작가 마이클 엘리엇(Michael Elliott)은 지난 10년을 "활기 넘치는 10년", 즉 "테크놀로지의 발전과 세계화라는 두 가지 힘"에 기초하여 새로운 미래를 향해 나아가는, 혁신과 낙관주의의 시대라고 규정하기까지 했다.13 보다 큰 그림은 세계적인 탈바꿈, 즉 정보공유·교육·창조성·경제성장을 이루어내는 새로운 세계 - 미국, 캐나다, 유럽과 이에 동참하는 중국, 인도, 브라질, 그리고 수백만 명이 가난으로부터 벗어나고 있는 일부 아프리카 국가들 - 가 탄생하고 있는 것이라고 그는 주장했다. 이 전환은 한때 부, 영향력, 힘을 독점했던 기성 제도와 국가들에 대하여 계속 도전을 걸 것이다. 그러나 엘리엇이 주장하듯이 만일 당신이 "당신의 시점을 바꾼다면", 상황은 쇠락보다는 오히려 새로운 탄생으로 보일 것이다.14

비록 〈타임〉지의 입장이 어떤 이들에게는 지나치게 낙관적인 것으로 보일지 몰라도, 그것이 주는 교훈은 분명하다. 마지막은 흔히 시작이기도 하다. 몰락은 갱신으로 가는 통로이다. 세속적인 모습을 띤 것이지만, 이것은 실제로 많은 신앙 전통의 핵심적 가르침 - 특히 기독교에서의 부활에 대한 관념

뿐만 아니라, 일부 동양 종교들에서의 윤회 사상, 조상 숭배에서의 사멸과 탄생, 그리고 부족 신앙이나 이방 신앙에서의 자연의 순환 관념 - 이다. 이러한 영적 형태는 옛 것의 죽음에서 새로운 것이 생겨날 가능성이 있으며, 이 과정에서는 종교 자체도 예외가 아니라는 것을 말해주고 있다. 실제로 세월이 흐르면서 종교 제도(모든 다른 제도들처럼), 그리고 특정 종교적 표현과 관련된 신학, 의례, 수행도 생겨나고 자라고 성숙하고 죽는다. 특정 관점에서 보면, 그것은 종교의 종말, 보다 구체적으로는 기독교의 종말은 아니라 하더라도 교회, 신학, 종교 생활을 구성하는 독특한 형태의 종말로 보일 수 있다. 이 형태는 디트리히 본회퍼가 "종교" 혹은 기독교의 "옷"이라 부른 것이다. 낡아진 옷으로부터 새로운 어떤 것이 생겨남에 따라, 신앙의 옛 옷은 벗겨진다 - 혹은 찢어진다.

북아메리카에서는 그러한 종교적 과정에 대한 이름이 있다. 그것은 "각성"이다. 브라운 대학교의 고 윌리엄 맥루린(William McLoughlin) 교수는 "부흥"과 "각성"이라는 용어가 자주 혼동되고 있다고 지적한다. 그러나 그는 그 둘을 구분한다. 부흥(revival)은 흔히 감정적이며, 항상 일종의 회심과 관계된, 근본적으로 개인적인 종교적 갱신의 의례이다. 부흥은 독립적으로 일어나거나 - 침례교나 성령운동 교회에서의 연중 부흥집회나 대규모의 빌리 그레이엄(Billy Graham) 집회처럼 - 혹은 각성의 일부일 수 있다.

각성(awakening)은 훨씬 더 커다란 사건이다. 각성은 "우리 제도의 근본적인 구조개혁과 사회적 목표의 재규정이라는 결과를 가져오는" 문화적 재활(revitalization) 운동이다. 맥루린은 이렇게 말한다. "부흥과 각성은 모든 문화에서 일어난다. 그것들은 근본적으로 한 민족이나 국가가 정체성을 재정립하고, 그것의 생각과 행동의 형태를 변화시키며, 환경과 사회의 변화와 건전한 관계를 유지하는 대중운동이다."[15] 각성은 옛 체제가 붕괴될 때, 즉 "우리가 규범의 적합성과 제도의 발전, 그리고 교회와 국가의 지도자들의 권위에 대한 믿음을 잃어버려, 문화적으로 왜곡되고 개인적 압박이 심각해지는 시기에" 시작된다.16 우리가 자신, 하나님, 그리고 세계를 이해하는 방식에서의 "결정적 분열증세"는 정신적 압박으로부터 생겨난다. 옛 것의 종말은 새 것을 위한 길을 연다.

미국의 종교사가들은 일반적으로 미국과 캐나다에서의 세 차례의 중요한 각성운동을 인정하고 있다. 1730~1760년의 첫 대각성운동(the Great Awakening), 1800~1830년의 두 번째 대각성운동, 그리고 1890~1920년의 세 번째 대각성운동.17 각 시기 동안 옛 형태의 종교 생활은 새로운 것으로 바뀌었고, 점차 사회적, 경제적, 정치적 변화를 수반하는 새로운 형태의 조직과 제도를 만들어 냈으며, 국가적 생활에 새로운 활력을 주었다.

첫 대각성운동은 유럽 형태의 교회 조직의 종식을 예고했고, 복음주의(evangelicalism)라고 불리는 경험적이고 민주적이며 범 개신교적인 신앙 공동체를 만들어 냈다. 두 번째 대각성운동은 칼빈주의적 신학의 지배를 끝내고, 교회 멤버십에 대한 자발적 체계와 자선 활동을 초래한, 새로운 자유의지 이해를 촉발했다. 세 번째 대각성운동은 두 독특한 형태로 나타났다. 하나는 진보적 정치 성향을 가지고 있는 사회복음운동이고, 다른 하나는 기적적인 변화를 강조하는 성령운동이다. 그 두 운동에는 신학적 차이가 있음에도 불구하고, 각각은 개인적 죄보다는 역사 가운데서 활동하시는 하나님을 경험함으로 사회질서에 대한 공동체적 변형을 강조했다. 세 번째 대각성운동은 새로운 형태의 선교 사업을 촉발했고, 가난한 자와 억압받는 자를 돌보는 뜨거운 열정을 가지고 있었으며, 비전과 실천에 있어 광범위하게 에큐메니컬 것이었다. 이 세 각성운동들 각각에서 옛 형태의 기독교 신앙 - 유럽적인, 칼빈주의적인, 그리고 개신교 복음운동적인 - 은 새로운 활력을 얻었고, 새로운 목표를 갖게 되었으며, 다시 만들어졌고, 때로는 자아, 하나님, 공동체, 그리고 세상에 대한 봉사라는 문화적으로 보다 큰 반향을 일으키는 개념으로 대체되었다. 그 과정에서 커다란 영적, 정치적 결과를 초래한 새로운 형태의 기독교가 생겨나게 되었다.

작지만 영향력 있는 책 「부흥, 각성, 그리고 개혁」(Revivals, Awakenings, and Reform)에서 윌리엄 맥루린은 북아메리카 기독교가 1960년 무렵 새로운 각성의 시대, 즉 네 번째 대각성운동의 시대로 접어들었고, 그것은 현재까지 계속되고 있다고 주장한다. 맥루린은 네 번째 대각성운동으로 미국의 기독교 지배 시대는 끝났다고, 보다 감정적이고 감상적인 형태의 경험적, 다원주의적 종교가 생겨날 것이라고, 그리고 새로운 정신이 환경주의, 공동체, 경제 발전에 대한 지구적이고 평등적인 윤리를 지향하도록 새로운 제도들은 결국 연합하게 될 것이라고 믿었다.

현대 종교와 영성을 연구하는 많은 학자들이 그러한 종류의 새로운 기독교가 등장하고 있다고 주장한다. 그들은 "포스트모던"한, 최근에 생겨난, 혹은 새로운 패러다임의 기독교에 대하여 말한다. 〈퍼블리셔 위클리〉의 전 종교 담당 편집자 필리스 티클은 교회가 역사적 변형, 약 5백 년에 한 번씩 일어날 수 있는 종류의 변화를 겪고 있다고 단언한다. 최근 하버드 신학대학원에서 은퇴한 저명한 하비 콕스는 기독교가 1천 5백 년간의 서구 기독교 지배를 나타냈던 "믿음의 시대"로부터 벗어나고 있다고 주장한다. 다른 이들은 보다 온건하게 기독교가 계몽주의에서 시작되었던 3백 년 주기로부터 이탈하고 있다고 말한다. 정확한 연대기적 도식이 어떤 것이든, 그 메시지는 대부분 똑같다. 우리는 고무적이기도 하고 놀랍기도 한 중요한 역사적 변화의 시기에 살고 있다. 기독교 자체가 과거의 그것과는 다른 것으로 되어가고 있다.

이러한 논의를 하는 것이 나름대로 충분히 의미가 있기는 하지만, 역사에서 3백 년, 5백 년, 혹은 천 5백 년의 패턴을 식별하려 애쓰는 것은 나를 다소 불편하게 만든다. 때로는 가장 큰 그림이 실제로는 가장 도움이 되는 그림이 아닐 수 있다. 어떻게 개인, 교회, 혹은 신앙 공동체, 혹은 특정 이웃이나 도시가 그렇게 광대한 역사적 변형에 꼭 들어맞을 수 있는지 이해하는 것은 매우 어려운 일이다. 분명히 큰 그림을 그리는 것은 우리 시대에 영적 중요성을 일깨우고, 사람들이 인간 역사의 전개에서 그들의 위치를 알도록 돕는다. 그렇게 중요한 시대에 살고 있다는 것은 당연히 흥분되는 일일 수 있다. 그러나 그것은 또한 영적 결정주의, 일종의 역사적 운명론에 얽매이게 할 수 있다 - 상황을 바꾸고, 상황을 다르게 만들며, 혹은 미래를 만들어 가는 데 있어 개인이 할 수 있는 일은 별로 없어 보인다. 역사는 우리에게서 일어나고 있다. 시간이 모든 것을 해결해 줄 때, 나는 도대체 누구이며 내가 끌어낼 수 있는 변화는 무엇인가?

우리는 변화의 시대에 살고 있다. 지금은 종말의 시대이다. 세계적인 패러다임 전환을 주장하는 대신에, 나는 여기서 덜 웅장하지만 역사적으로 보다 독립된 어떤 것을 논의하고 있다. 우리 시대는 북아메리카 역사에서의 여타의 주기적인 각성에 이은 또 다른 각성의, 심지어는 대각성운동의 시기이며, 종교의 종말의 시대라기보다는 문화적 재활과 재정향의 시대이다. 각성은 마지막과 새로운 시작의 순환적인 시간이며, 영적 활동처럼 정기적으로 일어나는 사건이기 때문에, 의식, 목적, 희망, 그리고 창조적 가능성을 느끼며 우리 주변에서 일어나는 일에 참여하는 것이 더 쉽다.

각성은 인간이 세상에서 역사하시는 하나님의 영에 응답할 때에 일어나지만, 그것이 마지막 때는 아니다. 가족, 친구, 가정을 포기하고 도망칠 필요는 없다. 어떤 일들은 작동하지 않고 더 이상 의미가 없으며, 위로를 주지 못하고 갈 길을 인도하지 못할 것이다. 제도는 자체의 생존에 집착하면서 자신만을 유지하려고 애쓴다. 정치적 정당은 쇠락한다. 종교는 영감을 불어넣어 줄 능력을 잃는다. 그러나 그것은 우리가 여기 그리고 지금 해야 할 일 - 의미의 새로운 길, 하나님과 이웃과 관계하는 새로운 방식을 발견하고, 새로운 공동체를 이루며, 세상을 더 나은 곳으로 만드는 방법을 수립하는 - 이 있다는 것을 의미한다. 이 시대가 어려운 때이지만, 마지막 때는 아니다.

각성의 형태

맥루린이 주장하듯이 우리가 네 번째 대각성운동 시기에서 30~40년을 살아왔다면 왜 우리는 그것을 알아보는 데 그렇게 애를 먹고 있으며, 왜 그 열매를 맺는 데에 그렇게 오랜 시간이 걸리고 있는가?

어떤 이들은 이 각성을 1960년대 예수 운동으로 시작된, 전적으로 복음주의적인 사건과 동일시한다. 다른 이들은 그 새로운 각성을 성령운동 열풍의 탄생으로 본다. 때로 비평가는 새로운 각성은 제2차 바티칸 공의회의 갱신, 여성 목사 안수에 대한 개신교의 촉구, 혹은 정치적, 사회적 평등주의의 확산과 같은 기독교 활동주의의 새로운 정신과 동일시할 것이다. 어떤 이들은 옛날의 의례와 영적 수행을 되찾으려는 운동에서 각성을 경험한다. 또 다른 이들은 새로운 종교 운동과 동양 종교의 성장에서 각성을 본다. 어떤 사람들은 새로운 각성이 서구 기독교 세계의 옛 지형에서 일어나는 것이 아니라, 전적으로 지구 남쪽의 일이라고 선언한다. 다른 사람들은 각성이 보수적이거나 진보적인 정치의 재탄생 가운데서 발견되고 있다고 생각한다. 가장 최근에 젊은이들은 네 번째 대각성이 신흥 교회로 알려진 운동에서, 그리고 사이버 공간에서만 존재하는 새로운 가상 공동체에서 생겨나고 있는 것이기를 바란다. 실제로 몇몇 저널리스트, 여론조사자, 그리고 저술가들은 종교의 종말을 보지만, 다른 이들은 거의 모든 곳에서 일어나는 각성을 발견한다.

줄여 말하면 네 번째 대각성운동으로 불릴 수 있는 현상들은 너무 많다. 이 많은 운동들 가운데 어느 것이 서구의 종교 생활과 수행의 다음 단계를 형성할 것인가? 물론 각 집단의 목사, 교사, 설교자, 지도자들은 그들의 주장이 옳다는 것 - 영적 각성이 그들의 교회, 그들의 신학, 그리고 그들의 정치적 의제에 의해 이루어질 것이라는 - 을 확인시키려고 많은 노력을 기울인다. 그리하여 많은 이러한 운동들이 서로 경쟁하고 - 추종자를 확보하고 영적으로 영향력을 확보하며 대통령의 종교자문회의 자리를 얻거나 〈타임〉 지의 표지를 장식하려고 노력하면서 – 있다. 영적 각성은 당연히 눈에 띄지 않을 수도 있다. 왜냐하면 그것은 종교적 혼돈과 분열에 다름 아닌 것처럼 보이기 때문이다. 그러한 혼란이 종교에서 일어나고 있는 변화를 모호하게 한다. 지도 – 혹은 영적 GPS – 가 필요할 것이다.

1956년 인류학자 앤서니 F. C. 월리스(Anthony F. C. Wallace)는 그의 영향력 있는 논문 "재활운동"(Revitalization Movements)에서 문화적 변화로서의 각성에 대하여 설명했다. 비록 그의 연구는 세네카(Seneca) 부족의 종교적, 문화적 변화에 관한 것이었지만, 그는 그 형태가 기독교, 이슬람교, 불교에도 적용될 수 있다고 믿었다. 「부흥, 각성, 그리고 개혁」에서 맥루린은 북아메리카의 기독교 각성을 분석하기 위하여 월리스의 도식을 빌려 왔다. 그는 변화의 다섯 단계를 검토함으로써 미국 역사에서의 종교 갱신 운동의 형성을 설명했다.

1. **적합성의 위기**(crisis of legitimacy) 동안 개인들은 "그들 행동의 근거가 되어야 한다고 믿는 공통된 종교적 이해를 정직하게 유지할 수 없다." 사람들은 그들만이 그런 문제를 보고 옛 방식의 좌절을 경험하는 것인지 궁금해한다. 그리하여 그들은 전통적인 교리, 수행, 그리고 자신의 정체성의 의미에 대하여 의문을 제기하기 시작한다.
2. 다음에 사람들은 **문화적 왜곡**(cultural distortion)을 경험하며 그런 과정에서 그들의 문제가 개인적 실패의 결과가 아니라 "구조적 기능장애" 때문이라고 결론을 내린다. 그러면서 그들은 이 구조를 변화시키거나 거부하는 방법을 찾는다.
3. 다음에는 중요한 개인들과 공동체들이 **새로운 비전**(new vision), 인간 본성, 신, 영적 수행, 윤리적 헌신에 대한 새로운 이해, 그리고 미래에 대한 희망을 명확하게 표현하기 시작한다. 옛 것보다 새로운 경험의 빛 속에서 더욱 의미가 있는 새로운 가능성들이 하나로 결합되기 시작한다.

4. 새로운 비전이 펼쳐지면서 변화의 필요성을 이해하는 작은 집단의 사람들은 **새로운 길을 따르기**(follow a new path) 시작한다. 그들은 삶의 새로운 방식을 탐구함에 있어 종교, 정치, 경제, 가족의 구조에 관해 실험하고 창조하고 쇄신한다. 그들은 삶에 의미를 주기 위하여, 세상을 다르게 만들기 위하여 새로운 수행 방식을 발전시킨다. 그들은 새로운 비전을 구현하며, 다른 이들도 이에 동참하도록 촉구한다.

5. 혁신자들이 "아직 결단을 내리지 못하는 커다란 집단에 영향을 미치게" 될 때 **제도적 변형**(institutional transformation)이 일어나고, 결국 그 집단도 새로운 길의 "적합성을 보게" 되며 새로운 수행을 받아들이게 된다. 결단하지 못했던 이들이 "움직일" 때 제도적 변화는 마침내 일어나게 된다.[18]

맥루린의 설명에서 첫 두 단계는 붕괴와 쇠퇴의 단계이다. 두 번째 두 단계는 상상력과 가능성의 단계이다. 마지막 단계는 제도의 개혁과 사회 변동의 단계이다. 이러한 지형에서 변화된 정신과 마음 - 즉 우리가 자신, 하나님, 그리고 세계에 대하여 생각하는 것 - 은 제도적 변화에 선행한다(물론 제도를 변화시킴으로써 정신을 바꾸려는 사람들은 반대 방향의 노력을 기울이고 있을 것이다). 이것이 반드시 시간적으로 순서가 있는 그림은 아니다 - 즉 첫 번째 단계가 완전히 끝나야 두 번째 단계가 시작되는 것은 아니며, 두 번째 단계는 첫 단계가 끝나기 전에 시작될 수 있다. 개인들은 큰 집단과는 다른 개인적 속도로 이 단계들을 거쳐 갈 수 있으며, 이 단계들은 시간과 공간에서 중첩될 수도 있다. 마지막으로 그 도식이 모든 인간 경험을 완전하게 설명하거나 정확하게 그 미래를 예측하는 것은 아니다. 그러나 이 단계들은 종교적, 문화적 변화의 한 형태를 보는 방식을 제공하며, 이 영적 각성에 있어 우리의 보다 큰 공동체와 우리 자신의 위치를 파악하도록 돕고, 우리에게 미래 가능성의 의미를 부여한다.

인간 경험의 그러한 형태가 지니는 한계성을 감안한다 해도, 윌리스가 말하는 단계와 맥루린의 적용은 크게 도움이 될 수 있다. 많은 이들이 상실감을 느낄 때, 이것은 단순하지만 설득력 있는 길잡이가 될 수 있다. 북아메리카 사람들이 종교적 신앙 및 수행과 관련하여 최근 경험하고 있는 종말과 시작을 탐구하기 위하여 앞으로 나는 이 각성의 도식을 적용하려고 한다. 나의 관심은 주로 기독교에 대한 것이지만, 세계가 자신을 발견하는 영적 각성이 단순히 기독교적 사건만은 아니기 때문에 연구범위를 너무 좁게 한정하지는 않을 것이다. 이 책은 현대의 영적 각성의 전체 과정을 안내하는 지도로서 그 다섯 단계들을 활용하고 있다.

제1부 "종교의 종말"은 특히 지난 10년간 일어났던 종교의 붕괴 현상을 개괄한다. "시작의 종말"이라 이름 붙여진 이 장에서는 종교 쇠퇴의 문제를 제시하고 각성의 가능성을 제안했다. 제2장은 종교에 대한 최근의 여론조사 자료의 관점에서 "적합성의 위기"에 대하여 탐구하는데, 오늘날 미국의 신앙을 약화시키고 있는 "믿음, 행동, 소속"(종교와 영성을 측정하는 세 사회적 지표)의 변화에 초점을 맞추고 있다. 제3장은 제도적 종교의 실패에 대하여 검토하고 현대의 영적 갈망 – 의미의 새로운 길을 발견하려는 몸부림 – 에 대하여 살펴본다.

제2부 "새로운 비전"은 새로운 비전에 대한 추구가 경험적 신앙의 형태로 이루어지고 있다는 것을 제시한다. 제4장은 믿음의 새로운 지형으로서의 경험에 관해 탐구한다. 제5장은 실천으로서의 행동에 대한 새로운 이해를 소개한다. 제6장은 소속을 관계적이고 공동체적인 것으로서 새롭게 탐구한다. 제7장은 믿음, 행동, 소속의 연관성에 대하여 알아본다.

이 책의 1, 2부는 대부분 이미 일어났던 일을 다루고 있다. 제1부에서 거론하는 종교적 쇠퇴는 여론조사, 서베이, 통계, 그리고 뉴스에서 분명하게 드러나고 있다. 제2부에서 기술되는 변화 상황은 지난 20~30년간 여러 분야의 사상적 지도자, 역사가, 사회과학자, 문화비평가, 철학자, 과학자, 그리고 영적 지도자들에 의해 이루어진 작업이다. 제2부에서는 분명하고 보다 합의된 형태로 그 작업들을 연계시키려고 하며, 예배와 실천 모두에 담긴 이 비전을 세계 안에서 구현하기 위하여 보다 많은 영적, 사회적, 정치적 공동체(그것이 교회든, 회중이든, 친구 모임이든)가 필요하다는 것을 논의한다. 제2부는 새로운 형태의 기독교가 취하고 있는 모습을 그린다.

제3부 "각성"은 지금 일어나고 있는 것이 무엇인지, 각성이 비전으로부터 실천으로 옮겨갈 때 무엇이 일어날 수 있는지로 눈을 돌린다. 제8장은 "낭만적인" 영적 운동으로서의 제4의 대각성운동에 대하여 설명하고, 교조적(dogmatic) 신앙과 낭만적(romantic) 신앙 형태 사이의 긴장을 탐구한다. 제9장은 행동을 촉구하는 것으로 끝내면서, 오늘의 시대에 필요한 영적 작업으로서 우리가 무엇을 할 수 있고, 또 해야 하는지에 대하여 제안한다. 맥루린의 도식에 근거하여, 나는 대부분의 사람들이 아직도 붕괴와 불만족의 첫 두 단계와 씨름하고 있다고 믿는다. 그러면서도 많은 사람들이 세 번째 단계의 새로운 비전을 보며 그것을 포용하기 시작했다. 그리고 몇몇 사람들은 새로운 비전을 구현하는 새로운 실천과 공동체를 창조하는 네 번째 단계로 들어섰다. 제도적 갱신의 마지막 단계를 촉구하거나 그것에 감연히 진입한 지도자는 극히 드물다. 각성의 그러한 양상은 아직은 미래의 일이다. 왜냐하면 조직적 변화라는 지난한 작업을 위해서는 모종의 합의가 필요하기 때문이다. 우리는 아직 거기에 도달하지 못하고 있다. 하나의 문화로서 미국은 두 번째 단계의 마지막과 네 번째 단계의 처음 사이 어딘가에서 씨름하고 있으며, 각성의 방향을 둘러싼 중요한 긴장 가운데 휘말리고 있다.

기독교 미국은 끝났는가? 기독교는 끝났는가? 종교는 끝났는가? 나는 우리에게서 일어난 마지막이 새로운 시작 - 이 세상에서 엘렌과 같은 이들이 옛 제도가 실패함에 따라 고대하고 있는 시작 - 을 만들고 있다고 생각한다. 엘렌의 이야기는 완전한 끝이 아니라 하나의 끝임을 보여준다. 왜냐하면 그녀는 과거의 것으로부터 떠나와 종교 전통에 대한 새로운 물음을 제기함으로써 자신의 불만을 표현하고 있기 때문이다. 엘렌은 절대로 혼자가 아니다.

각성은 어떠한가? 그것은 어떤 것일까? 그것은 과거의 세계가 아니라 깨어서 오늘의 세계를 보게 한다. 전통적인, 위로하는 기독교는 실패했다. 그것은 작동하지 않는다. 각성에 대하여 설교할 것을 고집하는 교회는 끝났다. 우리는 되돌아갈 수 없으며, 그것을 원해서도 안 된다. 롯의 아내는 알려지지 않은 미래를 향해 가족이 피신할 때, 과거에 대한 미련으로 뒤돌아보아서 소금 기둥으로 변했다(창 19:26). 여러 세기 후에 예수는 추종자들에게 상기시켰다. "손에 쟁기를 잡고 뒤를 돌아보는 자는 하나님의 나라에 합당하지 아니하니라."(눅 9:62)

그러나 깨어나는 것은 **각성**을 향한 첫 단계일 뿐이다. 영성을 깨닫는 것은 인간의 번영을 위한 가능성을 열기 위해 무엇이 필요한지 식별하기 위하여 세상에서 하나님의 에너지에 대한 새로운 인식을 발전시킨다는 것을 의미한다. 식별하는 것은 자아, 이웃, 그리고 하나님에 대한 새로운 이해 - 무엇을 할 수 있고 무엇을 해야 하는가에 대한 비전 - 로 인도한다. 깨어나라, 식별하라, 마음에 그리라, 그리고 행하라. 미래를 달라지게 만드는 것은 하나님의 사랑 - 세상에서 우리가 어떻게 믿어야 하고 무엇을 행해야 하며, 우리 존재에 대한 이해를 변화시키는 사랑 - 과 충분히 소통하는 신앙에 대한 각성이다.

1 Jon Meacham, "The End of Christian America," April 3, 2009, www.newsweek. com/2009/04/03/the-end-of-christian-america.html.
2 Meacham, "End of Christian America."
3 Meacham, "End of Christian America."
4 Mark Chaves, "The Decline of American Religion?" ARDA Guiding Paper Series(State College: Association of Religion Data Archives at The Pennsylvania State University, 2011), www.thearda.com/rrh/papers/guidingpapers.asp.
5 Harvey Cox, *The Future of Faith* (San Francisco: HarperOne, 2009); Phyllis Tickle, *The Great Emergence* (Grand Rapids, MI: Baker, 2008); Brian McLaren, *A New Kind of Christianity* (San Francisco: HarperOne, 2010).
6 Vida Scudder, *Socialism and Character* (Boston: Houghton Mifflin, 1912), p. 346.
7 Dietrich Bonhoeffer, *Letters and Papers from Prison* (London: Fontana Books, 1959), p. 91.
8 Anne Rice, *Called Out of Darkness* (New York: Knopf, 2008), p. 183.
9 Comments made on Diana Butler Bass, "Ex-Catholics and Ex-Evangelicals: Why Did You Leave?," Belief.net, posted August 16, 2010, blog.beliefnet.com/christianityfortherestofus/2010/07/ex-catholic-ex-evangelical-why-did-you-leave.html.
10 Robert N. Bellah et al., *Habits of the Heart* (Berkeley: Univ. of California Press, 1985), p. 221.
11 Bellah ea al., *Habits of the Heart*, p. 235.
12 Nancy Gibbs, "Looking Back to the Future," *Time*, December 6, 2010, p. 33.
13 종교적 부흥을 촉진하는 힘에 대해서는 제8장에서 자세히 다룰 것이다.
14 Michael Elliott, "Was It Really So Bad?" *Time*, December 6, 2010, p. 78.
15 William McLoughlin, *Revivals, Awakenings, and Reform* (Chicago: Univ. of Chicago Press, 1978), p. 2.
16 McLoughlin, *Revivals, Awakenings, and Reform*, p. 2.
17 역사학자들은 이 "각성운동"의 범위, 성격, 그리고 기간에 대하여 많은 논쟁을 벌이고 있는데, 어떤 이들은 "각성운동"이 신학적 상상력의 산물, 목회적 불안의 환상, 성(gender)과 관련된 패러다임의 결과, 혹은 전승에 대한 나열이라고 주장하기까지 한다. "각성운동"의 개념이 때로 미국의 종교 역사에서 지나치게 과장되어 왔기 때문에(흔히 특정 형태의 부흥운동 개신교의 지원을 받으면서) 그러한 해석들이 받아들여지기도 한다. 그렇긴 하지만, 중요한 변화의 시기가 기독교 역사에서 일어났음을 인정하는 역사학파에 나 자신도 해당되는바, 그 변화는 다른 문화적 제도와 정치운동에 대하여 반응하고, 그것들에 의해 형성되며, 그것들을 재구성하도록 돕는다. 윌리엄 맥루린이 각성운동에 대하여 말하는 역사적, 인류학적, 이데올로기적 의미에서 나는 영적 각성운동에 대한 종교적인, 그리고 보다 세속적인 설명을 배제하는 것이 마음 편하며 또 기꺼이 그렇게 할 것이다.
북아메리카 운동들은 다른 개신교 국가들, 그리고 다양한 선교 환경에서의 각성운동과 상응하거나 대조되는 것이다. 이 개신교 각성운동들은 흔히 가톨릭 배경의 영적 갱신과 짝을 이루는 것이기도 했다. 가톨릭 운동들은 전형적으로 새로운 종류의 경건, 성모 마리아와 성자들에 대한 깊은 애착, 그리고 새로운 가톨릭 수도원이나 평신도 예배 공동체의 형성에 초점을 맞춰왔다.
18 McLoughlin, *Revivals, Awakenings, and Reform*, pp. 12ff.

제2장
옛 신에 대한 의문

"왜 당신은 미니애폴리스에 가십니까?" 시카고 발 비행기에서 옆 좌석에 앉은 사람이 물었다. 그는 잘 차려입은 사업가였다. "어떤 모임에서 강연하려고요." 내가 대답했다. 나는 한 루터교 대회 모임에서 강연할 것이라고 말할까 망설였다. 나는 때때로 특히 짧은 비행기 여행에서는 낯선 사람과 종교에 대하여 말하지 말라는 어머니의 충고를 받아들인다.

"어떤 종류의 모임입니까?" 그가 다시 물었다.

"루터교 모임이지요." 내가 대답했다. 종교적 지형을 고려해 볼 때 나는 그가 루터교에 대하여 알 것이라고 생각했다. 루터교 본부가 시카고에 있고, 미네소타 주에는 루터교 인구가 많기 때문에, 시카고-미니애폴리스 구간 비행기에서 루터교인 옆에 앉을 확률은 상당히 높다.

그는 말을 계속하는 것이 좋을지 망설이는 표정으로 나를 바라보았다. "나는 과거 루터교 신자였습니다. 아마도 여전히 그럴지 모르겠습니다만 더이상 교회에 나가지 않습니다. 나는 교회에 빠져 있지 않습니다. 물론 내가 어렸을 때 교회가 내게 주었던 것에 대해서는 고맙게 생각하고 있지요. 주일마다 교회에 나갔어요. 어머니가 그렇게 만들었지요. 견진성사, 교회학교 등 모든 일에 참여했어요." 그는 한숨을 쉬었다. "그러나 지금은 교회에 왜 나가야 하는지 모르겠고, 그래서 그냥 나와 버렸어요. 나의 삶은 교회 없이도 온전하답니다. 그것은 시대에 뒤진 것 같아요. 교회는 내 문제에 관심이 없어요. 나갈 이유가 없는 것이지요."

"어떤 문제인데요?" 내가 물었다.

"불확실성, 삶, 세상을 더 좋은 곳으로 만드는 일 같은 거요. 그런데 교회는 중요하지 않은 일에 관심을 가지고 있는 것 같아 보인다 말입니다. 교회는 실제 생활과 동떨어져 있어요."

"그 문제들이 선생님을 힘들게 하나요?"

"때로는 그래요." 그가 말했다. "그러나 대부분 나는 그 문제들을 아내와 가족과 함께 해결하려고 노력하고 있지요. 살아가면서 해결하는 식으로 말이에요."

"이제는 일요일 아침에 무엇을 하시나요?"

"대부분 잠을 잡니다. 아이들과 축구를 하기도 하고 책도 읽지요. 이렇게 시간을 보내는 것은 좋은 일이지요."

그는 헤드폰을 귀에 꽂았다. 30분 후 비행기가 착륙했다. 우리는 비행기 통로를 걸어 나가서 헤어졌다. 그가 출구를 향해 걸어 나갈 때, 나는 루터교 이후의 세계로 돌아가는 그를 볼 수 있었다.

선택

한 세대 전이라면 아마도 그 루터교 사업가는 교회를 떠나지 않았을 것이다. 그의 부모, 가족, 이웃이 종교적 의무로서 교회에 나가도록 그에게 압력을 넣었을 것이고, 교회 말고 그의 주의를 딴 데로 돌릴 다른 일요일 활동도 거의 없었을 것이다. 그러나 엘렌처럼 그 역시 다른 교회로 옮기거나 다른 종교를 발견하거나, 아니면 단순히 나가지 않는 선택을 했다. 그들 중 누구도 종교적인 "의무감"을 느끼지 않았다.

이런 이야기에 접하면 어떤 이들은 고개를 흔들면서 기개는 어디로 갔으며, 젊은이들은 왜 더 이상 충실하지 않은지 의아해할지 모른다. 그러나 의무감의 상실이 단지 종교적 현상인 것만은 아니다. 그것은 또한 사회적 현상으로, 이제 사람들은 제휴와 협상에 의해 자신의 삶을 꾸려나가고 있다. 20세기 중반에 이르자 우리는 선택에 기초한 사회를 발전시켜, 관습과 의무 대신 취향과 욕구를 따르게 되었다. 성인이 된다는 것은 선택하는 것 - 교육, 경력, 배우자, 주거지, 상품, 정당, 동기, 신념, 그리고 신앙 - 을 의미한다.

"커피 주세요." 인기 있는 한 커피숍에서 내 앞에 서 있는 여자가 점원에게 말했다.

"그냥 커피요? 카페인 없는 커피? 프림은? 어떤 브랜드? 유기농? 뜨겁게?"

"그냥 블랙커피요."

그녀는 웃으며 어깨를 으쓱하더니 "아무거면" 어떠냐는 듯한 눈길로 내 쪽을 쳐다보았다.

나는 그녀의 몸짓에 화답하여 말했다. "일 때문에 나는 시애틀에 자주 가요. 한번은 커피 전문점 대표와 식사를 하며 그의 커피숍에서 커피를 마실 때 선택할 수 있는 경우의 수가 얼마나 되는지 물었죠. 그에 따르면 메뉴에서 선택할 수 있는 경우의 수는 8만 2천 가지 - 몇십 가지 정도의 오차는 있겠지만 - 나 된다고 하네요."

그녀는 놀란 표정이었다. "8만 2천 가지요? 머리가 아플 지경이네요."

미국인들은 보통 사람이라 하더라도 우리의 어떤 조상이 한 달에, 혹은 1년 동안 선택했던 것보다 더 많은 선택을 단 하루에 하고 있다. 잠에서 깨어나는 순간부터 우리는 선택에 시달리게 된다 - 커피를 카페인 있는 것으로 마실지 없는 것으로 마실지, 아이를 학교에 보낼 준비를 하는 동안 백 개가 넘는 TV 채널 가운데 어느 채널을 볼지, 뉴스를 신문, 인터넷, 스마트폰 가운데 어느 것으로 볼지, 저녁 때 먹을 시금치를 어떤 종류로 고를지(일반 재배, 유기농, 신선한 것, 냉동된 것, 잘게 자른 것, 통 잎으로 된 것, 비닐 주머니에 든 것, 혹은 단으로 묶여 있는 것 등) 선택해야 한다.

나의 할머니가 젊었을 때 그녀에게는 선택의 폭이 훨씬 좁았다. 만일 그녀가 10센트를 가지고 있었다면 동네 식당에서 커피 한 잔을 주문했을 것이다. 만일 시금치가 계절에 맞춰 나왔다면 야채 가게에서 한 단을 집었을 것이다. 그녀는 가톨릭 가정에서 태어났지만 그녀에게 교육을 시키겠다는 약속을 지키지 않고 수녀원 청소만 시킨 수녀들에 의해 혹사당했다고 느꼈다. 그녀가 내 할아버지와 눈이 맞아 가출한 후에는 그가 다니는 감리교회에 나갔다(그녀는 수녀들을 미워했기 때문에, 그리고 개신교 신자인 남자와 함께 죄 가운데 살고 있기 때문에 지옥에 가지 않을까 남몰래 걱정했을 것이라고 나는 생각한다). 그래서 그들 이전의 모든 세대가 식민 역사 가운데서 했던 것처럼 나의 가족은 할아버지의 감리교로 옮겼다. 커피, 시금치, 그리고 감리교. 전에는 우리가 이러한 일들을 선택하지 못했다. 만일 우리에게 돈이 있었다면, 만일 가게가 그 채소를 쌓아 놓았다면, 혹은 만일 우리가 감리교 가정에서 세례를 받았다면, 우리는 단순히 이 특정 대상들과 관련하여 그저 고마울 따름이었다.

대부분의 서구 역사에 있어 기독교 종교는 하나의 필수적인 종교로 잘 기능했다. 가족의 의무는 지역 마을의 교회를 오랜 세월 동안 유지하는 것이었다. 미사에 참여하거나 굶주린 사람을 먹이는 것과 같은 하나님에 대한 의무는 사람들로 하여금 신앙을 가지게 했는데, 그것은 그렇게 하지 않으면 하나님이 화를 내실 것이라는 두려움 때문이었다. 지옥에 떨어지지 않기 위하여 예수를 믿는 것과 같은 신학적 의무가 주일 예배와 부흥집회에 사람들로 넘치게 했고, 이에 따라 수많은 교회가 유지되었다.

그러나 지금은 어떤가? 선택의 세계에서는 의무가 부여되는 종교가 잘 유지되지 못하고 있다. 실제로 종교가 어떻게 사람들에게 의무를 부여할 수 있는가? 교회가 할 일은 무엇인가? 지옥의 영원한 형벌로 사람들을 위협하는가? 미국인의 59%만 실제로 지옥을 믿고 있으며, 그 비율은 지난 10년간 크게 낮아졌고, 자신이나 이웃이 지옥에 갈지 모른다고 생각하는 사람은 그보다 훨씬 더 적다.[1] 저주는 과거보다 훨씬 덜 강력한 동기가 되어 버렸다. 미사에 참석하지 않는 사람들은 어떻게 할까? 그들은 감독교회, 감리교, 혹은 루터교 교인이 될 것이다. 혹은 그들의 성당에 전혀 나가지 않을 수도 있다 - 가톨릭 신자의 약 60%가 미사에 참석하지 않고 있다. 아이들이 세례 받는 것을 거부하는 사람들은? 걱정할 필요가 없다. 거부하지 않는 사람들이 있을 것이다. 아니 아마 그들은 그 문제에 신경 쓰지 않을 것이다.

물론 어떤 사람들은 선택을 좋아하지 않는다. 선택이 그들을 피곤하게 만들기 때문이다. 무슨 커피를 마실까 고민하지 않고 단순히 블랙커피를 원하는 사람이 있지 않은가. 그들은 항상 똑같은 것을 주문한다. 그러나 새롭거나 다른 선택의 여지들이 있을 때는 많은 사람들이 그 기회를 이용한다 - 대개 옛 방식을 여전히 따르는 사람들에게 위협이 되는 매우 창조적이고 혁신적인 방식으로. 종교 영역에서는 선택이 흔히 부정적인 어떤 것, 즉 전통을 위반하는 것으로, 관습을 포기하는 것으로, 하나님이나 교회를 배반하는 것, 즉 이단으로 여겨지기도 한다. "우리는 전에 절대 그런 식으로 하지 않았다." 비판자들은 종교적 선택을 이기적이고 개인주의적이며 소비자 지상주의적이고 자기도취적이며 근시안적이고 불충스럽고 사려 깊지 않은 것이라고 공격한다. 그러나 만일 가치판단적인 종교적 언어를 잠시 접어놓고 보면 종교 역시 선택이다.

우리가 살고 있는 경제적, 사회적, 정치적 세계는 커피숍에서의 8만 2천 가지 선택과 같은 수많은 선택의 가능성을 열어 놓았고, 그것이 하나님을 예배하고 이웃을 사랑하는 일이 될 때 그 선택의 폭은 아마도 훨씬 커질 것이다. 어떤 이들은 잘 선택하고, 다른 이들은 잘못 선택할 것이다. 어떤 이들은 새로운 것을 선택하고, 다른 이들은 잘 알고 있는 것을 선택한다. 그러나 결국 모두가 선택한다. 현대적 영성도 커피숍에서의 선택과 다소 비슷하다. 모두가 선택한다. 비록 당신이 단지 블랙커피를 원한다 하더라도.

1960년과 2010년

앤서니 F. C. 월리스는 각성이란 옛 규범 – 우리의 부모, 공동체, 그리고 정부가 한때 따랐던 지침과 규칙 – 이 더 이상 작동하지 않고, 사람들이 그들의 일상생활에 있어서 다른 선택을 하기 시작할 때 시작된다고 주장했다. 옛날 각본은 더 이상 기능하지 않는다. 한때 미국인들은 그들의 영적 삶에 관해서는 선택의 여지가 별로 없었다. 종교는 하나의 "규범"이며 삶의 당연한 형태였다. 전형적으로 미국인은 기독교인이었고, 대부분 개신교인이었다. 가톨릭 신자도 많았고 몇몇 정교도 신자도 있었다. 유타 주에서는 모르몬 신도가 되는 것이 종교적 규범이었다 – 그러나 대부분의 다른 기독교인들은 모르몬 신도를 참된 기독교인이라고 생각하지 않았다. 그리고 유대교인이 있는데 숫자는 적지만, 많은 개신교인과 가톨릭 신자가 유대인 친구 한둘은 가질 만한 정도는 되었다.

1970년까지만 해도 미국인의 95%가 하나님의 존재에 대하여 확신한다고 했고, 99%가 하나님을 믿었다. 모든 미국인의 2/3가 개신교인(주류 개신교인, 성공회 신도, 흑인 개신교인, 그리고 복음주의자를 포함하여)이었고, 24%는 가톨릭 신도였으며, 약 2%는 유대교인이었다. 약 6%는 "기타"(불교인, 무슬림, 힌두교인을 포함하여)라고 했고, 나머지 약 2%의 미국인은 대답하지 않았는데, 그것은 아마도 그들이 무신론자이거나 불가지론자였기 때문일 것이다. 사회학자 윌 허버그(Will Herberg)는 1960년에 전형적인 믿음의 형태에 대하여 기술했다.

미국인은 무엇을 믿는가? 의심의 여지없이 "그들은 하나님을 믿는다." 그 비율이 한 조사에서는 97%, 다른 조사에서는 96%, 또 다른 조사에서는 95%에 이른다. 우리가 보듯이 그들 가운데 약 75%는 교회 신도이며, 상당수가 자주 그리고 정기적으로 예배에 참석한다. 그들은 기도를 믿는다. 약 90%

가 자주 기도를 드리고 있다고 말한다. 그들은 죽음 후의 삶, 심지어 천국과 지옥을 믿고 있다. 그들은 교회와 성직자를 좋게 생각한다. 그들은 성서가 영감을 받은 책, 즉 '하나님의 말씀'이라고 믿는다. 그들 대다수는 아이들이 종교적 가르침을 받아야 하며, 교회 신도로 양육되어야 한다고 생각한다. 역시 대다수가 종교는 매우 중요하다고 생각한다. 모든 면에서 그들의 태도는 오늘날의 모든 사람, 혹은 어느 서구 사람들과 마찬가지로 종교적이다.2

약 50년 전 미국인은 확고하게, 그리고 압도적으로 종교적이었다.
그러나 허버그는 그 자료에는 어떤 "부조화"가 존재한다고 곧바로 지적했다. 다른 질문으로 이어졌을 때 미국인의 절반 이상이 그들의 이러한 종교적 견해가 정치나 직장 일에는 영향을 미치지 않는다고 했다. 이에 대하여 허버그는 하나님에 대한 믿음이 사회적 관습, 즉 "규범성과 의미의 어떤 근본적인 배경을 마련해 주는" 틀일 수 있다고 결론지었다.3 다시 말하면 종교에 대한 그들의 견해는 믿음일 뿐만 아니라 규범 - 아마도 전자보다는 후자일 것 - 이었다. 이것이 미국인이 믿는다고 말하는 것이며, 이러한 생각은 어떻게 해서든 목적, 지침, 그리고 권위에 대한 공동체적 의식을 제공했다. 다르게 믿는다고 말하는 것은, 즉 다른 선택을 하거나 그 믿음에 의문을 제기하는 것은 비미국적인 것으로, 자신을 용인되는 행위의 영역 밖에 있는 것으로 만드는 것이었다. 개인들에게 그 믿음이 얼마나 깊은가 하는 것은 측정하기 어렵지만, 적어도 표면적으로는 사람들이 그러한 입장에 뜻을 같이했다. 왜냐하면 이러한 생각은 세상을 질서 있게 만드는 데 도움이 되었고, 그들에게 미국이라는 가족에 대한 소속감을 주었기 때문이다. 좋은 미국인은 하나님을 두려워하는 사람이었다. 경건과 애국심은 적어도 공적인 의무로서 맞물려 있다.
2008년 퓨 연구소(Pew Research Center)는 3만 5천 명을 대상으로 미국 종교에 대한 광범위하고 심층적인 여론조사를 수행했다. 핵심적 질문 가운데 하나는 "당신은 하나님 혹은 우주적 영(靈)을 믿으십니까?"였다. 그 질문은 하나님에 대한 믿음과 관련된 1960년의 물음(이때는 "우주적 영"이라는 부분이 추가되지 않았다)보다 모호한 면이 있기는 하지만, 놀라운 결과가 나왔다. 71%의 미국인만 그러한 하나님 혹은 영이 "확실히" 존재한다고 했다(다른 조사들에서는 이 비율이 64 혹은 69%였다4). 17%는 다소 회의적이라고 했고, 4%는 매우 회의적이라고 했다. 5%는 하나님이 존재하지 않는다고 했으며, 3%는 모른다고 대답했다.5 따라서 1960년 이래로 50년 사이 하나님을 믿는다는 미국인의 비율은 97%에서 71%로 낮아져 26% 포인트 하락했다. 71%에는 보다 유연하고 포괄적인 "우주적 영"이란 용어가 포함되어 있다. 따라서 다음의 결론에 도달할 수 있다. 성서적인 아버지 하나님에 대한 미국인의 믿음은 확실히 옛날의 그런 믿음이 아니다. 지난 50년 사이 "믿지 않을" 선택 - 과거에는 공적으로 용인되는 입장으로는 존재하지도 않았을 선택 - 이 가능성으로 열린 것이다.

1972년부터는 종교 조사에서 새로운 문항이 등장했다. 1970년대 일반사회조사(General Social Survey)는 불교도, 힌두교인, 무슬림의 비율이 인구의 약 0.4%라는 사실을 밝혀냈다. 오늘날 그 비율은 적어도 네 배가 되어 인구의 2%를 차지하고 있다(이것은 아마도 당연히 실제보다 낮게 나타난 비율일 것이다). 같은 기간 동안 기타 종교(유니테리언, 뉴에이지 종교, 미국의 원주민 종교전통 등)를 가진 사람들의 비율은 0.4%에서 1.2%로 높아졌다. 그러나 미국 종교에서의 변화의 핵심은 "소속이 없음" 혹은 "위의 어느 종교도 아님"의 범주로서, 그들은 모든 전통적 수준의 믿음과 수행을 포기한 사람들이다. 1960년에는 이 사람들이 여론조사에서 거의 견해를 표명하지 않았다. 1972년 그들은 인구의 약 5%로 늘어났다. 여론조사에 따르면 이제는 미국인의 16~20%가 "종교 없음" 혹은 "소속 없음"이라고 하는데, 그 비율은 주류 개신교인의 수(조사에 따라 16~18%)와 거의 비슷하거나 약간 높은 것이고, 가톨릭 신도(23%)와 복음주의자(26%)보다는 약간 적은 것이다.6

그리고 미국인들에게 이제는 영적, 종교적 생활에 있어 선택의 폭이 더 넓어졌다는 사실을 감안한다면, 젊은 세대는 종교적 의무감이 더 컸던 그들의 조부모 세대보다 "종교 없음" 부류일 가능성이 훨씬 높다 – 30세 미만 성인의 25~30%가 "종교 없음"이라고 응답하고 있다. 비록 미국이 아직까지도 많은 기독교인을 가지고 있고 종교적 다양성의 역사를 가지고 있기는 하지만, 미국의 기독교인 비율은 분명히 감소하였고, 종교적 다양성은 전체 인구에 걸쳐 전보다 더 명백하고 광범위하다. 너무나 충격적인 변화 가운데 하나는 2010년 미국에서 세 번째로 큰 종교 집단 – 그리고 미국에서 가장 젊은 집단 중 하나인 – 은 "소속 없음"으로서, 그들은 신학이건 하나님 견해건 단 하나의 주제도 가지고 있지 않은 독립적인 집단이다. "종교 없음"에는 무신론자, 불가지론자, 특별한 종교 정향이 없고 세속적인 무소속의 사람들이 포함되어 있다.[7] 만일 이런 추세가 현재와 같은 속도로 지속된다면 "종교 없음"과 기타 종교의 사람들을 합치면 2042년에는 미국에서 기독교인 수를 넘어설 것이다.[8]

이제 신앙을 선택하는 것은 커피숍에서 메뉴 가운데 하나를 주문하는 것과 비슷해졌다 – 많은 가능성이 있어 누구는 단순한, 누구는 복잡한, 누구는 이미 만들어진, 누구는 계절에 따라 특유한, 누구는 보통의, 누구는 스스로 만든 것을 선택할 수 있다. 하나님과 관계를 맺는, 이웃을 사랑하는, 그리고 신앙을 수행하는 수많은 방법에 직면하여, 이제 우리는 스스로 결정해야 한다. 종교에서의 선택은 현실이 되었다. 그것을 벗어날 길은 없다.

세 가지 커다란 질문

적합성의 위기는 새로운 선택들이 나타나는데 그 길은 분명하지 않을 때 시작되지만, 그러한 위기는 많은 사람들이 의미와 삶의 기본적 방향에 의문을 제기할 때 명백해진다. 분명히 종교를 새롭게 만드는 물음은 무수히 많다. 그러나 아무리 많은 특정 질문들이 예상될 수 있다 하더라도 대부분은 세 가지 커다란 질문들로 압축된다. **나는 무엇을 믿는가? 나는 어떻게 행동해야 하는가? 나는 누구인가?** 이것들은 모든 종교가 대답하는, 모든 위대한 영적 스승이 가르치는, 모든 교회, 회당, 사원, 사찰, 혹은 종교 공동체가 관여해야 하는, 인간의 영적 갈등을 촉발하는 기본적인 질문들이다. 그리고 이 세 질문은 자신의 신앙을 선택하는 과정을 암시한다 – 그것들은 전통 안에 머물러 있을지 떠나갈지 결정하는 틀을 제공한다.

실제로 사람들이 자신의 신앙 이야기를 서로 나눌 때 흔히 이런 말로 시작한다. "나는 교황이 실제로 하나님을 대변한다고 생각하지 않아요." "나는 더 이상 신조를 암송하지 않아요. 왜냐하면 그것을 믿지 않기 때문이지요." 혹은 "나는 예수가 구원에 이르는 유일한 길이라고 더 이상 말하지 않아요." **믿음**에 관한 물음은 **행동**을 다시 생각하게 한다. 그래서 행동은 바뀐다 – 예를 들면 교회의 가르침을 무시하거나, 신조를 모두가 고백할 때 침묵을 지키거나, 혹은 연례 부흥집회를 피하거나. 만일 한 사람이 결국 가톨릭 신도, 주류 개신교인, 혹은 복음주의자처럼 행동하기를 멈춘다면, 그는 아마도 그 교회에 소속하기를 멈추고 더 이상 자신을 "좋은" 신도로 생각하지 않을 것이다. 믿음, 행동, 그리고 소속은 종교적 신앙이 서로 뒤얽혀 있는 세 가닥이다.

사회학자들은 믿음, 행동, 그리고 소속을 종교의 세 차원, 즉 종교적 관념, 종교적 헌신, 종교적 귀속이라 말한다. 종교에 대한 인간의 이해를 깊게 하기 위하여 모든 종류의 서베이, 여론조사, 연구, 관찰, 탐구는 개인과 공동체의 삶에 있어서 신앙의 이 세 양상들을 측정하고 평가하려고 시도한다. 종교에 관한 최근의 연구들을 살펴보면 이 영역들 – 믿음, 행동, 소속 – 각각은 21세기 초 위기를 맞고 있다는 것이 분명해진다. 이것을 "쇠퇴"로 간주하는 이들도 있겠지만, 그것을 영적 불만족으로 생각하는 것이 더 적합할 수 있다. 옛 방식은 작동하지 않고 있으며, 눈에 빤히 보이는 새로운 길은 거의 없는 듯하다. 미국인들은 이제 기성 종교에 특별히 만족하지 않고 있는데, 그것은 기성 정당에 만족하지 않는 것과 마찬가지다. 지금으로서는 상황은 혼란스러우며, 그러한 당혹감은 여론조사에서와 교회 신도석에서 똑같이 반영되고 있다. 이것은 전통적인 믿음, 수행, 그리고 조직에 대한 신뢰와 확신이 심각하게 결여되어 있음을 나타내는 것이다.

믿음 : 나는 무엇을 생각하는가?

당신은 무엇을 믿는가? 조사자가 믿음에 대하여 물을 때, 그는 사람들이 관념, 원리, 혹은 교의에 대하여 어떻게 생각하는지 알기를 원한다. 종교에 있어 믿음과 관련된 물음은 "당신은 하나님 혹은 우주적 영을 믿습니까?"와 "당신은 지옥을 믿습니까?"와 같은 것으로부터 "당신은 기도가 이루어진다고 믿습니까?"와 "당신은 성경이 하나님의 말씀이라고 믿습니까?"에 이르기까지 다양하다. 믿음에 관한 질문은 사람들이 어떻게 하나님을 개념화하고 있는지, 그들이 종교적 가르침을 어떻게 이해하는지, 그리고 그들이 옳고 그른 것은 무엇이라고 생각하는지에 관심이 있다.

20세기 시작 무렵 많은 학자들은 서구 사회가 점차 세속화될 것이고, 과학이 하나님 신앙을 약화시킬 것이라고 주장했다. 따라서 종교는 사라질 터였다. 그러나 실제로는 20세기에 성스러움이 되살아나는 것을 보았다 - 그래서 한 때 위세 당당하던 세속화 이론은 학문적으로 어려움을 겪는 불운에 처했다. 대부분의 서구 국가들에서 무신론이 증대되고 있고, 리처드 도킨스 (Richard Dawkins)의 「만들어진 신」(The God Delusion)과 같은 책들이 놀랍게 팔리고 있음은 분명하다. 그러나 "종교 없음"이라고 하는 사람이 모두 무신론자인 것은 아니다. 미국에서는 인구의 1.6%만이 자신이 무신론자라고 밝히고 있다. 실제로 2008년의 퓨 연구소 조사는 미국에서 하나님을 믿는 전체 비율 - 하나님이 확실하게 존재한다고 믿는 71%, 다소 의심하고 있다는 17%, 많은 의심을 가지고 있다는 4%를 모두 합친 - 이 인구의 92%에 이른다는 것을 발견했다. 92%라는 숫자는 전(前) 세대들의 믿음 수준과 역사적으로 동일 선상에 있는 것이다. 그렇다면 무엇이 문제란 말인가?

비록 대부분의 미국인이 하나님이 존재한다고 - 혹은 할지 모른다고 - 생각하기를 특별히 멈추지는 않았지만, 그들은 하나님에 대하여 실제로 다르게 생각하는 것 같다. 하나님에 대한 피상적인 믿음을 넘어 퓨 연구소 조사는 구체적으로 어떤 하나님을 믿는지 알아보았다. 성인 가운데 60%는 하나님이 "사람들이 관계를 가질 수 있는" 인격이라고 여기는 반면, 25%는 하나님을 비인격적인 힘으로 규정하고 있다. 약 7%는 하나님이 존재하지만 그에 대하여 아는 것은 불가능하다고 말한다. 이런 식으로 분류되면 미국인의 절반 약간 이상이 하나님을 "인격적" 존재로 보는 반면에, 절반 약간 이하는 하나님을 영으로, 모호한 실체로, 혹은 존재하지 않는 이로 본다. 다시 말하면 미국에서 하나님에 대한 믿음은, 몇몇 논자들이 말하는 것처럼 확고한 것이 아니라 상대적으로 유연한 것이다.

베일러(Baylor) 대학교 연구팀은 미국인이 지금 가지고 있는 구체적인 하나님 견해에 대하여 조사했다. 그들 역시 하나님을 믿는다고 말하는 미국인이 약 92%임을 발견했다. 그러나 그 연구팀은 또한 미국인이 실제로는 네 개의 다른 하나님을 믿는다는 것을 알아냈다. 물론 그 넷이 기독교인의 하나님, 유대인의 하나님, 무슬림의 하나님, 그 밖의 모든 사람들의 하나님을 말하는 것은 아니다. 그 연구자들의 구분은 종교가 아니라 미국인이 어떻게 하나님의 성품을 이해하는가에 따른 것이었다. 그리하여 미국인에게는 네 하나님이 있다. 권위적인 하나님(31%), 자비로운 하나님(23%), 비판적인 하나님(16%), 멀리 있는 하나님(24%).[9] 진노하고 죄를 미워하는 권위적인 하나님은 한때 미국 개신교 다수의 문화를 지배했던 하나님 믿음에 가장 가까운 것일 수 있다. 그러나 다른 이미지들 또한 미국인의 하나님 믿음을 형성하고 있다 - 죄인을 용서하는 친구, 평화를 가져오는 분, 돌보는 치유자로서의 자비로운 하나님, 마지막에는 모든 것을 바로잡는 정의의 수호자로서의 비판적인 하나님, 그리고 자연적 우주의 뒤와 너머에 있는 우주적이고 창조적인 힘으로서의 멀리 있는 하나님.

  이 조사들은 단편적인 것일 수 있다 - 세월이 흐르면서 변하는 하나님 이해들은 비교하지 않고, 21세기 초 미국인의 하나님 견해만을 보여주기 때문이다. 미국인들은 당연히 항상 하나님에 대한 매우 다양한 믿음을 가졌을 것이다(19세기 미국 종교 역사가 보여주듯이). 그러나 또한 아버지로서의 하나님에 대한 "규범적" 관념, 즉 성서로부터 유래하고 최근까지 문화적 합의를 형성한 미국인의 가치와 정체성과 관계된 하나님 믿음이 있었다고 주장될 수도 있다. 분명히 권위적인 하나님은 20세기 중반 대부분의 가톨릭, 개신교, 복음주의 주일학교에서 가르쳤던 하나님이다. 그러한 하나님 이해는 윌 허버그가 1960년에 적절하게 기술했던 세계가 사라짐에 따라 무너지고 있다. 나이든 미국인은 분명히 아버지로서의 하나님, 혹은 심판자로서의 하나님, 혹은 왕의로서의 하나님, 어제의 교회를 지배하는 하늘의 왕좌에 있는 주인으로서의 하나님 이미지와 함께 자랐기 때문에, 그러한 엄격한 규범적 하나님을 기억할 것이다. 한두 세대 전에는 미국은 이 하나님 아래 있는 한 국가라고 여겨졌지만 지금은 더 이상 그렇지 않다. "하나님들(Gods) 아래 있는 한 국가"라고 선언하는 것이 더 정확할지 모른다. 베일러 대학의 사회학자 폴 프로에스(Paul Froese)는 보수주의자는 종교적이고 자유주의자는 세속적이라는 전형화는 "전혀 사실이 아니다. 정치적 자유주의자와 보수주의자가 모두 종교적이다. 그들은 단지 다른 종교적 견해를 가지고 있을 뿐"[10]이라고 주장한다. 퓨 연구의 저자들은, 미국인은 예상하는 것보다 덜 교조적이고 더 다양한데, 그것은 역사적으로 사실일 것이라고 주장한다. "대부분의 미국인은 신앙에 대하여 비교조적(non-dogmatic) 태도를 가지고 있다."[11] 엄격한 아버지로서의 하나님은 사라지고 있으며, 새로 생겨나고 해석이 가능한 여러 얼굴의 하나님 이해로 대체되고 있다.

퓨 연구는 종교적 관념의 다양성과 관련하여서도 "비교조적이고 다원적인" 이해의 역동성을 발견했다. 예를 들면 미국인은 심판의 지옥(59%)보다 사랑의 천국(74%)에 대한 믿음을 선호한다. 비록 많은 수의 미국인이 천국과 지옥 모두를 믿지만, 지옥을 믿는 사람은 더 적으며, 이웃이나 자신이 그곳에 갈 것이라고 믿는 이는 훨씬 적다(0.05%). 70%는 "많은 종교들이 영원한 생명으로 인도할 수 있다"고 믿는다. 미국인의 하나님은 분명히 포용적인 수용보다 신학적 순수성과 처벌에 훨씬 덜 관심을 가지고 있다. 2010년 종교 지식에 대한 퓨 연구소 조사는 무신론자, 불가지론자, 모르몬 신도, 유대교인이 개신교인과 가톨릭 신도보다 종교 및 전통적인 종교적 믿음에 대하여 더 많이 알고 있다는 것을 발견했다 – 이것은 대부분의 기독교인이 교리에 대하여 유연하고 유동적이거나 혹은 정해진 틀이 없는 견해를 가지고 있다는 결론에 이르게 한다. 종교적 관념이 변하고 있다.[12]

많은 사람에게 하나님, 신앙, 그리고 구원에 대한 신념의 근거가 되는 책 성서에 대한 미국인의 믿음이 최근 몇 십 년간 상당히 변했다. 성서에 대한 세대 간 견해를 비교한 한 서베이는 성서, 코란, 모르몬경이 "똑같은 영적 진리를 제공한다"는 것에 대하여 64세 이상의 성인은 33%가 동조하는 반면, 젊은 미국인의 비율은 56%나 된다는 것을 발견했다. 1960년대에 성년이 된 미국인 가운데 90%가 성서는 거룩하다고 생각했지만, 미국의 젊은 성인(18~25세)의 경우 67%만 성서를 거룩한 것으로 보고 있다. 이 연구에 따르면, 50년 전과 비교해 볼 때 젊은 미국인은 성서를 덜 거룩하고, 덜 정확하며, 다른 거룩한 경전과 비슷하고, 인간의 견해와 전달에 있어 오류가 있을 수 있다고 믿는다 – 그리고 그들은 나이 든 성인들보다 성서를 덜 읽는다는 것을 인정한다.[13]

증대되는 종교적 다양성을 배경으로 하여 하나님, 전통적 교리, 그리고 성서에 대한 미국인의 믿음은 보다 넓은 범위의 자료, 경험, 관계, 신앙 전통의 영향에 대하여 열려 있다. 그리하여 믿음에 대한 선택은 미국 역사에 있어 어느 때보다 훨씬 폭넓은 맥락에서 이루어지고 있다. 그것은 윌 허버그가 말한 "개신교, 가톨릭, 유대교"라는 시민적 신앙이 종교에 있어 규범이었던 50년 전에 사람들이 흔히 가졌던 믿음으로부터 현저하게 변화된 것이다. 2008년 퓨 조사의 통계는 종교적 선택에 있어 전통의 방식은 약화되고 개방적이고, 흔하게는 불확실한 방식으로 옮겨가고 있음을 보여준다. 즉 우리 가운데 68%는 "내 종교의 가르침을 해석하는 방식은 하나만 있는 것이 아니다"라고 생각하고 있는데, 이것은 우리가 하나님에 대하여 생각하는 것에 대한 개인적 해석과 창조적 적용을 위해 신학의 문을 활짝 여는 것이다. 미국인 대다수는 우리가 믿는 것을 자유롭게 선택할 수 있다고 믿는다. 미국이 특별히 더 세속적으로 된 것은 아니다. 오히려 미국인은 이제 거룩한 언어, 목소리, 강조점에서의 커다란 다양성에 대하여 말하고 있다.

행동 : 어떻게 행동해야 하는가?

당연히 "규범"에는 믿음뿐만 아니라 행동도 포함된다. 당신은 종교가 가르치는 것과 관련하여 어떻게 행동하는가? 얼마나 자주 종교 예배에 출석하는가? 얼마나 자주 기도하는가? 행동에 대한 물음은 사람들이 무엇을 하는지, 신자들이 신앙을 어떻게 수행하는지 묻는다.

미국인의 종교적 행동에 대한 측정에 있어 주일 교회 - 혹은 "예배" - 출석에 대한 계속 반복되는 질문보다 논란이 되는 것은 없다. 1960년 이래로 약 40~45%의 미국인이 지난 일주일 내에 교회, 성당, 혹은 회당에 참석했다고 말하고 있다. 이 수치는 미국인의 종교 생활에 대한 모든 논의에서 거의 기정사실이다. 저널리스트, 역사학자, 그리고 작가들은 미국이 예외적으로 종교적이라는 것(특히 다른 부유한 국가들과 대조적으로)을 입증하기 위해 흔히 미국의 교회 출석률 통계를 이용한다.[14] 이러한 "안정적이고 확실한" 수치는 사회학자 커크 헤이더웨이(Kirk Hadaway)와 말러(P. L. Marler)로 하여금 다음과 같이 주장하게 한다. "만일 여론조사 자료가 믿을 수 있는 것이라면, 사회적, 문화적 변화로 요동했던 지난 30년 동안 미국의 교회 출석률은 거의 변하지 않았다."[15] 그리고 그 숫자는 미국의 종교적 행동이 지난 50년 동안 크게 변해 왔다는 주장을 일축하고 있다. 그러나 공교롭게도 그 "만일"이라는 것이 매우 커다란 문제가 되고 있다.

교회 출석에 대한 교차문화 연구에서 다른 자료수집 방법을 사용하여 미시간 대학교의 연구원 필립 브레너(Philip Brenner)는 미국인은 예배 출석에 있어 10~18% 포인트 정도 과장하여 조사에 응답하고 있다는 것을 알아냈다. 보다 정직하게 그 물음에 대답하는 유럽인과 달리, 여론조사에서 미국인에게 "지난 7일 내에 예배에 출석하셨습니까?"라고 물으면 절반에서 약간 낮은 비율의 응답자가 "그렇다"고 대답한다. 그러나 실제 행동을 조사한 후 브레너는 1970년대 이후 실제적인 교회 출석률은 상당히 낮을 뿐만 아니라, 그것이 지난 10년간 약 24%에 머물고 있다는 것을 밝혀냈다. 예를 들어 1974년 스스로 말하는 출석률은 44.9%였지만, 실제 출석률은 31.6%였다. 1985년 전통적인 조사들은 44%의 교회 출석률을 보고했지만 실제 출석률은 29.3%였다. 브레너의 조사방법에 따르면, 1975년부터 2008년까지 실제적인 예배 출석률은 32%에서 24%로 떨어져 지속적인 쇠퇴를 보이고 있다. 그러나 전통적인 조사들은 교회 출석률이 꾸준히 40% 중반 수준이라고 보고하고 있다. 이 비율을 캐나다와 유럽 국가들의 비율과 비교하면서 브레너는 비록 다른 서구 국가들과 비교하면 미국인의 교회 출석률은 여전히 상대적으로 높기는 하지만, 미국의 전반적인 종교 쇠퇴 형태는 캐나다와 유럽에서 발견되는 형태 – 실제 출석률은 이탈리아와 슬로베니아와 거의 비슷하다 – 와 닮았다고 결론짓는다. 미국은 예외적으로 종교적인 방식으로 행동하는가? 브레너는 미국이 한 가지 점에서 예외적이라고 결론짓는다. "다른 국가들과는 달리 … 미국인의 출석률은 스스로 보고하는 출석률과 일관되게 일치하지 않는다"[16]는 점에서 그렇다.

저명한 학자인 로버트 퍼트넘(Robert Putnam)과 데이비드 캠벨(David Campbell)도 심하지는 않으나 여전히 낙관적으로 32%의 교회 출석률을 말하지만, 그럼에도 1970년부터 2008년에 이르는 동안 "사회의 규범 준수율은 서서히 줄어들었다"고 지적한다.[17] 서베이에서 스스로 밝히는 출석률과 실제적인 출석률 사이에 10~18% 차이가 있다는 브레너의 연구 방법을 반영해 보면, 미국인의 주일 교회 출석에 대한 퍼트넘과 캠벨의 통계 수치는 실제로는 인구의 14~22%일 것이다. 사실상 헤이더웨이와 말러도 미국에서 실제적인 출석률은 보고된 출석률의 절반 수준이라고 말한다 - 그것은 실제 주간 예배 출석률은 16~22% 사이라는 것을 확증하는 것이다. 헤이더웨이와 말러 또한 시간의 변화에 따른 교회 출석의 교파적 통계를 추적하여 1961년부터 1996년 사이 실제적인 교회 출석률이 절반까지 떨어졌다는 것을 발견했다(여전히 스스로 밝히는 출석률은 변함이 없지만).[18] 간단히 말하면 미국인은 서베이를 수행하는 이들에게 진실을 말하지 않는다. 비록 교회에 나가지 않는다고 해도 그들은 교회에 나가는 착한 사람으로 보이기를 원하는 것이다.

종교 참여에 대하여 스스로 과장하여 응답하는 것 이외에도 미국인의 진짜 새로운 현상은 여러 종류의 종교 예배에 출석하고 있다는 것이다. 50년 전 주일, 교회 예배에 출석한다는 것은 내가 다니는 종류의 교회 - 그것이 가톨릭이든 개신교든 - 에 나간다는 것을 의미했다. 그러나 이제는 미국인의 35%가 여러 예배 장소에 나간다고 하며, 그 가운데 대부분(24%)은 다른 종교의 예배에 출석하고 있다고 말한다![19] 가령 갤럽의 "미국인의 교회 출석 2010년 약간 올라갔다"는 표제는 분명히 실제보다는 미국인이 바라는 것에 근거한 것이다.[20] 지난 50년간 실제적인 종교 참여는 크게 변화되어 어떤 신앙 전통에서든 주일 예배에 참여하는 사람의 수가 점점 줄어들고 있으며, 많은 사람이 똑같은 예배 장소가 아니라 다양한 형태의 예배에 출석하고 있다.

교회에 나가는 것과 같은 공적인 종교 수행에 미국인이 얼마나 자주 참여하는지 알아보는 것이 어려운 일이라면, 기도와 같은 사적인 종교 행위에 있어서의 변화를 수치로 알아보는 것은 훨씬 더 어렵다. 저서 「미국의 은총」(American Grace)에서 퍼트넘과 캠벨은 말한다.

> 사적인 종교 행위에 있어 우리는 거의 변함없는 수준의 종교성을 발견한다. 1948년에서 1990년의 40년 동안 여론조사는 미국인 열 명 가운데 아홉 명이 적어도 때때로 기도하며, 그 기간 동안 차이는 불과 몇 퍼센트라는 것을 밝혀냈다. 물음에 대한 표현은 약간 다르지만 1983년에서 2008년 사이 일반사회조사(GSS)에 따르면 미국인 넷 가운데 셋은 적어도 일주일에 한 번은 기도한다고 말하는데, 그 비율은 지난 25년간 매해 편차가 불과 몇 퍼센트를 넘지 않고 있다.[21]

1948년에서 1990년 사이 기도가 "확고한" 변함없는 종교성 지표였다고 주장하는 것은 심각한 문제를 회피하고 있다. 사람들은 누구에게, 그리고 어떻게 기도하고 있었는가?

만일 교회 출석이 1948년의 교파적 환경에서 이루어졌다면, 즉 대부분의 사람들이 같은 교회 안에서 태어나고 양육되고 죽었다면, 사람들은 교파적 목소리로 기도했다고 예상될 수 있다. 가톨릭 신도는 성모 마리아를 말하고 묵주를 들고 기도하며 라틴어로 된 기도문을 낭송했다. 침례교인들은 자유로운 형태로 기도했다. 감독교회 교인은 셰익스피어를 읽듯이 그들의 공동 기도서를 읽었다. 감리교인은 그의 불의를 용서받기를 간구한 반면에, 장로교인은 죄에 대한 용서를 간청했다. 사람들이 기도했지만, 그들은 어떤 전통적인 틀 안에서 그들의 교회에 의해 쓰여지고 승인되고 가르쳐진 언어, 형식, 그리고 말로 기도했다.

오늘날 기도는 매우 다른 수행으로서 지난 두 세대 동안 크게 달라졌다. 예를 들면 20세기 초 가톨릭 신도는 주로 교회 건물이나 가정 제단에서, 공식적 예전을 통하여, 글로 쓰여진 기도문을 이용하여, 참회와 고백의 형태로, 신부, 수도사, 혹은 수녀에 의해 인도되는 봉헌으로써 기도했다. 전통적인 권위가 확립된 영적 서열을 통해 가톨릭의 기도를 가능케 했다. 20세기 말 가톨릭 기도는 훨씬 더 임기응변적이고 평신도 지향적이며, 교회 건물에 국한되지 않고 있다. 가톨릭 역사학자 제임스 매카틴(James McCartin)은 말한다. "점차 평신도들은 안수 받은 성직자의 지도나 도움 없이 경건 활동을 추구하며, 많은 이들이 그들의 기도수행 개념을 확장하여 심지어 삶의 일상적 활동까지 망라하기에 이르렀다."22

비록 미국 가톨릭이 성령운동의 방언과 같은 수행의 영향을 받는 것을 포함하여 보다 개신교적인 형식을 자유롭게 빌려 왔지만, 미국 개신교 또한 가톨릭의 기도수행의 유용성을 발견했다. 감리교, 루터교, 회중교, 감독교회, 침례교 등은 가톨릭의 기도수행(시간별로 정리되어 있는 기도수행) 전통을 받아들였고, 가톨릭 수도회, 특히 베네딕트와 프란체스코 수도회에서 발견되는 기도 형식을 시도했다. 나아가서 미국 개신교는 동방 정교회로부터 성상(聖像)을 가지고 하는 기도수행 방법을 빌려 왔고, 고대 셀틱, 노르딕, 토착 미국 전통으로부터 기도수행 방법을 재창조했다.23 가톨릭과 개신교 모두 다른 종교로부터 – 특히 명상과 요가와 같은 몸의 기도 – 기도수행 방법을 차용하고 있다.24 가장 큰 변화는 사람들이 이제 교파적 벽이나 종교적 장벽을 넘어 함께 기도하고 있다는 것이다. 가톨릭 신도는 개신교인과 함께 기도한다. 복음주의 개신교인은 유대교인과 함께 기도한다. 주류 개신교인은 무슬림과 함께 기도한다. 불교 신자는 유니테리언과 함께 기도한다. 최근 한 감리교 목사가 종교를 초월하여 드린 그 교회 감사절 예배의 기념 티셔츠를 나에게 보내왔다. 앞면에는 "다른 이들과 함께 기도하자"라는 글귀와 함께 기독교 십자가 뿐만 아니라 유대교, 시크교, 불교, 힌두교, 이슬람교를 상징하는 그림들이 그려져 있다.

표면적으로, 기도수행은 오랜 세월이 지나도 비교적 변하지 않은 것처럼 보인다. 그러나 역사학자, 신학자, 사회학자의 저작들은 불과 몇 십 년 사이에 미국인이 기도하는 방식이 크게 변했다는 것을 보여주고 있다. 종교적 행동에 있어서 숫자 자체는 모든 것을 말해주지 못한다. "기도에 대하여 생각하기 위해서는 기도가 정적인 것이 아니라 동적인 것이며, 그것은 세월을 따라 변한다는 인식이 필요하다"고 한 역사학자가 말했다. "기도의 형식과 내용 – 사람들이 어떻게 기도하며 기도에서 그들이 무엇을 경험하는지 – 은 기도하는 이들이 처한 환경에 의해 결정된다."25

행동의 이 지표들 둘 다 – 교회 출석과 기도 – 미국 종교가 1960년 이래로 크게 변하지 않았다는 것을 보여주는 것 같아 보인다. 그러나 그 숫자는 비교적 변치 않았다 해도 두 가지 종교적 수행은 모두 한두 세대 전과는 매우 다르다. 사람들은 종교 예배에 덜 자주 나가며(비록 그들이 자신은 정기적으로 교회에 다니는 사람이라는 공적 인상을 주기를 원한다 하더라도), 설사 공적 예배에 출석해도 많은 사람들이 전과는 다른 종교 예배에 출석한다. 그리고 가장 널리 지켜지고 있는 영적 수행인 기도의 경우, 교회가 인정하는 단일한 의례와 형식을 유지하는 것보다 섞이고 빌려오고 첨가된 형태가 훨씬 흔하다. 미국인이 어떻게 자신의 신앙을 실천하는가 하는 데 있어 사람들은 여전히 교회에 나가고 기도하는 사람으로 보이기를 원하지만, 수행을 통하여 어떻게 하나님과 관계되어야 하는가를 보여주려는 데 있어서는 변화와 유동성이 흔히 나타나고 있다.

소속 : 나는 누구인가?

만일 종교적 믿음이 변하고 있고 종교적 수행도 끊임없이 변화하는 것이라면, 사람들의 소속감 역시 불변의 것이 아닐 것이다. 그리하여 수많은 사람들이 믿음과 수행의 새로운 공동체, 그들이 내리는 선택과 잘 들어맞는 공동체를 찾아 종교 전통을 바꾸고 있다. 소속은 종교의 한 중요한 양상이다. 당신은 어떤 신앙의 가족에 속해 있는가? 당신은 어떤 공동체에 참여할 것인가? 당신이 속한 종교 집단은 어떤 무리들로 이루어져 있는가? 당신이 속한 집단은 하나의 이름을 가지고 있는가? 당신의 영적 고향은 어디인가? 생물학적 가족의 경우와 마찬가지로 자신의 종교적 가족을 아는 것은 그로 하여금 세상에서 자신은 누구인지, 어디에 어울리는지, 사회에서의 역할은 무엇이며 또 무엇이어야 하는지를 알 수 있게 한다. 소속하는 것은 존재하는 것이다. 왜냐하면 소속은 궁극적으로 정체성의 문제이기 때문이다. 나는 누구인가?

   오랜 세월에 걸쳐 서구 사회의 사람들은 이웃이 기독교인인지 묻지 않았다. 그들은 이웃이 당연히 기독교인이라고 생각했다. 미국인과 유럽인은 그들의 오랜 역사 및 교회와 관계된 종교적 정체성에 대하여 편안한 느낌을 가졌다. 기독교가 분열되면서 사람들은 자신에게 "가톨릭" 혹은 "개신교" 혹은 "정교회"라는 이름을 붙였다. 결국에 가서는 그들이 자신의 종교적 정체성을 설명할 때, 기독교인들은 자신의 교파적 전통("감독교회 교인" 혹은 "감리교인" 혹은 "침례교인" 등)을 말했고, 그리하여 자신을 특정 교리, 신조, 그리고 수행과 동일시했다.

   그러나 20세기 말 전통적인 종교적 명칭은 부정적인 의미를 갖기 시작했다. 가장 일반적인 용어인 "기독교인"이라는 말도 점차 가장 좁은 의미인 열렬한 신봉자로 한정되었고, 흔히 "종교적 우익" 혹은 "보수적 복음주의"라는 말과 동의어로 사용되었다. 워싱턴 D.C.에 있는 젊은 장로교 목사 캐럴 하워드 메리트(Carol Howard Merritt)는 그녀 또래에서 흔한 이야기를 소개하고 있다. "내 교회에 나오는 사람들이 내게 말하기를, 그들이 교회에 나가고 있는 것을 다른 이들이 알고 있을 때 교인들은 항상 '그런 게 아니고요'라고 말하면서 그 행위를 정당화해야 합니다." 그녀는 계속한다.

우리 문화에는 기독교인은 어떤 종류의 사람인지, 혹은 어떤 종류의 사람이 교회에 나가며 그것에 대하여 밝히는 강심장을 가지고 있는지에 대한 어떤 가정들이 있습니다. 그들과 한 묶음으로 취급당하는 것은 실망스러운 일입니다. 나는 기독교에 깊이 헌신하는 사람들이 자신을 "그리스도 추종자" 혹은 "예수의 제자"라고 밝히는 것을 보아 왔습니다. 여러분은 그들의 대답에서 그들이 기독교로부터 한 발짝 물러서 있는 것을 거의 볼 수 있습니다. 그들은 이런 이야기를 하고 있는 것입니다. 당신이 생각하는 것과는 다릅니다. 나는 다른 어떤 일을 하려고 합니다. 나는 다른 어떤 사람이 되려고 노력합니다."

젊은이들은 때때로 자신의 정체성을 표현하는 말이 결핍되어 있다. 30대의 한 기독교인이 말했다. "페이스북에는 '종교적 견해'와 '정치적 견해'를 위한 공간이 있습니다. 둘 가운데 어떤 범주도 나 자신의 입장을 만족스럽게 규정하는 것이 내겐 도저히 불가능한 듯합니다." 그러나 사람들은 자신의 신앙을 수행하는 일이나 영적 순례(특정한 전통과 결부된 영적 순례조차도)에 대하여 말할 때 양면적 태도를 가지는 것은 아니다. 자신을 특정 교리와 신조의 추종자라기보다는 예수가 모형이 된 삶의 방식의 추종자로 규정하는 것을 매우 편안하게 여기는 기독교인들도 있다. 퀘이커 작가 브렌트 빌(Brent Bill)이 말했다. "누군가 나에게 나는 어떤 종류의 기독교인이냐고 묻는다면, 나는 나쁜 기독교인이라고 말합니다. … 나는 자신을 하나님의 영원한 현존으로 들어가는 하나의 순례자 – 좋은 기독교인이 되려는 목표를 향해 신앙의 길을 여행하는 – 로 봅니다."[26]

가장 현저한 경향의 하나는 종교적 이동이나 포기이다. 약 44%의 미국인이 어릴 때의 신앙을 떠나 다른 교파나 종교로 옮겨가거나 종교적 소속을 포기했으며, 다른 교파나 종교로 옮긴 사람보다는 "소속 없음"의 범주로 이동한 사람이 더 많다. 「미국의 종교 전망 조사」(*U. S. Religious Landscape Survey*)의 저자들은 말한다. "모든 종교들 – 가톨릭으로부터 개신교, 유대교에 이르기까지 – 에서 자라난 이들 가운데 상당히 많은 사람이 현재는 어느 종교 집단에도 소속되어 있지 않은데, 그것은 가톨릭 출신 가운데 가장 많다."[27]

50년 전 사람들은 하나의 종교 – 흔히 여러 세대를 거쳐 내려왔던 신앙 – 를 가지고 태어났고, 어린 시절 교회에 머물러 있는 경향이 있었다. 전수된 신앙은 흔히 인종적 혹은 민족적 뿌리와 밀접하게 관련된 개인적 정체성의 중요한 차원이 되었다. "나는 가톨릭 가문 출신이다." "내 친족은 루터교인이다." "우리는 항상 유대교인이었고, 앞으로도 그럴 것이다." 그러나 정체성과 가족 전통 사이의 연관성은 사람들이 자신의 영적인 길을 선택하고, 과거에 조상들에게는 가능성 영역 밖에 있던 신앙을 수용하면서 해체되고 있다. 유대교인이 불교인이 된다? 모르몬 신도가 감독교회 교인이 된다? 침례교인이 가톨릭 신자가 된다? 가톨릭 신자가 힌두교인이 된다? 장로교인이 시크교인이 된다? 불교 신자가 복음주의자가 된다? 감리교인이 무슬림이 된다? 물론 가능한 일이다. 인구의 거의 절반이 종교를 바꾸거나 포기하는 현실에서 어떤 길을 선택하든 다른 선택에 미치지 못할 까닭은 없다.

비록 이에 대한 믿을 만한 서베이 자료가 없는 듯하기는 하지만 하나의 새로운 현상이 서구에서 생겨나는 것 같아 보이는데, 그것은 다중 종교적(multireligious) 정체성의 가능성이다. 자신을 혼혈 또는 다인종이라고 말하는 사람이 있듯이 자신을 다중 종교적이라고 말하는 사람들이 있는 것이다. 최근에 나는 한 주요 미국 공항에서 "당신이 하나 이상의 종교에 헌신할 수 없다고 누가 말하는가?"라는 광고물을 본 적이 있다. 비록 그 광고는 고급 승용차에 대한 광고였지만, 그것은 다중 신앙 정체성에 대한 놀라운 문화적 요점을 보여주는 것이었다.

종교적 헌신에 대하여 내가 연구했던 표적집단에서 여러 사람들이 일종의 다중적 혹은 혼합적 정체성을 가지고 있다고 주장했다. 한 자랑스러운 감리교인은 자신이 또한 가톨릭 신자이기도 하다고 고백했다. 그가 아기였을 때 그의 가톨릭 조모는 "이교" 신앙을 가진 그의 부모의 바람과는 반대로 그에게 몰래 성당에서 영세를 받게 했다. 그의 부모는 그에게 또한 세례를 받게 했다 - 이번에는 감리교회에서. "그때 이후 이중의 정체성을 갖게 되었지요"라고 그가 웃으며 말했다. "오늘날 우리는 모두 교회 잡종들입니다."

그 집단의 한 아시아계 미국인은 일본 문화의 시각에서 기독교 신앙을 해석했는데, 그의 문화는 "말하기보다는 듣고, 조심스러우며, 타인을 존중하고, 체면을 소중히 하며, 아름다움과 단순성을 중시할 것"을 권장한다. 마찬가지로 자신의 미국 원주민 전통을 높이 평가하는 한 치카노(멕시코계 원주민 - 옮긴이) 기독교인은 다중 종교적 유산을 가지고 있다고 주장했다. "나는 오두막집에서 땀을 흘리고 거룩한 담배를 피우며 태양 춤을 추는 것과 같은 많은 토착 의례들에 참여해 왔습니다. 나를 포함하여 많은 치카노에게 기독교적 수행과 원주민 의례는 서로 갈등을 일으키지 않습니다. 두 가지 방식이 함께 우리의 문화적 기질을 완성시킵니다." 그 집단 사람들의 약 절반은 불교적 수행에 매력을 느끼거나 그것을 활용한다고 말했다. 한 사람은 자신을 "불교적 침례교인"이라고 설명했다. 한 여성은 기독교인이자 동시에 무슬림으로 두 공동체와 그 수행에 참여하고 있다. "무슬림이 되는 것은 나를 더 나은 기독교인으로 만들었습니다"라고 그 여성은 나에게 말했다.

최근에 이 사람들, 보다 흔하게는 가톨릭-개신교, 기독교-유대교, 혹은 다중 개신교의 혼합이라 할 만한 이 사람들 외에도, 나는 자신을 힌두-유니테리언, 유대-힌두-불교도, 회중교-시크교인, 그리고 그리스도의 제자(개신교의 한 교파 - 옮긴이)-수피(이슬람교의 한 종파 - 옮긴이)라고 부르는 사람들과 대화한 적이 있다. 스페인계 가톨릭 모친과 유럽, 미국, 인도에서 살았던 인도인 힌두 부친 사이에서 태어나 다중 종교적 정체성을 내세우는, 가장 잘 알려진 기독교인 가운데 하나인 저명한 신학자 레이몬 파니카(Raimon Panikkar, 1918~2010)는 자신의 정체성에 대하여 이렇게 말했다. "기독교인으로서 나는 유럽을 떠나 인도로 갔고, 내가 힌두교인이라는 것을 발견했으며, 결코 기독교인이기를 멈추지 않은 채 불교인으로 돌아왔습니다."[28]

개인들의 삶에서의 종교적 정체성뿐만 아니라 가족 정체성 또한 변하고 있다. 최근까지 가족 신앙은 가장 "빠져나갈 수 없는 사회적, 문화적 경계" 가운데 하나였다. 교회, 부모, 친척은 같은 신앙 안에서 결혼이 이루어지는 엄격한 규칙을 가지고 있었다. 한 세기 전에는 미국인의 거의 3/4이 같은 종교적 믿음이 성공적인 결혼 생활을 하는 데 있어 "매우 중요하다"고 믿었으며, 미국인 부부 가운데 서로 다른 신앙을 가지고 결혼하는 비율은 12%에 불과했다. 지난 세기 동안 같은 종교적 믿음을 가져야 한다는 태도는 완화되고 혼합 신앙 결혼의 비율은 계속 높아져 20세기 말에는 30~33%에 이르게 되었고, "모든 기혼자의 거의 1/3이 오늘날 서로 다른 신앙을 가지고 있다."[29] 부부들만 각자의 신앙 의례에 참여할 뿐만 아니라, 그 자녀들도 다중의 신앙 정체성을 가지고 있다. 그러한 가족의 아이들은 다중의 종교 공동체에 소속하기를 선택하지 않는다. 단순히 출생의 효력으로 그들에게는 종교가 선택된다. 그들의 종교적 유산은 다양성이다.

이 사람들이 되는대로 생각하거나 영적으로 어리석다고, 포스트모던한 어리석음을 사려 없이 섞어 놓은 혼합물에 참여하고 있다고 쉽게 비난할 수 있을지 모른다. 그러나 실상은 그와 다를 것이다. 그들의 영적 삶은 심사숙고한 선택을 반영하는 것이며, 그들은 종교적 정체성 - 종교적 믿음과 행위뿐 아니라 - 이 정적인 것이 아님을 보여주는 좋은 예가 된다. 그 모든 차원 - 믿음, 행동, 소속 - 에 있어 종교는 과거에 받아들여졌고 정상적이었던 것으로부터 벗어나 역동적이며 극적으로 전환되고 있다. 새로운 가능성과 물음이 우리 모두에게 열려 있다.

규범과 일탈

연구를 수행하다가 나는 종교통계를 보여주는 한 웹사이트를 우연히 보게 되었다. 그 홈페이지 표제는 크고 굵은 붉은 글씨로 "쇠퇴"라고 되어 있었다. "흥미로운 통계: **쇠퇴**하는 미국: 하나님에 대항하는 전쟁의 대가." 그 익명의 침례교 필자는 "포고되지 않은 전쟁이 하나님에 대항하며 수행되고 있다"는 것을 입증하기 위하여 이 장에서 내가 제시했던 것과 같은 통계의 많은 것을 사용했으며, 여론조사 자료는 이러한 영적 전쟁에 대한 "현세의 대가를 수량화"하는 것을 돕는다고 주장했다. 경고를 울리고 있다. 인구의 20%만 매 주일 교회에 나간다! 1991년에 비해 교회에 나가지 않는 미국인 숫자는 92% 증가했다. 미국의 기독교인은 11년간 9.7% 포인트 감소했다! 1994년 이후 미국 이슬람 사원 수는 25% 증가했다! 불교 신자는 10년 사이 170% 증가했다! 가장 빠르게 증가하는 종교는 주술 숭배이다! 27%만 성경은 하나님의 실제적인 말씀이라고 말한다! 그 필자가 선언하기를, 조사들은 최고조에 달한 미국의 쇠퇴, 교회의 실패, 그리고 예수가 분명히 곧 돌아오실 것이라는 증거를 보여준다. 마지막이 가까웠다.[30]

비록 대부분의 기독교인들은 그 익명의 침례교 경고자를 외면할 것이지만, 많은 교회 안에, 그리고 적지 않은 다른 전통의 종교 공동체 안에 보다 분명히 "종말이 가까웠다"는 느낌이 있다. 과거의 것은 더 이상 존재하지 않는다. 실제로 당신이 친숙한 신앙의 길을 찾고 있다면 통계들은 혼란스러움을 느끼게 한다. 만일 당신이 당신 손주들의 영원한 구원에 대하여 염려했던 조부모라면 아마도 절망했을 것이다. 만일 당신이 교회 지도자, 목회자, 혹은 교회의 담임목사라면 당혹스러울 것이다. 믿음, 행동, 그리고 소속에 있어서의 변화는 과거를 기억하는 이들에게 불만스러운 결말의 증거가 된다. 종교는 정상적인 길을 벗어났다.

「부흥, 각성, 그리고 개혁」에서 윌리엄 맥루린은 사람들이 "자신의 감각과 건전성을 의심하고 새로운 신, 우주를 이끄는 힘을 인식하고 이해하는 새로운 방식을 탐색하기 시작함"에 따라, 각성운동은 "적합성의 위기", 그리고 옛 규범을 무의미하게 만드는 "옛 규칙으로부터의 일탈"과 함께 시작된다고 말한다.³¹ 매우 많은 새로운 조사 자료들이 암시하는 것은 말세 현상도 세속화도 아니다. 오히려 그것은 다른 가능성을 시사한다. 옛 신으로부터 돌아서서 새로운 신을 찾는 것. 그러한 상황에서 다양성은 주어진 현실(어떤 새로운 규범도 생겨나지 않았기 때문에)이며, 교조주의는 문제(매우 많은 선택권이 있고, 어느 한 선택도 궁극적 대답이라고 주장할 수 없기 때문)이다. 실제로 통계적인 조사는 신은 만들어졌다고 주장하는 리처드 도킨스보다는 신은 최근에 "진화"를 하고 있다고 말하는 철학자 로버트 라이트(Robert Wright)가 더 정확하다는 것을 입증하는 것일 수 있다.³² 끝이 아니고 시작인 것인가? 불만의 한 가운데에 희망의 징후는 있는 걸까? 사람들이 옛 신에 의문을 갖게 되면서 새로운 대답이 생겨나는가?

---

1 Greg Garrison, "Many Americans Don't Believe in Hell, but What About Pastors?" August 1, 2009, www.usatoday.com/news/religion/2009-08-01-hell-damnation_N.htm.
2 Will Herberg, *Protestant, Catholic, Jew: An Essay in Religious Sociology* (Garden City, NY: Doubleday, 1955), p. 72.
3 Herberg, *Protestant, Catholic, Jew*, p. 74.
4 American Religious Identification Survey (ARIS), 2008, www.american religionsurvey-aris. org/reports/ARIS_Report_2008.pdf.
5 Pew Forum, *U.S. Religious Landscape Survey*, June 2008, religions.pewforum.org/pdf/report2-religious-landscape-study-full.pdf, p. 26.
6 "해당 없음"이라고, 혹은 소속되어 있지 않다고 응답한 사람들의 숫자는 지속적으로 증가해 왔으며, 그것이 역전되는 기미는 보이지 않고 있다. 2008년 퓨 조사는 미국인의 16.1%가 어느 종교에도 속해 있지 않다고 했으며 GSS는 그 비율이 17%라는 것을 밝혀냈다. 2011년 PRR(Public Religion Research)은 그 숫자가 20%라고 보고했다. 또한 다음을 보라. Dan Cox, Scott Clement, et al., "Non-believers, Seculars, the Unchurched and the Unaffiliated," presented to American Association for Public Opinion Research, May 2009. www.publicreligionresearch.org/objects/uploads/fck/file/AAPOR%20Paper%Final.pdf.
7 이것에 대한 좋은 참고로는 다음을 보라. Robert D. Putnam and David E. Campbell, *American Grace* (New York: Simon & Schuster, 2010), pp. 16~18.
8 American Religious Identification Survey (ARIS), 2001, prog.trincoll.edu/ISSSC/DataArchive/index.asp.

9   Paul Froese and Christopher Bader, *America's Four Gods* (New York: Oxford Univ. Press, 2010).
10 Cathy Lynn Grossman, "View of God Can Predict Values, Politics," *USA Today*, September 11, 2006, www.usatoday.com/news/religion/2006-09-11-religion-survey_x.htm.
11 Pew Forum, *U.S. Religious Landscape Survey*, p. 3.
12 Pew Forum, *U.S. Religious Knowledge Survey*, 2010, pewforum.org/other-beliefs-and-practices/u-s-religious-knowledge-survey.aspx.
13 Barna Group, "New Research Explores How Different Generations View and Use the Bible," October 19, 2009, www.barna.org/barna-update/article/12-faithspirituality/317-new-research-explores-how-different-generations-view-and-use-the-bible.
14 이것에 대한 좋은 예로는 다음을 보라. John Micklethwait and Adrian Wooldridge, *God Is Back* (New York: Penguin, 2009).
15 Kirk Hadaway and P. L. Marler, "Did You Really Go to Church This Week? Behind the Poll Data," *Christian Century*, May 6, 1998, pp. 472~75; also on religion-online.org.
16 Philip S. Brenner, "Exceptional Behavior or Exceptional Identity? Overreporting of Church Attendance in the U. S.," *Public Opinion Quarterly* 75, no. 1 (spring 2011).
17 Putnam and Campbell, *American Grace*, p. 75; emphasis theirs.
18 Hadaway and Marler, "Did You Really Go to Church?"
19 Pew Forum, "Many Americans Mix Multiple Faiths," December 9, 2009, pewforum.org/Other-Beliefs-and-Practices/Many-Americans-Mix-Multiple-Faiths.aspx#1.
20 Gallup, "Americans' Church Attendance Inches Up in 2010," June 25, 2010; www.gallup.com/poll/141044/Americans-Church-Attendance-Inches-2010.aspx?version=print.
21 Putnam and Campbell, *American Grace*, p. 71.
22 James P. McCartin, *Prayers of the Faithful: The Shifting Spiritual Life of American Catholics* (Cambridge, MA: Harvard Univ. Press, 2010), p. 3.
23 Diana Butler Bass, *Christianity for the Rest of Us* (San Francisco: HarperOne, 2006).
24 Pew Forum, "Many Americans Mix Multiple Faiths," p. 8.
25 McCartin, *Prayers of the Faithful*, p. 4.
26 이 단원은 나 자신의 저작 내용을 따른 것이다. *A People's History of Christianity: The Other Side of the Story* (San Francisco: HarperOne, 2009), pp. 294~96.
27 Pew Forum, *U.S. Religious Landscape Survey*, p. 23.
28 Raimon Panikkar, from *The Intrareligious Dialogue* (New York: Paulist Press, 1978), see raimon-panikkar.org/english/biography-3.html.
29 Putnam and Campbell, *Americam Grace*, pp. 148~52.
30 "Revealing Statistics: America in *Decline*: The Present Costs of the War Against God," www.jesus-is-savior.com/Evils%20in%20America/statistics.htm.
31 McLoughlin, *Revivals, Awakenings, and Reform*, p .12.
32 Robert Wright, *The Evolution of God* (New York: Little, Brown, 2009); Richard Dawkins, *The God Delusion* (Boston: Houghton Mifflin, 2006).

제3장
종교의 실패

    2010년 봄 어느 따스한 날 나는 부흥사 팻 로버트슨(Pat Robertson)의 미디어 제국, 기독교 방송국, 레전트(Regent) 대학이 있는 버지니아 비치(Virginia Beach) 근처를 운전하고 있었다. 당연하게 그 도시는 많은 보수적인 복음주의 교회들, 그리고 주요 기독교 우익 조직의 지리적 사령부에 걸맞은 보수적인 정치적 명성을 가지고 있다.

    버지니아 자동차 번호판을 달고 있는 한 승용차가 고속도로에서 바로 내 앞을 가고 있었다. 주차용 스티커는 그 운전자가 지역 주민이라는 것을 말해 주었다. 그러나 내 주의를 끈 것은 그 그림이 아니었다. 대신에 나는 범퍼 스티커를 주목했다. 오른쪽에는 밝은 청색으로 된 "공존하자"(COEXIST)라는 표시가 있었는데, 그 글자는 주요 세계 종교들로부터 따온 상징이었다. 범퍼 왼쪽에는 다른 스티커가 붙어 있었다. "친절을 사랑하는 것이 내 종교다." 나는 기독교 근본주의의 본 고장에서 이러한 포괄적 신앙의 표현을 보고 웃었다. 그 인용구는 달라이라마(Dalai Lama)의 말인데, 그것은 팻 로버트슨의 신학과는 거리가 멀어도 한참 먼 것이다. 나는 그 운전자가 아마도 자신은 "영적이지만 종교적이지는 않은" 사람들 가운데 하나일 것이라고 생각했다. 그런 사람들은 오늘날 어디에든 있다. 심지어 버지니아 비치에도.[1]

그보다 약 2년 전 나는 대부분 자신을 신학적으로 중도적이거나 자유주의적이라고 생각하는 주류 개신교 목회자들의 한 커다란 모임에 초청받아 강연을 한 적이 있었다. 강연을 시작하기 전에 나는 청중에게 물었다. "여러분 가운데 루터교 소속은 얼마나 됩니까?" 많은 사람이 손을 들었다. "감독교회 소속은요?" 루터교 출신만큼 많았다. "감리교는요?" 존 웨슬리의 후예들이 팀을 이루어 환호했다. "장로교는요?" 칼빈주의자들이 그들의 정체성을 드러냈다. "침례교는요?" 많은 손이 올라갔다. "회중교, 그리스도의 제자, 메노나이트는요?" 교파들을 열거하며 응답을 받은 후에 나는 물었다. "자, 여러분 가운데 자신이 영적이긴 하지만 종교적이지는 않다고 생각하시는 분 있나요?" 많은 사람들이 손을 들고(그들 가운데 많은 이가 전에 손을 들었던 사람들이다) 다소 쑥스러운 듯이 웃었다. 나는 그들이 자기 교파의 감독이나 관리자가 그 방에 없기를 바라는 것처럼 느꼈다.

최근 몇 십 년간 여러 나라에서 종교 여론조사는 단순한 물음으로 시작해 왔다. "당신은 자신을 … 영적이지만 종교적이지는 않음(spiritual but *not* religious), 종교적이지만 영적이지는 않음(religious but *not* spiritual), 종교적이며 영적임(religious *and* spiritual), 영적이지도 종교적이지도 않음(*not* spiritual and *not* religious) 가운데 어디에 속한다고 생각하십니까?" 이 물음은 복잡하지도 않고 교파적 혹은 신학적 문제로 당황하게 만들지도 않는 대신에 직설적이다. 결과는 놀랍기도 하고, 또한 일관된 것이었다. 미국에서 성인의 약 30%가 자신은 "영적이지만 종교적이지는 않다"고 생각한다. 한 조사는 캐나다인의 40%가 자신을 이 범주에 속한다고 하며, 호주인의 약 25%가 그것에 동조하고 있다는 것을 밝히고 있으며, 다른 조사는 영국인의 51%가 자신을 이런 식으로 이해하고 있다고 보고한다.[2] 미시간 대학교에서 수행한 세계 가치조사는 많은 선진국 가운데 인구의 무려 70%가 전통적인 종교와 대조되는, "일반화된" 영성으로 자신을 규정하고 있다는 것을 발견했다.[3] 2009년 프린스턴 연구조사는 미국인의 9%만 자신을 "종교적이지만 영적인 것은 아니다"라고 생각하고 있으며, 48%는 자신이 "종교적이며 동시에 영적"이라고 본다는 것을 발견했다.4 정확한 비율이 어떤 것이든 후기 기독교 사회들을 두루 대상으로 한 다양한 조사에서 그 경향은 충분히 분명해 보인다. "영적"이라는 말이 "종교적"이라는 것보다 훨씬 더 호소력 있는 용어인 것이다.

이러한 숫자가 교회와 종교 지도자에게 어떤 의미가 있는지에 대한 토론을 전개하려고 몇몇 성직자와 그것에 관해 의견을 나누었다. 그러나 진지하게 그 문제를 생각하는 대신에, 목회자들은 그러한 자료를 수집하는 사회학자들을 비판했다. "종교적", "영적"이라는 용어에 대한 정의가 없으면 그 모든 물음에 대한 응답은 각 개인의 해석에 달려 있다고 그들은 불평했다. 내 친구들 - 많은 이들이 전문 성직자 - 이 보여준 이 비(非) 영적(unspiritual)이고 가시 돋친 자기방어에도 불구하고 그들의 주장은 일리가 있다. "종교적" 그리고 "영적"이란 말은 무슨 의미인가? 왜 사람들은 "영성"이란 말은 선호하면서 "종교적"이라는 말을 거부하고 있는가?

오랜 서구 역사에서 "종교적" 그리고 "영적"이란 단어는 인간이 어떻게 의식, 의례, 수행, 그리고 공동 예배에서 하나님과 관계되거나 연계되어 있는가를 말하는 것으로 거의 똑같은 의미를 가졌다. 사람들은 일반적으로 그 두 용어를 구분하지 않았다. 그러나 역사학자 로버트 풀러(Robert Fuller)는 그 단어들의 통속적인 정의는 20세기 내내 의미 분화를 거듭했다고 지적한다. 영적이란 말은 점차 사고와 경험의 사적인 영역과 관계되었던 반면에, 종교적이란 말은 종교 제도에서의 멤버십, 공식적 의례에의 참여, 그리고 공식적인 교파 교리의 공적 영역과 연관되게 되었다.5 21세기 초 그 단어들은 신앙의 다른 양상을 나타내게 되었을 뿐만 아니라, "영적" 그리고 "종교적"이라는 용어는 감정적 의미를 함축하게 되었다. 일반적으로 "영성"은 긍정적 용어로 받아들여지는 반면에, "종교"라는 용어는 흔히 부정적 용어로 받아들여지고 있다. 영성은 보다 본질적인 것으로 이해되지만, 종교는 "다소 냉소적인 지향"을 가진 것으로 이해되고 있다. 실제로 한 영국 연구자는, 자신을 영적이라고 밝힌 미국인, 캐나다인, 영국인은 자신을 종교적이라고 규정하는 사람들보다 "사회적으로 더 호감이 간다"는 것 - 즉 그들은 더 매력적인 삶의 파트너이다 - 을 발견했다![6]

"영성"이란 언어는 많은 기독교인이 아이일 때 사용했던 하나님과 신앙에 대한 언어(혹은 그들의 부모가 사용했던 언어)와는 분명히 다르다. 그것은 새로운 언어이기 때문에 오해를 불러일으킨다. 종교적인 사람들은 때때로 "영성"을 공허하거나 모호한 것으로, "강신술"(죽은 자와 대화하는 수행), 주술 숭배, 혹은 다른 뉴에이지 신앙과 매우 밀접하게 관계되어 있는 것으로 일축해 버린다. 다른 이들은 영성을 소비자 지상주의적이거나 개인주의적인 것으로, 지성적인 내용이나 헌신의 의미가 결여되어 있는, 일시 유행하는 것이라는 딱지를 붙인다.

그러나 영성은 공허하거나 무의미한 것이 아니다. 어떤 언어적 혼란이 있기는 하지만 "영성"이란 단어는 제도적인 종교에 대한 비판이며, 의미 있는 관계에 대한 갈망이다. 다양한 모습과 형태를 가지고 있지만, 영성은 새로운 신의 탐구라고 하는, 각성의 중요한 단계를 나타낸다. 옛 신들(그리고 옛 신들을 설교하고 유지하고 보호했던 제도들)이 신뢰를 잃어버림에 따라 사람들은 새로운 신들 - 그리고 그들의 새로운 실재를 의미 있게 하는 새로운 이야기, 새로운 길, 새로운 이해 - 을 찾기 시작한다. 그 과정에서 옛 언어는 실패하고, 사람들은 그들 경험의 지형을 설명할 수 있는 새로운 언어를 찾게 된다. 확실히 "영성"은 하나의 그런 단어요, 아주 오래된 단어이지만, 그것은 유동적이고 다원적인 종교적 상황에서 새로운 차원의 의미를 나타내는 단어이다. "영적이지만 종교적이지는 않다" 혹은 "영적이며 종교적이다"라고 말하는 것은 흔히 "나는 현재의 상태에 만족하지 않으며, 하나님, 이웃, 그리고 나 자신의 삶과 관계하는 새로운 길을 찾기 원한다"고 말하는 방식이다. 그것은 결코 사려 깊지 못한 생각이 아니다 - 많은 경우 그것은 종교 제도, 교리, 그리고 경건성에 대한 진지한 설명일 수 있다.

연상되는 단어

"영적"이라는 말을 들을 때 당신은 무엇을 생각하는가? "종교적"이라는 말을 들을 때는? 1년 반에 걸친 매우 비과학적인 한 실험에서 나는 나와 함께 연상 단어 놀이를 했던 집단들에게 물었다. 칠판 위에 나는 두 항목을 썼는데, 하나는 "영성", 다른 하나는 "종교"라는 단어였으며, 그들로 하여금 그 용어로 연상되는 단어를 각 항목에 열거하도록 했다. 그들은 텍사스와 토론토, 뉴저지와 뉴포트비치, 콜로라도와 콜럼버스, 시드니와 시애틀에 사는 사람들로 이루어진 집단들이었다. 흥미롭게도 그들은 모두 거의 똑같은 단어들을 열거했다.

영성	종교
경험	제도
관계	조직
초월	규칙
탐구	질서
직관	교의
기도	권위
명상	믿음
자연	건물
에너지	구조
열려 있는	규정된
지혜	원리
내적 삶	위계질서
12단계	정통주의
포용적	경계선
의심	확실성

집단에 따라 단어들은 그 순서가 다르거나 정서적 내용이 다르게 나타났다. 시애틀, 토론토, 그리고 뉴포트비치의 집단들은 빠르고 열정적으로 "영성"의 항목을 채우면서 그들 삶에서의 자연, 기도, 그리고 명상의 힘을 보여

준 반면에, 뉴저지 장로교인들은 "영성"에 대해서는 회의적이었고 종교 란에 "질서", "구조", "정통주의", 그리고 "믿음"이라는 용어들을 열심히 적었다. 많은 집단들이 이 단어들, 그리고 그와 관계된 용어로 일람표와 칠판을 채워나갔다. 긍정적인 단어 외에 부정적인 용어들도 있었다. 일부는 "영성"을 "개인주의적", "이기적", "윤리적 분별력의 결여", "자기중심적"이라고 기술하며, 영성을 말하는 사람들이 교회의 쇠퇴를 초래하고 사회 정의에 등을 돌렸다고 비난했다. 그러나 "종교"는 더 나쁜 의미로 이해되었다. "차가운", "시대에 뒤진", "완고한", "해로운", "편협한", "통제하려고 하는", "부끄러운", "천박한" 등의 이 단어들은 교회 신도인 사람들로부터 나왔다! 지역이나 교파가 무엇이든 그 집단들의 모든 사람이 영성은 경험과, 종교는 제도와 연관시켰다.

58세의 텍사스 감독교회 교인 웬디(Wendy)는 그 차이를 이렇게 요약했다. "종교는 그것과 자신을 동일시하는 조직에의 귀속인 반면에, 영성은 수행이며, 이는 곧 내면에 존재하는 친밀한 관계성입니다." 다른 이들도 동의했다. "종교는 조직, 교리, 그리고 위계를 의미하지만, 영성은 내적 변화의 길입니다." "종교는 하나님에 대한 믿음이며 종교의 원리는 예배의식에 참여하는 것이지만, 영성은 보다 높은 존재, 창조자에 대한 신앙, 그리고 성령에 대한 믿음에 근거하고 있습니다." 한 장로교인은 언급하기를 "종교는 교회 교리를 믿고 따르는 것이지만, 영적으로 된다는 것은 나의 일상적 삶을 인도하시는 하나님의 영을 느끼는 것을 의미합니다." 50대 초반의 평신도 조나단(Jonathan)도 공감했다. "종교는 하나님에 대한 일련의 믿음, 신에 대한 특별한 이해를 설명하는 데 사용되는 말입니다. 영성은 세상에 대한 나의 견해, 그리고 때때로 그 안의 나의 위치에 명확한 형태를 주는 종교에 근거를 두는 (반드시 그런 것은 아니지만) 경험입니다." 그는 계속했다. "영성은 계속 발전하며 변화의 힘을 가지고 있습니다."

단어 연상 놀이는 과학적 연구는 아니다. 오히려 그것은 대중적 관념과 정서를 측정할 수 있는 빠른 길이다. 참가자들은 자신의 응답을 숙고할 시간이 없으며 단순히 용어와 관념을 공유하는 반응을 했을 뿐이다. 그러나 많은 목회자, 교회 지도자, 교회 신도로 구성된 이 모임들에서 "영성"과 "종교"는 구분되면서도 중첩된 개념으로 규정되었는데, 특히 영성은 경험 쪽으로, 종교는 제도 쪽으로 이해되는 경향이 있었다.7 그러나 아무리 열심히 노력을 해도, 그들 대부분은 종교에서 큰 감동을 받기는 어렵다는 것을 발견했다. 그들은 근본적으로 "종교"라는 단어를 제도적인 종교와, "영성"을 살아 있는 신앙과 동일시했다. 한 저명한 심리학자가 말한 것처럼 "이런 식으로 규정되는 구성물로서의 종교는 인격적이고, 정감적이며, 경험적이고 사려 깊은 것을 의미하는 영적인 것과 대조를 이룬다."8

기업화된 종교

얼마 전 한 장로교 목사가 나를 차에 태우고 한때 자동차 산업, 특히 GM의 제조 중심지였던 미시간 주 새기노의 거리를 지난 적이 있다. 위기와 붕괴에 직면하여 GM은 그 도시에서 철수했다. 버려진 공장들이 이제는 넓은 상가 거리와 나란히 있다. 빈 교회들과 버려진 집들이 한때 중산층 지역이었던 곳들에 널려 있다. "어떻게 해야 할지 모르겠어요"라고 그 목사가 말했다. "어떻게 이 모든 것을 바꿀 수 있을까요? 이 모든 빈 건물들은 어떻게 될까요?" 한때 그곳은 번영하는 도시였다. 그러나 옛 방식에 의존하면서 그 도시는 1960년의 절반으로 규모가 줄었고, 후기 산업사회의 쇠퇴의 상태에 놓여 있다. "젊은 사람들이 이곳으로 이주해 와야 한다고 말할 수도 없어요"라고 그 여자 목사가 말했다. "여기에는 할 수 있는 것이 아무것도 없어요. 모든 것이 끝났지요."

분명하게 표현되든 아니든 종교 지도자들조차도 옛 교회 제도는 지속될 수 없고 실패하고 있다는 것을 알고 있다. 그러나 이제는 아무도 그 사실에 놀라지 않는다. 왜냐하면 미국 교회들은 20세기의 미국 기업들과 똑같은 원리와 구조에 근거하여 조직되었기 때문이다. 대략 1890년 이래로 교파들은 법인 본부, 프로그램 부서, 전문적 개발과 마케팅, 가맹점(교구 교회들), 훈련 센터, 그리고 경력에 따른 직무 편성 등의 체계를 갖춘 미국 기업의 모델을 따라 거대한 관료 조직을 만들었다. 교파들이 생산품으로 종교를 제공한다는 사실 말고는 그들이 지난 세기 미국을 지배했던 다른 기업들과 다른 점이 거의 없었다. 한 장로교 장로가 한숨을 쉬며 나에게 말한 적이 있다. "우리교회는 GM과 같아요. 우리는 신앙을 팔 뿐이죠." 만일 그 장로교회 – 그 문제에 있어서는 어느 다른 교파 교회도 마찬가지다 – 가 GM과 비슷하다면, 그것은 좋은 일이 아니다.

한때 새기노와 같은 도시들에 활력을 불어넣었으나 이제는 사업 유지에 고군분투하는 경제적 위기에 직면한 기업들처럼, 조직화된 종교 또한 어려운 영적 풍토에 직면해 있다. 과거에 그렇게 많은 사람들을 잘 교육시키고 영적 활기를 불어넣고 사회적으로 고양시키는 일을 매우 잘 수행했던 종교적 모델이 이제는 더 이상 그 목표를 이전만큼 달성하지 못하고 있다. 기업들이 그랬듯이 교회 지도자들은 평신도들과 너무 멀어져버렸다. 경영자들(즉 목사들)은 급료, 수당, 그리고 근로 조건에 대하여 불평을 했다. 창조성은 형식과 절차에 의해 질식당했다. 지출은 수입을 초과하기 시작했다. 거대한 시설이 계속 유지되어야 했다. 신앙은 점차 하나의 상품이자 멤버십 역할이 되었고, 돈이 성공의 척도가 되었다. 교회의 사업이 교회의 사명을 대체했다. 천천히, 그리고는 더욱 신속히 소비자들은 불만스러워졌다. 공급원이 감소되었다. 상표에 대한 충성심이 약화되었다. 옛날의 성공이 신도석에서 불만이 증대되는 것에 대해 책임이 있는 사람들을 눈멀게 했는데, 그들은 현 체제를 단지 약간 수선하고 개조하거나 어떻게든 수리하면 모든 것이 다시 잘될 것이라고 생각한다. 책임 있는 위치에 있는 사람들에게는, 붕괴가 일어난다든가 그들의 상표가 영구히 손상될 수도 있다는 생각은 떠오르지 않는 듯했다.

처음에는 사람들이 단순히 종교 회사를 바꿨다 - 폰티액(미국 GM의 차종 가운데 하나 - 옮긴이)에서 도요타로 바꾸는 것처럼. 옛 주류 교회가 그들의 영적 요구에 대해 묵묵부답이라면, 신자들은 다른 곳으로 갔다. 일부 사람들(분명히 모두는 아니다)이 간 "다른 곳"은 복음주의 교회와 교파였다. 그 당시 대부분의 복음주의 교회들은 작고, 유연하고, 헌신적이며, 지역적인 영적 공동체였다. 복음주의 교회들은 성장했고 성공했다. 그러나 그들 역시 자신이 대체한 1950년대 주류 교회들을 닮기 시작했고, 이에 따라 옛 교회들의 거리감, 입신출세주의, 제도화와 같은 똑같은 문제들이 나타나기 시작했다. 1980년 무렵 그들은 자체의 라디오와 TV 방송국, 정치활동 위원회, 정치적 압력 집단을 거느린, 대부분의 주류 교파들보다 훨씬 더 큰 기업이 되었다. 결과적으로 기업적 복음주의는 1990년대 중반 이래로 쇠퇴하기 시작했다 - 막강한 남침례교연맹도 기록적인 쇠퇴 현상을 보이고 있다.[9]

몇몇 독립 거대 교회들조차도 기업적 성공과 뒤이은 쇠락의 패턴을 따르고 있다. 거대 교회의 모델이었던 수정교회(the Crystal Cathedral)는 부도가 나서 매물로 나와 있다! 미국의 가장 유명한 거대 교회 가운데 하나인 윌로우크릭 커뮤니티 교회(Willow Creek Community Church) 역시 교인이 정체되어 있고, 신자들의 열정이 약해져 어려움을 겪고 있다. 빌 하이벨스(Bill Hybels) 목사는, 비록 윌로우크릭 커뮤니티 교회가 어떤 면에서는 성공적이지만, 회중의 가장 깊은 영적 요구를 충족시키는 데는 실패했다고 고백한다.[10] 그 교회의 핵심 교인 가운데 4분의 1은 자신을 영적으로 "침체되어 있다"고, 혹은 그들의 영적 성장에 있어 교회의 역할이 "불만스럽다"고 했다. 교회 지도자들은 "침체되어 있다"는 사람의 25%, "불만스럽다"는 사람의 63%가 교회를 떠날 것을 고려하고 있다는 사실을 발견했다.[11] 괜찮은 기업 모델이 수천 명을 윌로우크릭 커뮤니티 교회로 불러들였다. 그러나 그것이 하나님과 다른 이들과의 관계를 깊게 하는 공동체로서 작용했는가? 아닌 것 같다.

종교가 항상 지금과 똑같은 방식으로 조직되지는 않았다는 것을 미국인들은 잊고 있다. 남북전쟁 이전에 종교는 전형적으로 순회 설교자, 그리고 기도나 설교 혹은 의례 형식에 기초하여 작은 교회를 만든 정주 목회자에 의해 인도된 작은 마을 수준의 역학 관계를 둘러싼 것이었다. 교파 자체는 인종, 언어, 기도 수행, 고백, 혹은 신학 전통에 얽매인 사람들과 관계된, 임시방편적이며 번거로운 것이었다. 19세기 이전에는 대부분의 교회가 자신을 "교파"의 일부분이라고는 생각조차 하지 않았다. 종교 신앙은 중앙집권화되지 않았다. 전국 단위의 사령탑이 없었다. 신앙생활은 지역적이거나 국지적으로 조직되었고, 장로교, 감리교, 침례교, 감독교회, 혹은 가톨릭 집단 사이의 소통은 느렸다.

신학교는 별로 없었고, 대부분의 성직자는 공식적인 신학 교육을 받지 못했는데, 그 대신 마찬가지로 혼자 공부했던 담임목사가 있는 개교회에서 훈련을 받았다. 성직자들은 기업가적 성향을 가져 흔히 새로운 교구와 새로운 형태의 예배(전통적인 호칭을 그대로 내걸고)를 개척하고, 전해 내려온 형태의 신학과 기도를 개인적이고 공동체적인 취향과 관습에 맞게 쉽게 적응시켰다. 그러한 체제에서 교파들은 권위적인 지도자나 교회 강령에 의해서보다는, 기록된 자료, 기도서, 그리고 신문에 의해 하나로 묶이는 경향이 있었다. 기록된 신앙 지침들 – 신조, 규칙서, 기도문, 신학 – 은 지역적 정서와 문화를 통해 해석되는 경향이 있었다. 신앙은 헌신, 경건, 가족 전통, 그리고 공동체적 필요의 문제였다.

훈련받은 목회자가 부족하고 거리도 멀었기 때문에, 사람들은 때때로 교회에 도달하기 위해 여행을 해야 했으며, 부모들은 신앙 전통의 조정자와 권위자 역할을 수행하여 자녀들에게 성경과 기독교 윤리를 가르쳤고, 심지어는 집에서 예배를 집례하기까지 했다. 어머니와 산파는 흔히 유아(특히 가난한 집 아이의 경우)에게 세례를 베풀었다. 집은 흔히 의례 장소로 사용되어 대부분의 세례, 결혼, 장례가 집의 거실에서 이루어졌다. 사람들이 신앙을 해석하고 그들에게 맞는 영적 의례를 만들어 낸 것이다. 초기 미국 종교의 임기응변적 성격은 그것이 매우 창조적 - 그리고 다양한 - 이라는 것을 보여주고 있다. 기존 종교에 대한 해석이 그들의 요구를 충족시키지 못할 때, 그들은 자신의 신앙을 만들어냈다. 그 결과는? 미국 기독교는 새로운 교파들이 어지러울 정도로 많이 등장하면서 매우 다양한 해석과 지역 관습으로 나타나게 되었다.

남북전쟁 후 도시화와 교육 수준이 높아지고 기업 주도력이 증대하면서 미국은 이민, 이동성, 경제적 불황, 그리고 과학 기술의 변화에 따른 증가된 사회적 압력에 직면했다. 공화국 초기의 종교적 비조직화는 더 이상 효력을 유지할 수 없었고, 종교를 기업의 관점에서 생각하는 것이 적절해지기 시작했다. 종교적 기능을 집중화하고 조직화함으로써 보다 많은 빈민들을 먹일 수 있었고, 보다 많은 교회들이 세워질 수 있었으며, 보다 많은 중고등학교와 대학교가 지원을 받을 수 있었다. 표준화된 교육은 신학적 수준을 높이고 기독교적 가치를 증진시켰다. 훈련받은 성직자들은 공통된 교육과정을 가지고 공유된 경건 수행 모델을 가르칠 수 있었다. 돈과 시간을 끌어들여 국가의 자선 자원을 강화시켰고, 신앙인들이 사회 문제들을 해결할 수 있는 거대하고 성공적인 초교파 조직을 만들어냈다. 교파들은 대형 교회들을 세웠고, 신학교들을 설립했으며, 인상적인 교단 본부 건물을 지었고, 교육을 본격화했으며, 성직자, 음악인, 그리고 전문적인 기독교 교육가를 위한 엄격한 훈련 기준을 마련했다. 그것은 종교를 재조직화하는, 거대하고 돈이 많이 들고 성공적인 노력이었다.

그리고 그것은 효과를 거두었다. 다른 나라들도 개신교든 가톨릭이든 비슷한 패턴의 종교의 조직화 과정을 따랐다. 예를 들면 바티칸은 자애로운 개신교 제국과 마찬가지의 자선적 목적을 성취하려는 기대를 가지고 1887년 교황 레오 13세 때 첫 은행을 설립했다. 모든 교회들이 그들의 상표를 전 세계의 새로운 종교적 소비자들에게 팔리는 노력으로 광대한 선교 조직들을 대규모로 동원했다. 20세기 중반 무렵에는 종교가 하나의 커다란 기업으로서 미국과 그 밖의 곳에서 "전례 없는 제도화의 시기"를 개시하게 되었다.[12] 만일 북아메리카와 유럽 사람들이 "종교"를 "제도적 종교"로 이해한다면 그것은 애초에 교파들 자신이 그런 일을 했기 때문일 수 있다. 그 이해는 대체로는 맞다. 교회가 GM보다 이타적인 제품군을 가질 수는 있다. 그러나 거대 기업의 역사와 신앙의 거대 기업은 서로 밀접하게 맞물려 있다.

제도적인 종교에 실망하는 것은 일반 신도들뿐만이 아니다. 자신이 섬기는 조직에 대하여 불만, 분노, 그리고 불신을 공적으로나 사적으로 토로하는 성직자들을 나는 자주 만난다. 비록 자신의 교구 교회를 대체로 좋아하기는 하지만, 그들은 자신이 속해 있는 교파가 변할 수 있는지 혹은 심지어 생존할 수 있는지 의심하고 있다. 하루는 만난 적도 없는 어떤 목회자 폴(Paul)로부터 내 웹사이트를 통해 하나의 메시지를 전달받았다. 그는 오랫동안 종교 제도 "내부"에 있었던 사람들의 불만을 잘 표현하고 있는 이야기를 보내 왔다.

20년 넘게 목회를 한 후 이제 나는 그것을 포기하려고 합니다. 이 목회의 여정에서 충실한 동반자였던 아내 또한 교회를 떠나려고 합니다. 나는 모든 교파적 역할에서 사임했으나 아무도 한마디도 하지 않았습니다. … 그러나 우리가 떠나게 되어 슬픕니다. 왜냐하면 그것이 무엇을 의미하는지 알기 때문입니다. 우리가 교회를 떠나는 것은 그것이 우리에게 무의미한 것이 되었다는 것을 뜻합니다. 우리는 연구, 예배, 고백과 용서, 분별, 친교, 그리고 선교에 대한 영적 훈련에 관심을 가지고 있습니다. 그러나 교회에서 나는 교회로서의 우리의 목적을 식별하는 것보다 교회 지붕의 보수에 대하여 토론하는 데 더 많은 시간을 보냈습니다. 우리는 예전(禮典)과 관계성의 부재를 안타까워하지만, 주말마다 밤에 모여 의미 없는 문제로 끊임없이 논쟁을 벌이고 사무를 봐야 했던 것에 대해서는 아쉬움이 전혀 남아 있지 않습니다.

책임 있는 자리에 있는 이들 중에도 불만스러워하는 사람들이 있다. 실제로 여러 연구에 따르면 목회자들이 목회의 길을 포기하는 비율이 놀라울 정도로 높게 나타나고 있는데, 그들은 교회에 "새로운 생명을 가져오려는" 노력에 있어 "방해받거나 좌절당했다"고 느끼고 있다.13 환멸, 낙담, 그리고 불만 때문에 지도자들조차 제도적 종교를 떠나고 있다. 옛 형태의 경제 조직이 실패하는 것처럼 그것과 유사한 옛 형태의 종교 조직도 실패하고 있다.

2000~2010 : "끔찍한 10년"

공교롭게도 21세기의 첫 10년은 종교 전반에 - 특정 교회나 교파가 아니라 - 별로 우호적이지 않았다. 사실상 그것은 금세기에 대한 절제된 표현이라 할 만하다. 새 천 년의 첫 12년은 종교에 있어 철저하게 끔찍한 것으로, 새 천년이 동트면서 모든 종류의 교회에서 일종의 "참여의 급격한 감소"가 나타나고 있다.14 특히 다섯 가지의 중요한 사건들이 조직화된 종교의 추한 모습을 드러냄으로써, 신실한 믿음의 사람들조차도 종교를 옹호하는 것이 과연 가치 있는 일인지 의심하게 했고, 종교적 퇴행이라 부를 만한 환경을 만들어 냈다.

2001년 9월 11일, 테러 공격. 테러리스트들이 뉴욕과 워싱턴 D.C.를 공격한 이후 많은 미국인들이 대답과 위안을 얻기 위하여 교회에 의지했다. 부시(Bush) 대통령은 2001년 9월 14일 국가 기도의 날을 선포했고, 워싱턴 국립 대성당에서 대통령 설교를 했다. 한 달 혹은 두 달 동안 성직자들은, 교회가 교인들로 차고 넘쳤고 그들이 영혼의 문제에 관심을 보였다고 보고했다. 그러나 얼마 후 거품이 꺼지며 교회 출석률이 떨어지기 시작했다. 사람들은 교회에 나오는 것을 멈추었다. 모든 것이 정상으로 – 아니 상황이 더욱 악화되는 방향으로 – 되돌아갔다.

시간이 흐르면서 대중매체, 정치인, 칼럼니스트, 그리고 전문가들은 테러범들을 종교적 광신자, 근본주의 열심당, 중세기 십자군, 그리고 거룩한 전사로 부르며 그 공격에 대하여 종교를 탓하기 시작했다. 물론 처음에는 전문가들이 "종교"라고 말할 때 그것은 "이슬람교"를 의미하는 것으로 모두가 이해했다. 물론 이것은 매우 옳지 않으나 – 특히 무슬림에게 있어서 – 정치인들이 이슬람을 비방하면 할수록 모든 종교가 나쁜 것으로 보여졌다.

팻 로버트슨(Pat Robertson), 제리 폴웰(Jerry Falwell), 프랭클린 그레이엄(Franklin Graham)과 같은 종교 지도자들이, 우리는 동성애자와 페미니스트에 대하여 너무 관용적이었다고 말하면서 테러 공격을 미국의 불신앙 탓으로 돌리는 것도 도움이 되지 않았다. 많은 교회들이 평화나 이해가 아니라 보복을 촉구했다. 목회자가 교인들을 향해 적을 위해 기도하도록 촉구할 때 그들은 위협을 느꼈다. 종교적으로 보수적인 사람일수록 그들은 아프가니스탄과 이라크에서의 전쟁을 지지했다.¹⁵ 건강하고 생명을 주는 종교와 폭력적이고 생명을 끝내는 종교를 구분하는 것이 어려워졌다. 그리하여 영향력 있는 저널리스트 크리스토퍼 히친스(Christopher Hitchens)는 이렇게 썼다. "신앙의 사람들은 다양한 방식으로 당신과 나의 파괴, 어렵게 이루어낸 인간의 모든 성취(예술, 문학, 철학, 윤리, 그리고 과학)의 파괴를 계획하고 있다. **종교가 모든 것을 독살하고 있다.**"¹⁶ 테러와의 전쟁이 서서히 표리부동, 부도덕한 전술, 국론의 분열, 폭발적으로 늘어나는 부채의 늪으로 빠져듦에 따라, 교회는 무엇보다 그 총체적인 난국과 맥을 같이하는 나쁜 인상을 주었다. 반 이슬람적 편견과 무분별한 광신적 애국주의가 10년 내내 종교적 자해를 초래하는 양날의 검으로 작용했다.

2002년, 로마 가톨릭의 성 추문. 2002년 초 〈보스턴 글로브〉(Boston Globe)지는 자신의 관할에 있는 아이들에 대한 성추행 혐의를 받고 있는 다섯 명의 로마 가톨릭 사제들에 대한 폭로를 시작했다. 그 소식이 알려지자 그것은 세계 전체적으로 수십 교구의 수천 명의 사제들이 수만 명의 피해자와 연루되어 있다는 국제적 이야기로 비화되었다. 1960년대 이래로 가톨릭교회는 사제들에 의한 성추행 사건들을 조직적으로 은폐해왔고, 그 무뢰한들을 보호해 왔으며, 강간과 성추행과 관련된 민법을 어겼고, 피해자들의 배상 청원을 무시했으며, 교회 돈을 이 비밀을 숨기는 데 사용했고, 때로는 그 범죄를 숨긴 주교와 대주교에게 보다 높은 교회 직책으로 보상해 주기도 했다. 그 추문은 가톨릭교회 전체로 퍼져 나갔다. 최악의 경우들 가운데 일부는 미국, 아일랜드, 호주, 뉴질랜드, 캐나다에서 있었다.

미국에서 로마 가톨릭교회는 어려움을 겪었던 오랜 역사를 가지고 있지만, 가톨릭 인구는 지난 3세기 동안 꾸준히 증가했다. 그러나 2008년 퓨 연구소 조사는 가톨릭으로 자란 미국인의 3분의 1이 더 이상 자신을 가톨릭 신자로 생각하지 않고 있음을 밝혀냈다 - 이 통계는 "모든 미국인의 약 10%가 과거 가톨릭 신자였음"을, 그 교회로부터의 이탈이 상당한 규모로 이루어지고 있음을 말해준다.[17] 이 수치에는 등록이 말소되었거나 이름만 등록되어 있는 가톨릭 신자는 포함되어 있지 않다. 그 통계는 어떤 공식적이거나 비공식적인 방식으로, 자의로 그 교회를 떠나간 사람들만을 포함하고 있다. 오늘날 미국의 가톨릭교회는 대부분 히스패닉 이민을 통해서 멤버십이 유지되고 있다.

가톨릭의 문제는 당연히 성직자에 대한 전반적인 존경심의 하락을 초래하기도 했다. 2010년에 미국인의 불과 53%만이 성직자가 "높은 혹은 매우 높은" 윤리적 기준을 가지고 있다고 말했는데 - 그들은 교회의 성직자보다 초등학교 교사, 경찰, 의사, 군 지도자를 더 신뢰했다 - 이 비율은 추문이 폭로된 후 거의 14% 포인트 낮아진 것이다. 성직자는 은행가(월가 위기 이후의)와 함께 지난 10년간 직업 신뢰도가 가장 크게 떨어진 직종이었다.[18]

2003년, 동성애와 관련된 개신교 갈등. 2003년에 감독교회 뉴햄프셔 교구는 오랜 파트너를 가지고 있는 공공연한 동성애 신부 진 로빈슨(V. Gene

Robinson)을 차기 감독으로 선출했다. 비록 주류 개신교인들이 수십 년 동안 동성애, 교회 리더십, 그리고 신학에 관하여 논쟁을 해 왔지만, 이 사건은 전례 없이 이 갈등을 대중적인 것으로 바꾸었다 - 그리고 세계적인 분열에 이르도록 교파적 위기를 고조시켰다. 신문, 케이블 TV, 그리고 새로운 블로그 집단들은 분열의 모든 위협에 대하여 알렸고, 새로운 교회의 지도자들이 교황을 사탄으로 깎아내렸던 종교개혁의 광풍 이래로 유례없이 교회적인 부패와 신학적인 천박함을 들추어냈다.

비록 몇몇 기독교인들은 분명히 동성애 감독이라는 것에 신학적으로나 도덕적으로 불편하게 느꼈지만, 더 많은 사람들은 그 논쟁의 추잡함, 그들 교파들의 명백한 정치화, 그 논의에 대한 영적 목소리의 부재, 재산을 놓고 모(母) 교단을 고소하는 교회의 추문 등에 질려 버렸다. 그 싸움의 와중에 얼마나 많은 사람들이 감독교회를 떠나갔는지, 그리고 사람들이 그 결정에 동의하지 않기 때문에 떠나갔는지, 아니면 그 논쟁에 지쳐서 떠나갔는지는 분명치 않다. 그러나 교회 멤버십 감소가 실제 핵심은 아니다. 주류 교파 교회들은 지난 40년간 멤버십 감소로 어려움을 겪어 왔지만, 그들은 과거 미국에서 가장 "호감이 가는" 존경받는 종교 집단이었다.19 그러나 동성애에 대한 이 공공연한 소동은 그 명성을 훼손했고, 가장 관용적이고 온유한 기독교인들도 종교재판을 할 정도로 화나게 만들 수 있다는 것을 일반 대중에게 상기시켰다. 진 로빈슨의 임명에 대한 감독교회의 갈등은 단지 새로운 사실을 강조했을 뿐이다 - 기독교는 비열하고 완고하며, 사람들의 행실을 나쁘게 만든다.

2004년, 종교적 우익이 전투에서는 이기고 전쟁에서는 지다. 2004년 조지 W. 부시의 두 번째 대통령 당선은 지난 40년 동안 보수적인 복음주의 종교의 가장 큰 승리일 것이다. 저널리스트들은 복음주의자들이 미국에서 가장 힘이 있고 성공적인 종교 집단이라고 인정했다. 2004년 선거 이후에 〈타임〉 지는 25명의 가장 영향력 있는 복음주의 지도자, 즉 미국의 종교와 정치를 다시 만드는 사람들을 표지 기사로 조명했다. 그러나 표면적으로는 성공적인 것으로 보였던 것이 사실은 커다란 실패를 알리는 것이었다. 최근의 책「미국의 은총」에서 로버트 퍼트넘과 데이비드 캠벨은 종교적 우익(the religious Right)의 진짜 승리는 젊은 사람들 전체 세대를 소외시킨 것이었다고 조심스럽게 주장하고 있다.[20]

바이블 벨트(the Bible Belt, 신앙이 매우 보수적인 미국의 남부 지역을 일컫는 말 - 옮긴이)에서도 문제가 없는 것은 아니었다. 지성적 관찰자의 눈에도 띄지 않게 진행된 신앙과 정치의 보수적이고 복음주의 방식의 혼합은 젊은 미국인들의 문화적, 영적 가치 - 특히 여성, 동성 관계, 환경, 지구적 빈곤, 대마초의 합법화 등에 대한 견해에 있어서 - 와 맞지 않게 되었다. 그들 부모의 정치적, 사회적 입장에 싫증이 난 젊은 복음주의자들은 그들이 배운 성서와 신학이 참된 것인가 의문을 품기에 이르렀다. 테드 해거드(Ted Haggard)와 같은 주요 지도자들이 성과 돈과 관련된 심각한 추문에 휩싸였을 때, 종교적 우익은 심야 코미디 프로의 농담이나 인터넷 가십의 소재가 되었다. 이것은 젊은 복음주의자들의 마음속에 쌓인 불만에 불을 지르는 결과를 초래하여, 그들은 점차 그들의 교회와 지도자들이 로마 가톨릭처럼 교리적이고 도덕적인 비행의 죄를 범했다고 의심하게 되었다.[21]

그 10년 동안 많은 젊은 복음주의 기독교인들은 그들 부모들의 교회를 떠나 이머징 교회(emerging church)로 알려진, 느슨한 관계의 교회로 옮겨가기 시작했다. 공식적 교파가 아닌 이머징 교회는 2004년 기성 종교적 우익을 비판하며 젊은 복음주의적 불만 세대에게 새롭고, 보다 개방적인 형태의 기독교 신앙을 제안한 브라이언 맥라렌(Brian McLaren)의「관용적 정통주의」(*A Generous Orthodoxy*)의 출판으로 폭넓은 주목을 받았다. 이 책은 "신은 공화당원이 아니다"라고 주장하는 운동을 통해 보수적인 기독교 정치를 신랄하게 공격한 진보적인 복음주의 지도자 짐 월리스(Jim Wallis)의 가세와 결합되어, 복음주의 진영 가운데서 비판자들에게 힘을 실어 주었다.

젊은이들 - 복음주의 젊은이들조차도 - 이 이제 "기독교인"을 "종교적 우익"과 동의어로 이해하며, 그것 때문에 교회를 떠난다는 충분한 증거가 있었다.[22] 1985년에는 29세 미만 젊은이의 26%가 스스로 복음주의자라고 했다. 그 숫자는 이제 15%로 낮아진 반면에, 29세 미만 가운데 "종교 없음"이라고 답한 응답자는 12%에서 거의 30%로 늘어났다. 실제로 대부분의 복음주의자 감소는 젊은이의 이탈에 기인하는데, 그들은 점차 기독교(복음주의 종교뿐 아니라 기독교 전체)를 반 동성애적이고 타인에 대한 판단이 단정적이며 위선적이고 현실 감각이 없으며, 지나치게 정치화되어 있고 감수성이 없으며, 배타적이고 아둔하다고 보는 경향이 늘고 있다.[23] 옛 종교적 우익은 몇몇 중요한 정치적 전투에서 승리할 수 있었지만, 젊은이들의 마음을 얻는 전쟁에서는 얻은 것보다 잃은 것이 분명히 더 많다. 그리고 미국의 대중적 여론에서 보수적인 복음주의 정치는 중세기 마녀 재판 이래로 "기독교인"이라는 이름에 대한 영업을 위한 가장 나쁜 마케팅 전략이었을지도 모른다.

2007년, 심각한 종교적 불경기. 21세기의 첫 몇 년은 1990년대 후반 종교적 분위기의 빠르고도 충격적인 반전을 보여주었다. 새로운 천 년 이전에 미국 종교는 낙관주의, 성장, 그리고 부(富)의 시기를 거쳐 갔다. 실제로 1990년에서 2000년 사이 미국인들은 종교 제도와 종교 지도자들에 대하여 높은 신뢰를 표현했다. 그 당시 복음주의자들은 정치와 대중매체에 있어서 그들의 기초를 확장하며 문화적 힘을 키웠고, 로마 가톨릭은 교황 요한 바오로 2세와 테레사 수녀와 같은 영적 영웅들의 선지자적인 지도력을 경험했다. 심지어는 위기에 처했던 주류 개신교 교회도 교인 감소가 멈추거나 속도가 줄었고, 주일 출석률은 약간 증가했으며, 기독교 교육, 신학, 교회 개척에 있어서의 관심을 회복했다.

그러나 2000년대 초의 그 사건들은 전통적인 종교에 대한 모든 열의를 종식시켰다. 2000년 이래로 일반사회조사 자료는 종교 제도에 대한 공적 신뢰도가 12% 포인트나 떨어졌고, 미국인의 약 20%만 "조직화된 종교"를 "매우"

신뢰한다고 말하고 있음을 보여준다.[24] 미국의 대중들은 과학계, 의료기관, 대법원, 교육기관(순서대로)을 더 신뢰하고 있다. 종교를 선호하는 비율은 이제 증권사와 주요 기업 수준에 머물고 있다. 2007년 경제적 불경기가 닥쳐왔을 때, 종교 제도들은 이미 그들 공동체를 압박하고 있던 심리적, 영적, 도덕적 충격의 부담과 씨름하고 있었다. 주식과 주택 시장이 붕괴했을 때 정치 지도자들은 가난한 사람들과 실업자들의 고통을 덜어주는 문제에 대하여 신앙 조직에 기대를 걸었지만, 교회들은 이미 자원의 심한 결핍을 겪고 있었다. 경제적 불경기는 교회와 교파들이 이미 종교적 불경기에 있던 순간에 찾아왔다. 국가적 경제 위기는 궁지에 몰린 종교 조직을 약화시켰고, 나아가서 혼돈의 문화적 환경 가운데 있는 전통적인 신앙 제도를 왜소한 것으로 만들었다. 경제 위기는 사람들로 하여금 종교를 찾게 한 것이 아니라 종교를 더욱 부적절한 것으로 몰아갔다. 사회학자 마크 차베스는 경제적 신뢰 상실과 종교적 신뢰 상실 사이에 연관성까지는 아니더라도 그 두 영역에서 똑같은 규모의 제도적 실패를 목도하는바, 그것은 추세의 변동일 뿐만 아니라 "실제의 변화"를 나타낸다고 한다.[25] 20세기 초의 대공황이 종교의 불황과 함께 진행되었던 것처럼, 작금의 경제적 불경기도 심각한 종교적 불경기와 맞물려 있다.[26]

서론에서 나는 엘렌의 이야기를 소개했다. 주류 개신교 목사의 딸로 태어났으나 대학 시절에 그녀는 교회를 떠났다. 결혼 후에 엘렌은 주류 교회로 돌아왔지만, 여성의 목사 안수 문제로 다투다 돌아섰다. 사회 정의와 봉사 공동체를 찾아 그녀는 가톨릭 신자가 되었다. 그러나 권위주의적인 위계질서 때문에 점차 참여를 싫어하게 되었다. 그녀는 복음주의 교회를 찾아갔으나 정치와 신학 문제로 목사와 언쟁을 벌였다. 그녀가 말했다. "교회를 떠날 때 나는 당분간 다른 어느 곳에도 나가지 않을 것임을 알았어요." 엘렌에게는 더 이상 선택할 것이 없었다. 그녀에게는 갈 곳이 더 이상 없었다. 놀랄 일이 아니다. 종교들이 의심이라는 역사적 조류(潮流)를 헤엄쳐 건너고 있던 시기인 지난 10년, 미국의 위대한 세 기독교 전통 - 가톨릭, 주류 개신교, 복음주의 - 은 모두 신앙의 문제를 심각하게 망쳐 놓았다. 이 커다란 제도적 실패는 모두 엘렌의 이야기에서 분명하게 드러나고 있다.

안일한 태도의 교회, 내부의 긴장, 외적 추문, 지도자의 위선이 마침내 경제적 위기와 겹쳐 미국 기독교는 엉망이 되어버렸다. "다른 곳"을 찾아 나선다 해도 미국인들에게는 선택할 것이 남아 있지 않다. 비록 많은 사람들이 여전히 자신의 개(個) 교회에 어느 정도 만족을 표현하고 있지만, 저변에 깔려 있는 불만은 크다. 교회 나가는 사람의 42%가 자신의 교회에 대해 어느 정도만 만족하거나 불만이라고 밝히고 있으며, "다른 선택을 고려할 가능성"이 있음을 시사하고 있다.27 우리 모두가 엘렌이 되는 과정에 있는가?

거룩한 불만

2010년 마지막 날 친구 하나가 나에게 "불만"(discontent)의 선물을 기원하는 새해 인사말을 보내며 이러한 기도로 끝을 맺었다.

오 하나님, 이 세상에서, 그리고 나 자신의 삶에서 현재 일어나고 있는 일들에 불만을 갖게 하소서. 사람들이 엎질러 놓는 오점을 발견하게 하소서. 도심 빈민 지역 아이, 일에 적응하지 못하는 사람, 정신병원으로 들어오는 사람, 술집에 있는 남자, 여자, 젊은이를 돌보게 하소서. 나의 자만을 꺾으시고 나의 과오를 드러내시며 나의 도시와 세계의 삶에 관여하게 하소서. 오 하나님, 우리의 공통된 인간성에 대한 새로운 이해와 인식과 더불어 우리가 변화되고 변형될 수 있게 나에게 다시 한 번 신실함을 주소서.28

불만을 하나의 선물로 생각하는 사람은 많지 않다. 그러나 그 기도가 지적하듯이 불만은 변화의 시작이다. 무엇이 잘못되었는지를 인식함으로써만, 건강과 행복을 증진시키지 못하는 체제와 구조를 봄으로써만, 우리는 상황을 바꿀 수 있다. 만일 사람들이 만족한다면 더 많은 것을 이룰 이유도, 창조성과 혁신을 위한 동기도 있을 수 없다. 불만은 보다 나은 삶, 보다 나은 사회, 그리고 보다 나은 세계에 대한 갈망에서 내딛는 하나의 작은 발걸음이다. 그리고 갈망은 잘못된 것에 대하여 무엇인가의 실천에서 내딛는 또 다른 작은 발걸음이다. 실제로 불안정은 영적 특질을 가지고 있다. 예수님이 말씀하셨다. "마음이 가난한 자는 복이 있나니 하늘나라가 저희 것이요."(마 5:3)

지난 10년 미국인들은 불만의 힘 - 특히 정치에 있어서 - 을 보여주었다. 1990년에는 약 열 명 가운데 한 명의 유권자가 자신을 "무소속"이라고 했다. 2010년 그것은 열 명 가운데 거의 네 명으로 늘어났다. "무소속"은 이제 미국에서 민주당과 공화당을 뒤로 밀어내고 가장 큰 정당이 되었다. 「폴리틱스 데일리」(Politics Daily)에 오른 한 글은 "무소속 유권자들은 정치제도 전체에 싫증이 났다"고 선언하면서, 양당 정치 구조에 대한 유권자의 불만을 소개했다.29 그러한 불만은 티 파티(Tea Party, 기성 정치권이 아닌 일반 시민의 주도로 확산되고 있는 미국의 풀뿌리 정치운동 - 옮긴이)의 등장에 기여했으나, 티 파티가 정치적 불안정 시장을 독점하지는 못했다. 이러한 불만은 2006년 민주당을 다수당으로 만들었으며, 2008년에는 버락 오바마(Barack Obama)를 지명하고 대통령으로 선출했다. 그리고 2010년에는 정치적 진보주의자, 환경론자, 기독교 보수주의자, 그리고 다른 집단들이 현실에 대하여 똑같이 - 비록 티 파티 집단처럼 잘 조직화되어 있지는 않으나 - 불안, 불만, 그리고 분노를 표출했다.

물론 불만은 쉽게 분노가 될 수 있다. 분노는 특히 그것이 두려움, 거짓, 혹은 폭력과 결합될 때 위협적이다. 그러나 그것은 또한 사람들이 광범위한 변화를 원한다는 표시이기도 하다. 정치로부터 경제, 교육에 이르기까지 사람들은 그들의 일상 경험에 공명(共鳴)하고, 응답하는 구조, 그들에게 참여

의식과 발언권, 그리고 미래에 대한 참된 몫을 주는 새로운 구조를 열망하고 있다. 오하이오에 사는 45세의 공장 근로자 팀 테니스(Tim Tennis)는 작가 린다 킬리안(Linda Killian)에게 말했다. "모두가 서민들을 위한 것이 아니라 자신을 위한 의제를 가지고 있다. 서민들의 말은 들리지 않는다. 정치인은 자신이 원하는 것을 하며 그렇게 하고도 아무 탈이 없다."30 그러나 불만이 분노를 낳는 것은 불안이 불명확하거나 불안에서 나오는 열망이 성취되지 못할 때뿐이다. 지혜롭게 통로가 마련되고 미래를 위한 희망찬 비전으로 채워질 때, 불만은 용기 있는 행동을 고무함으로써 참된 사회적 변형의 시작이 될 수 있다.

정치적 무소속의 증가는, 불만을 원인으로 하는 대부분의 주요 종교 집단들로부터의 이탈에 따른 종교적 무소속의 증가와 궤를 같이하고 있다. 두 움직임이 동일한 것은 아니지만, 그것들은 제도, 권위, 그리고 지도력에 대한 좌절이라는 점에서 똑같은 정서를 가지고 있다. 미국 정치의 옛 양당 체계가 과거의 주제, 형식, 수행에 있어 수렁에 빠져들었던 것처럼, 미국 종교도 과거의 주제, 형식, 수행에 얽매여 있다. 물론 미국의 종교는 미국의 정치보다 훨씬 더 다양하여 사람들에게 넓은 범위의 선택권을 주고 있다. 그러나 교파들도 크게 보면 자유주의와 보수주의 "당"으로 나뉠 수 있으며, 이에 따라 일부 학자들은 미국 종교가 근본적으로는 양당 체계라고 주장한다.31

그러나 훨씬 더 미묘한 다른 구분들은 미국인의 신앙을 세 개의 세계 - 자유주의, 보수주의, 그리고 "중도" - 로 나누거나, 개신교, 가톨릭, 유대교로 구분하거나, 혹은 자유주의 개신교, 복음주의 개신교, 그리고 가톨릭으로 나눈다. "기타"를 추가하여 불교, 힌두교, 이슬람교를 포함시키면 종교적 당파의 세계는 늘어난다. 그러나 그것조차도 미흡해 보인다. 정치적으로 어디에도 소속되어 있지 않은 사람들이 명칭과 정당이 그들의 기대에 부응하지 못했다고 느끼듯이, 종교인들의 느낌도 그렇다 - 분노, 권태, 비애, 단절의 느낌, 통제의 결여와 같은 것들 때문에 그 체계를 포기하면서, 자신을 "영적"이라고 표현하는 사람들은 실제로는 모든 종류의 교회 - 주류 개신교, 가톨릭, 복음주의 - 에 대하여 반대표를 던지고 있는 것이다. 혹은 그 "영적인" 사람들은 어디에 정착해야 하는지 확신을 갖지 못한 채, 신앙의 세계에서 오락가락하는 부동층들이다.

만일 당신이 반대투표의 대상이라면 기분이 별로 좋지 않을 것이다 - 특히 당신이나 당신의 교회가 세상의 요구에 열심히 귀를 기울이며, 희망을 가지고 상상력을 동원하는 방식으로 진지하게 반응하려고 하고 있다면. 그러나 만족을 느끼고 있는 신자나 교회조차도 불만으로부터 배울 수 있다. 사람들이 떠나갈 때, 혹은 표류할 때에도 그들은 말한다. "이 생각, 집단, 혹은 방식은 더 이상 의미가 없어요. 전에 나를 세상에서 잘 살게 했던 조직은 더 이상 도움이 안 돼요. 다른 길이 있어야만 합니다."

종교적으로 소속이 없는 사람들은 주로 젊은이들이다. 미국에서 30세 미만 인구의 25~30%는 종교 예배에 참여하지 않거나 어떤 종교적 선호도 가지고 있지 않다(비록 이 집단의 약 절반은 여전히 신을 믿거나 자신을 영적이라고 생각하고 있지만).[32] 그들에 대한 다른 견해도 가능하겠지만 그들은 현존하는 종교, 종교적 이데올로기, 그리고 조직에 대하여 크게 실망하고 있다. 2004년 바나(Barna) 조사는 교회 밖에 있는 젊은이들이 기독교에 대하여 매우 부정적인 견해를 가지고 있다는 것을 발견했다. 91%는 기독교가 "반 동성애적"이라고 생각하며, 87%는 기독교인들이 "정죄하는" 경향이 있다고 말하며, 85%는 교회 다니는 사람들을 "위선적"이라고 비난하고, 72%는 기독교가 "현실 감각이 없다"고 말한다. 41%만 기독교가 "옳고 참되다"거나 "사리에 맞다"고 생각하며, 30%만 그것이 "삶에 의미를 준다"고 생각하고 있다.[33]

이 비율은 특히 자신의 교회에서 의미를 발견한 기독교인, 자신의 교회에서 LGBT(여자 동성애자, 남자 동성애자, 양성애자, 성전환자) 사람들의 권리를 위해 노력했던 기독교인, 혹은 사랑의 방법으로 자신의 믿음을 실천하는 기독교인에게는 정신이 번쩍 나게 하는 것이다. 왜냐하면 그러한 통계는 좀처럼 듣기 어려운 것이고, 젊음의 무지 혹은 성숙의 결여로 쉽게 일축되기 때문이다. "그래, 젊음의 불만! 나도 전에는 그랬지. 그렇지만 어른이 되어 아이가 생겨나면 상황은 다르게 보일 것이라네." 그러나 그들의 비판은 실제로 진정한 영적 갈망을 완곡하게 나타내는 것이다. 기독교는 사랑, 용서, 그리고 예수가 설교했던 것의 실천에 대한 종교라는 것을, 그리고 신앙은 실제 생활에 의미를 주어야 한다는 것을 이 젊은이들은 어디에선가 분명히 들어왔다. 그들은 기독교를 그 가르침 자체에 근거하여 판단하며, 미국 교회는 기대에 미치지 못한다고 믿고 있다. 따라서 현실에 대한 그들의 불만은 보다 나은 종류의 기독교에 대한 보다 깊은 갈망을 반영하는 것일 수 있는데, 그것은 세상에서 참된 차이를 만들어내는 식으로 예수의 가르침과 삶을 구현하는 것이다.

교회를 떠나겠다고 이메일을 보냈던 목사 폴은 더 나은 어떤 것을 갈망했기 때문에 교회를 떠났다. 하나의 제도를 유지하려고 노력하고 불평을 잠재우려는 데 지쳤지만, 폴은 아직도 신앙에 관한 많은 것을 사랑했다. 그는 "연구, 예배, 고백과 용서, 통찰, 친교, 그리고 선교에 대한 영적 훈련"에 관심을 가졌다. 교회가 "의미를 잃게" 되었다고 생각했음에도 불구하고, 그는 이 영적 수행을 구현했던 공동체의 일부가 되기를 분명히 꿈꾸었다. 그는 다른 종류의 교회, 즉 하나님과의 관계, 사람들 사이의 관계를 중요시하는 건강한 공동체를 갈망했다. 20년 동안 그는 그런 교회를 만들려고 노력했으나 실패했다. 그는 소속 교파가 "자기 파괴적"으로 되어가는 것을 보고 있다고 말했다. 그러나 갈망의 저류(低流)는 여전히 그의 편지 안에서 고동치고 있다. 그의 좌절과 비애는, 보다 충만한 신앙생활과 보다 나은 교회에 대한 바람과 조화를 이루고 있다. 폴의 이야기는 엘렌의 이야기처럼, 교회를 떠나갔지만 또한 신앙을 열망하는 이야기이다. 그 둘은 떠나갔지만 여전히 보다 의롭고 사랑하는 형태의 기독교 신앙이 실천되는 공동체를 찾기를 기대하고 있다.

캘리포니아의 한 모임에서 강연할 때 나는 미국인의 약 30%가 자신을 "영적이지만 종교적이지는 않다"고 생각한다고 말한 적이 있다. 청중의 한 사람이 외쳤다. "그것이 캘리포니아의 주(州) 슬로건입니다!" "영적이지만 종교적이지는 않다"는 구절은 종교 제도와 분리, 긴장, 반대되는 하나님과의 모종의 관계를 설명하려는 현대의 방식이다. 종교가 쇠락하고 있다는 것을 발견한 그 조사는 또한 "영성"이라고 불리는 것이 약진하고 있음을 발견하고 있다. 미국인들은 예배를 위한 새로운 종류의 공동체 모임으로부터 개인적인 신비적 경험이나 고전적인 기도와 명상 수행에 이르기까지 모든 것에 깊이 빠져 있다는 것이다. 처음에는 많은 종교 지도자들이 그러한 실험은 지나가는 일시적 유행의 하나 – 불안한 베이비 붐 세대들의 영적 탐구 – 이기를 바랐다. 이제 반세기가 흘러 베이비 붐 세대의 손자녀들은 훨씬 더 종교 제도에 대해 불만족스러워하며, 이에 따라 영성을 일종의 문화적 단계로 가볍게 보는 것이 점차 어려워지고 있다. "영성"에 대하여 말하는 것은 동시에 종교 제도에 대한 불만, 그리고 하나님, 이웃, 자신과의 새롭고 다르고 보다 깊은 관계성에 대한 기대를 나타내는 것이다.

분출

종교적 불만은 영적 갱신과 각성의 역사와 불가분의 것이다. 종교는 흔히 만족 – 신앙과 신실함은 평화, 안전, 그리고 확실성을 제공한다는 관념 – 으로 그 특징이 규정된다. 이런 양식의 경우, 하나님은 친절한 모습으로, 교회는 세상의 근심과 긴장으로부터의 탈출로, 종교 지도자는 무리를 영적으로 돌보는 목회자로 그려진다. 비록 대부분의 신앙 전통들이 신자들에게 그러한 확실성을 제공하지만, 종교는 또한 다른 외피 – 예언자적인 전통 – 를 두르기도 한다. 예언자적 양식에서는 신앙이 공동체 멤버들을 불편하게 하며, 그들 자신의 삶의 결점과 세상의 부정의에 눈과 마음을 열고, 모든 사람들을 치유하고 사랑하는 하나님의 꿈을 보다 충분히 구현하도록 인간 사회에 압력을 가한다.

종교 신앙은 목회적인 것과 예언자적인 것 사이에서, 위안과 선동 사이에서 갈등한다. 매우 현실적인 의미에서 종교 제도는 본래 목회적이다. 그것은 한 공동체의 공유된 가치와 덕에 세례를 베풀어 위안을 주는 일을 지속하려고 한다. 그것은 신적 혹은 초자연적 질서에 호소하여 현상(現狀)을 강화한다. 그것은 항상 변화에 느리다. 제도는 예언자에 저항한다. 예언자는 묻는다. 그는 상황이 달라지기를 촉구한다. 그는 사람들이 서로에게 더 잘 처신하도록 촉구한다. 그는 변화를 원한다.

기독교의 역사는 질서와 예언 사이의 긴장의 이야기라고 할 수 있다.[34] 예수는 유대교에 도전하고 그것을 변형시킨 예언자로 왔다. 그의 가르침을 중심으로 카리스마적 공동체가 생겨나서 점차 교회가 되었다. 교회가 조직화되었고, 이어서 제도가 되었다. 그 제도는 수많은 사람들에게 지침과 의미를 제공했다. 그리고 나서 그것은 그것이 축적한 권력과 부, 그것이 행사한 영향력, 그리고 그것만이 제공했던 구원을 지키고 보호하게 되었다.

교회 안에서는 많은 사람들이 그것을 깨닫지 못했지만, 일부는 깨달았다. 교회가 가르치는 것이, 삶과 하나님에 대한 그들의 경험과 어울리지 않는 것 같아 보였다. 그들은 교회가 제공하는 것의 미몽으로부터 점차 깨어나게 되었다. 불만이 생겨났다. 그들은 사안들을 처리하는 방식에 의문을 제기했다. 그들은 새로운 관념과 영적 수행을 실험했다. 그들은 은밀하게 만나 파괴적인 노래를 부르고 그들이 좋아하는(흔히 인정받지 못하는) 성자들에게 기도하며, 그 제도가 무시하거나 핍박했던 사람들을 섬겼다. 그들은 규칙을 바꾸고, 흔히는 그것을 깨뜨렸다. 기성 교회는 대부분 그들을 무시했고, 때로는 그들에게 관용적이기도 했지만 흔히는 그들을 이단으로 분류했고, 그들을 통제하려고 했으며, 가끔 그들을 죽이기도 했다. 그 불만 집단에 충분히 많은 사람들이 가담하면 제도적 교회는 그것에 주목해야 했다. 그 과정에서,

그리고 때로는 본의 아니게, 제도 교회는 참된 변화와 갱신을 위해 자신을 열었다.

오늘날 불만의 그 운동들은 많은 사람들이 존경하는 이름으로 기억되고 있다. 예를 들면 베네딕트 갱신, 프란체스코 운동, 공동생활형제회(Brethren of the Common Life), 개신교 개혁, 재침례교 공동체, 감리교와 복음주의 부흥, 대각성운동, 옥스퍼드 운동, 성령 부흥운동 등이 있다. 거창한 명칭을 가지고 있지 않은 다른 운동들도 기억되고 있다.

나의 가족사를 추적하면서 나는 하나의 작은 그런 운동을 발견했다. 1920년대 내 조상의 일부 - 대부분은 루터교 - 가 오순절 경험의 열정을 찾아 그들의 전통적인 교회를 떠났다. 그들은 옛 세계의 신앙을 거부하고 성령에 대한 열정을 받아들였으며, 커피를 볶고 얼음을 배달하고 목수가 되는 일을 버려 그들을 아는 사람들에게 "참된 기독교인 성품"을 가졌다는 찬사를 받았다. 그들은 성령 충만한 설교가와 교회 개척자가 되었고, 한 친척은 메릴랜드 주 동부 해안에서 부흥운동의 불이 일어나도록 도운 노래하는 전도사였다. 그들은 보다 존경받는 교회에 출석하기를 거부했고, 여자들은 방언으로 기도하면서 권위적인 남편들에게 맞섰다. 그들에 대한 기억은 학문적인 서적에는 기록되어 있지 않다. 그러나 영적 불만에서 시작하여 그들은 자신을, 남편들을, 이웃들을, 그리고 그들 가족의 미래를 변화시켰다. 그 단 한 차례의 영적 분출, 즉 내 조상들이 보여준 성령의 열정으로 격정적이고 거리낌 없는 도약은 거의 한 세기 후의 나의 삶에도 아직 영향을 주고 있다. 새로운 교회를 시작했던 위대한 지도자는 아니지만, 그들도 한때 약간이나마 역사를 바꿨다.

어떤 역사가도 개인이나 교회의 작은 운동들, 즉 별로 주목이나 인정을 받지도 못한 채 자신의 삶과 공동체를 다시 만드는 새로운 방식으로 하나님을 경험했던 사람들에 의해 이루어진 운동들이 얼마나 많이 과거에 존재했는지 추측조차 할 수 없다. 어떤 운동들은 단지 지역적인 사건으로 짧은 기간 동안만 지속되었다. 다른 운동들은 수십 년 혹은 수 세기 동안 지속되었고, 기독교 세계 전체로 퍼져 나갔다. 그러한 일들은 신앙을 갱신하는 오랜 역사적 과정의 일부이다. 만일 불만에서 비롯하는 물음, 그리고 열망에 의해 생겨난 창조성이 없다면, 어떻게 종교 전통이 수백 혹은 수천 년간 살아 있을 수 있겠는가?

대중종교연구소 소장 로버트 존스(Robert Jones)는 이러한 역사에 대하여 말한다. "어떤 의미에서 영적이고 경험적인 요소들은 언제나 공식적인 종교적 통로들의 경계에 넘쳐난다. 종교의 역사는 많은 부분 제도가 그러한 분출을 따라잡고 그 길을 트려고 애쓴 것에 대한 것이다."[35] 조직화된 종교는 그러한 분출을 두려워한다. 그러나 거의 항상 참된 개혁에 앞서 영적 분출이 일어난다. 그러한 영적 불만은, 제도로 하여금 듣고 변화하고 보다 책임 있고 의미 있는 것이 되도록 자극하는 오늘날의 예언자적 칼날이 아닐까? 분출은 어떤 새로운 형태의 신앙의 징후는 아닐까?

'그리고'의 에너지

캘리포니아 주 뉴포트비치에서 "종교"와 "영성" 수행에 참가했던 한 무리의 장로교인들은 어느 범주에다 "예배"를 배정해야 할지 결정할 수 없었다. 한 여성은 "영성" 쪽에 찬성했다. 왜냐하면 그 여성에게 예배는 자신을 하나님과 연관시키는 경험이기 때문이었다. 그러나 그 여성은 "물론 모든 예배가 좋은 예배는 아니다"라고 말했다.

한 목회자는 반대 의사를 표시하며 "예배"는 "종교"의 범주에 들어가야 한다고 주장했다. "예배는 교회의 일이고, 어떤 형식을 따라야 하며 체계화되어 있습니다." 그는 잠시 멈췄다가 다시 말했다. "정말이에요. 예배는 체계화되어 있어요 – 나는 그것을 어떻게 체계화할까 하는 문제로 내 일주일 시간의 절반을 보내고 있답니다!"

그 토론은 한 젊은 여성에게 용기를 주어 내가 칠판에 써 놓은 범주들 모두에 도전하게 했다. "나는 이것들이 그렇게 정연하게 구분될 수 있다고 생각하지 않아요." 그 여성은 자신 있게 말했다. "영적인 것과 종교적인 것은 흔히 연관되어 있습니다." 그 집단은 종교와 영성의 두 범주가 중첩되는 단어들을 큰 소리로 말했다. 노래하기, 예전, 전통, 공동체, 자선의 제공, 사회정의 실천. 사람들은 어떻게 그 용어들이 서로 관계되어 있는지, 어떻게 유동성과 질서가 어떤 일을 성취하는 데 둘 다 필요한지에 대하여 논의했다.

나중에 한 목사가 나에게 말했다. "나는 둘 다 - 영성과 종교 - 원합니다. 문제는 장로교회가 영적 측면 없이 종교 측면을 너무 많이 강조해 왔다는 것입니다. 나는 종교를 포기하고 싶지 않습니다. 나는 더 나은 종교, 즉 성령에 더욱 열려 있고, 그것과 더 잘 조화를 이루는 종교를 원합니다. 그러나 교파는 영성을 두려워하고 있습니다. 만일 우리가 그 둘을 모두 갖지 못한다면, 우리는 죽을 것입니다."

나의 단어 관련 강연 모임에 참가했던 사람들 가운데 72%가 자신을 "영적이며 종교적"(이 범주에 있는 모든 사람이 단일한 교파 소속이었다)이라고 생각했다. 20%는 자신이 "영적이지만 종교적이지는 않다"라고 말했다. 6%는 자신을 "종교적일 뿐"이라고 밝혔다. 그리고 2%는 응답하지 않았다. 비록 내 청중 가운데서 "영적이며 종교적"이라고 한 응답자의 비율은 전국 평균보다 높았지만, 그들이 '그리고'(and)라는 접속사로 두 단어를 연관시키고 싶어 한 생각은 특별한 것이라 할 수는 없다. 사회학자 P. L. 말러와 커크 헤이더웨이에 따르면, "'종교적이라는 것'과 '영적이라는 것' 사이의 관계에 대한 가장 중요한 발견은, 대부분의 미국인이 자신을 그 두 가지 모두인 것으로 본다는 것이다."[36]

그러나 항상 그런 것은 아니었다. "끔찍한 10년" 이전의 1999년 갤럽 여론조사는 미국인들에게 자신을 영적이라고 이해하는지, 혹은 종교적이라고 이

해하는지 물었다. 그 당시 사람들은 다음과 같이 대답하였다.[37]

영적이기만 하다 : 30%
종교적이기만 하다 : 54%
영적이며 종교적이다 : 6%
영적이지도 종교적이지도 않다 : 9%

2009년 〈뉴스위크〉지는 프린스턴 서베이 조사를 통하여 응답자들이 자신을 영적이라고 생각하는지 종교적이라고 생각하는지 물었다. 그 결과 - 불과 갤럽 여론조사 10년 뒤였는데 - 는 다소 놀라운 것이지만, 아마도 우리의 통념과는 차이를 보이는 것일 터이다. 2009년에 사람들은 이렇게 응답했다.[38]

영적이기만 하다 : 30%
종교적이기만 하다 : 9%
영적이며 종교적이다 : 48%
영적이지도 종교적이지도 않다 : 9%

그 변화에 주목하라. 1999년에서 2009년으로 오면서 "영적이지만 종교적이지는 않다"라고 주장하는 사람들은 30%로 똑같은 비율에 머물고 있으며, 둘 다 아니라고 말한 사람들도 9%로 똑같다. 커다란 전환은 "종교적이기만 하다"고 주장하는 사람들 비율인데, 그것은 전체의 절반 이상에서 불과 9%로 떨어진 반면에, 자신을 영적이며 동시에 종교적이라고 밝힌 사람들의 비율은 미국인의 6%에서 48%로 뛰어올랐다.[39]

이 변화를 설명할 수 있는 요인은 얼마든지 있다. 서베이 질문 항목들의 단어 선택에 어떤 차이가 있었을 수도 있다. 10년 동안 인구학적 변화가 분명히 있었다. "종교적이기만 하다"고 말할 가능성이 많은 노년 세대는 혼합된 대답으로 반응할 가능성이 많은 젊은 세대로 대체되었다. 많은 사람들이 여전히 10년 전 사람들과 비교적 유사한 견해를 가지고 있지만 언어가 변했을 수 있다. 1990년대 "영적"이란 단어는 뉴 에이지 종교와 보다 밀접하게 연관되었을 수 있다. 이제 그것은 더 넓고 보다 포괄적인 의미를 가지고 있다. 물론 그저 견해를 바꾸었을 뿐인 사람들도 있을 것이다.

변화의 핵심은 끔찍한 10년이다. 10년이란 짧은 기간에 종교에 대한 긍정적 인상은 대중의 인식에서 크게 약화되었다. 그런 와중에 "종교"는 받아들이기 힘든 단어가 되었고, 사람들은 자신의 신앙을 분명히 할 새로운 방식에 대하여 탐구했다. 한 장로교 평신도 지도자가 최근에 나에게 말했다. "그것은 마치 우리가 어느 날 아침 일어나보니 모든 것이 변한 것과 같았습니다. 나는 내 세속적 친구들에게 내가 종교적이라고 말하는 것이 부끄러워졌습니다. 그 대신 나는 그들에게 내가 영적이지만 여전히 교회에 나간다고 말하기 시작했습니다." 또 어떤 사람은 나에게 말하기를 자신은 이제 기도하고, 노래하고, 다른 이를 섬긴다고 말한다고 하며 이렇게 얘기했다. "나는 나의 교회 멤버십이 아니라, 나의 실천을 통해 내 신앙을 설명합니다."

이 두 사람 모두 같은 주류 교회에 나가는데, 그 교회는 웹사이트에서 이렇게 선포한다. "우리의 사명은 예수 그리스도의 제자로서 예배, 친교, 선교, 배움, 그리고 기도를 통하여 영적으로 자라는 것입니다." 교파에 대한 언급이 없고 심지어는 그것이 교회라는 사실을 밝히지 않고 있음에 주목하라! 대신에 강조점은 영적 수행을 통해 예수처럼 되기를 배우는 목적 있는 공동체라는 데 있다. 종교와 관계된 모든 일이, 경험적인 기독교인 생활에 대한 새로워진 관심으로 대체되고 있다. 사람들은 아직도 예배와 선교여행과 같은 종교적 일을 하고 있지만, 그들은 그것을 하나님과, 서로서로와, 그리고 그들의 공동체와 보다 깊이 관계하기 위하여 하는 것이다. 그 특정 교회는 '그리고'의 영역을 탐구하고 있다.

이것이 서베이 진행, 세대, 언어, 태도, 혹은 그것들 모두의 결합 가운데 어느 것의 변화에 근거하는 것이든, 앞의 숫자들은 사람들이 자신의 삶과 영적 이해를 설명하고자 하는 방식의 변화를 나타내고 있다. 그것은 놀라운 것이다. 저널리스트들이 21세기 초의 종교적 변화를 평가할 때, 그들은 "영적이지만 종교적이지는 않은" 사람과 새로운 무신론자의 증가에 대하여 말한다. 그러나 그러한 입장을 가지고 있는 미국인의 숫자는 지난 10년 동안 다소 비슷하게 유지되었다. 진짜 변화는 한때 자신을 "종교적일 뿐"이라고 이해했던 사람들과 이제는 "영적이며 종교적"이라는 새로운 자기 이해와 공적 표현을 지향하는 사람들 사이에서 이루어졌다. 단순한 이런 변화에는 조직화된 종교에 대한 그들의 불만과 "종교"가 어떻게든 영 가운데서 참된 의미를 다시 얻을 수 있다는 많은 미국인들의 희망이 표현되어 있다. 때때로 많은 것이 한 단어 - 제도적 실패와 갈망 - 로 소통될 때가 있다. 지난 10년 동안 가장 중요한 종교 이야기들 가운데 하나는 간과된 접속사 '그리고'에서 발견될 수 있다.

대전환

인간 공동체에 대한 현대적 전망에 관한 영향력 있는 책 「대전환」(*The Great Turning*)에서 데이비드 코튼(David Korten)은 묻는다. "우리의 자녀와 우리 자녀의 자녀들은 우리 시대를 어떤 이름으로 부를 것인가? 그들은 대폭로의 시기에 대해서 분노와 좌절을 담아 말할 것인가? … 아니면 그들의 선조가 위기를 기회로 바꾸고 … 인간 가능성의 새로운 시대를 가져왔던 대전환의 고귀한 시기를 즐겁게 축하하며 되돌아볼 것인가?"⁴⁰

이 물음들은 우리가 우리 시대에 어떤 선택을 해야 한다는 사실을 시사하는 좋은 질문들이다. 코튼은 옛 질서 "제국"을, 떠오르는 질서 "지구 공동체"와 대비시킨다. "제국"은 더 이상 존속될 수 없다. "지구 공동체"는 앞으로 나아갈 길이다. 인류는 전자로부터 돌아서서 후자를 창조해야 한다. 그러나 대전환이 불가피한 것은 아니다. 코튼이 말하는 것처럼 "우리는 각자 우리가 내리는 모든 개인적, 집단적 선택이 미래를 위한 하나의 결의사항이라는 것을 분명히 해야 한다."⁴¹ 대전환은 하나의 각성 - 관계성, 경제적 평등, 민주주의, 창조, 그리고 영성을 향한 인간 문화를 다시금 지향하려는 하나의 운동 - 이다. 대전환은 우리로 하여금 "충분히 인간적"이 될 것을 일깨운다.⁴²

각성(awakening)은 거룩한 지형 짜기이다. 각성은 새로운 깨달음, 내면의 변형, 마음과 생각의 변화, 그리고 우선순위, 헌신, 행위의 재배열을 의미한다. 코튼은 대전환에 있어 영성이 핵심적인 역할을 할 것이라고 주장한다. 그러나 종교의 경우는 어떤가? 21세기 초는 기독교의 대폭로(the Great Unraveling, 경제학자 폴 크루그먼이 미국의 국가 경제정책을 비판한 책 이름을 저자가 차용한 것임 - 옮긴이)로 기억될 것인가? 종교가 엉망이 되어버린 옛 질서의 일부가 되고, 교회는 붕괴되는 제국을 지키는 수호신 역할을 했던 시대 말이다. 모든 것이 산산조각 난 시대 말이다.

종교가 옛 질서의 수호자, 목회자, 그리고 사제인 한 그것은 무너지게 될 것이며, 이미 그렇게 되고 있다. 서구 기독교 세계는 끝났다. "기독교 미국"은 신화적 기억과 정치적 구호로 생존하고 있다. 어떤 이들은 새로운 기독교 세계가 아프리카, 라틴 아메리카, 혹은 아시아에서 발견되고 있다고 주장한다. 그러나 그것은 단순히 신앙의 새로운 지형에 옛 제국주의적 꿈을 심는 것이다 - 그리고 새로운 지구 남쪽의 기독교 세계의 전체적 비전은 현대적 세계의 역사적, 경제적, 혹은 정치적 실패와 현실적으로 조화되지 못하고 있다. 하나의 새로운 기독교 세계가 아니라면, 그것은 무엇인가? 예를 들어 유럽과 호주와 같은 어떤 곳에서는 종교가 세속적인 것에 자리를 내어줄 것이다. 다른 곳에서는 종교가 절충적이고 일반화된 형태의 영성에 자리를 내어줄 것이다.

그러나 또 다른 가능성이 있는데, 그것은 '그리고'에 희망을 두는 이들이 알리는 열망 - 종교는 영성에 의해 변형되고 갱신될 수 있다 - 이다. 이것은 기독교 안에서, 심지어는 닳아빠지고 권태로 가득 찬 서구 기독교에서도 일어날 수 있다. 왜냐하면 그러한 일이 지난 2천 년간 되풀이하여 일어났기 때문이다. 또한 그것은 이슬람교, 힌두교, 유대교, 그리고 다른 종교들에서도 일어날 수 있다. 실제로 그 대전환이 지구적 공동체에 대한 것이라면, 종교 - 교회, 건물, 교리를 가지고 있는 - 는 지구적 갱신의 근본적 구성 요소이다.

세계가치조사에 따르면 세계 인구의 대다수가 신을 믿고 있으며, 종교가 그들의 삶에서 중요한 역할을 하고 있다고 말한다. 세계가치조사 자료는 독특한, 그리고 모순적인 것처럼 보이는 두 주제를 입증하고 있다. 하나는 성공적인 사회일수록 교회는 쇠퇴하고 있다는 것. 둘째는 종교의 역할과 중요성은 세계적으로 증대되고 있다는 것.[43] 다시 말하면 지구적 상황에서 인간의 행복과 의미의 길을 추구할 때, 종교는 절대로 무시될 수 없는 것이다. 아무리 그것이 파당적이고, 상처를 주며, 지루하고, 위선적이며, 잠재적으로 파괴적일 수도 있다 하더라도, 종교는 특히 불이익을 당하는 사람들, 억압당하는 사람들, 그리고 가난한 사람들의 삶에서 중요하다. 크리스토퍼 히친스도 "적어도 우리가 죽음, 어두움, 미지의 것, 그리고 서로에 대한 두려움을 극복할 때까지는" 종교는 결코 죽지 않을 것이라고 인정하고 있다.[44] 세계가 필요로 하는 것은 보다 나은 종교, 옛 신앙의 **새로운 형태**, 깊은 영적 관계의 기초에서 다시 태어난 종교이다 - 종교를 완전히 저버리는 대신에 이러한 것들이 탐색될 필요가 있다. 우리는 분열시키고 나아가서 미래를 위태롭게 하는 종교가 아니라, 공유된 인간성과 희망의 영이 스민 종교를 필요로 한다.

미래를 향해 나아가는 하나의 방법은 되돌아보는 것이다. 50년 전 하버드 대학교의 비교종교학 교수 윌프레드 캔트웰 스미스(Wilfred Cantwell Smith)는 종교의 종말이 예상치 못한 것도 아니고 반드시 나쁜 것도 아니라고 지적했다. 1962년 「종교의 의미와 목적」(*The Meaning and End of Religion*)에서 그는 현대어 "종교"(religion)와 이 단어의 라틴어 어원 **렐리기오**(*religio*)를 구분했다. 그는 "종교"라는 현대적 개념이 유럽의 역사에서 비교적 최근에 탄생한 것임을 보여주었다. 기독교 학자들은 하나님에 대한 관념이나 믿음 체계를 나타내기 위하여 17세기 내내 매우 흔하게 "종교"라는 단어를 사용하기 시작했다. 그 이후의 세기들 내내 "모든 책자, 모든 논문들에서 말하는 종교는 사람이 믿거나 믿지 않는 어떤 것, 그 명제가 참되거나 참되지 않은 어떤 것, 그 존재하는 자리가 지적으로 이해할 수 있는 영역 안에 있으며 사변적 정신에 앞서 검사의 대상이 되는 어떤 것이라는 생각은 이미 보편적인 것이 되어 있었다"고 스미스는 말한다.[45] 현대에 이르러 종교는 신, 종교 제도, 그리고 인간에 대한 관념을 체계화하는 것과 구분할 수 없게 되었다. 종교는 사람들을 옳은 것과 그른 것, 참된 것과 거짓된 것, "우리"와 "그들"이라는 배타적 두 세계로 분류하고, 체계화하고, 대상화하고 나누었다.

그러나 스미스에 따르면 "종교"에 대한 현대적 정의는 **렐리기오**의 원래적 의미와 가깝지 않다. 믿음(belief) 체계로서의 종교와 달리 **렐리기오**는 신앙(faith) - 사랑, 존경, 헌신, 경외, 예배, 초월, 신뢰, 삶의 방식, 신과 자연을 향한 태도를 포함하는 살아 있고 주관적인 경험, 혹은 스미스가 설명하듯이 "세계를 보고 느끼는 특별한 방식" - 을 의미한다. 따라서 "**렐리기오**의 원초적 의미는 알려지지 않은 존재의 초인적이고 두려운 힘의 현존에서 인간이 느끼는 경외였다. ··· 그 **렐리기오**는 인간의 마음 안에 있는 어떤 것이다."[46] 종교와 관련하여 대전환은 완전히 새롭고 알려지지 않은 어떤 것으로의 변화가 되지 못했다. 대전환(Great Turning)은 옛 이해로의 대회귀(Great Returning)이며, 인간적 혼돈과 변화의 광야를 거쳐 잊혔던 경이와 경외의 길을 발견하는 것이다.

끝내야 할 유일한 것은 종교에 대한 현대의 서구적 정의이다. 그것은 이미 끝나고 있다. 한 세대 이상의 기간 동안 서구의 많은 사람들이 **렐리기오**를 추구하고 있다 - 그들이 그것을 "영성"이라고 부르는 것은 어떤 다른 영어 단어도 그들의 열망 - 바뀌어야 할 것을 바꾸는 것 - 을 표현하지 못하기 때문이다. 우리는 우리의 지혜의 시대 이전의 시대로 돌아가고 있으며, 우리가 옛 방식의 통찰을 되짚어 가고 있는 것을 깨닫지조차 못했다. 이데올로기나 제도로 현대 종교를 이해하는 일은 이미 불가능해졌고, 몇 가지 중요한 면에서 실패했다는 것을 사람들은 직관하고 있다. 세계는 우리가 지난 2, 3세기 동안 가졌던 종류의 종교를 감당할 수 없다. 사람들은 새로운 어떤 것을 탐구하고 있다. 반세기 전에 윌프레드 캔트웰 스미스가 말했던 것처럼 그 새로운 어떤 것이란 실제로는 매우 오래된 어떤 것이다. 그것은 **신앙**, 즉 "신에 대한 두려움과 영광과 살아 있는 관심"에 대한 심오한 인격적 반응이다.[47]

비록 **렐리기오**에 대한 고대적 정의가 "초월적 신에 대한 인격적 관계의, 다정하고 반향이 있으며 지속적인 확증"을 강조했지만,[48] **렐리기오**라는 단어의 실제적인 어원적 설명이 마찬가지로 도움이 될 것이다. 현대 학자들은 그 단어 자체가 "결속 혹은 결합시키다"는 의미를 가진 '**리가레**'(ligare)에서 유래했다고 주장한다. 따라서 **릴리가레**(re-ligare) 혹은 **렐리기오**는 "재결합시키는 것"을 의미한다. 본질적으로, 그리고 원래의 정의와 의미에 있어 **렐리기오**는 그리고(and)의, 재결합의, 우리 자신을 하나님과 타인들과 결속시키려는 열망의 영역이다. **렐리기오**는 의례와 신학을 경험과 경이로 감싼다. 그것은 마음에 활기를 주고, 타인들과 창조를 향해 그 영혼을 연다.

서베이, 연구, 여론조사, 이야기들에 따르면 옛 기독교 세계 영역에 있는 수많은 사람들이 재결합하기 위하여 **렐리기오**를 열망하고 있다. 물론 모두가 그런 것은 아니다. 많은 북아메리카 사람들과 유럽인들이 세속적이거나 불가지론적이거나 무신론적인 것에 만족하고 있다. 또 다른 많은 이들이 영성으로 만족하고 있다. 소수의 사람들은 그들의 전통적 종교를 고수하며 행복해 할 것이다. 그러나 그 한 가운데에 불만이 있다. 거기서는 많은 사람들이 종교와 영성 사이의 연관성, 혹은 내가 여기서 설명했던 **렐리기오**를 추구하고 있다. 어떻게 그 연관을 다시 엮을 수 있는가? 어디에서 그 '그리고'가 발견될 수 있을까?

초기의 미국 대각성운동 때 설교자들은 "옛 시대의 종교"를 하나님, 도덕성, 그리고 존재에의 물음에 대한 대답으로 찬양했다. 오늘날의 각성은 다르다. 물론 **렐리기오**는 "옛 시대의 종교"이지만 그것은 신앙 부흥운동 집회, 죄의 죽임, 그리고 양의 피로 씻음을 받는 것에 대한 것이 아니다. 우리 주변에서 일어나고 있는 이 각성은 복음주의적 부흥이 아니다. 그것은 우리 부모 세대의 신앙으로 돌아가거나, 우리 조부모 세대의 교회를 다시 세우는 것이 아니다. 오히려 그것은 인간의 신에 대한 탐구에 있어 고대적 이해로의 대회귀이다. 대회귀의 기독교는 가장 옛날 식의 종교 – 믿음이 응답과 똑같은 것이 아니고, 행위가 '할 것'과 '하지 말 것' 목록을 따르는 것이 아니며, 기독교 공동체에의 소속이 배타적 클럽에 가입하는 것이기보다는, 하나님과 다른 이들과의 관계성이 되는 신앙을 되찾는 것 – 이다. **렐리기오**는 결코 옛 대답, 성문화된 교의, 제도화된 수행, 혹은 부여된 권력에 결코 만족하지 않는다. **렐리기오**는 모든 세대에게 하나님을 경험할 것을 – 믿음, 행위, 그리고 소속의 기본적인 물음으로 돌아올 것을 – 그리고 열려진 마음으로 각각을 새롭게 탐구할 것을 요청한다.

---

1   공정하게 말하면, 버지니아 비치는 또한 역사적으로 덜 알려진 하나의 대안적 영성 센터를 가지고 있는데, 그것은 심령술사 에드가 케이스(Edgar Cayce)를 중심으로 1930, 40년대에 생겨났던 공동체였다.
2   "종교적이지도 영적이지도 않은" 사람들, 즉 무신론자와 불가지론자의 비율도 미국과 캐나다보다는 호주와 영국에서 더 높다. 종교에 대한 영국인의 태도의 흥미로운 요약으로는 www.bbc.co.uk/news/magazine-12507319를 보라. 캐나다인의 태도에 대하여는 Reginald Bibby, *Beyond the Gods and Back: Religion's Demise and Rise and Why It Matters* (Lethbridge, AB: Project Canada Books, 2011)를 보라. 호주인의 태도에 대하여는 Philips Hughes, Christian Research Association, Nunawading, Victoria의 International Social Survey Program(2009)을 보라. 또한 David Tracey, *The Spirituality Revolution: The Emergence of Contemporary Spirituality* (Melbourne: HarperCollins, 2003)를 보라.
3   세계가치조사 웹사이트는 세계 단위의 사회적 가치, 태도, 윤리에 대한 풍부한 정보를 담고 있다. www.Worldvaluessurvey.org.

4   *Newsweek* Poll, "A Post-Christian Nation?" Princeton Survey Research Associates International, April 3, 2009, www.psrai.com/filesave/0904%20ftop%20w%20methodology.pdf.
5   Robert Fuller, *Spiritual but Not Religious: Understanding Unchurched America* (New York: Oxford, 2011), p. 6.
6   C. Sedikides and J. Gebauer, "Religiosity as Self-Enhancement, A Meta-Analysis of the Relation Between Socially Desirable Responding and Religiosity," *Personality and Social Psychology Review* 14, no. 1 (February 2010): 17~36 (20); originally published online November 25, 2009.
7   이것은 나의 즉흥적인 집단 실험에서뿐만 아니라 사회과학적 연구들에서도 드러나고 있다. 예를 들면 다음을 보라. Kenneth I. Pargament, "The Psychology of Religion *and* Spirituality? Yes and No," *International Journal for the Psychology of Religion* 9, no. 1 (1999): 3~16; Brian Zinnbauer, Kenneth Pargament, et al., "Religion and Spirituality: Unfuzzying the Fuzzy," *Journal for the Scientific Study of Religion* 36 (1997): 549~64; and Penny Long Marler and C. Kirk Hadaway, "Being Religious or Being Spiritual in America: A Zero-Sum Proposition?" *Journal for the Scientific Study of Religion* 41, no. 2 (2002): 289~300.
8   Pargament, "The Psychology of Religion *and* Spirituality?" p. 6.
9   Bob Smietana, "Southern Baptist Evangelism Plan Facing Setbacks," December 18, 2008, www.usatoday.com/news/religion/2008-12-18-southern-baptist_N.htm?csp=34; Martin Marty, "Decline in Conservative Churches," *Sightings*, December 14, 2009, divinity.uchicago.edu/martycenter/publications/sightings/archive_2009/1214.shtml; Christine Wicker, *The Fall of the Evangelical Nation* (San Francisco: HarperOne, 2008).
10 "Willow Creek Repents?" October 18, 2007, www.outofur.com/archives/2007/10/willow_creek_re.html.
11 Matt Branaugh, "Willow Creek's 'Huge Shift,'" May 15, 2008, www.christianitytoday.com/ct/2008/june/5.13.html.
12 Marler and Hadaway, "Being Religious or Being Spiritual in America," p. 298.
13 Dean Hoge and Jacqueline Wenger, *Pastors in Transition: Why Clergy Leave Local Church Ministry* (Grand Rapids, MI: Eerdmans, 2005), p. 29.
14 나는 "참여의 급격한 감소"(participation crash)라는 용어를 캐나다 종교사회학자 Reginald Bibby의 *Beyond the Gods and Back*에서 차용했다.
15 Jim Lobe, "Conservative Christians Biggest Backers of Iraq War," October 10, 2002, www.commondreams.org/headlines02/1010-02.htm.
16 Christopher Hitchens, *God Is Not Great* (New York: Hachette, 2007), p. 13.
17 Pew Forum, *U.S. Religious Landscape Survey*, June 2008, p. 7, religions.pewforum.org/pdf/report2-religious-landscape-study-full.pdf.
18 Gallup, Honesty/Ethics in Professions, November 19~21, 2010, www.gallup.com/poll/1654/honesty-ethics-professions.aspx.
19 Robert D. Putnam and David E. Campbell, *American Grace* (New York: Simon & Schuster, 2010), pp. 501~15.
20 Putnam and Campbell, *American Grace*, pp. 120~33 and 401~18.
21 예를 들면 침례교회에서의 추문이 로마 가톨릭교회에서의 추문보다 "가시적으로 보다 깊이 숨겨져 있을 뿐인지"는 의문이라고 하는 David Gushee를 보라. "The Churches and Sexual Abuse," *Associated Baptist Press*, March 29, 2010, www.abpnews.com/content/view/4997/9/.
22 Putnam and Campbell, *American Grace*, pp. 91~133.

23   David Kinnaman and Gabe Lyons, *unChristian: What a New Generation Really Thinks About Christianity...and Why It Matters* (Grand Rapids, MI: Baker, 2007), pp. 28ff. 비록 기독교인에 대한 서베이 정보가 도움이 된다 하더라도, 이 책에서의 해석은 많은 기독교인에게 공격적인 것이 될 수 있다. 키너먼은 교회의 우선적 문제는 '이미지'이며, 신학적인 홍보 운동이 일을 더 낫게 만들 것이라고 생각한다. 그 자료는 흥미롭지만, 분석은 매우 깊이가 없으며 보수적인 복음주의적 사회 주제의 방향에 있어 편향되어 있다.
24   Mark Chaves, *American Religion: Contemporary Trends* (Princeton, NJ: Princeton Univ. Press, 2011), pp. 75~77. 1970년대 초에는 미국인의 약 35%가 종교 제도를 "매우" 신뢰한다고 말했다. 지난 40년간 그 비율은 전체적으로 감소를 보여주고 있으나 1990~2000년에서만 증가가 있었고, 2004~5년에 잠깐, 그리고 약간 반등이 있었으나, 이후 다시 감소했다. 흥미롭게도 급진적인 1970년대에도 미국인은 다른 종류의 전통적 제도들보다는 종교 조직을 신뢰했다 - 그런데 이제는 더 이상 그렇지 않다. 미국인은 다른 종류의 조직들처럼 종교 제도에 대해서도 낮게 평가하고 있다. 종교 지도자에 대한 평가는 종교 제도보다 훨씬 좋지 않다.
25   Chaves, *American Religion*, p. 79.
26   이 역동성은 대공황 기간 동안 일어났던 것과 매우 유사하다. 역사가 로버트 T. 핸디(Robert T. Handy)에 따르면, "경제 위기를 맞은 것은 이미 침체되어 있었던 개신교였다." 그의 고전적인 논문 "The American Religious Depression, 1925~1935" in *Church History* 29 (March 1960), 3~16을 보라. 불경기와 종교에 대한 구체적인 자료로는 다음을 보라. "Holy Toll: The Impact of the 2008 Recession on American Congregations," faithcommunitiestoday.org/holy-toll-2008-recession.
27   Putnam and Campbell, *American Grace*, pp. 167~69.
28   1971년 *Wittenberg Door*에 처음 실린 로버트 레인스(Robert Raines)의 기도로부터 인용함. 비디오판으로는 다음을 보라. www.youtube.com/user/livingthequestions#p/u/2/LgL4X1hNWPY.
29   Linda Killian, "Independent Voters Fed Up with Entire Political System," November 1, 2010, www.politicsdaily.com/2010/11/01/independent-swing-voters-fed-up-with-entire-political-system/.
30   Killian, "Independent Voters Fed Up." 킬리안은 *The Swing Vote : The Untapped Power of the Independents*(근간)라는 책을 쓰고 있다.
31   Robert Wuthnow, *The Restructuring of American Religion* (Princeton, NJ: Princeton Univ. Press, 1988); Martin Marty의 *Righteous Empire: The Protestant Experience in America* (New York : Dial Press, 1970)에 있는 Martin Marty의 두 정당 패러다임. 그러나 이것은 나의 책 대부분에서 반대하고 있는 것이다.
32   Dan Cox, Scott Clement, Gregory Smith, Allison Pond, and Nega Sahgal, "Non-believers, Seculars, the Un-churched and the Unaffiliated: Who Are the Non-religious Americans and How Do We Measure Them in Survey Research?," paper presented at a meeting of the American Association for Public Opinion Research, Hollywood, FL, May 14~17, 2009.
33   Kinnaman and Lyons, *unChristian*, pp. 28ff.
34   실제로 그렇다. 예를 들면 다음을 보라. Jeffrey B. Russell, *A History of Medieval Christianity: Prophecy and Order* (New York: Crowell, 1968).
35   Personal e-mail conversation, December 2010.
36   Marler and Hadaway, "Being Religious or Being Spiritual in America," p. 297.
37   Gallup, "Americans Remain Very Religious, but Not Necessarily in Conventional Ways," www.gallup.com/poll/3385/americans-remain-very-religious-necessarily-conventional-ways.aspx.
38   *Newsweek* Poll, Princeton Survey Research Associates, April 2009, www.psrai.com/

filesave/0904%20ftop%20w%20methodology.pdf, p. 11.
39 비록 캐나다에는 이것에 대한 국가적 자료가 없지만 Alberta의 조사는 그 지방 사람들의 43%가 자신을 "영적이고 종교적"이라고 밝히고 있다는 것을 보여준다. Bibby, *Beyond the Gods and Back*, pp. 124~25를 보라.
40 David Korten, *The Great Turning: From Empire to Earth Community* (Bloomfield, CT: Kumarian; San Francisco: Berrett-Koehler, 2006), p. 3.
41 Korten, *Great Turning*, p. 3.
42 Korten. *Great Turning*, p. 72.
43 R. F. Ingelhart et al., *Human Beliefs and Values*는 온라인에서 찾을 수 있다. books.google.com/books?hl=en&lr=&id=UVPMESnqY0AC&oi=fnd&pg=PR15&dq=world+values+survey+religion&ots=2LPlmPHN7T&sig=jWOGJNqPk7uEpRv0xluDgGZF-iU#v=onepage&q=world%20values%20survey%20religion&f=false. 또한 짧은 보고로는 다음을 보라. www.worldvaluessurvey.org/wvs/articles/folder_published/article_base_110/files/WVS brochure4.pdf; David Korten은 대전환과의 관계에 있어서 WVS에 대한 짧은 논의를 하고 있다. *Great Turning*, p. 80.
44 Hitchens, *God Is Not Great*, p. 12.
45 Wilfred Cantwell Smith, *The Meaning and End of Religion* (New York: Macmillan, 1962), p. 40.
46 Smith, *Meaning and End of Religion*, pp. 21~23.
47 Smith, *Meaning and End of Religion*, p. 191.
48 Smith, *Meaning and End of Religion*, p. 29.

제2부

새로운 비전

영적 활기가 필요하다. 조직의 위험에 대비하는 어떤 보호가 있는가? … 하나님과 우리의 관계는 능력과 선함에 있어 절대적인 최상의 존재에 대한 종교적 관계가 아니다. 그것은 초월의 가짜 개념이다. 참된 관계는 하나님의 존재에의 참여를 통해 이루어지는, 다른 이들을 위한 새로운 삶이다.

– 디트리히 본회퍼(Dietrich Bonhoeffer), 「옥중서간」

제4장
믿음

체육관은 졸업 예배를 드리려는 사람들로 가득 차 있을 뿐만 아니라 또한 기대로 가득 차 있었다. 왜냐하면 존경받는 한 기독교 학자가 이 즐거운 학교 행사에서 설교를 할 것이었기 때문이다. 다른 사람처럼 나도 그의 지혜의 말 듣기를 기대했다. 프로그램을 훑어보면서 나는 그날을 위해 선택된 성경 구절을 읽었다.

너희 안에 이 마음을 품으라.
곧 그리스도 예수의 마음이니
그는 근본 하나님의 본체시나,
하나님과 동등됨을 취할 것으로
여기지 아니하시고,
오히려 자기를 비워 종의 형체를 가지사
사람들과 같이 되셨고,
사람의 모양으로 나타나사
자기를 낮추시고
죽기까지 복종하셨으니
곧 십자가에 죽으심이라.

이러므로 하나님이 그를 지극히 높여
모든 이름 위에 뛰어난 이름을 주사,
하늘에 있는 자들과 땅에 있는 자들과
땅 아래에 있는 자들로
모든 무릎을 예수의 이름에 꿇게 하시고,
모든 입으로 예수 그리스도를 주라 시인하여,
하나님 아버지께
영광을 돌리게 하셨느니라.

설교의 본문은 사도 바울이 쓴 신약의 빌립보서에 있는 것이다(2:5~11). 본문의 단어들을 흔치 않은 형태로 배열한 것은 설교자가 본문을 초기 기독교 예배에서 흔히 사용되었을 법한 찬송시 형태로 인용하고 있다는 것을 보여준다. 그것은 고대적인, 아름다운 본문이다.

그것은 또한 풍부한 신학적 의미가 담겨 있는 구절이기도 하다. 여기에 등장하는 단어들은 **케노시스**(kenosis), 즉 그리스도의 "비우심"에 관한 교리의 기초가 되는 것들이다. 예수는 인간이 되기 위하여 신의 특징을 포기했다. 비록 이 관념에 대해서는 많은 신학적 논의가 있지만, 이 구절의 영적 의도는 하나님의 겸비로부터 영광 중에 들리신, 승리의 예수를 향한 것이다.

설교자는 명망 있는 대학에서 받은 보라색 박사 학위 가운을 입고 단상에 올랐는데, 그것은 청중들에게 그가 성서의 깊은 의미를 해석할 권위가 있음을 상기시켰다. 예상대로 그는 **케노시스**와 겸비에 대하여 말했다. 그런데 그의 분위기가 변하기 시작했다. 그는 우리에게 그 구절에서 사용된 "주"(Lord)라는 단어는 로마제국의 카이사르에게 사용된 단어와 똑같은 것이라고 말했다. "예수 그리스도는 주님이시다"라는 것은 "예수 그리스도는 카이사르이다"라고 말하는 것이었다. 물론 이것은 사실이다. 그러나 설교자는 예수가 - 옛 카이사르처럼 - 어느 날 세상을 향해 그의 황제적 의지를 드러내고, "모든 살아 있는 것들로 무릎을 꿇게 하여" 그의 이름을 고백하게 할 것이라고 선 포했다. 카이사르의 지배를 받는 모든 사람이 로마 황제에 대해 존경을 표하는 것처럼 - 황제의 보좌에서 기어서 뒷걸음질 치며 - 마지막 때에 하나님은 모든 사람이 예수를 예배하도록 만드실 것이라고 했다.

설교자는 계속하여 예수를 반항하는 죄인, 회의를 품은 자, 불만을 품은 자, 그리고 반역하는 자에 대한 승리가 확실한 제국의 사령관과 비슷하게 묘사했다. 예수가 제왕적으로 영광 받는 것을 강조한 후, 설교자는 하나님을 아들을 죽인 자를 처단하시는 복수의 왕으로 바꾸어 버렸다. 묘하게도 그의 논조는 지옥불과 유황불을 말하는 복음주의자의 그것은 아니었다. 오히려 전체적인 강연은 철저하게 지성적인 확실성과 사심 없는 전문적 권위를 가지고 전달되었다. "언젠가 여러분은 예수를 주(主)로 고백할 것입니다"라고 그는 차갑게 말했다. "이제 이것을 믿고 고백하십시오."

나는 그 체육관을 뛰쳐나오고 싶었다. 나는 조용히 자리에서 빠져나와 발코니 밖에 서서 고개를 가로저었다. 똑같이 마음이 산란해진 친구 하나가 내 곁으로 왔다.

"어떻게 그럴 수가 있지?" 나는 소리를 질렀다. "그는 예수를 권위적이고 폭군적인 괴물 카이사르로 바꾸어 놓았어."

내 친구는 팔을 내 어깨에 두르고 말했다. "내가 보기에 그것은 그가 솔직하게 믿고 있는 그대로인 것 같아. 많은 사람들이 믿고 있는 바이기도 하고."

나는 친구를 바라보며 희망 없다는 듯이 대답했다. "예수가 카이사르와 비슷하다는 것을 어떻게 내가 믿을 수 있겠어? 그것은 나의 하나님이 아니야. 그리고 만일 그것이 실제로 기독교라면 나는 그것을 전혀 원하지 않을 거야."

믿음의 괴리

그 설교는 내가 믿음의 괴리 상태로 추락한 계기가 되었다. 한때 아슬아슬한 추락의 경계에 접근했을 수는 있겠지만, 이 설교는 나를 쓰러뜨렸다. 과거에는 그럴듯했던 것이 이제는 더 이상 그렇지 않다. 모든 것이 부정되는 것이라기보다는 오히려 그것은 결코 상상하지 못했던 각도에서 보는 것과 같은 것이다. 그것은 젖은 바위에서 미끄러진 후 강물 속에 들어온 자신을 발견하는 것을 닮았다. 미끄러질 때는 많은 생각이 떠오른다. 떨어지는 것이 멈춰질까? 발을 바로 잡을 것인가? 단단한 땅에 닿을까? 미끄러짐이 나를 어디로 데려갈까?

그 졸업 예배는 20년 전에 있었다. 중년의 희미한 기억을 통하여 나는 그 설교자의 단어들을 모두 기억할 수는 없다고 인정한다. 그러나 그가 설교할 때 내가 느꼈던 경계심이 커지면서 "이것이 정말 기독교인들이 믿는 것인가?"라고 의아해했던 것을 나는 기억한다. 내 인생의 더 젊은 시절이었다면 나는 그 교수의 설교를 인정했을 것이다. 그러나 그날 밤 매우 실망스러운 방식으로, 왜 사람들이 예수를 좋아하지 않고 기독교를 받아들이지 않거나 혹은 교회 가는 것을 원하지 않는가를 이해할 수 있게 하는 방식으로 예수가 소개되는 것을 들었다. 그때까지 나는 기독교 신앙의 해로운 측면을 헤아릴 수 없었다. 그것은 기독교 교리 때문에 내가 두려움을 느꼈던 처음 순간(그러나 마지막 순간은 아니었다)이었다. 믿음의 괴리가 내 앞에 열렸다. 나는 기독교인들이 그 교수처럼 믿는다는 것을 알고 있었지만, 나 자신은 더 이상 그것을 믿을 수 없었다.

몇 달 후 나는 시골에 있는 한 작은 루터교회에서 설교를 하게 되었다. 그 교회는 매력적이지만 구식이었고, 젊은 가족은 얼마 없고 대부분 노인들이었다. 주보에는 '퀼트 모임'(이불을 만들고 손질하는 여신도들의 모임 - 옮긴이)에 대한, 그리고 다음 토요일에 교인들을 위해 주차장을 포장할 계획에 대한 광고가 있었다. 약 70명이 편안한 예배당으로 모여들었고, 우리는 거기서 함께 성경을 읽고 찬송을 불렀다. 예배 후에 우리는 모두 간소하게 점심식사를 함께 나누었다. 내 옆에 앉은 한 젊은 여성이 믿음에 괴리감을 느끼게 된 자신의 이야기를 했다.

그녀는 근처에 있는 대학을 다녔고, 그 교회의 몇 안 되는 젊은 독신자 가운데 하나였다. "나는 이 교회를 좋아해요." 그녀가 말했다. "사람들이 나의 가족이 되었지요." 잠시 멈췄다가 그녀는 고백하는 속삭임처럼 목소리를 낮췄다. "그러나 급우들이 내가 무엇을 믿느냐고 묻는다면 나는 솔직히 뭐라고 말해야 할지 모르겠어요. '나는 기독교를 믿어'라고 말할 때마다 그들은 마치 내가 뭔가 이상하다는 듯이 쳐다봐요. 그런데 내가 기독교를 믿는 건지 루터교 교리, 혹은 그와 비슷한 무엇을 믿는건지 나조차도 잘 몰라요. 이불 여미는 법을 배우고 이 찬송가들을 노래하면서 나는 하나님을 사랑하는 방법, 그리고 하나님이 어떻게 이 사람들을 통하여 나를 사랑하는지를 경험해요. 그것을 뭐라 불러야 할지 모르겠지만, 그것은 믿음에 대한 것이라기보다는 삶에 대한 것이지요. 그것도 여전히 기독교적인 것이라고 할 수 있나요?"

그녀의 고백은 내 뇌리에 남았다. 왜냐하면 그것은 나도 공감하는 최초의 괴리감 이야기 가운데 하나였기 때문이다. 20년이 지난 지금 그 괴리는 더 넓어졌고, 그러한 문제를 속삭이며 고백할 필요는 없어졌다. 괴리감은 어느 곳에나 있으며, 사람들은 그것에 대하여 내놓고 얘기하는 것을 두려워하지 않는다. 2010년 11월 9일 나는 오헤어 공항(시카고 국제공항 - 옮긴이)에 앉아 잡지 〈유에스 투데이〉(*USA Today*)를 펼쳤다. 커다란 광고가 그 괴리감을 일깨웠다.

어떤 이들은 믿는다. "여자는 일체 순종함으로써 조용히 배우라. 여자가 가르치는 것과 남자를 주관하는 것을 허락하지 아니하노니 오직 조용할지니라"(딤전 2:11~12). 인본주의자는 생각한다. "남자와 여자의 권리는 동등하

며 신성한 것이다."(로버트 잉거솔)

그것은 무신론 집단을 위한 광고였다. 학생이 고백했던 시기와 그 11월 사이에 수많은 사람들이, 믿지 않는 - 아내는 남편에 복종해야 한다는 것을 믿지 않는, 동정녀 탄생을 믿지 않는, 성경 무오설을 믿지 않는, 지옥을 믿지 않는, 예수가 구원에 이르는 유일한 길이라는 것을 믿지 않는, 한 종교만이 진리라는 것을 믿지 않는, 제도적인 교회가 중요하다는 것을 믿지 않는, 예수를 믿지 않는, 부활을 믿지 않는, 하나님이 돌보시거나 치유하시거나 사랑하신다는 것을 믿지 않는, 하나님이 존재한다는 것을 믿지 않는 - 그들의 이야기를 나에게 털어놓았다. 그들은 더 이상 기독교를 믿지 않는다. 많은 사람들이 믿는 데서 믿지 않는 데로 넘어갈 때, 그들은 자신의 기반을 되찾는 것이 어렵다는 것을 발견한다. 그것은 아마도 그들이 전에 미끄러졌던 같은 바위를 다시 타려고 애쓰고 있기 때문일 수 있다. 혹은 처음에 그들을 물속으로 떨어지게 했던 그 길로 되돌아 갈 수 없다는 것을 그들이 알기 때문일 수도 있다.

구체적인 증언에서는 차이가 있다고 해도, 그들 대부분은 믿음에 관한 중요한 생각을 공유하고 있다. "믿음"은 신앙의 지적 내용이라는 것이다. 전형적으로 믿음은 몇몇의 목록 - 하나님, 예수, 구원, 교회에 대한 관념의 예행연습 - 을 필요로 한다. 무엇을 믿을 것인가? 만일 내가 실족한다면 더 굳세게 붙잡아야 하는가, 내버려둬야 하는가? 만일 내가 더 이상 믿지 못한다 해도 나는 여전히 기독교인인가? 영적이기는 하지만 종교적이지는 않은 것인가? 나는 불가지론자인가? 무신론자인가?

믿음, 특히 기독교 믿음은 서구 사회에서 위기의 단계로 들어섰다. 많은 사람들이 이제는 믿음을 거부한다. 수 세기 동안 기독교인들은 신앙(faith)을 믿음(belief)과 동일시해 왔다. 신앙적이 되는 것은 하나님과 예수에 대한 어떤 관념 - 특히 교리나 신조에 관한 진술로 표현된 것으로서 - 을 받아들이는 것을 의미했다. 교파들은 신도가 성례전, 구원, 그리고 권위에 관하여 무엇을 믿어야 하는지 명시했다. 신앙의 확증은 교리 혹은 성서에 관한 사실의 암기와 암송을 필요로 했다. 심지어 어떤 집단들은 참된 기독교인은 음주, 여성, 과학, 종말, 혹은 정치에 관한 특정 관념을 믿어야 한다고 주장하기까지 했다. 믿음의 조항들은 사도의 시대로부터 우리 시대에 이르기까지 오랜 세기에 걸쳐 켜켜이 쌓였다. 믿음 조항들의 이 무거운 짐과는 별개로 기독교인들은 실제로는 흔히 믿음 - "하나님은 사랑이시다" 혹은 "화평케 하는 자는 복이 있다" 혹은 "네 이웃을 네 몸과 같이 사랑하라"는 것과 같은 믿음 - 대로 살지 못하는 것처럼 보이며, 이에 따라 흔히 위선자라고 비난받는다.

믿음들의 이러한 고착화와 더불어 이에 상응하는 회의감이 서구 문화에 퍼져서 교리적인 권태, 회의주의, 불가지론, 그리고 무신론이 만연하고 있다. 과학, 역사, 그리고 심리학이 우주와 인간의 경험에 대한 훨씬 더 정교한 이해를 제공함에 따라 어떤 기독교인들은 세속의 지식에 더욱 적대적인 태도를 보이면서 창조론 박물관을 세우고, 미국을 기독교 국가라고 선포하며 지옥의 존재에 의문을 제기하는 사람들을 파문하고 있다. 간단히 말하면 믿지 않는 것에 대한 반응으로 어떤 기독교인들은 더욱 믿을 수 없게 되고 있는 것들에 대한 더 많은 믿음을 요구했다.

한편 다른 기독교인들은 믿음이 도대체 핵심적인 것이기는 한지에 대해 의문을 제기하기 시작했다. 예를 들어 졸업 설교를 했던 교수가 가르치는 대학에서는 젊은 교수들 가운데 다수가 그 학교의 교리 진술에 서명을 했는데, 그렇게 할 때 그들은 친구들에게 행운을 비는 제스처와 의미 있는 윙크를 보내며 그 진술에 "마음으로 동의했다"고 말했지만 그것은 입에 발린 소리인 듯 들렸다. 결국 학교 측은 신앙 진술이 보다 개방적이고 포용적인 것이 되도록 수정했다. 서구 세계는 점점 교리에 싫증을 내고 있으며, 나아가 기독교 자체가 믿음 중심의 종교가 되는 것으로부터 경험적인 신앙을 향해 옮겨가는 것으로 변하고 있다.

많은 철학자, 학자, 신학자가 믿음으로부터 경험으로 옮겨가는 전환, 합리주의에서 실천으로의 움직임을 탐구해왔다. 하비 콕스(Harvey Cox)는 기독교가 인간 지식과 경험에 관한 이러한 광범위한 변형을 보여주었다고 하면서 교회 역사를 세 시대로 구분했다. 그것은 신앙의 시대(the Age of Faith), 믿음의 시대(the Age of Belief), 성령의 시대(the Age of the Spirit)이다. 대체로 예수의 시대에서 주후 400년에 이르는 그 첫 시기 동안 기독교는 예수에 대한 신앙(즉 신뢰)에 기초한 삶의 방식으로 이해되었다. "기독교인이 되는 것은 그의 영 안에서 살고, 그의 희망을 품으며, 그가 시작했던 일을 하며, 그를 따르는 것을 의미했다." 그러나 300년과 400년 사이에 예수 안에서 산다는 이 역동적인 의미는 신조와 믿음 조항들에 대한 증대되는 강조로 대체되었다. 콕스 교수는 이 경향이 강화되어 결국 "교리문답으로 굳어진 미성숙한 믿음이 '예수에 **대한** 신앙'(faith *in* Jesus)을 '그에 **관한** 신조들'(tenets *about* him)로 대체해 버렸으며 … 활기찬 신앙운동에서 출발한 [기독교]는 의무적인 믿음 조항들의 집합으로 응고해 버렸다"고 주장한다.[1] 콕스는 믿음의 시대는 약 15세기 동안 지속되었고, 1900년 무렵 무너지기 시작하여 20세기 내내 그것의 종말의 속도와 긴급성이 증대하고 있다고 주장한다. 우리는 이제 그가 성령의 시대라고 부르는 기독교 역사의 새로운 단계로 들어섰다.

만일 신앙의 시대가 "예수 **안에** 있는 신앙"(faith *in* Jesus)의 시기였고, 믿음의 시대는 "그리스도에 **관한** 믿음"(belief *about* Christ)의 기간이었다면, 성령의 시대는 "예수**의** 경험"(experience *of* Jesus)에 기초한 기독교로 이해하는 것이 최선이라 할 만하다. 성령의 시대는 신비, 경이, 그리고 경외를 통해 개인이 하나님의 성령의 "폭발적인 표현"에 접속하는 것에 기초하고 있으며, 비교조적이고 비제도적이며 비위계서열적인 기독교의 시기이다. "교의(dogma)는 죽어가는 반면에, 신앙이 살아나고 있다. 영적이고 공동체적이며 정의를 추구하는 차원의 기독교가 이제 대세다. … 강제적인 믿음 조항들에 대한 동의에 근거한 종교는 더 이상 살아남을 수 없다"고 콕스는 주장한다.[2] 이 주제에 대한 인터뷰에서 콕스는 다음과 같이 부연했다.

믿음

내가 보는 것, 그리고 또한 많은 다른 이들이 보는 것은, 사람들이 흔히 이제는 자신을 "종교적"이 아니라 "영적"인 것으로 봐주기 원한다는 것입니다. 이전에 나는 그것에 대하여 매우 회의적이었습니다. 그러나 그 물음에 대하여 탐구하면서 그 용어의 차원이 무엇인지 발견하기 시작했습니다. … 내 생각에 그것이 참으로 의미하는 것은 사람들이 제도적, 교리적 발판을 거치지 않고 성스러움에 도달하기 원한다는 것입니다. 그들은 보다 직접적으로 하나님과 성령의 경험을 원합니다. 그리고 나는 그것이 실제로 사라져 갈 것이라고 생각하지 않습니다. 이것은 전면적으로 증대되고 있는 현상입니다.3

따라서 기독교는 하나님에 **관한**(about) 종교로부터 하나님**의**(of) 경험이 되는 것으로 옮겨가고 있다. 참된 의미에서 졸업 예배 설교자와 내가 설교했던 루터교회에서 자신의 신앙에 대해 물었던 학생은 둘 다 옳았다. 그 교수가 하나님에 "대한 믿음"이라 말했던 세계는 저물어가고 있으며, 신앙에 필요하다고 그가 믿었던 관념을 거듭 주장하게 했다. 경험에 의한 미래에 관한 그 학생의 직관은 다가오고 있으며, 그 학생으로 하여금 "기독교인"에 대한 옛 규정에 의문을 제기하게 했다. 비록 그 젊은 학생에게서 후에 어떤 일이 일어났는지 알 수 없지만, 그 교수는 새로운 근본주의를 촉구했으며 읽는 사람이 별로 없는 책들을 썼다. 여기서 그는 옛 것이 더 좋다고 주장하며 20년 전에 그의 설교에서 분명히 드러났던 믿음과 경건에 대한 좁은 이해를 옹호했다. 만일 기독교가 믿음 조항에 대한 것이라고 믿는다면, 근본주의에서 안식처를 찾는 것이 논리적이다. 겉으로 보면 근본주의가 때때로 유일하게 활기찬 신앙 형태인 것처럼 보인다. 그러나 하비 콕스가 주장하듯이 "의무적인 신조 체계에 대한 주장, 흠이 없다는 신화적 과거에 대한 향수, 진리에 대한 독점적 이해를 주장하는 근본주의는 … 거대한 밀물처럼 밀려오는 변화의 물결을 막으려고 시도하는 배후 세력으로 판명되고 있다."4 그 교수가 생각하는 "카이사르로서의 예수"는 붕괴하는 로마의 마지막 통치자 로물루스 아우구스투스를 닮았다.

종교적 물음 : 나는 무엇을 믿는가?

그러한 명백한 변화에도 불구하고 대부분의 종교 제도들은 마치 괴리가 존재하지 않는 것처럼, 그리고 그 물음들이 최근 몇 십 년간 근본적으로 변하지 않은 것처럼 처신하고 있다. 보수적이든 진보적이든, 복음주의적이든 주류적이든, 개신교든 가톨릭이든 교파들과 교리들은 아직도 하나님에 **대한** 물음에 대답하고 있다. 그들은 대부분 교의와 교리가 거룩한 문제에 대한 올바른 접근 방법이라 여기며, 그들이 선호하는 대답에 근거해야만 옳은 것이라고 생각한다. 종교는 **무엇**(*what*)이라는 물음에 대답한다. 무엇을 믿어야 하는가? 기독교인들은 무엇을 믿는가?

이것은 기독교에 나쁜 소식이다. **무엇**에 대한 물음들은 바로 사람들을 그 괴리에 빠지게 하는 물음들이다. 교리는 분열을 야기할 뿐만 아니라, 예수 자신이 가르쳤던 메시지와 반대되는 것으로 여겨진다. 많은 사람들이 신조 때문에 걸려 넘어지고 있으며, 그것이 교회 멤버십을 위한 일종의 교리적 시험이라고 생각하지만, 그렇다고 그것을 완전히 혹은 부분적으로도 암기하지 못한다. 목회자 한 분이 내게 물었다. "이제 우리는 신조 외우기를 그만둘 수 없을까요? 나는 그것이 사람들을 교회로부터 몰아내는 것에 지쳤습니다." 신학자 드와이트 프리센(Dwight Friesen)이 "예수는 정통주의에 관심이 없으셨고, 추종자들에게 충만하고 풍성한 인간적 삶을 제공하셨습니다"[5]라고 말할 때 그는 이 점을 직설적으로 표현하고 있는 것이다 - 많은 사람들을 대변하여. 최근 내가 인도했던 한 모임에서 감독교회 사제 한 분이 희망적인 기대와 함께 물었다. "믿음 지향적인 신앙이 사라지고 있는 것이 사실 아닙니까?" 그의 동료가 맞장구쳤다. "우리 세대는 교리에 대해 관심 없어요. 그것은 우리가 생각하는 방식이 아니지요." 실제로 기독교인들 가운데서도 믿음의 시대가 다른 무엇에 길을 내어주고 있다는 안도감 혹은 조용한 환희의 느낌이 있다.

그 교수처럼 최근 상황에 의해 믿음이 위협받고 있다고 느끼는 이들은 크게 탄식하고 있다. 교리적 진술과 관련하여 진리를 과장하는 대학 교수, 혹은 신조를 제거하기 원하는 성직자 모두 내 경험에 있어서나 서베이가 보여주는 것처럼 상당히 전형적인 경우들이다. 그들은 누군가가 알아챌까 두려워한다. 하나님에 **대한** 믿음으로 계속 경계선을 만드는 종교 제도 안에서 그들이 자신의 일자리를 잃을 수도 있다는 것을. 그들이 두려워하는 것은 일자리 혹은 공동체를 잃어버리는 것뿐만 아니라, 또한 그러한 물음을 숙고하는 사람들로부터 오는 문화적 조롱이다. 매체들은 그들을 자신이 좋아하는 형태의 신앙을 가려서 선택하는 "카페테리아 기독교인"이자 "영적 소비자"라고 비웃는다. 그런가 하면 보수적인 목회자들은 그들을 멍청하고 영적으로 천박하다고 비난하며, 종교에서 잘못되고 있는 모든 것들에 대한 희생양으로 그들을 이용한다.

믿음에 대한 불안을 반지성주의, 혹은 서구의 종교적 쇠퇴와 결부된 신학적 문제로 치부하는 것이 쉬울지 모른다. 그러나 여기에는 다른 것이 작용하고 있다. 표면상으로 **무엇** 질문들은 당연히 온건한 질문이다. 결국 **무엇**이라는 것은 매우 객관적인 물음이며 정보를 찾는 요구이다. "몇 시입니까?" "하늘은 무슨 색입니까?" "학교는 어느 날 시작합니까?" "오늘 저녁으로 무엇을 먹기 원합니까?" 나아가 "예술이란 무엇입니까?" 혹은 "인생에서 무엇을 하기 원하십니까?"와 같은 훨씬 더 철학적인 물음들은, 결론적인 대답은 아니라 하더라도 잘 정리된 의견을 가정하고 있다.

지난 몇 세기 동안 종교적 영역에서 "당신은 무엇을 믿습니까?"라고 묻는 것은, 마음으로는 전적으로 이해될 수 없는 일들에 대하여 지성적인 대답을 요구하는 것이었다. 그리하여 객관적 진리의 가면을 쓰고 종교는 의견, 사적인 취향, 개인적 이해, 그리고 희망 사항의 문제가 되었다. 사람들은 자신이 가장 좋아하는 대답에 대하여 매우 호전적으로 되었다. **무엇**에 관한 질문들은 흔히 가족과 이웃 교회들을 경쟁적인 교회로 분열시켰고, 신학적 다툼을 야기했으며, 파문을 주도했고, 정치적 사회적 갈등을 만들어냈으며, 때로는 누군가를 이성을 잃을 정도의 혼란에 빠지게 했다.

이제 진리를 직시할 때다. 점점 더 많은 사람들이 **무엇** 질문들을 매우 부정적인 방식으로 경험하고 있다. 많은 사람들의 생각에 교의는 죽어 마땅한 것이다.

영적 물음 1:
어떻게 믿을 것인가?

"기독교인입니까?" 내 친지가 물었다. "어떻게 그것을 믿을 수 있지요? 나는 내가 그것을 어떻게 믿을 수 있을지 모르겠네요."

믿음은 사라지지 않을 것이며, 믿음이 종교의 과거의 흔적이 되지는 않을 것이다. 오히려 종교가 영성에 그 자리를 내어줌에 따라, 믿음의 문제는 **무엇**(what)으로부터 **어떻게**(how)로 옮겨가게 된다. 사람들은 일반적으로 종교의 **무엇**에 대하여 알고 있다고 생각한다. 예를 들면 그들은 기독교인이 예수가 죽었다가 부활했다는 것을 믿으며, 유대인들은 모세가 이집트에서 노예를 해방시켰다는 것을 믿으며, 불교인은 부처가 깨달음을 얻었다는 것을 믿는다는 사실을 알고 있을 수 있다. 실제로 공식석상에서 신앙에 대하여 토론했던 많은 시간 가운데 나에게 "기독교인은 무엇을 믿나요?"라고 묻는 사람은 거의 없었다. **무엇**은 관심사가 못 된다 - 종교의 세계는 **무엇**으로 가득 찬 세계다. 그 대신 그들은 **어떻게**를 물었다. 믿음 질문들은 다음과 같은 것들이 되었다. "당신은 어떻게 알지요?" "어떻게 내가 믿을 수 있지요?" "어떻게 이것이 말이 되지요?" "이것을 믿는 것이 어떻게 나의 삶을 다르게 만들 수 있지요?" 혹은 "어떻게 이것이 세상을 바꿀 수 있지요?"

어떻게는 **무엇**과 다르다. "내가 어떻게 당신 집을 찾을 수 있지요?" "어떻게 그런 행동이 내 가족의 삶을 변화시킬 수 있지요?" "어떻게 사랑할 수 있나요?" **어떻게**는 방향, 행동, 호기심, 과정, 배움, 삶에 대한 질문이다. 우리가 **어떻게**를 물을 때 우리는 하나의 사실, 결론, 혹은 의견을 묻는 것이 아니다. 오히려 우리는 대상 – 이웃이나 도시, 솜씨나 비결, 열린 가능성, 발상, 우리 자신이나 관계성의 의미 – 에 대한 실제적이고 보다 깊은 지식을 탐구하는 것이다. **어떻게**는 우리를 그러한 물음으로 인도한다. 어떤 것에 대한 일반적 정보 이상의 전문적 의견을 제공하는 대신에 **어떻게**는 삶에서 우리가 추구하는 것을 받아들이고 검토하며 반성하고 그것에 입각하여 행동할 때 그 정보를 우리의 삶과 엮어준다. **어떻게**는 행동할 수 있는 정보를 제공한다. 우리는 대답에 따라 행동하는 것을 선택하거나 그렇게 하지 않을 수 있으며, 우리 행동의 범위를 선택할 수 있다.

어떻게는 사실을 기억하는 것이라기보다는 사람들을 세계에 더 깊이 개입할 수 있도록 하는 의미와 목적에 대한 물음이다. 파커 파머(Parker Palmer)는 **무엇**으로부터 **어떻게**로의 전환은, 개인들로 하여금 현실에 기반을 둔 도덕적 삶과 돌보는 공동체를 형성하는 데 필요한 "마음의 습관"(habits of heart)을 발전시킬 수 있는 "내면 탐구"(inner search)의 일부라고 설명한다. 그는 내면 삶의 물음은 미국인이 가장 흔히 묻는 종류의 물음이지만, **어떻게** 물음은 학교와 교회가 고심하여 다루지 못하고 있는 물음이라고 주장한다. 제도는 **어떻게** 물음에 대한 대답을 "지시할" 수 없다. 오히려 영적 공동체가 내면적 탐구에 몰입할 공간을 제공해야 한다. "**어떻게 내가 나 자신의 자아보다 더 큰 어떤 것과 연결될 수 있는가?**" 이것은 "대상의 **무엇**을 가르치는 것을 넘어 대상의 **어떻게**를 가르치는 매우 수고스러운 과정으로 옮겨가는 것"과 관계되어 있다고 파머는 주장한다.[6]

무엇으로부터 어떻게로의 전환은 ~에 대한 정보로부터 ~의 경험으로의 전환이다. 무엇은 전통적인 종교적 물음으로 교의와 교리에 대한 물음이다. 어떻게는 새로운 영적 물음으로 경험과 관계의 물음이다. 우리는 여러 세대 동안 무엇에 매여 살아왔고, 그렇게 하면서 거의 탈진한 상태다. 그러나 어떻게는 믿음의 문제를 새롭게 열어놓는다. 어떻게 나는 믿는가? 어떻게 우리는 믿는가? 어떻게 믿음이 차이를 만드는가? 믿음으로 세계는 어떻게 변화되는가? 믿음이 전적으로 사라지지는 않을 것이다. 좀 더 정확히 말하면 ~에 대한 믿음은 사라지고 있는 듯하다. 믿음 자체는 믿음 물음이 무엇으로부터 어떻게로, 하나님에 관한 정보를 추구하는 것으로부터 하나님의 경험을 훈련하는 것으로 바뀌면서 새로운 영적각성으로 변화될 것이다.

영적 물음 2 :
누구를 믿는가?

몇 해 전 나는 한 신학교 수업에서 학생들에게 물었다. "여러분이 윤리적 혹은 영적 관심을 갖게 될 때 여러분은 누구를 찾습니까?" 한 학생이 재빨리 말했다. "친구를 찾지요." 다른 학생이 웃으며 말했다. "난 구글(Google)을 찾아요." 다음 얼마동안 그들은 다양한 대답을 했는데, 대부분은 사적 관계, 매체, 혹은 인터넷과 관련된 것들이었다. 흥미롭게도 이 장래 목사가 될 학생들 가운데 아무도 그들의 종교적 물음에 대하여 주교, 사제, 혹은 신학교 교수를 찾는다고 말하지 않았고, 더구나 교회법을 다룬 책을 읽거나 신조를 찾아본다고 하는 학생은 더욱 없었다.

물론 그 물음은 종교적 권위에 대한 물음이다. 어려운 질문에 대하여 신뢰할 수 있는 대답은 누가 제공하는가? 옛날 같았으면 미국인들은 믿음의 문제에 관해서는 성직자, 교사, 혹은 부모의 의견을 따랐을 것이다. 그러나 의미와 목적의 문제에 이르면 "교회가 가르치기를", "기독교인들이 항상 믿었듯이", "성경이 그렇게 말하니까 믿는다"는 식으로 말하는 것은 더 이상 적절해 보이지 않는다. 외부적 권위는 과거처럼 무게가 있지 않다. 그리하여 믿음의 물음은 **무엇**으로부터 **어떻게**로 바뀌었을 뿐만 아니라, 그것은 필연적으로 **누구**라는 이차적 차원을 포함하고 있다. 내 신학교 학생들은 대답을 전통적인 제도적 권위에서 찾지 않았다. 그 대신 그들은 관계와 온라인 자료와 사회적 그물망에 의지했다. 의미를 찾는 데 있어 신뢰할 것은 누구인가?

어떻게의 문제가 경험상의 것이듯이 **누구**의 문제도 마찬가지다. 21세기 초 확실하게 신뢰할 수 있는 것은 단순히 학위 혹은 제도에서 어떤 역할을 가지고 있는 전문가의 문제가 아니다. 오히려 권위는 두 근거로부터 생긴다. 하나는 관계성이고, 다른 하나는 진정성(authenticity)이다. 사람들은 친구이거나 친구라고 느끼는 이들을 신뢰한다 - 그래서 대통령 선거 때 묻는 물음은 이런 것이다. "어느 후보와 함께 맥주를 한잔하고 싶으십니까?" 권위는 전문가적 체계와 구조에 대한 복종이 아니라 관계, 사적인 투입, 그리고 공동체적 책무를 통해서 온다. 진정성의 시금석은 우정과 밀접하게 관련되어 있다. 좋은 동기와 가상한 의도로부터 오는 것은 참되고 신뢰할 수 있는 것이며, 그것은 행복을 증진시키고 사람들의 삶을 보다 낫게 만드는 결과를 가져온다. 설교한 것을 실천하는 것은 영적 진리의 표시이며, 인간성과 겸손은 신뢰를 배양한다. 비록 어떤 사람들은 항상 권위적이거나 카리스마적인 지도자를 열망할 것이지만, 요즈음에는 진정성 있는 지도자 - 그의 말과 행동으로 믿음을 입증하는 사람 - 에 대한 훨씬 폭넓은 갈망이 있다. 새롭게 대두하고 있는 영적 문화에서는 **무엇**보다는 **누구**가 소식을 전하고 있느냐가 훨씬 더 중요하며, 따라서 메신저가 메시지가 되었다.

이것은 신앙에 있어 매우 흥미로운 사태다. 결국 기독교인, 유대교인, 그리고 무슬림은 신을 인격적이고 신뢰할 수 있는 분, 인류를 향한 좋은 소식의 메신저로 생각한다. 그리하여 종교 조직, 안수받은 지도자, 그리고 전통적인 신조는 영적 이해의 수단으로서의 기도와 깨달음을 통하여 이루어지는 하나님과의 직접적인 우정(friendship)에 중재자의 자리를 내주고 있다. 하나님과의 우정은 신비적이고 개인적일 수 있다. 그러나 그것은 또한 공동체를 이루는 집단 간 그리고 공동체 전체의 것이다 - 모든 주요 신앙은 하나님과의 우정이 이웃과의 우정을 통해 강화된다고 주장한다. 궁극적으로 영적 권위는 하나님의 목소리, 공동체의 목소리, 그리고 우리 자신의 목소리에서 비롯한다. 누구에게 대답을 달라고 요청하는 것보다 대답을 듣는 것이 더 어려운 길이다. 그러나 그것은 많은 사람들이 시도해왔던 길이다.

영적 통찰 : 경험으로서의 믿음

여론조사 자료가 말해주듯이 미국인의 약 9%는 자신을 단지 "종교적"일 뿐이라고 이해하고 있다. 그들은 아마도 여전히 신앙의 무엇에 크게 관심을 가지고 있는 것 같다. 미국인의 약 3분의 1은 자신을 단지 "영적"일 뿐이라고 말한다. 그들은 초월적인 사물과 관계하기 위한 **어떻게**의 탐구를 시도해 왔다. 그러나 미국인의 절반은 "영적이며 종교적"이라고 주장한다. 그들에게 있어 **무엇**이 반드시 **어떻게**로 대체되지는 않으며, 종교의 **무엇**은 **어떻게**에 의해 재규정되고 있다. 만일 믿음이 경험으로부터 나오고 그것과 다시 엮일 때, 우리는 영적이며(and) 종교적인 영역 - 경험적 믿음 - 에 도달한다.

경험으로서의 믿음 이해는 새로운 개념이 아니다. 실제로 그것은 우리가 보다 최근의 몇 세기 동안 물려받은 잘 알려진 정의라기보다는 믿음의 원래적인 정의에 훨씬 더 가깝다. 「믿는 것: 역사적 관점」(1977년 첫 출판)이라는 논문에서 윌프레드 캔트웰 스미스(Wilfred Cantwell Smith)는 "신앙"(faith)과 "믿음"(belief)의 구별은 용어들의 어원에 근거하고 있다고 주장한다. 비록 그 단어들이 한때는 혼용되었지만 최근 몇 세기 동안에는 "영어 단어 '믿다'(believe)는 말은 용법, 함축적 의미, 그리고 명시적 의미에 있어서 흥미로운 변화를 겪었다"고 그는 말한다 – 그런데 그것은 서구 종교 생활에 전례 없이 부정적인 영향을 끼쳤다.7

'믿다'(to believe)에 해당하는 라틴어(많은 서구 신학 사상에서 대표적인 언어)는 **오피노르**(*opinor*), **오피나리**(*opinari*)인데, 그 의미는 '의견'(opinion)으로서 이것은 원래 종교적 단어가 아니었다. 그 대신 종교적 "믿음 행위", 즉 "신앙"을 나타내는 단어로 **크레도**(*credo*)를 사용했는데, 이 말은 "마음을 쏟다" 혹은 "충성을 바치다"는 뜻을 가지고 있다. 중세기 영어에서 **크레도**의 개념은 "믿다"로 번역되었는데, 그것은 "소중히 여기다, 마음에 새기다, 귀중하게 여기다"는 뜻을 가진 독일어 **벨리벤**(*belieben*, 이 단어는 "사랑"이란 뜻의 어원이 되는 말 **리베**(*Liebe*)에서 왔다)과 똑같은 것을 의미했다.8 따라서 초기 영어에서 "믿다"(believe)는 행위나 신뢰나 충성심으로서 어떤 것 혹은 어떤 사람을 "사랑한다"(belove)는 것이었다. 믿음은 지성적인 의견이 아니었다. 스미스는 말한다.

"나는 하나님을 믿는다"고 확증하는 것은 다음을 의미하는 것이었다. "우주의 사실로서의 신의 실재를 믿는 것은 마음과 영혼을 다해 그에게 서약하는 것이다. 나는 그에 대하여 충성하면서 살기를 헌신적으로 선택한다." … 오늘날 그 진술은 어떤 이들에게는 이런 의미일 수 있다. "현대적 삶의 사실로서 신이 있는지 없는지에 대한 불확실성 가운데 나는 내 의견이 '그렇다'고 선언하는 것이다. 나는 신이 존재한다고 판단한다."9

옛날에는 믿음이란 증거를 숙고하거나 지성적으로 선택하는 것과는 관계가 없었다. 믿음은 교리적 시험이 아니었다. 오히려 믿음은 결혼서약 – 상대방에 대한 신실함 그리고 상대방과의 사랑의 섬김의 맹세로 "그렇게 하겠습니다" – 을 하는 것과 더 닮았었다. 실제로 초기의 영어 사용에서는 하나님에 대한 믿음을 견지하거나 주장하거나 소유할 수 없었다. 하나님을 사모하고 사랑하고 신뢰하고 그에게 헌신할 수 있을 뿐이었다.

역사적 관점에서 볼 때 경험으로서의 신앙(faith-as-experience)과 의견으로서의 믿음(belief-as-opinion)의 혼동은 또한 성서가 희랍어(기독교 사상의 또 다른 신학 형성 언어)에서 영어로 번역된 과정과 관계되어 있다. 희랍어에는 하나님을 사랑하는 경험을 나타내는 동사가 있으니, "신앙하다"(to faith) (즉, *pist*)가 그것이다. 그러나 영어에서 "신앙"(faith)은 명사이지 동사가 아니다. 그것에 상응하는 단어가 없기 때문에 영어 번역가들은 희랍어 동사 "신앙하다"를 영어로 "믿다"로 바꾸었다. "믿다"라는 동사(앞에서 설명했듯이 사랑하거나 소중히 여기거나 마음에 새기는 것을 의미하는)는 영어 성서에 자주 나타난다. 그것은 전형적으로 직접목적어가 없는 "나는 믿는다"의 형태로 나타나기도 하고 혹은 "나는 당신을 믿는다"(혹은 "그를", "그녀를" 또는 "하나님을")의 형태로 표현되기도 한다. 이것은 그 동사가 원래 신뢰에 대한 일반적 고백이나 누군가를 신뢰하는 특별한 성향 - 그것은 사랑에 의해서 유발되는 인격적이고 관계적인 행동이다 - 으로서 "사랑하다"의 의미를 가졌을 가능성을 높인다. 성서에 나오는 사례 가운데 12%만 "믿다"라는 동사가 "…라는 것을 믿다"(어떤 것에 대한 비인격적 확증)의 형태로 등장한다.

이러한 이해를 가지고 성서를 읽는 것은 우리의 관심을 하나님에 대한 인지적 사고로부터 우리 마음의 상태와 방향으로 돌리게 한다. 예를 들면 요한복음 3장 16절은 복음주의 성향의 기독교인들에 의해 떠받들어진 결과로 북아메리카에서 가장 잘 알려진 성경구절일 것이다. "하나님이 세상을 이처럼 사랑하사 독생자를 주셨으니 이는 그를 믿는 자마다 멸망하지 않고 영생을 얻게 하려 하심이라." 만일 우리가 "믿는다"는 것이 교리적 진리를 의미하는 것이라고 생각한다면, 이 구절은 "예수가 하나님의 아들이라는 것에 동의하는 사람은 멸망하지 않을 것이다" 혹은 "예수가 삼위 가운데 두 번째 위(位)에 있다고 생각하는 사람은 멸망하지 않을 것이다"라는 것을 의미하는 것이다.

그러나 보다 원초적인 의미에 따르면 그 구절은 "예수를 신뢰하는 사람" 혹은 "그의 마음을 예수께 향하는 사람은 멸망하지 않을 것이다"라고 읽힐 것이다. 당신이 예수를 신뢰하거나 그를 향해 당신의 사랑을 나타내기를 원하거나 원하지 않을 수 있지만, 그것은 예수에 관한 논쟁을 일으키는 것이 아니라 전적으로 다른, 그리고 보다 영적으로 강력한 초대이다. 그리고 그것은 널리 잘못 사용되고 있는 본문에 대한 참신한 이해의 방식이다.

스미스는 어떻게 믿음이 "사랑하는 자를 신뢰하는 것"으로부터 점차 인격적 관계 영역 밖에 있는, 기술관료적이고 사물 지향적인 단어로 변했는지 설명하고 있다.[10] 그 변화는 주로 영향력 있는 철학자 데이비드 흄(David Hume)의 저작을 통해 18세기에 서서히 생겨났다. 오늘날 사람들이 "믿는다"는 단어를 사용할 때 그것은 흔히 개인 상호 간의 신뢰나 사랑의 양상과도 관계없는, 사실적으로 잘못된 견해들에 대해서이다. "나는 공룡이 인간과 같은 시기에 지구 위를 걸었다고 믿어", 혹은 "나는 지구 온난화를 믿지 않아." 사람들이 더 이상 기독교를 "믿을" 수 없는 것은 놀랄 일이 아니다. 많은 현대인들이 기독교를 믿는 것은 외계인을 믿는 것이나 오바마 대통령이 케냐에서 태어났다고 믿는 것과 같다. 왜냐하면 "믿음이란 단어는 의심을 나타내며 거짓을 의미하기 때문이다."[11] 그리하여 스미스는 주장한다. "믿는 것이 종교적으로 중요하다는 생각은 현대의 관념이라는 것이 판명되었다. … 교회의 커다란 현대적 이단은 믿는 것의 이단이다. 이것이나 저것을 믿는 것이 아니라 믿음 자체를 믿는 것이다."[12] 기독교는 결코 현대적 의미에서 믿음의 체계나 구조가 되도록 의도되지 않았다. 그것은 마음의 성향으로 시작되었다.

초기 관점에서 볼 때 - 라틴어든 희랍어든, 신조든 성서든 - "믿음"과 "믿는 것"이란 단어들은 그 안에 관계적이고 살아 있는 차원을 함축적으로 내포하고 있었다. 따라서 신뢰, 충성심, 사랑 없이 "믿을" 수는 없다. 약 40년 전 이러한 역사를 분석할 때 스미스는 믿음의 미래에 대하여 회의적인 견해를 가지고 있었다. 그는 이렇게 썼다.

신의, 충성, 신실, 사랑, 헌신, 신뢰, 그리고 위탁을 나타내는 동사형으로 사용되었던, 그리고 자신과 그의 환경 가운데서 초월적 실재를 깨닫고 이에 응답하는 능력을 나타내는 데 사용되었던 영어 "믿음" – 요컨대 각 개인에게 하나님이 주신 가장 중요한 선물의 기독교적 형태인 신앙 – 은 의심스러운, 혹은 기껏해야 문제가 있는 명제를 지칭하는 용어가 되어버렸다.13

스미스는 분명히 이렇게 되지 않기를 바랐지만, 사태가 변할 것이라는 희망은 별로 갖지 못했다.

그러나 놀라운 일이 벌어졌다. 같은 40년 동안, 적어도 일부 사람들에게서나마 신뢰로서의 믿음(belief-as-trust)이라는 옛 이해로의 회귀가 이루어지고 있다. 미국 인구의 절반이 이제 "신비적 경험"을 한 적이 있다고 말하는데, 그 통계는 우리가 하나님과의 만남으로서의 신앙 관념으로 돌아가는 과정에 있다는 것을 보여준다. 현대적 의미의 종교가 실패하자 우리는 처음의 믿음 형태를 다시 분주하게 만들어가고 있는 것처럼 보인다. 우리는 새로운(혹은 어쩌면 매우 오래된) 신학적 문(theological door)으로, 즉 경험적 믿음의 길로 들어선 것 같아 보인다.

영적이며 종교적인 : 경험적 믿음

경험의 우선권. 나는 교육 수준이 높고, 이성이 배제된 신앙을 용인하지 않는, 주류이고 자유주의적이며 진보적인 개신교 종교 집단과 대부분의 내 작업 시간을 보낸다. 그들은 의심하는 자들이자 회의론자들(이것은 그들의 영적 은사恩赦이다)이며, 경험에 대해서는 노골적으로 부정적이다. 그들 가운데 많은 이가 신조에 대한 문화적 불안감(신조들이 실제적으로는 사실이 아닐까봐 염려하면서)을 공유하고 있다는 사실에도 불구하고, 그들은 경험적 신앙으로의 전환에 대해서도 전적으로 편하게 느끼지는 않는다. 같은 문장 안에 "경험적"이라는 말과 "믿음"이라는 말을 함께 쓰면 그것은 곤경을 자초하는 일이다.

그리스도 연합교회(United Church of Christ) 교파의 한 목회자 교육 모임에서 나는 하비 콕스의 견해에 대해 말했다. "콕스 교수는 20세기가 끝나면서 현대 성령운동과 함께 '성령의 시대'가 시작되었다고 주장합니다. 그것은 경험을 향한 전환을 처음으로 표현하는 것이었습니다." 방에 침묵이 흘렀다.

잠시 후 한 목회자가 말했다. "그 말은 우리가 모두 성령운동가가 될 것이라는 말입니까? 아마 우리 교회 교인은 차라리 먼저 죽고 말걸요! 신앙은 느낌에 대한 것이 아닙니다. 그것은 지성적 내용을 가지고 있어야 합니다."

그의 반응은 별난 것이 아니다. 미국인이 종교적 경험에 대하여 생각할 때 자주 머리에 떠오르는 첫 번째 것은 일종의 종교적 열광주의 – 감정을 폭발시키는 부흥사, 격앙된 신앙 치유자, 혹은 까무러치는 회중 – 이다. 미국인의 종교적 정체성에 있어 중요한 긴장은 두 지속적인 인상 – 하나는 질서 있는 교구 교회이고 다른 하나는 열광적인 텐트 집회 – 에 의해 형성된다. 첫 번째 대각성운동 이래로 미국인들은 흔히 선택을 강요받고 있다고 느끼고 있다. 교회 회중들을 위한 신도석 아니면 전도 집회에서의 앞자리, 기도서 아니면 찬양, 절제 아니면 표출, 머리 아니면 가슴? 혹은 내 페이스북 상대자 가운데 하나가 한탄한다. "왜 교회의 선택은 항상 얼음 같은 지성과 불같은 무지 사이의 선택 같아 보입니까?"

종교적 경험과 성령은 흔히 성령운동, 즉 종교적 엑스터시, 이적적 은사, 그리고 치유 안에서의, 그리고 그것들을 통한 성령의 역사하심을 강조하는 지구적 형태의 기독교와 결부되어 있다. 1880년대와 1890년대 열정적이고 과격한 형태의 복음주의 종교는 치유 부흥과 성결 모임의 형태를 확립했고, "성령세례"의 능력을 강조했다. 1901년 1월 1일 토피카 성경학교(Topeka Bible School) 학생 애그니스 오즈먼(Agnes Ozman)은 성령의 은사를 받게 해

달라고 기도했다. 그녀의 친구들이 그녀에게 손을 얹고 기도한 후에 그녀는 방언을 하기 시작했다 - 현재의 성령운동은 이와 같이 시작되었다.

흑인 부흥사 윌리엄 시모어(William Seymour)가 애그니스의 이야기를 듣고 새로운 가르침을 받아들였다. 1906년 그는 미국 중부 지역에서 로스앤젤레스로 옮겨왔는데, 거기서 그의 설교는 아주사 거리(Azusa Street)의 부흥운동에 불을 당겼고 그때부터 전 세계로 퍼져 나갔다.[14] 성령운동자들에게 방언의 경험은 참된 신앙을 입증하고 확증하게 해 주었으며, 신자들에게 하나님의 뜻을 행할 능력을 주었다. 그들에게 신앙, 느낌, 행동, 그리고 경험은 기독교인의 삶에서 조밀하게 짜인 옷과 같은 것으로 그 실들은 서로 뗄 수 없는 것이었다. 신앙을 경험적인 것으로 돌리자 그것은 가난한 사람들, 박탈당한 사람들, 노동계급 사람들, 그리고 신흥 중산계급 사람들에게 설득력을 갖게 되었는데, 그들 가운데 많은 이들이 자유주의적인 엘리트와 그들의 제한된 종교에 의해 주변적 존재가 되었다고 느끼고 있었다. 성령운동 안에서 많은 국외자들이 자아와 하나님에 대한 새로운 느낌, 그리고 일종의 영적 기회의 땅을 발견했다. 20세기 말 성령운동은 지구상의 거의 모든 나라에서 수억 명의 신도를 가진 20개 이상의 새로운 교파를 탄생시켰다.

그러나 성령운동은 보다 큰 역사적 맥락 - 인간적, 신적 경험 영역에 점차 매료되는 - 안에서 발전했다. 성령운동에 대한 최고의 전문가 그랜트 워커(Grant Wacker)는 20세기가 끝날 무렵의 성령운동, 개신교 자유주의, 그리고 로마 가톨릭 사이의 유사성을 지적했다. 성령운동가와 자유주의자 사이의 "엄청난 차이"에도 불구하고 워커는 그 두 전통이 "역사 안에서 하나님의 영의 근접성과 구원하시는 능력"을 강조하고 있다고, 그리고 한편 로마 가톨릭은 "성령의 거룩하게 하시는 현존에 전례 없이 관심"을 보이고 있다고 주장한다.[15] "성령의 시대"가 밝아옴에 따라 급진적 복음주의자, 자유주의적 개신교인, 그리고 가톨릭 신자 모두가 똑같이, 종교의 변화시키는 경험의 탐구에 휩쓸렸다 - 그들은 어떻게 하나님의 영이 그들의 삶과 그들의 세계를 다르게 만드는지 알기 원했다.

이것은 분명 인간 행위의 성격을 이해하려는, 보다 일반적이고 세속적이기까지 한 욕망에 의해 촉진되었는데, 그것은 어떻게 경험이 인간의 성품, 사고, 그리고 행동을 형성하며, 어떻게 성품, 사고, 행동이 경험에 의해 형성되는지를 연구하는 것이었다. 성령운동이 20세기 초에 시작되었을 때 지그문트 프로이트(Sigmund Freud)는 의식적 경험과 무의식적 경험 사이의 연관성, 그리고 그것과 인간 발달의 관계를 탐구하는 그의 첫 책을 출판했다.

한편으로는 열정적인 성령운동가들 그리고 다른 한편으로는 세속의 프로이트와 더불어 자유주의적 개신교인들 또한 조직화된 종교에서의 영적 권태에 저항하는 한 방식으로 종교적 경험의 문제들에 관심을 갖기 시작했다. 이들 가운데 가장 영향력 있는 것은 미국 초월주의(American Transcendentalism)였는데, 이 운동은 성령운동과 프로이트보다 약 50년 전 교회를 거부하고 그 대신에 자연 신비주의, 시(詩), 그리고 영적 고독을 추구하며 생겨났다. 모든 개신교가 초월주의를 포용했던 것은 아니지만, 그 운동은 경험적 종교가 결국 자랄 수 있는 활발한 영적 환경을 만들어냈다. 1800년대 말 개신교 자유주의가 부각될 무렵 그것의 가장 사려 깊은 동조자들은 경험이 살아 있는 신앙에 있어 중심적인 것이라고 주장했다.

경험에 관한 통찰은 부분적으로는 미국의 종교 환경의 결과이고, 또 다른 부분으로는 첫 자유주의 개신교 신학자 프리드리히 슐라이어마허(Friedrich Schleiermacher)의 신학적 영향의 결과이다. 그는 이렇게 썼다.

> 종교는 죽음에 대한 두려움이나 신에 대한 두려움의 결과가 아니다. 그것은 인간 안에 있는 깊은 요구에 대답한다. 그것은 형이상학이나 도덕이 아니라 무엇보다, 그리고 근본적으로 하나의 직관이요 느낌이다. … 정확히 말하면 교의는 종교의 일부를 구성하지 않는다. 오히려 교의는 종교의 파생물이다. 종교는 무한한 존재와의 직접적 관계성의 기적이다. 그리고 교의는 이 기적

의 반영이다.[16]

여러 가지 면에서 슐라이어마허가 비판받을 수 있겠지만 만일 위의 견해를 단순하게, 그리고 직접적으로 읽는다면, 거기에는 중요한 의미가 있다는 것을 직관으로 알 수 있다. 종교는 교의가 누적된 것이 아니다. 오히려 신앙은 신과의 만남이다. 경험은 회의적이고 교의에 지친 세계에 관여하기 위한 출발점이 될 필요가 있다. 믿음은 "무한한 존재와의 직접적인 관계"로부터 "도출된다." 믿음은 바르게 인도된 인간 경험으로부터 생겨날 때에만 신뢰심을 얻는다.

윌리엄 제임스(William James)는 1902년 「종교적 경험의 다양성」(*Varieties of Religious Experience*)에서 이 욕망에 대하여 썼다. 이 책은 "개개인 인간이 신을 무엇이라고 생각하든 그와의 관계 가운데 자신이 서 있다는 것을 이해하는 한에 있어서의 그의 느낌, 행동 그리고 경험"을 다루었다.[17] 제임스는 성자와 신비주의와 철학에 대하여 논의했다. 마지막으로 제임스는 비록 입증할 수는 없다 해도 종교적 경험은 유용하다고 결론 내렸다. 경험은 인간을 "존재의 모든 다른 차원"과 연결시키며, 사람들로 하여금 보다 의미 있는 삶을 살 수 있게 한다.[18]

이렇게 21세기를 시작하면서 성령운동과 자유주의 개신교는 - 다양한 흐름의 신비주의 가톨릭 역시 - 하나님 경험에의 탐구에 동참했다. 성령의 시대는 성령운동 열풍뿐만 아니라 하버드 대학의 윌리엄 제임스의 성찰과 성자들에 대한 로마 가톨릭의 촛불 기도가 보여주었던 경험적 신앙에 의해 동이 텄다. 그리고 영의 영역을 탐구하는 것은 기독교인뿐만이 아니었다 - 새로운 영적 수행을 하는 활발한 구도자들이 도처에서 생겨나 새로운 공동체를 형성했다.[19] 물론 이 집단들은 서로 경쟁했으며, 흔히 다른 방식의 신봉자들도 구원을 발견할 것이라고는 생각하지 않았다. 그러나 그들은 모두 경험적 믿음의 성향을 공유했는데, 그것은 하나님에 대한 믿음을 하나님과의 살아 있는 관계성으로 변형시켰던 실천적인 영성이었다. 20세기 내내 경험을 향한 욕구가 자라고 발전하고 깊어져서 기독교의 성격 자체가 변하고 있다는 인식을 증가시켰다. 신비주의와 종교적 경험은 더 이상 수도원이나 숲속 오두막집의 영적 엘리트들에 국한되지 않았다. 고대 히브리 예언자 요엘이 예언했듯이 영이 만인에게 부어졌다. (2:28)

이성의 필요성. "그러나 누구나 종교적 경험을 가질 수 있습니다." 질의응답 토론 가운데 한 목회자가 반론을 제기했다. "탈레반 구성원들도 종교적 경험을 합니다. 히틀러도 신비적 경험을 했을지 모릅니다. 경험은 종교의 기초가 될 수 없습니다. 왜냐하면 당신은 무엇이 참된 경험이라고 말할 수 없기 때문입니다. 신조와 교리가 그 기준이어야 합니다."

경험적 종교가 새로운 현상은 아니다. 그것은 오래된 것이다. 그리고 종교적 경험의 유효성에 대한 물음은 경험 자체만큼 오래된 것이다. 비록 한 부족에서 많은 사람들이 영적 경험을 했다 하더라도 한 사람만이 무당이나 박수가 되었다. 이렇게 원시인들도 어떤 종교적 경험은 다른 것보다 심오하다는 것을 인식했으며, 어떤 종류의 경험을 성취하도록 다른 이들을 도울 수 있는 권위를 새롭게 만들었다. 사람들은 경험들에 대한 판단을 하여 어느 것이 그 부족을 보살피고 어느 것이 집단 번영을 촉진하지 않을 것인지를 분간했다. 다른 사람들이 신의 느낌에 참여할 수 있게 하려는 시도에서 의미 있는 종교적 경험은 이야기와 의례를 통해 공유되었다. 때때로 어떤 독자적인 신비주의자는 새로운 경험을 주장함으로써 기성 종교 지도자와 의례의 권위에 도전했고, 이것은 그 부족으로 하여금 새로운 통찰력을 받아들이거나 그 메신저를 거부하게 만들었다. 제도에 대해 회의적인 사람들의 분노를 보여주는 경험적 종교의 인물은 역사적으로 얼마든지 있다 - 예수, 잔다르크, 오스카 로메로 등.

비록 서구 기독교가 17, 8세기의 신비주의적 성향을 떠나 합리적인 방향으로 돌아섰지만, 종교적 경험의 문제는 실제적으로 중요하다. 1740년대에

"복음주의자"라고 불리는 한 종교적 저항 집단(18세기 영국에서 일어난 감리교 운동을 말한다 - 옮긴이)이, "거듭남"의 경험이 신앙에 필요하다고 주장하면서 기성 기독교인들을 비판했다. 그들의 경험적 종교는 영국과 식민지들의 교회를 사정없이 뒤흔들어 놓았고, 부흥운동가들은 예배를 중단시켰고, 사람들을 심리적 충격으로 이끌었으며, 사회 질서를 허물었다. 여성 설교자와 문맹의 남성 복음주의자들이 전국을 누볐고, 종교적인 하층 대중들을 자극하여 그들의 하나님 경험은 교육받은 성직자에 의해 선포되는 어느 신학적 통찰력 못지않다는 것을 믿도록 부추겼다. 그러한 부흥의 열풍 가운데서 하나님 경험으로 크게 감동받은 철학자요 목회자인 조나단 에드워즈(Jonathan Edwards)는 참된 종교적 감정과 거짓된 것을 분간하려고 노력했다.

에드워즈는 종교에 있어서의 지성주의와 감성주의를 모두 비판했고, 그 대신 "참된 종교의 근본은 주로 거룩한 정감(holy affections)이다"라고 주장했다. 비록 그의 지적 동료 가운데 일부는 "정감"이라는 것이 "열등한 동물적 열정"이라고 말했지만, 에드워즈는 그가 "가슴"(the heart)이라고 부르는 것, 즉 의지와 사랑의 통합된 능력을 지향하는 것을 참된 종교로 보았다. "성서는 어느 곳에서나 종교를 두려움, 희망, 사랑, 증오, 욕망, 즐거움, 슬픔, 감사, 동정, 그리고 열망과 같은 정감으로 표현하고 있다"고 그는 썼다.[20] 그러나 정감은 단순한 감정이 아니다. 정감은 선한 것, 관대한 것, 혹은 사랑스러운 것을 지향하고 실천하려는 마음의 능력이다. 어떻게 사람의 의지가 아름다움을 지향하는가? 참된 종교적 경험은 만물 가운데서 신의 사랑과 아름다움의 일치를 느끼도록 인간에게 열어놓으시는 신적 구원으로부터 나오는 것이라고 에드워즈는 주장했다. 단순하게 말하면 인간은 에드워즈가 "신적이고 초자연적인 빛"이라고 부르는 것이 가지는 변형시키는 경험을 통해, 인간을 넘어서는 우주의 영적 차원을 깨닫는다.

신적인 빛의 경험은 겸손, 자비, 그리고 정의라는 덕 가운데서 남녀 인간을 새롭게 만들었다. 신적인 것의 경험은 사람들을 "보다 커다란 영의 부드러움을 지향하고, 자신보다 남을 낮게 여기도록" 인도한다.[21] 참된 종교적 경험은 사람의 성품에 있어서 아름다운 대칭과 균형 속에서 저절로 드러난다. 에드워즈는 이것이 질서정연하고 훈련된 삶으로 마무리된다고 주장했다. "은혜롭고 거룩한 정감은 기독교적 실천에서 수행되고 열매를 맺는다."[22]

에드워즈는 다음과 같이 주장했다. "의견과 개념을 사실의 검증을 받도록 하는 것이 경험 철학이라고 불리듯이, 종교적 정감과 의도를 마찬가지의 사실 검증을 받도록 하는 것 또한 경험 종교라고 불릴 수 있다."[23] 여기서 에드워즈는 마치 종교적 경험의 미덕을 입증하는 과학적 실험을 요구하는 합리주의자로 보일 수 있다. 에드워즈에게 무엇이 증거로서 중요했는가? 그것은 삶의 질이다. 간단히 말하면 진실한 종교적 경험은 정감으로 시작되며, 자신의 성품, 신에 대한 사랑, 그리고 이웃에 대한 봉사를 심화시키는 것이었다. 그것은 머리와 가슴을 일체화하고 조화시키는 것이었다. 그리하여 이제 사랑을 행하는 운동은 확고한 종교적 경험의 유효성에 대한 검증으로 작용한다. 영적 경험은 잘 사는 삶을 촉발한다. 잘 사는 삶은 영적 경험의 성격을 확증한다.

조나단 에드워즈는 신비주의자이며 또한 철학자였다. 그가 살았던 시기에는 "이성의 아름다움"에 대하여 말하는 것이 유행이었다. 수많은 기독교인들에게 이성은 하나의 경험이었고, 그것도 삶을 변화시키는 강력한 것이었다. 비록 지금 회고하기는 힘든 일이지만 **이성**은 **합리주의**로 고착되지 않았다. 이성은 일단의 의견이 아니라 깊은 이해를 하게 하는 능력이었다. 그것은 고정된 철학적 혹은 신학적 산물이 아니라 하나의 여정, 하나의 수행, 영혼의 한 내면적 모험이었다.

종교적 열정이 분열, 파문, 추방, 마녀사냥, 종교재판, 종교전쟁을 초래했던 시기로부터 유럽의 기독교는 벗어나고 있었다. 비판적 사고는 종교적 과잉에서 벗어나게 하는 반가운 구제의 길을 제공했다. 고맙게도 이성은 신학적 교만의 열정과 거친 영적 사고를 저지했다. 이성은 스스로 생각할 수 있게 하는 개인들의 재능이며, 바르게 판단하고 선한 선택을 하게 하는 능력이었다. 이성은 자유와 인권의 씨를 뿌렸다. 그것은 신흥 중산계급이 낳은 정치적 민주주의와 경제적 동력이라는 두 가지 변화를 가져왔다.

이성은 종교 혹은 종교적 경험을 반대하지 않았다. 오히려 이성은 너무 자주 변덕스러워 보이는 신에 의해 통치되는 초자연적 세계에서 균형, 조화, 그리고 질서를 제공함으로써 종교의 날카로운 부분을 부드럽게 했다. 이성은 아름다운 것이었다. 그리고 그것은 신비적인 것이었다. 성장하는 대중소설 산업이 사람들에게 논리와 읽기 능력이 완전한 인간성 회복의 길을 연다고 가르쳤듯이, 문학은 말, 생각, 그리고 책에 의해 변화된 사람들 이야기로 가득 차있다. 사제들과 교수들은 같은 옷을 입었다. 교회와 대학이 공통된 사명을 받아들였다. 초기 근대 시절 천사는 흔히 이성에 동반되어, 지혜와 정의의 월계관을 그것에 씌우는 것으로 묘사되기도 했다. 흔히 하나의 신으로 인격화되어 이성은 인간에게 신적 은사를 부여했다. 실제로 이성이 스스로를 이해하고 사회의 질서를 잡는 하나의 새로운 길을 열어줌에 따라 사람들은 이성을 숭배하려는 유혹에 빠졌다.

우리의 시대는 이성에 대한 혼란스러운 견해를 가지고 있다. 왜냐하면 우리는 그것의 한계를 이해하고 그것의 비인간적인 특성을 느끼며, 우리의 문제들을 해결하는 데 대한 순수한 이성의 능력을 의심하고 있기 때문이다(실제로 우리는 어떻게 그것이 적지 않은 문제를 만들어냈는지 보아 왔다). 천사들은 화관을 내던지고 오래전에 사라졌다. 우리는 이제 지나치게 합리적인 사람을 "냉담하고 타산적인"것으로, "자신의 이념을 좇아 끝까지 싸우는" 사람을 "물러서지 않는 논리"를 소유한 것으로 말한다. 결과적으로 교육은 평가절하되고 반지성주의가 확립되었다. 전문가들은 의심의 눈길을 받는다. 사실에 관심 있는 사람들은 "눈으로 확인해야 믿는 족속"(reality-based community)의 일부라고 조롱을 받는다. 사람들은 "감정적으로" 결단한다. 즉 그들은 개인적인, 전문적인, 그리고 정치적인 선택의 근거로 경험에 호소할

믿음

때, "단순히 옳다는 느낌이 들었다"는 견해를 밝힌다. 우리 시대가 경험의 권위로 향하는 요즈음 이성이 나쁜 것은 아니라는 것을 기억하는 것이 좋다. 이성은 인간 경험의 일부로서 흔히 인류 안에 나타난 신의 이미지의 반영으로 여겨진다. 영적이며 **동시에** 종교적이 되는 것은 경험과 이성을 새롭게 일체화하고, 경험을 인간의 지혜와 다시금 합치며, 경외의 경험을 통해 이성을 새롭게 하는 것이다. 그리하여 종교 이후 시대에서 기독교 신앙의 길은 가슴이 믿음의 행위를 인도하는 경험적 믿음의 길이 되어야 한다. 파커 파머가 쓰기를,

"가슴"이란 말은 라틴어 **코르**(cor)에서 온 것으로, 그것은 단순히 우리의 감정뿐만 아니라 자아의 핵심을 나타낸다. 그것은 우리가 알게 되는 모든 방식 – 지성적, 감정적, 감각적, 직관적, 상상적, 경험적, 관계적, 육체적 등 – 의 중심에 있다. 가슴은 우리의 생각 가운데서 우리가 아는 것을 우리의 몸 가운데서 아는 것과 통합시키는 곳이며, 우리의 지식이 보다 충분히 인간적인 것이 될 수 있는 곳이다.[24]

경험적인 믿음은 통합된 믿음으로, 그것은 현대성이 빼앗아간 앎의 능력을 되찾게 한다. 신앙이 의미가 있는 것은 오직 가슴의 영역에서일 뿐이다.

되돌아온 신조

10여 년 전 나는 질문하기를 좋아하는 한 감독교회에 나갔다. 실제로 그 공동체는 질문을 귀하게 여겼기 때문에 많은 사람들이 그 특별한 교회를 그들의 방식대로 만들었다. 우리는 신조, 기도, 성서 등 모든 것에 대하여 자유롭게 물었다. 한 멤버가 내게 한숨지으며 말한 적이 있었다. "이 유일신 사상

으로 모든 사람들이 하나 되었으면 얼마나 좋을까요."

다른 어떤 때 우리는 부활에 대하여, 그것이 실제로 일어났는지, 그것이 입증될 수 있는지에 대하여 논쟁을 했다. 내 친구 가운데 하나가 자유주의 감독에게 정말로 부활을 믿는지 물었던 이야기를 했다. "그것을 믿느냐구요?" 그는 의아한 듯이 대답했다. "나는 너무 자주 그것을 믿지 않을 수가 없답니다!"

"부활을 믿습니까?"라는 질문은 흔히 신조와 공의회, 본문과 증거, 역사적이고 과학적인 사실들을 둘러싼 논쟁에 대한 길고 지루한 설명을, 그리고 자유주의자와 보수주의자 사이의 논쟁을 초래한다. 그러나 논쟁을 멈추고 참된 질문이 무엇인지 물어보는 사람은 별로 없다. 질문은 "부활에 대하여 당신은 무엇을 믿습니까?"라는 것이 아니다. 물음은 보다 단순하고 보다 심오하다. "당신은 부활을 믿습니까?" 그 감독은 오래전에 일어났던 역사적 사건을 입증하는 교리적 검증에 관심을 가졌던 것이 아니다. 그는 부활을 믿었다 - 즉 그것을 신뢰했고 그것에 충절을 다했다. 왜냐하면 그는 스스로 그것을 증언했기 때문이다. "당신은 부활을 믿습니까?"라는 것은 "당신은 예수가 역사적으로, 과학적으로 죽은 자들 가운데서 일어나셨다는 것을 믿습니까?"라는 것보다 훨씬 어려운 질문이다.

그 감독은 18세기에 조나단 에드워즈가 제안했던 것과 같은 종류의 믿음을 지적한 것이었다. 그는 그 질문을 과학적 사고의 영역으로부터 경험적 확증으로 돌려서 다음과 같이 제시한 셈이었다. 부활 사건은 여기 그리고 지금 우리의 삶에서, 우리의 공동체에서 분명하고 실제적인 방식으로 상황을 어떻게 변화시키는가? 부활이 일어났다는 것은 누구나 믿을 수 있다. 진짜 질문은 부활을 신뢰하느냐 하는 것이다. 에드워즈에게처럼 그 감독에게 검증은 변화된 마음과 윤리적 행동이었다.

그러나 그 감독은 에드워즈보다 한 단계 더 나아간다. 에드워즈는 정감에 호소함으로써 영적 경험을 입증하려고 했지만, 그 감독은 가슴에 호소하는

믿음

신학적 관념과 고전적인 기독교 믿음을 설명하려고 했다. 에드워즈라면 부활을 하나의 역사적 사실로, 입증이나 설명이 필요 없는 것이라 생각했을 것이다. 사실 그랬다. 그러나 그 감독은 매우 다른 시대 - 영적 경험에 대한 물음은 별로 없고 기독교 교리에 대한 물음이 많은 - 에 살았다. 비록 그 둘이 기독교 신앙, 성격, 그리고 경험 사이에 똑같은 연관성을 말했지만, 역사적 상황은 바뀌었다. 감독은 경험적 믿음에 호소함으로써 부활이라는 기독교의 중심적인 관념을 입증할 필요가 있었다.

비록 어떤 영적 경험은 무작위적인 통찰이나 이적적인 사건으로 나타나지만, 대부분은 기도에 의해 이루어진다. 이야기, 회고, 증언에 따르면 성자, 신비가, 그리고 보통 사람들은 신과 대화하는 것이 어떻게 신을 경험할 수 있는 길을 열어주었는지에 대해 상세히 말하고 있다. 인간이 신을 만나는 것은 말 속에서, 그리고 말 바로 너머의 영역에서이다. 전도자 요한이 말하듯이 "태초에 말씀이 있었고, 그 말씀은 하나님과 함께 있었으며 그 말씀은 하나님이었다"(1:1). 유대 철학자 마르틴 부버(Martin Buber)는 영성 - 하나님과의 깊은 만남 - 이란 신뢰로 가득 찬 대화로 시작된다고 주장한다. 기도는 "제3자"로서의 하나님에 대하여 말하는 것(talking)이 아니라, 관계의 능력을 가지고 있는 주관적 인격인 "당신"(You)으로서의 하나님께 이야기하는 것(speaking)을 의미한다. 부버는 "참된 기도에서는 예배와 신앙이 살아 있는 관계로 일치되고 순화된다"고 말한다.25 기도는 종교, 교리, 그리고 교의를 활기찬 영성으로 변형시킨다.

옛 기독교 전통인 *Lex orandi, lex credendi*(기도의 법은 믿음의 법이다)라는 말은 기도가 믿음을 형성한다는 것을 의미한다. 최초의 기독교인들은 신조를 만들기 전 여러 세대 동안 기도하고 예배했으며, 성서를 경전으로 갖기 전 수백 년간 기도했다. 예수 공동체의 예전(禮典)과 초기 추종자들이 표현했던 기도가 기독교 신학, 교리, 신조를 배양했다.

"나는 여러분의 교회에 참여하기를 원치 않습니다. 왜냐하면 나는 니케아

신조를 믿지 않기 때문입니다"라는 말은 기독교 선택을 고려하는 사람들 - 혹은 기독교를 떠나려고 생각하는 사람들 - 이 공통적으로 반대를 표시하는 방식이다. 그러나 기독교인들이 신조에게 예배를 드리는 것은 아니다. 니케아 신조는 예수께서 추종자들에게 하나님과 이웃을 사랑하라고 가르친 후 3세기나 지난 다음 만들어졌다. 교회 역사의 첫 3백 년간 예수의 추종자들은 공식적이고 보편적인 교리적 진술 없이 하나님을 예배했고, 다른 이들을 섬겼으며, 설교하고 가르치고 세례를 주었으며, 세계를 복음화했다. 신조는 살아 있는, 변형시키는, 기도로 충만한, 대담한, 그리고 활동적인 영적 삶의 상황에서 만들어졌다 - 영적 삶이 신조를 만들었지 신조가 영적 삶을 만든 것은 아니다. 실제로 신조는 신앙의 "상징"이지 신앙 자체로 생각되지 않는다. 신조의 말들은 하나의 성상(聖像), 관념과 개념을 넘어서는 신적 실재에 대한 하나의 언어적 묘사, 말을 넘어 세상을 보는 하나의 창문으로서 기능한다. 신조가 중요하지 않은 것은 아니다. 그러나 그것은 올바른 순서에 있을 때만 중요한 것이다.

신조는 근본적으로 하나님을 만나는 공동체의 경험을 표현하는 헌신의 기도이다. 실제로 첫 신조는 예수에 대한 유대인의 경험으로부터 나왔다. 가장 초기의 기독교인들은 엄격하게 유일신 사상으로 양육된 남녀 유대인들이었다. "이스라엘아 들으라 우리 하나님 여호와는 오직 유일한 여호와이시니"(신 6:4). "너는 나 외에는 다른 신들을 네게 두지 말라"(출 20:3). 그러나 바로 이 유대인들이 예수를 하나님으로 예배했고, 기능적으로 자신을 이원적 유신론자로 만들었다. 그들의 예수 경험은 아버지 하나님에 대한 그들의 이해, 그리고 예수 그리스도와 하나님의 관계를 다시 생각하게 했다. 경험의 맥락에서 "다시 생각하는 것"은 오랜 시간이 걸렸고, 점차 우리가 지금 알고 있는 신조로 발전했다.

신조의 경험적 성격은 영어로 "나는 하나님 아버지를 믿으며"로 번역되는 *Credo in Deum patrem*이라는 말로 시작되는 사도신조(390년)에서 찾아

볼 수 있다. "믿음"이라는 현대적 렌즈를 통해 이것을 읽는 이들에게 그것은 마치 기독교 집단에 참여하기 위하여 동의해야 하는 - 하늘나라에 들어가기 위해 정확히 대답해야 하는 물음 - 하나님에 **대한** 관념처럼 보인다. 그러나 "믿다"(believe)는 말의 고대적 의미가 "신뢰"(trust) 혹은 "헌신"(devotion)을 나타내는 것이라는 것을 안다면, 그 신조는 다음과 같이 번역되는 것이 나을지 모른다.

나는 전능하신 아버지 하나님, 천지의 창조주를 신뢰합니다(trust in).
나는 그의 유일하신 아들, 우리 주 예수 그리스도를 신뢰합니다.
그는 성령으로 잉태되어 동정녀 마리아에게서 나시고 본디오 빌라도에게 고난을 받아 십자가에 못 박혀 죽으시고 장사되셨습니다. 그는 지옥에도 내려가셨고 사흘 만에 죽음으로부터 부활하셨습니다. 그는 하늘에 오르시어 전능하신 하나님 아버지 우편에 앉아 계십니다. 거기로부터 그는 산 자와 죽은 자를 심판하러 오실 것입니다. 나는 성령과 거룩한 공교회와 성도의 교제와 죄의 용서와 몸의 부활과 영생을 신뢰합니다. 아멘.

우리가 신뢰의 주체로서 우리 자신을 개입시킬 때 논조는 바뀌며 사도신조는 기도 본연의 성격을 갖는다는 것에 주목하라. 사실적인 확실성 대신에 그 신조는 겸손, 희망, 그리고 신앙이 충만한 기원(祈願)을 일깨운다. 그것은 신조의 행동을 머리로부터 가슴으로 옮겨놓는다. "믿는다"는 말을 원래의 의미인 "신뢰한다"는 말로 바꾸면 그 본문은 교의에 대한 진술로부터 하나님에 대한 경험으로 변형된다.

모든 신조는 공동체의 영적 경험으로부터 생겨나기 때문에 그것을 고쳐 쓰는 것이 때로는 필요하고 적절하다. 믿음의 경험적 언어를 사용하면 사도신조는 이렇게 표현될 수 있을 것이다.

나는 전능하셔서 천지만물을 창조하신 하나님께, 그리고 성령으로 잉태되어 동정녀 마리아에게서 나신 하나님의 아들 예수 그리스도께 내 마음을 드립니다. … 그리고 교회와 성도의 교제에 자신을 헌신하고 죄의 용서, 몸의 부활과 영생을 확신하면서 성령께 내 마음을 드립니다. 아멘.

기독교 교리의 모든 지적인 문제들이 여기서 해결되는 것은 아니라는 점에 주목하라 – 언어는 여전히 성차별적이고 위계서열적이며, 우리는 여전히 '동정녀 탄생'과 '죄로 가득 찬 교회'라는 문제에 얽매여 있다. 당신과 당신의 회의적인 친구들은 이 특별한 하나님께 자신을 헌신하기 원치 않을 수도 있다.

그러나 감정에 호소하는 것은 교회에서 암송하는 신조 안에 담긴 호소와는 다른 것이다. 그것은 더 이상 하나님에 **대한** 철학적 관념을 표현하지 않는다. 오히려 이 말들은 정감을 초기 기독교인들이 경험했던 것을 향하게 한다. 그들은 하나님, 곧 그들이 아버지, 아들, 성령이라고 부르는 분이, 신뢰할 수 있는 천지만물의 창조주, 구세주, 섭리자이시며, 그들이 마음으로 사랑하는 분이라는 것을 발견했었다. 이런 말들을 통해 현대의 추종자들은 지속적으로 초기 기독교인들의 하나님과 예수 경험을 회상하며, 하나님께 헌신하고 그를 사랑하는 길에 자신을 겸손하게 바치게 된다.

오랫동안 교회의 전통적인 신조를 암송해 왔던 사람들에게는 그것을 재해석하거나 다시 쓴다는 것은 생각하기 힘든 일일 것이다. 그러나 20세기에 기독교가 확장됨에 따라 새 신자들은 그들의 문화와 그들 자신의 하나님 경험과 맞는 단어와 이미지로 신조를 새로 쓰는 것이 필요하다는 것을 알게 되었다. 1960년 동아프리카의 마사이족은 가톨릭 선교사의 도움을 받아 그들이 만난 예수 경험에 비추어 그 신조를 수정했다.

우리는 사랑으로 아름다운 세상과 그 안에 있는 모든 것을 창조하신 한 분

높으신 하나님을 믿습니다. 그는 인간을 창조하셨고 인간이 세상에서 행복하기를 원하셨습니다.

하나님은 세상, 그리고 지상에 있는 모든 민족과 부족을 사랑하십니다.

우리는 이 높으신 하나님을 어둠 속에서 알았고, 이제는 그분을 빛 가운데서 압니다.

하나님은 그의 말씀의 책 성경에서 그가 세상, 그리고 모든 민족과 부족을 구원하시겠다고 약속하셨습니다.

우리는 하나님이 그의 아들 예수 그리스도를 보내심으로 그의 약속을 지키셨다는 것을 믿습니다. 예수님은 육신으로 인간이셨고, 부족으로는 유대인이며, 작은 마을에서 가난하게 태어나셨고, 선을 행하시고, 하나님의 능력으로 사람들을 돌보시며, 하나님과 사랑에 대하여 가르치시고, 종교의 의미는 사랑이라는 것을 보여주시면서 항상 사파리에 계셨습니다.

그는 동족에게 배척받으셨고, 고문당하셨으며, 손발에 못이 박혀 십자가에 달려 돌아가셨습니다. 그는 무덤에 묻혔으나 하이에나가 그를 건드리지 못했고, 사흘 만에 무덤에서 일어나셨습니다. 그는 하늘로 올라가셨습니다. 그는 주님이십니다.

우리는 우리의 모든 죄가 그를 통해 용서받는다는 것을 믿습니다. 그에 대한 신앙을 가진 사람은 모두 죄를 회개하고 하나님의 성령으로 세례를 받으며 사랑의 삶을 살고 사랑으로 양식을 나누고 예수께서 다시 오실 때까지 다른 이들에게 복음을 선포해야 합니다. 우리는 그분을 기다립니다. 그는 살아계십니다. 우리는 이것을 믿습니다. 아멘.

마사이족의 신조는 우리를 예수와 함께 사파리로 가도록 초대한다. 이것은 단순히 하나님에 대한 말이 아니다. 오히려 이 말들은 인간의 행복과 치유를 위한 하나님의 희망 이야기로 우리를 인도한다.

실제로 현대 문화에서 불운한 신세가 되어버린 "교리"(doctrine)라는 말은

"치유하는 가르침"을 의미하는 것으로 "의사"(doctor)를 뜻하는 불어에서 왔다. 교리적 진술이라 할 신조는 치유하는 도구, 즉 하나님의 백성을 신적인 일과의 보다 깊은 관계로 이끄는, 생명을 주는 말이라는 뜻이다. 신조가 이단과의 경계를 표하기 위한 담이 될 때, 그것은 영적 에너지를 잃어버린다. 교리는 하나님의 치유하시는 경험의 향기가 되어야지, 사람들에게 상처를 주고 그들을 배척하기 위한 신학적 메스가 되어서는 안 된다.

캔터베리의 대주교 로완 윌리엄스(Rowan Williams)는 최근의 한 책에서 기독교 신조는 불교의 삼보(三寶, 불자가 귀의해야 하는 세 가지 근본으로 불보(佛寶), 법보(法寶), 승보(僧寶)를 말함 - 옮긴이), 즉 부처의 삶의 방식을 이루는 서약과 비슷하다고 지적했다. "나는 부처에서 안식처를 찾는다, 나는 다르마(Dharma: 가르침)에서 안식처를 찾는다, 나는 상하(Sangha: 공동체)에서 안식처를 찾는다." 이 신조는 기독교인이 창조주 하나님에게서 **안식처를 찾고**, 예수의 가르침(용서, 사랑, 그리고 정의)에서 **안식처를 찾으며**, 생명을 주시는 성령에서 **안식처를 찾고**, 교회(공동체)에서 **안식처를 찾는다**는 것을 우리에게 상기시켜 준다. 서약. 기도. 초대. 살아 있는 경험. 영적이면서 종교적인 것. 가슴의 신앙.

1   Harvey Cox, *The Future of Faith: The Rise and Fall of Beliefs and the Coming Age of the Spirit* (San Francisco: HarperOne, 2009), pp. 5~6.
2   Cox, *Future of Faith*, pp. 213, 221.
3   Nathan Schneider, "Age of Spirit: An Interview with Harvey Cox," October 30, 2009, blogs.ssrc.org/tif/2009/10/30/age-of-spirit-an-interview-with-harvey-cox.
4   Cox, *Future of Faith*, p. 2.
5   Dwight Friesen, "Orthoparadoxy: Emerging Hope for Embracing Difference," in Doug Pagitt and Tony Jones, eds., *An Emergent Manifesto of Hope* (Grand Rapids, MI: Baker, 2007), p. 204.
6   이 문단은 Parker J. Palmer에 의해 전개된 주장을 따르고 있다. *Healing the Heart of Democracy: The Courage to Create a Politics Worthy of the Human Spirit* (San Francisco: Jossey-Bass, 2011), pp. 119~50.
7   Wilfred Cantwell Smith, *Believing: An Historical Perspective* (Oxford: One World, 1998), p. 40. First published as *Belief and History* (Virginia: Univ. Press of Virginia, 1977). 마르쿠스 보그는 믿음이라는 언어의 변화에 대하여 썼다. Marcus Borg, *The Heart of Christianity: Rediscovering a Life of Faith* (San Francisco: HarperOne, 2003), chapter 2, pp. 26~42; and *Speaking Christian*, chapter 10.
8   Smith, *Believing: An Historical Perspective*, p. 41.
9   Smith, *Believing: An Historical Perspective*, p. 44.
10 Smith, *Believing: An Historical Perspective*, p. 58.
11 Smith, *Believing: An Historical Perspective*, p. 65.
12 Smith, *Believing: An Historical Perspective*, p. v.
13 Smith, *Believing: An Historical Perspective*, p. 69.
14 Grant Wacker, *Heaven Below: Early Pentecostals and American Culture* (Cambridge, MA: Harvard Univ. Press, 2001).
15 Wacker, *Heaven Below*, p. 4.
16 Friedrich Schleiermacher, *Addresses on Religion* (1799), quoted in Kedourie, Elie, *Nationalism* (Praeger University Series, 1961), p. 26.
17 William James, *Varieties of Religious Experience* (London, New York, and Bombay: Longmans, Green, 1911), p. 31.
18 James, *Varieties of Religious Experience*, p. 515.
19 Leigh Schmidt, *Restless Souls: The Making of American Spirituality* (San Francisco: Harper San Francisco, 2005), pp. 170~71.
20 George Marsden, *Jonathan Edwards: A Life* (New Haven, CT: Yale Univ. Press, 2003), p. 285.
21 Marsden, *Jonathan Edwards*, p. 284.
22 Marsden, *Jonathan Edwards*, p. 288.
23 Marsden, *Jonathan Edwards*, p. 288.
24 Palmer, *Healing the Heart of Democracy*, p. 6.
25 Martin Buber, *I and Thou*, trans. R. G. Smith, 2nd ed. (London and New York: Continuum, 1958), pp. 88, 89.

제5장

행동

　스트레스를 받거나 슬프다고 느낄 때 나는 꽃을 산다. 그것을 집으로 가져와 세면대에 놓고 포장을 벗기고 줄기를 씻은 후 꽃꽂이를 한다. 꽃을 한 송이 한 송이 집을 때 나는 그것의 신선도와 높이, 그리고 봉오리의 크기를 살펴보고 꽃병 안 내가 정확하게 원하는 곳에 놓는다. 배열하는 것은 꽃과 초목을 그리는 것과 비슷하다. 그것은 한순간의 예술 작품이며, 살아 있는 사물의 구성에서 독특한 것이며, 시간과 공간에 한 번만 존재하는 창조물이다. 나는 꽃 한 송이 한 송이가 아름다움이란 목적을 위하여 그 생명이 있는 것에 경외를 표하며, 진지하고 사려 깊게 꽃꽂이 과제를 수행한다. 그 일은 나를 성가시게 하거나 괴롭혔던 일로부터 내 마음을 가볍게 하고, 불안을 조용한 예술 감정으로 바꾸어 준다. 내 손으로 무엇을 창조하는 것은 나를 다르게, 더 낫게 느끼도록 한다.

　몇몇 내 친구들은 내가 꽃꽂이 하는 것을 알고 있다. 이따금 나는 교회의 꽃꽂이 모임에 참석해서 모금을 위해 내 솜씨를 제공하거나 결혼식 꽃장식을 하기도 했다. "나도 꽃꽂이를 할 수 있으면 좋으련만" 하며 나의 숨겨진 재능을 알게 된 친구가 말하기도 한다. "나에게 가르쳐 줄 수 있어?" 내가 웃으며 대답한다. "그럴 수 있으면 좋겠는데! 나는 꽃꽂이를 어떻게 가르쳐야 할지 몰라. 그걸 배우는 데 여러 해가 걸렸거든."

내가 이 특별한 재주를 취미로 선택했던 것은 아니다. 대신에 나는 그것을 물려받았다. 나의 아버지는 할아버지와 증조할아버지처럼 꽃장식가였다. 나는 어렸을 때 아버지와 함께 일하러 가거나 그의 책상에서 책을 읽곤 했다. 계절이 가고 해가 지나면서 나는 아버지가 결혼식 화환, 제단 꽃장식, 어머니날 꽃장식, 그리고 관의 꽃장식을 만드는 것을 유심히 보았다. 그는 마치 화필이나 눈화장 도구를 잡는 것처럼 조심스럽게 줄기 하나하나를 집었고 꽃들은 점차 가장 아름답게 배치되었다. 내가 일곱 살 때 아버지가 물으셨다. "너도 한번 해볼래?" 무엇이든 아버지처럼 잘할 수 없다는 것을 알고 있기에 나는 긴장했다. 그러나 그는 내 손을 잡고 공간, 모양, 크기에 대하여 나에게 가르쳐 주었다. 그래서 그것을 배우게 되었다.

내가 겨우 열 살쯤 되었던 어느 날 아버지는 나 혼자 꽃장식을 해보라고 하시며 꽃들을 내게 주셨다. 그것은 몇 시간이 걸렸다. 그는 얼마나 빨리 그 일을 하셨던가! 그러나 전에도 나는 신부 들러리용 꽃들을 배열하고 작업대를 정리한 적이 있었다. 내 숙모들은 내가 타고났다고 말씀하셨다. 그러던 어느 날 아버지는 나에게 직접 해보라고 결혼식 꽃장식 전체를 맡기셨다. 장미, 국화, 대나무, 푸른 잎가지들을 가지고 한 감리교회에서 신부를 위한 그 일을 멋있게 해냈다. "해냈구나" 하며 아버지가 미소를 지으셨다. "아름답구나." 나는 열여섯이었고, 졸지에 꽃장식가가 되었다.

옛날 식으로 말하면 아버지는 내게 도제식 교육을 했다. 가게에서 처음 시작한 것은 놀이였고, 다음은 쓸고 닦는 것이었으며, 다음은 꽃을 분류했으며 항상 아버지가 만드는 것을 유심히 살폈다. 내가 적당한 나이가 되었을 때 그는 나를 견습생으로 옆에 서 있게 했으며, 그의 행동을 반복하고 내 손을 안내하는 방식으로 가르쳤다. 숙달되기에는 오랜 시간이 걸렸으며, 나의 많은 작품들은 가게 뒤에 있는 커다란 쓰레기통으로 들어갔다. 그러나 6년 후 나는 스스로 그 일을 할 수 있게 되었고, 꽃장식에 있어 제 구실을 하는 장인이 되었다. 꽃을 장식하는 일에 있어 나는 배운 것보다 더 잘 했다. 마침내 나는 꽃장식가가 되었다. 그러나 내가 사람들에게 숨 쉬는 법을 어떻게 가르쳐야 할지 모르는 것처럼 꽃장식을 하는 방법을 어떻게 가르쳐야 할지 모르겠다(비록 그러한 것들을 가르치는 사람들이 있다는 것을 알지만). 내게 있어 꽃을 장식하는 것은 세대를 거쳐 손에서 손으로 전해진 삶의 방식을 나타낸다.

종교도 한때 매우 비슷한 방식으로 공유되었다. 신앙을 물려받는 것은 부모 곁에 서서 – 혹은 무릎을 꿇고 – 영적 삶의 방식을 만드는 수행을 배우는 것을 의미한다. 나는 어렸을 때 꽃장식을 배웠을 뿐만 아니라, 어머니를 지켜보고 공동체에 참여함으로써 감리교인이 되는 것도 배웠다. 나는 예배당뿐만 아니라 부엌, 친교실, 지하실, 교실, 현관, 홀에서도 배우면서 교회 건물에서 자랐다. 서서히 나는 기독교인이 되는 방식을 배웠다. 나는 성경 읽고 찬송 부르고 설교를 듣고 굶주린 이들을 먹이며 필요한 사람을 위하여 헌 옷을 모으는 일에 대해 배웠고, 거룩성(또한 죄성 역시)에 대해서도 배웠다. 신앙은 유산으로 물려받았지만, 그것은 또한 함께 참여하는 기술이자 공동체였다.[1] 그리 멀지 않은 과거에도 사람들은 그들의 부모가 거쳐 왔던 이런 가르침과 전수의 과정을 그대로 겪었다. 그래서 빵을 굽는 침례교인 자녀는 빵을 굽는 침례교인, 목수 일을 하는 가톨릭 신도의 자녀는 목수 가톨릭 신도, 장로교 목사 자녀는 장로교 목사가 되었다. 조부모에서 부모로, 또 자녀에게로 세대를 거치며 직업과 신앙이 전해 내려왔다.

실천적 괴리

1986년 조부께서 돌아가신 후 가업으로 이어져온 꽃가게는 문을 닫았다. 삼촌이 얼마 동안 그것을 운영하려고 해봤지만 별로 성공을 거두지 못했다. 나의 가족은 애리조나 주로 이사를 했었는데, 아버지는 동부로 되돌아가는 것을 원하지 않으셨다. 나를 포함하여 손주들 가운데 누구도 꽃가게 운영을 원하지 않았다. 그래서 꽃가게는 문을 닫았다. 지난번에 알아보니 우리 가족의 가업을 이어가게 했던 꽃가게 건물은 사무용품 가게로 바뀌었다.

내 영혼 깊숙이 어딘가에서 나는 아직도 꽃장식가요, 감리교인이라고 느끼고 있다. 그러나 나는 저술가이고 선생으로 일하고 있으며, 감독교회 교인이다. 비록 내가 부모로부터 물려받은 삶의 방식을 알고 있었지만, 나는 점차 직업과 신앙에 있어 다른 길을 선택했다. 그 새로운 행로에서 나는 새로운 방식의 직업과 예배에 대하여 배워야 했다. 나의 딸은 결코 내가 전에 서 있던 곳에 서 있지 않았고, 가문의 기술을 배우지도 않았다. 나는 화환을 만들도록 그 애를 가르치지 않았다. 우리가 교회에 가지만 딸은 감리교인이 되는 방식을 배우지 않고 있다. 나는 그에게 다른 것들을 가르치고 있다. 나는 가족 전통의 굴레를 끊어버렸다. 내가 나 자신의 길을 선택했기 때문에 딸도 내가 유산으로 물려받은 것을 계승하지 않을 것이다.

가족의 전통을 깨뜨린 것은 나만이 아닐 것이다. 얼마나 많은 사람들이 가업을 포기했는지는 알 수 없지만, 나는 미국인의 45%가 가문의 신앙에서 벗어났다는 사실을 알고 있다. 우리 가운데 거의 절반이 부모가 우리에게 전해 준 것과 다른 삶의 방식을 택했다.

나는 자주 반문했다. "왜 내가 바꾸었지? 왜 내가 꽃장식가가 아니고 감리교인이 아니지? 대물림에 있어 부모님은 실패하신 것인가?" 나는 그렇게 생각하지 않는다. 그들은 그들의 부모가 전에 했던 것처럼 다음 세대와 같은 일을 하고 같은 예배를 드렸다. 그들은 자녀들에게 어떻게 일하고 어떻게 기도하는지를 가르친 좋은 일꾼이요, 좋은 교인이었다. 그렇다면 그들에게는 무엇이 없는가? 그들은 나에게 **어떻게**를 가르쳤으나 **무엇**이 그것을 하게 만드는지 혹은 **왜** 이 전통에 내 삶을 바쳐야 하는지는 가르치지 않았다. 실제로 나는 꽃장식가가 되는 방법을 알았지만, 그것에 대하여 무엇이 중요한지, 혹은 내가 왜 꽃장식가가 되어야 하는지는 배우지 못했다. 나의 아버지는 "우리는 항상 그 일을 해 왔어" 혹은 "누군가는 내 뒤를 이어야 돼"라는 말 외에는 가업을 이어야 하는, 저항할 수 없는 이유를 대지 못했다. 슬프게도 가족의 역학 관계 - 독일의 권위주의적 가부장제와 사납고 괴팍한 삼촌들과 숙모들을 가지고 있는 - 는 예민한 젊은 관찰자로 하여금 꽃가게를 떠나는 것이 거기 머물러 있는 것보다 건강과 안녕에 더 좋을 것이라는 것을 깨닫게 했다. 아무도 나에게 그들이 아름다움이나 봉사나 즐거움이라는 이유로 꽃장식가가 되었다고 말하지 않았다. 그것은 하나의 의무, 그것도 종종 짐스러운 의무였다.

감리교인이 되는 것도 마찬가지였다. 나는 **어떻게** 감리교인이 되는지를 배웠다. 관찰하고 참여함으로써 나는 어떻게 기도하고, 노래하고, 교회학교를 조직하고, 헌금을 하고, 각자 음식을 분담하는 교회 식사 계획을 짜는지를 배웠다. 그러나 누구도 감리교인이 되는 것에 있어 **무엇**이 중요하며, **왜** 내가 감리교인이 되어야 하는지를 알려주지 않았다. "왜 감리교인은 가톨릭 신도와 달리 금요일에도 고기를 먹나요?"와 같은 물음을 물으면, 자매 신도는 "그것은 항상 우리가 그래 왔던 방식이지요"라고 응답했다. 아무도 나에게 기성종교를 향한 웨슬리의 저항에 대하여, 신앙은 각성된 마음의 문제라는 그의 주장에 대하여, 혹은 감리교는 영적 변화와 사회 정의를 추구한다는 것에 대해 말해주지 않았다. 그들은 그저 이렇게 말했을 뿐이다. "그것이 우리가 항상 해왔던 방식이지요." 그것이 모든 것에 대한 이유였다. 이것의 분명한 의미는 "우리가 항상 그래왔기 때문에 당신도 그래야 해요"라는 것이다. 의무나 다를 바 없다.

제2차 세계대전 이후 서구 사회는 철학자 찰스 테일러(Charles Taylor)가 "표현주의 혁명"(expressivist revolution)이라고 부르는 것을 겪었다. 의무적인 집단 정체성 - 국가, 가족, 교회 어느 집단의 정체성이든 - 은 새로운 개인적 정체감, 그리고 개인적 성취에 기초한 "선택의 권리"로 대체되었다. 우리가 사회 구조에 대한 동조로부터 사회 속에서의 진정한 자아를 향해 옮겨감에 따라 외부적 권위는 내면적 권위에게 자리를 내주었다. 그러한 자리바꿈이 좋은 것인지 나쁜 것인지는 별개의 문제다. 이 혁명이 일어나자 사람들은 소비주의의 단편화된 문화를 누릴 수 있게 되었으며, 의복이나 경력으로부터 사랑이나 신앙에 이르는 모든 것이 선택의 문제가 되었다. 그리하여 의미와 목적에 대한 물음이 매우 중요해졌다. "단편화된" 세계의 시민들은 선택을 잘하려면 그러한 선택의 이유를 가져야 한다.[2]

우리의 조부모와 부모 세대는 종교, 즉 신앙의 **어떻게**를 매우 잘 수행했을지 몰라도 그들의 세계에서는 신앙의 **무엇**과 **왜**라는, 의미의 내면적 물음에 관여할 필요는 없었다. 아마도 그들의 부모는 그들과 **무엇**과 **왜**의 문제를 공유하는 것에 생각이 미치지 않았을지 모른다. 전해 내려오는 가족 문화에서 **무엇**은 생각될 수 있으나 **왜**는 불필요했다. 단편화된 개인주의 문화에서는 일과 기도에서 가족적 임무를 재연할 설득력 있는 이유가 존재하지 않는 반면에 옛 방식을 버릴 이유는 충분히 있다. 이러한 문화적 변화 이후로는 삼대에 걸친 세대는 기억의 실타래가 끊긴, 그리고 삶은 우리 각자에 의해 새롭게 짜여야 하는 세계에 태어난다. 진정성, 의미, 그리고 목적의 새로운 틀을 짜는 것은 우리 각자에게 달려 있다.

어떻게가 그 자체로 목적이 되었을 때, 사람들은 **무엇**을 묻기 시작했다. 만일 내가 꽃장식가가 되지 않는다면 무엇이 될 것인가? 만일 내가 감리교를 더 이상 받아들이지 않는다면 어떤 신앙을 수용할 것인가? 특히 믿음과 대조되는 행위에 있어서는 **무엇**이 강력한 영적 물음으로 부각된다. **무엇**은 항상 **왜** - **무엇**의 특별한 길을 선택하게 하는 설득력 있는 이유 - 로 인도한다. 종교적 행위가 주로 **어떻게**의 문제이긴 하지만, 사람들이 의도적으로 그들의 행동과 임무를 선택함에 따라 영적 수행은 **무엇**과 **왜**에 대한 내면적 경험을 필요로 한다. 선택이 결정된 다음에는 **무엇**과 **왜**에 뒤이어 **어떻게**를 묻는 신앙의 새로운 방식을 우리는 공들여 만든다. 선택, 의미, 그리고 수행은 함께 어우러져 세계에서 의미 있게 사는 길을 우리에게 열어준다.

종교적 물음 : 어떻게 그것을 하는가?

뉴저지에 있는 한 교회에서 열린 모임이 장로교 목사들로 가득 찼다. 나는 그들에게 "영성"과 "종교"라고 하면 떠오르는 단어를 말해 보라고 했다.

"어느 쪽부터 채워 볼까요?" 내가 물었다. 그들은 칠판을 응시했다. 많은 이들이 지성적으로 엄격한 것으로 잘 알려져 있는 학교인 인근의 프린스턴 신학대학 졸업생이었다.

"종교요." 한 사람이 대답했다. 여럿이 동조하며 고개를 까딱했다.

"좋아요, 종교부터 하지요." 나는 기대감을 가지고 분필을 들어 종교라고 쓴 쪽으로 옮겨갔다. "목사님들이 '종교'를 생각할 때 어떤 단어가 처음으로 떠오르나요?"

누군가 외쳤다. "「로버트 회의법」(Robert's Rules of Order)이요."(이것은 1876년 헨리 마틴 로버트(Henry Martyn Robert)가 쓴 책으로 공식 회의 진행 규칙과 절차를 자세히 정리하고 있으며, 이 책에서 제시하고 있는 회의법은 오늘날 만국공통회의법으로 통하고 있다. 이 회의법은 의회와 같은 정부 기구로부터 교회와 같은 임의 단체에 이르기까지 회의를 진행할 때 그 근거로 활용되고 있다. 아마도 이 표현은 종교가 지나치게 모임과 회의에 매달린다는 것에 대한 냉소적인 응답이라고 보인다 - 옮긴이) 이 안내서는 의회운영 지침서로 만들어졌지만, 장로교에서도 그대로 그 회의법을 따르고 있다.

나는 그 목사가 어느 정도 농담을 하는 것이라고 생각하면서 돌아보았다. 그는 농담을 하는 것이 아니었다. 그는 미소를 짓고 있으나 진지했다. 그는 마치 즐거운 광경이라도 본 것 같았다. 칠판에 「로버트 회의법」이라고 쓰면서 나는 "많은 이야기가 나오겠군" 하며 생각했다.

어떤 집단에서든, 어느 도시를 가든 "종교"와 관련된 연상 단어들은 항상 외면적인 것들이었다. **제도, 조직, 건물, 교의, 규칙, 위계서열, 질서**, 그리고 **권위**. 실제로 많은 사람들의 생각에 교회의 세계는 전해 내려오는 규칙의 외

행동

면적 세계로서의 종교 세계와 거의 다를 바 없다. 그 장로교 목사의 열정과는 달리 교회의 세계는 윌리엄 제임스가 한때 "무미건조한 습관"(dull habit)이라고 불렀던 것의 공간이 되었다.

비록 이것이 종교에 대한 잘못된 이해일 수 있으나 – 어쨌거나 종교라는 말은 신에 대한 강력한 경험을 의미하는 **렐리기오**(religio)로부터 왔다 – 무미건조한 습관이라는 것은 심지어 많은 목회자와 평신도들 가운데서조차도 오늘날의 문화에서 "종교"라는 말에 대한 대중적 이해를 나타낸다. 이것은 종교 교파와 교회에는 나쁜 소식이다. 윌리엄 제임스의 시절에는 사람들이 "무미건조한 습관"을 신앙의 한 형태로서 관대하게 수용했고, 교회는 별 탈 없이 멤버들에게 전통적인 종교를 제공할 수 있었다. 그러나 이제는 더 이상 아니다. 개인적 진정성과 표현적인 신앙을 탐구하는 이들은 의미 있는 영적 경험에 대한 대안으로서 "무미건조한 습관"에 안주하려고 하지 않는다.

종교가 외면적인 것들에 초점을 맞출 때 우선적인 물음은 **어떻게**가 된다. 교회를 어떻게 조직하는가? 제도를 어떻게 운영하는가? 회의를 어떻게 진행하는가? 신입 교인을 어떻게 훈련하는가? 교회학교에서 어떻게 가르치는가? 예산을 어떻게 세우는가? 교회 모임에서 **어떻게**에 대해 물으면 누군가가 정책 안내서, 교파 편람, 교회 법령집 혹은 집무 지침서에 있는 "방법"을 일러 줄 것이다. 은행가나 변호사에게 물어라. 컨설턴트를 고용하고 마케팅 회사를 끌어들이라. 제도와 조직은 기술 전문가, 훈련받은 매니저, 프로그램 전문가, 그리고 전략 기획가를 필요로 한다. 전문가를 찾으면서 종교 공동체는 영적 경험을 위한 거룩한 장소가 되는 감각을 잃어버린다.

내가 어렸을 때 **어떻게**를 배우는 것은 견습생이 되는 문제였고, 지역 공동체와 가족에 기초하여 숙달되는 공동적, 직관적 방식이었다. 점차 교회가 국가적 외면적으로 실체나 기업으로 규정되면서 **어떻게**를 배우는 것은 방법을 숙달하는 것을 의미했다. 그 방법이란 숙련가가 되기 위한 전문적, 실용적 기술을 말한다. "~하는 법"은 문제를 해결하기 위해 대개 기업, 경영, 혹은 치료법에 등장하는 규칙이나 단계를 따르는 것을 의미했다. 종교에 있어서의 **어떻게** 물음은 기업 세계에 있어서의 개발을 따라가는 것이었다. 오래된 가내 사업이 커다란 법인회사에 그 자리를 내주면서 **어떻게**는 실제위주의 가르침으로부터 기술적 전문지식 프로그램으로 바뀌었다. 이 전환은 보통의 신자들이 신앙 공동체의 일부가 되고 자신의 영적 여정을 이끄는 데 관여케 했던 참여, 통찰, 목적의 의미를 감소시킴으로 종교의 침식을 가속화시켰다.

얄궂게도 종교 제도는 보다 기술적인 전문지식을 추구하는 것과 동시에 또한 하나님의 백성으로서의 교회의 신학적 비전을 말로 표현했다. 이것은 그 제도가 종교 사업을 수행했던 방식과 진술된 사명 사이에, 종교의 외적 형식과 새로운 영적 세대의 내면적 탐구 사이에 기대감의 괴리를 만들어 냈다. 나의 한 친구가 최근에 빈정댔다. "네가 잘 되기를 원치 않는 고위 관리자가 있는 곳에서 너는 예배를 드려야 하는구나." 이것은 행하는 것과 말하는 것이 서로 다른, 위선의 괴리이며 실천의 괴리이다. 종교의 경우 실천의 괴리는 모든 것 가운데서 최악의 괴리이다. 그것은 참여자를 분노하게 하며, 탐구하는 자를 소외시킨다. **무엇**과 **왜**를 묻기 전에 **어떻게**를 묻는 것은 곧장 이러한 괴리로 추락하게 하는 길이다.

실천의 괴리는 믿음의 괴리와 반대되면서도 상응하는 위험이다. 그것은 마치 기독교인이 벼랑 끝에 서 있는 것과 같다. 한쪽 사면에서는 믿음에 대한 물음이 그들을 의심으로 몰아갈 기세다. 다른 쪽 사면에서는 일치하지 않는 행위 - 말과 행동이 갈등을 일으키고 충돌하는 - 는 그들을 실망으로 몰아갈 조짐이다. 활발한 신앙생활을 하기 위해서는 단조로운 이해와 무미건조한 습관이라는 진퇴양난의 처지에서 벗어날 수 있는 영적 길 찾기가 필요하다.

영적 물음 1:
나는 무엇을 하는가? 의도의 기술

몇 년 전 나는 교회의 핵심 집단과 함께 연수회를 했다. 모인 사람들에게 던진 첫 번째 질문은 항상 똑같은 것이었다. "지난 5년에서 10년 사이에 이 교회에서 하는 일은 무엇이며, 당신의 삶과 교회 생활을 변화시킨 것은 무엇입니까?" 사람들은 자신의 경험을 돌아보는 것 같았다.

한번은 누군가가 되물었다. "우리가 **한다**는 것은 무슨 의미입니까?"

내가 대답했다. "기독교인이 하는 일 말입니다."

"기도 같은 것을 의미하는 것입니까?"

"네. 그것은 기독교인이 하는 것입니다. 그것에 대해 말해 보세요."

비록 "수행"(practice)이란 단어가 어떤 사람에게는 새로운 것일지 몰라도 대부분의 종교 전통에서 그것은 친숙한 개념이다. 수행은 신앙을 행하는 것이다. 유대인은 흔히 자신을 지칭할 때 수행하는 유대인이라 부른다. 신앙을 버린 형제자매와 자신을 구분하는, 신심이 깊은 가톨릭 신도도 "수행하는 가톨릭 신도"라는 용어를 사용한다. 경건한 무슬림은 신앙의 다섯 가지 수행에 자신을 바친다. 불교는 수행으로 구성된 삶의 길이다. 비록 수행이란 언어를 자주 사용하지 않지만 모든 종류의 개신교인 - 감리교인, 장로교인, 감독교회 교인, 침례교인, 메노나이트 교인 - 이 삶의 독특한 방식을 구성하는 특별한 수행 방식을 가지고 있다. 영적 수행의 개념을 설명하면서 현대 작가 브라이언 맥라렌은 이렇게 말한다. "그것은 현재의 우리와 되어가는 우리 사이의 괴리를 좁히도록 돕는 능력 안에서의 행동이다." 수행은 성품을 만든다. 그는 이어서 이렇게 쓰고 있다. "영적 수행은 삶의 수행 혹은 인간적 수행이라고 불릴 수 있다. 왜냐하면 그것은 우리로 하여금 삶을, 그리고 인간성을 수행하도록 돕기 때문이다. 그것은 성품뿐만 아니라 생기, 경계심, 긴장감, 그리고 인간성을 발전시킨다."[3] 수행은 하나님과 다른 이들에 대하여 우리에게 경각심을 일깨우면서 우리의 존재를 형성하게 하는 일이다.

신학자 도로시 배스(Dorothy Bass)와 크레이그 딕스트라(Craig Dykstra)는 기독교 수행을 "세상의 삶에서 활발하게 현존하시는 하나님의 빛 안에서, 그리고 그 현존에 대한 응답으로 기독교인이 오랫동안 함께 하는 일들"4이라고 특별하게 정의내리고 있다. 수행은 삶의 방식을 하나로 엮으며, 성품을 형성하고, 사람들 사이의 관계를 만들며, 우리의 선택을 지시하고, 세계에서 사는 지혜를 더하게 한다. 영성에 대한 현대적 관심의 많은 부분은 영적 수행에 대한 새로운 관심이다. 배스와 딕스트라가 설명한다.

[문화적] 변화는 많은 사람들로 하여금 확고한 근거를 탐구하는 영적 여정을 떠나게 한다. 그러나 여기서도 변화는 일들을 복잡하게 만든다. 왜냐하면 이제는 수많은 종교적, 정신 치유적 방식이 가능하기 때문이다. 무엇이 가치 있는 방식인지 아는 것은 어려운 일이며, 꾸준한 방식으로 정착하는 것은 더욱 어려운 일이다. 통찰력에 대한 요구가 크다보니 사람들은 많은 곳 – 때로는 동시에 많은 곳 – 에서 그것을 찾는다. 그것은 무엇일까? 동양의 명상법인가 혹은 서양의 정신 치유법인가? 12단계의 프로그램인가 혹은 자기 개발서인가? 영적 수련인가 혹은 사적인 기도인가?5

배스와 딕스트라가 지적하듯이 수행적 삶의 첫 단계는 **무엇** 물음을 묻는 것이다. 무슨 수행에 참여할 것인가?

종교적 전통을 물려받아 그것에 머물러 있는 사람이든, 영적인 탐구자든 물음은 똑같다. 안주하는 이들의 물음은 이것이다. "내 삶을 의미 있는 방식으로 형성하는 데 무슨 수행을 해 왔는가?" 탐구자들의 물음은 이것이다. "무슨 수행이 나의 영적 관심을 유발하는가?" 그러나 그 둘은 같은 물음을 던지고 있다. "만일 내가 이러한 특별한 수행을 배우는 데 진지하게 헌신한다면 나는 어떤 종류의 사람이 될 것인가?" 당신이 평생 가톨릭 신도이든 유대교인이든 감리교인이든, 혹은 자신을 "영적이지만 종교적이지는 않다"라고 하든 "둘 다 아니다"라고 하든, 의도를 가지고 행동하려면 선택이 이루어져야 한다. 당신이 하는 일 가운데 지난 5년에서 10년 사이 당신의 삶을 변화시켰고, 하나님과 이웃을 향하도록 당신을 움직인 것은 무엇인가? 이제 무엇을 할 것인가?

종교 전통은 많은 영적 수행 – 정해진 시간에 기도하고, 가난한 자에게 나누어주며, 안식일을 지키고, 금식하고, 낯선 자에게 자비를 베푸는 것과 같은 – 을 공유하고 있다. 그리하여 일반적인 종교적 용어로 수행에 대하여 말하고 종교 간 공통성을 지향하는 것이 가능해졌다. 그러나 우리는 포괄적인 방식으로 수행을 배우지는 않는다. 수행은 특정 전통에 구현되어 있고 관계되어 있으며, 특정 문화, 역사, 그리고 언어로부터 생겨나는 것이다.

많은 종교들이 신자들로 하여금 신의 현존을 상기시키는 고정된 기도 시간을 하루 내내 가지고 있다. 전통적인 유대교 기도는 세 번의 정해진 시간에 수행된다. 무슬림은 하루 다섯 번 기도한다. 기독교인의 정해진 기도는 낮과 밤을 가리지 않고 세 시간 주기로 이루어진다. 그 수행의 유사성에도 불구하고 유대교인, 무슬림, 그리고 기독교인은 서로 다른 방식으로 그것을 지킨다. 그들은 서로 다른 기도 일정을 따르며, 기도를 위해 서로 다르게 준비하고, 기도에 있어 서로 다른 경전 본문을 읽으며, 서로 다른 말로, 서로 다른 자세로, 서로 다른 장소에서 기도한다. 기도할 때에 거룩한 책을 쥐기도 하고, 양탄자에 무릎을 꿇기도 하며, 염주를 손으로 만지기도 하고, 손을 높이 들어 기도하고, 스마트폰 앱 화면에서 본문을 이리 저리 움직이기도 한다. 어떤 이들은 히브리어로 기도하고, 다른 이들은 아랍어로 기도하며, 적지 않은 사람이 라틴어로 기도하고, 수백만의 사람들은 자신의 언어로 기도한다.

정해진 시간의 기도는 오래된 전통이고 공유되고 있는 수행이지만, 그러한 기도에 참여하는 사람들은 그들의 부모나 존경하는 교사, 혹은 그들이 태어난 곳으로 인하여 특별한 방식으로 그것을 배운다. 기도는 결코 모두에게 통용되는 일반적인 것이 아니다. 그것은 우리의 삶 가운데 유대교 방식으로, 이슬람 방식으로, 불교 방식으로, 힌두 방식으로, 개신교 방식으로 구현되어 있다. 스스로 터득한 방식으로 기도하는 사람들조차도 다양한 전통의 요소들을 혼합하고 있다고 의식하면서 그러한 수행을 한다. 그 과정에서 그들은 오래된 수행에 대한 새로운 - 그리고 매우 특별한 - 표현을 만들어내고 있다.

어떤 수행이 우리의 삶에 알맞은가? 이슬람교와 같은 종교는 그들의 신앙을 구성하는 수행에 대하여 매우 구체적이다. 기독교와 같은 다른 종교들은 그보다 덜 엄격하다. 기독교 전통에서는 수행이 두 커다란 범주, "하나님에 대한 사랑"(헌신의 수행)과 "이웃에 대한 사랑"(윤리의 수행)과 관계되어 있다. 이와 같은 본연의 기독교 수행은 매우 적응성이 있고 문화적으로 유연하다. 변형된 형태가 있기는 하지만 이 전통에 따르면 아직도 신실한 영적 삶은 헌신과 윤리의 수행으로 구성되며, 예수가 약속했던 것처럼 "영생"을 경험하는 것은 그러한 수행을 통해서 이루어진다.

기독교적 경건 수행은 기독교인이 하나님을 더 깊이 깨닫고, 내적 생활을 강화시키는 일이다. 이 수행은 정해진 시간의 기도, 중재 기도, 명상 기도, 반복 기도, 찬양 기도, 즉흥 기도 등 모든 종류의 기도를 포함한다. 경건 수행에는 또한 성문서를 읽고 묵상하는 일, 성경 공부, 성경구절 암기, 성인들의 삶 배우기, 그리고 신학과 교회 역사를 집중적으로 연구하고 숙고하는 일 등이 포함된다. 기독교 수행에는 또한 다음과 같은 것들이 포함되고 있다. 특별한 날(사순절과 고난절과 같은)의 금식이나 집중적인 기도 의례의 일부분으로서의 금식, "거룩한 시간"을 나타내는, 1년 중 축제의 절기와 거룩한 날들, 명상과 침묵, 주로 일요일의 공식 예배를 통한 안식일 성수.

그러나 헌신 수행이 기독교적 삶의 방식의 전부는 아니다. 실제로 헌신의 내면적 수행은 세계에서의 활발한 삶으로 인도하는데, 여기서 기독교인은 이웃에게 봉사하고 모든 이를 향해 하나님의 사랑을 실천한다. 헌신 수행의 일부는 자연적으로 세계로 확장된다(예를 들면 특정 형태의 기도와 공적 예배). 기독교인의 윤리적 수행은 유대교 율법을 해석하는 예수의 산상설교(마태복음 5~7장) 가르침에 근거하고 있다. 이 말씀으로부터 기독교인은 다양한 수행을 발전시켰다. 가난한 이를 섬기는 일, 병든 사람, 억압당하는 사람, 도움이 필요한 사람을 돌보는 일, 겸손, 평화를 이룸, 용서와 화해, 가진 것을 나누어 줌, 몸을 소중히 함, 충성됨, 긍휼히 여김, 치유함, 그리고 바로 아는 일.

비록 서구 기독교가 결국 하나님에 대한 믿음 체계로 규정될 것이었지만, 첫 다섯 세기 동안 사람들은 그것을 무엇보다 이 세상에서 의미 있는 삶의 방식을 제공하는 영적 수행 – 일단의 교리, 비밀스러운 믿음, 혹은 천국의 약속으로서가 아니라 – 으로 이해했다. 예수의 가르침을 실천함으로써 그 길을 따르는 사람들은 그들의 삶이 수행적인 영적 삶으로 변하고 있음을 발견했다. 실제로 초기 기독교는 "기독교"라고 불리지도 않았다. 오히려 그것은 "길"(the Way)이라고 불리었고, 그 추종자들은 "길의 사람들"(the People of the Way)로 불리었다. 그 공동체 성원들은 하나님이나 예수에 대한 그들의 의견에 대한 책임을 가지지 않았다. 대신에 그 공동체는 성원들이 하나님과 이웃에 대한 사랑을 얼마나 잘 실천했는가 하는 것으로 그 신실성을 평가했다. 자비를 베풀지 않는 것은 예수가 "참 하나님이며 참 인간"이심을 믿지 않는 것보다 훨씬 더 큰 태만이었다. 초기 기독교인들은 매우 폭넓은 신학적 다양성을 온몸으로 받아들이는 그 순간에도, 윤리적 약점만큼은 가장 심각한 공동체의 파괴라고 판단했다.

오늘날 사람들은 다양한 근원으로부터 수행 방법을 빌려오고 있다. 최근 퓨 연구소가 발표한 보고서는 미국인의 3분의 1 이상이 여러 종교 공동체에 참여하고 있으며, 여러 근원으로부터 영적 수행을 자유롭게 혼합하고 있다는 것을 발견했다.[6] 비판자들은 이것을 "카페테리아"(cafeteria) 종교, 개인적 취향과 소비주의에 근거하여 만들어진 절충주의 신앙이라고 비웃는다. 그러나 나는 더 큰 일이 벌어지고 있다고 생각한다. 종교가 개혁이나 갱신의 과정에 있을 때, 지지자들은 자주 다른 근원으로부터 수행 방법들을 빌려와 그것들을 섞는다. 역사적 관점에서 보면 빌려온다는 것은 그야말로 전통적인 종교 제도 - 서로 대비되는 "우리"와 "그들"이라는 태도를 특색으로 가지는 - 가 그 시대의 물음에 대하여 대답할 적절한 자원을 가지고 있지 않다는 것을 의미한다. 비록 친숙한 것에 마음이 편할 수는 있지만, 수많은 사람들은 친숙한 길은 그들의 가장 깊은 관심과 관련하여 너무 제약이 많다는 것을 직관적으로 알고 있다.

예를 들어 기독교가 형성되고 있을 때, 그것은 로마제국의 종교와 유대교 - 초기 기독교인의 대다수를 배출한 두 종교 - 에 대하여 도전하는 입장을 취했다. 새로운 신봉자들은 옛 방식이 몰락 직전에 있으며, 그것을 둘러싼 세계에 대한 도전들에 맞설 열정과 영감이 부족하다는 것을 발견했다. 그러나 그들은 옛 것을 완전히 거부하지는 않았다. 그 대신 초기 기독교인들은 그들의 새로운 삶의 방식과 예수의 새로운 이야기를, 그들이 다른 종교들로부터 빌려 온 수행들과 함께 엮었다. 그 과정에서 그들은 옛 수행들에 새로운 의미를 채웠다. 초기 교회들은 옛 유대교 회당의 기독교화된 형태였고, 로마 바실리카(basilica: 고대 로마에서 재판이나 공적인 집회에 사용된 큰 건물 - 옮긴이)를 닮은 모습으로 지어졌다. 부활절은 유월절과 봄에 수행하는 이방 의례로부터 몇 요소를 빌려왔다. 기독교 신학자들은 히브리 경전과 희랍 철학으로 연구를 했다. 옛 신자들이 이 요소들을 예수의 가르침과 결합시켰을 때, 그들은 실제로 위대한 통찰력과 영적 활력으로 그들 자신의 영혼과 세계의 요구에 대하여 말했던 신앙, 믿음, 수행의 한 형태, 즉 하나의 새로운 종교 - 기독교 - 를 만들어냈다.

신앙이 혼합되는 것은 옛 방식의 쇠퇴를 시사하는 것이다. 그것은 동시에 영적 상상력과 창조성의 갱신의 전조이기도 하다. 새로운 형태의 신앙과 수행이 새로운 문화적 도전과의 관계에서 생겨나는 것처럼, 섞이고 빌려 오고 혼합되고 적응하는 것은 흔히 종교적 개혁이 시작되었음을 알리는 것이다. 불어에 혼합되는 수행의 이러한 과정을 나타내는 단어가 있다. **브리콜라주**(*bricolage*). 이 단어는 "만지작거리거나 주물럭거리다" 혹은 "가까이 있는 것이 무엇이든 그것을 창조적으로 사용하다"라는 의미이다. 영어에서 *bricolage*는 흔히 "스스로 하다"(do it yourself)라는 말로 번역된다. 서구에서 종교 제도가 허우적거리는 지금 사람들은 영적 **브리콜라주**에 관여하고 있다. 그들이 가까이에 있는 다양한 근원으로부터 수행의 단편들을 고르고, 새로운 종류의 기독교, 유대교, 이슬람교, 그리고 기타 종교를 구축할 때에 그들은 "스스로 그 일을 한다."

혼합하는 것에는 위험이 있을 수 있다. 첫째로 그리고 가장 중요한 것은, 전통 종교 제도는 전형적으로, 특히 성직자와 신학자들은 그러한 혼합을 인정하지 않는다는 점이다. **브리콜라주**는 상황을 혼란스럽게 만들며, 그러한 상황에서 높은 지위의 사람들이 질서와 정통주의를 유지하기란 어렵다. 최근에 기독교, 이슬람교, 불교의 수행을 혼합하여 자기 교파의 종교 당국과 충돌을 빚은 목회자들의 경우가 여럿 있었다. 한 미주리 시노드 루터교(Missouri Synod Lutheran) 목사는 "이방 성직자들"과 9·11 테러를 추모하는 종교연합 기도회에 참석했다가 자격정지 처분을 받았다. 한 감독교회 사제는 이슬람의 영적 수행을 수용했다고 사제직을 박탈당했다. 불교적 명상을 했다는 이유로 한 감독교회 사제는 주교 서품을 받지 못했다.

둘째로, 그리고 어쩌면 더욱 문제가 될 수 있는 것은 모든 수행이 다른 종교 전통과 혼합하는 데 적절한 것은 아니라는 점이다. 그 적응의 과정에서 무엇인가를 잃는 것은 없을까? 기독교 신약의 많은 부분은 다른 종교나 문화적 수행으로부터 빌려 온 영적 수행이 과연 예수의 메시지와 관계가 있는가 하는 데 대한 논쟁이다. 예를 들어 원치 않는 아이를 버리는 로마의 관습은 아이가 오는 것을 막지 말라는 예수의 초대와 상충하는가? 초기 신자들은 그 두 가지가 상충하는 것으로 보았고 아이의 유기에 반대했다. 다른 예를 들자면 초기 기독교인들은 여자가 교회에서 말하고 설교하고 예언하는 것을 허용했다. 그러한 수행은 여자에게 공적인 자유를 허락하지 않는 로마의 관습에 반하는 것이었다. 결국 교회는 로마의 성별 기대와 관련하여 그 수행을 조정하였고, 문화적 순응을 위해 초기 여성해방운동을 포기했다. 거의 모든 신약성서 책들에는 혼합된 신앙에 대한 논쟁이 나오는데, 그것들은 비신자와의 혼합 결혼으로부터 할례 문제, 어떤 종류의 음식을 먹어야 하는지, 공적 예배에서의 여자의 역할, 노예의 정치적·종교적 지위, 그리고 신앙과 정치의 관계에 이르기까지 매우 다양하다.

그러한 논쟁들은 신학적으로 사소한 일이 아니었다. 반대로 그것들은 활기차고 새롭게 떠오르는 신앙의 중심에 있었다. 우리는 무엇을 해야 하는가? 기독교인들에게 이 문제는 가능한 한 분명하고 빈틈이 없어야 한다. 어떤 수행이 예수의 가르침과 정서를 구현하는 것인가?

비록 기독교는 그 자체가 혼합된 신앙이지만 - 예수, 랍비적 유대교, 희랍 철학, 영지주의, 그리고 로마 이방주의 등 1세기 영적 경험들의 복합체 - 기독교 전통은 대개 여러 가지 수행을 혼합할 때는 사려 깊게 할 것을 촉구했다. 그리하여 기독교는 실제로 사람들로 하여금 여러 수행들 가운데서 선택하고 **무엇** 물음에 답할 수 있게 하는 훈련을 했다. 이른바 분별이라 부르는 그것은 영적인 길에 대한 지혜로운 선택이다. 초기 기독교인들이 믿었듯이 비록 많은 수행들이 허용될 수는 있다 하더라도, 성품을 만들고 하나님을 알고 이웃을 섬기는 데 있어 모든 수행이 반드시 도움이 되는 것은 아니다. 그럴 때 분별의 모습을 띤 지혜는 "우리는 무엇을 하는가?"라는 물음에 대하여 대답하는 방법을 가르쳐준다. 분별력은 비교적 단순한 수행이다. 그것은 인도해 주심을 기도하고, 물음을 물으며, 다른 이들의 통찰에 귀 기울이고 사려 깊은 선택을 하는 것을 수반한다. 기독교인들에게 분별력은 그 자체가 수행이다.

수련회와 모임에서 나는 자주 영적 수행의 항목을 열거하고, 그 가운데 얼마를 설명한 후 사람들에게 그들의 생활과 교회에서의 수행에 대하여 이야기하도록 한다. "우리는 우리의 신앙을 보다 의도적으로 수행하는 교회가 되기 원합니다. 나는 우리가 '실천하는 장로교인'이 되었으면 합니다." 한 여성이 어떤 수련회에서 말했다. "그러나 어디서부터 시작해야 할까요? 무엇을 해야 하나요?"

소크라테스를 닮으려는 교사로서 나는 구체적인 대답을 주는 것을 좋아하지 않는다. "당신은 무엇을 해야 한다고 느끼나요?" 내가 물었다. "더 열심히 기도하는 것인가요? 버림받은 사람들을 위해 일하는 것인가요? 당신의 공동체에 낯선 사람들을 받아들일 공간을 만드는 것인가요? 성경을 더 깊이 이해하는 것인가요?"

"물론 그 모든 것이지요. 그러나 무엇을 해야 할지 모르겠어요." 그녀가 슬픈 듯이 말했다. "우리는 어디서부터 시작해야 할지를 모르겠어요."

"한 가지만 - 당신의 마음을 끌어당기는 활동 - 고르세요." 내가 제안했다. "거기서 시작하세요. 바로 한 가지 일로부터요. 모두가 아니구요. 열정을 가지고, 깊이를 가지고, 열린 마음과 이해심을 가지고 한 가지 일을 잘 하세요. 그것에 집중하시고 그 수행에 열중하세요. 그것이 당신을 어디로 인도하는지 보세요."

어떤 영적 수행이 당신에게 자유와 목표의, 숙달과 성숙의, 삶의 목적의 강한 느낌을 주는가? 그 일을 하라 - 그것이 답이다.

영적 물음 2 :
왜 그것을 하는가? 본받는 것의 기술

"강단 봉사 일에 참여하시겠어요?" 내가 다니는 교회의 멤버인 한 나이든 여자가 물었다. "꽃을 장식하는 일을 좋아하게 될 걸요."

그녀는 좋은 사람이었고, 교회 봉사에 열심이었다. 거의 매 주일 그녀는 강단을 정돈하기 위하여 주일 아침 일찍 교회에 나왔다. 그녀는 강단을 장식하는 천들을 다림질했고, 성찬 잔을 닦았으며, 모든 것을 적절하게 배열했다. 나에겐 거룩한 가사(家事)로 보였다.

예, 아니오로 말하는 대신에 내가 물었다. "왜요?"

"왜냐하면 내가 그 일을 35년 동안 해 왔는데, 지금은 지쳤기 때문이지요. 이제는 누군가가 그 일을 할 때라고 생각해요." 그녀는 참지 못하겠다는 듯이 말했다.

설득력 있는 초대는 아니었다. 나는 그 제안을 거절했다.

나는 그 여자가 풍부한 신앙생활을 했는지 의아하게 생각한다. 나는 만일 그녀가 내 물음에 이런 식으로 대답했다면 어떤 일이 일어났을까 항상 궁금했다.

알다시피 나는 35년 동안 강단 일에 봉사해 왔어요. 매 주일 동트기 전에 일어나 교회로 오지요. 매우 조용해요. 건물로 들어와 성구 보관실 문을 열어요. 서랍을 열고 강단에 장식하는 천들을 꺼내는데, 그것들은 절기에 따라 다양한 색깔로 아름답게 수놓아져 있답니다. 나는 그것들을 펼치고 다림질을 한 후 강단에 늘어뜨리지요. 다음에 나는 장으로 가서 은잔을 꺼내 그것이 깨끗하고 윤이 나는지 확인해요. 거기에 물과 포도주를 붓지요. 성찬식을 위해 탁자를 정돈하는 동안 나는 자주 예수님과 그의 친구들을 위하여 식탁을 마련하는 것은 어떤 느낌이었을까 하고 생각하곤 한답니다. 예수님과 함께 거기 있는 것은 어떤 느낌일지 명상하곤 하지요. 나는 우리가 하늘나라에서 그와 함께 식사하는 것은 무엇과 같은 것일까 생각해 봤어요. 그리고 나는 봉사와 아름다움과 공동체에 대하여 한두 가지를 배웠지요. 나는 이러한 경험을 당신과 나누고 싶네요. 당신도 그것을 배울 수 있으면 좋겠어요.

그녀가 이렇게 말했다면 나는 "그럴게요" 하고 응답했을 것이다. 일어났던 일과 일어났을지 모를 일 사이의 차이는 현대적 영성의 중요한 차원을 분명히 한다. 첫 번째 경우 그녀는 나에게 책임 – 그녀를 지치게 만들어 판에 박힌 듯 행동하게 하는 – 을 지도록 요청했다. 두 번째 경우에는 그녀가 나를 하나의 경험 – 그것도 매우 강렬한 힘을 가진 경험 – 으로 초대하는 것이었다. 만일 그녀가 두 번째 방식으로 **왜**에 대한 물음에 답했다면, 몇 십 년 이상 그러한 지혜를 배웠던 교회 여성의 수행, 그리고 제자들과 함께했던 예수의 마지막 식사의 전통에 참여하도록 나에게 요청할 수 있었을 것이다. **왜**를 아는 것은 우리 행동에 대한 목적 의식을 제공한다. 만일 우리가 왜 특별한 활동에 참여해야 하는지를 안다면, 우리는 우리의 일에서 보다 깊은 영적 연관성을 경험하게 된다. **왜**는 모든 종류의 일, 직업, 혹은 수행의 이면에 있는 의미를 제공한다.

몇 년 전 몇몇 교회들에서 하나의 일시적 유행이 생겨났다. 그것은 WWJD(What Would Jesus Do? "예수라면 어떻게 하실까?")라는 문자가 새겨진 팔찌를 차는 것이었는데, 이것은 **무엇**에 관한 질문을 나타내는 것이었다. 그러나 WWJD는 또한 **왜**의 문제를 거론하는 것이기도 하다. 예수께서 처음으로 그 일을 하셨기 때문에 기독교인도 그것을 한다. 예수는 요한복음에서 제자들에게 말씀하셨다. "내가 너희에게 행한 것 같이 너희도 행하게 하려 하여 본을 보였노라"(요 13:15). 기독교인 수행에 있어 우선적인 **왜**란 그 행동이 어떻게든 예수를 본받는 것이라는 뜻이다. 기독교인의 활동의 의미는 예수처럼 되고, 우리가 하는 모든 일에서 예수의 현존을 경험하는 것에서 발견된다.[8]

나그네를 환대하는 것으로부터 어떻게 기도해야 하는지에 이르기까지, 서로 용서하는 것으로부터 나와 다른 사람들을 용납하는 것에 이르기까지, 굶주린 사람을 먹이는 일로부터 친구를 위하여 목숨을 버리는 것에 이르기까지 신약성서는 예수를 본받는 이야기들로 가득 차 있다. 실제로 그의 추종자들에게 예수가 반복하는 말은 일관된 것이다. "가서 이같이 하라." 기독교적 영성은 사도 바울이 서신들에서 독자들에게 상기시키듯이 본받음의 원칙에 기초하고 있다. "그러므로 사랑을 받는 자녀 같이 너희는 하나님을 본받는 자가 되고 그리스도께서 너희를 사랑하신 것 같이 너희도 사랑 가운데서 행하라. 그는 우리를 위하여 자신을 버리사 향기로운 제물과 희생 제물로 하나님께 드리셨느니라"(엡 5:1~2). 우리가 십자가에 달리시기까지 하신 예수의 행동을 본보기로 삼아 우리의 수행의 형태를 빚는 것처럼, 그리스도를 본받는 것은 사랑에 근거한 총체적인 삶의 방식이다.

기독교인들은 또한 다른 용감한 예수 추종자들을 행동의 본보기로 삼는다. 기독교인들은 예수가 하셨던 일을 하려고 노력할 뿐만 아니라, 바울, 베드로, 마리아, 그리고 막달라 마리아를, 성서에 나오는 영웅들을, 초기 기독교 순교자들을, 신실한 왕들과 왕비들을, 자신을 희생하는 성자들을, 사려 깊은 신학자들을, 신비적인 기도의 사람들을, 성서와 찬송가 작가들을, 선교사들과 기독교 예술가들을, 그리고 가난한 사람들에게 봉사하는 겸손한 헌신자들을 본받으려고 한다. 앞서 갔던 사람들의 증언과 수행들은 전통이라고 불린다. 이것은 습관이나 관례의 어리석은 형태, 즉 "우리는 그런 식으로 항상 해 왔어"라는 식의 관행적인 신앙의 길이 아니다. 오히려 이것은 예일 대학교의 교회사 교수 야로슬라브 펠리칸(Jaroslav Pelikan)이 지칭한 "죽은 자들의 살아 있는 신앙"이다. 신약의 히브리서는 이 신실한 추종자들을 "허다한 증인"이라고 부른다. 가톨릭과 정교회 기독교인들과 성공회 신자들은 그들을 성인으로 간주한다. 다른 이들은 단순히 그들을 그리스도의 몸 혹은 보이지 않는 교회로 기억한다.

따라서 기독교인들에게 **왜**는 얼핏 보기에는 간단하지만, 사실은 어려운 것이다. 기독교인은 예수와 그의 추종자들을 본받으려고 어떤 일들을 한다. 이것은 일련의 규칙, 처방된 경건, 할 것과 해서는 안 될 것의 목록, 혹은 관행이 아니다. 오히려 예수와 우리의 믿음의 선조들을 따르는 것은 기도, 연구, 예배를 통하여 그들이 만났던 바로 그 하나님과 만나는 것이다. 예수와 성자들을 본받는 것은 굶주린 자를 먹이고, 슬픈 자를 위로하며, 억압당하는 자의 편에 서고, 가난한 자를 돌보며, 병든 자를 고쳐주고, 평화를 이루어 냄으로써 세상에서 하나님의 사랑을 실천하는 것을 의미한다. 실제로 예수는 그의 친구들에게 그가 했던 일을 그들도 할 뿐만 아니라, "그보다 더 큰 일"도 할 것이라고 하셨다.(요 14:12)

본받는 것은 영적 수행을 배우는 강력한 방법이다. 다른 많은 사람들의 경우처럼 나의 어머니는 내 신앙에 커다란 영향을 미쳤다. 내가 어렸을 때 어머니는 나에게 말씀하시곤 했다. "다른 사람이 네게 해 주기 원하는 것처럼 남에게 하거라." 나중에 그녀는 1956년 그녀가 다니던 학교가 인종차별을 폐지했던 시절의 이야기를 들려주었다. 백인 학교에 흑인 학생을 받아들이라는 법원 판결에 충격을 받아 그녀의 친구들은 동맹휴교를 일으켜 법령 시행 첫날 수업을 거부했다. 그들은 그녀에게도 이 일에 가담하라고 요청했다. 그러나 나의 어머니는 친구들과, 옳은 일이라고 알고 있는 것 사이에서 갈등을 느꼈다. 그녀는 항상 인종적 편견을 옳지 않다고 믿었다. 친구들의 요구를 거절하고 그녀는 학교에 나갔다. 그리고 통학버스를 타고 새로운 흑인 동급생들을 맞기로 결심했다.

내가 물었다. "엄마, 왜 그렇게 하셨어요?"

어머니가 대답했다. "글쎄, 만일 내가 새로운 학교에 온 이방인이라면 누군가가 버스에서 나를 맞아주었으면 했을 것이라는 사실을 깨달았지."

그때부터 "다른 이에게 하라"는 어머니에게 도덕주의 그 이상의 것이 되었다. 그것은 예수의 말씀을 상기하게 하는 영웅적인 환대의 행동이었다. "내가 나그네 되었을 때 너희가 나를 영접하였고"(마 25:35). 그리고 나는 어머니의 그 행동을 나의 삶에서도 본받으려고 노력했다.

가장 중요한 인간의 배움은 이야기에 의해서든, 관찰에 의해서든 본받는 것을 통해 일어난다. 어머니는 좋은 선택을 불러일으킬 수 있는 한 방법으로 아이에게 자신의 삶의 이야기를 들려준다. 혹은 아이를 안고 미소를 지어 보인다. 아기는 어머니의 얼굴을 보고 미소를 되돌려준다. 어머니는 미소를 짓고 기쁘게 웃는다. 아기는 주시하고 어머니의 반응을 보고 웃는 것을 배운다. 앉는 것, 말하는 것, 걷는 것, 달리는 것 - 이 모든 일들이 모방을 통해 우리가 배운 수행들이다. 닮는 것은 의무와 요구의 영역으로부터 벗어나 관계성과 발견의 영역으로 향하게 한다. 본받는 것은 자각과 숙달에의 문을 열어주면서 우리가 다른 이들과 관계를 맺게 한다. 우리는 인간 활동의 커다란 조합의 일원이며, 참으로 인간이 되는 기술을 배우는 실습생이다.

그러나 본받는 것은 의도성과 연계되어야 한다. 생각하지 않고, 선택하지 않고, 이해하지 않고 흉내 내는 것도 전적으로 가능한 일이다. 건강, 선함, 정의, 혹은 친절에 대한 선택 없이 닮는다면 종국에는 술주정뱅이, 거짓말쟁이, 범법자, 혹은 살인자를 닮는 결과를 초래할 수도 있다. 아마도 옛날에는 사람들이, 그들이 본보기로 삼는 이들은 안전하고 정직하며, 혹은 생각이 깊다고 추측할 수 있다. 꽃가게에서의 내 경우처럼, 모방의 과정에 대하여 생각조차 하지 않았을 수도 있다. 그냥 그렇게 했을 뿐이다. 그러나 단편화된 문화에서 우리는 닮고자 하는 것을 선택해야 하고, 왜 어떤 행동이 다른 것보다 확실한지 의식적으로 이해해야 하며, 누가 본받을 만한 가치가 있는지를 결정해야 한다.

결국 행위의, 수행의 **무엇**과 **왜**는 도로 **어떻게**로 인도한다. 철학자 찰스 테일러가 지적했던 것처럼, "사람은 그것이 옳아 보이기 때문에 특정 교파에 참여한다. 그리고 실제로 이제는 그러한 선택을 통하지 않고는 '그 교회'에 나갈 길이 없는 것 같아 보인다."[9] 그 의도적인 선택 다음에 이어지는 것은 이미 같은 길을 갔던 다른 사람들의 수행을 본받는 것이다 - 그것이 창시자를 본받는 것이든, 어느 정도 살아 있는 신앙의 기술을 숙달한 이들을 본받는 것이든. 참여로 인도하는 것은 그것을 **어떻게** 하는지를 알고 있는 사람들의 공동체이다.

영적 통찰 : 하나님의 통치와 예지의 기술

"그러나 교회는 영적 수행, 또는 자신을 발견하고 자신의 요구를 채우는 것이 되어서는 안 됩니다." 그리스도 연합교회의 한 목사가 항의했다. "그것은 단편적인 생각이며 소비주의 영성입니다. 교회는 하나님의 통치 - 하나님의 나라와 의 - 에 대한 것이어야 합니다."10

나는 그러한 반대 이야기를 여러 번 들었다. 영적 수행이 개인주의와 쇼핑하듯 교회를 선택하는 정서를 조장한다고 염려하는 것은 맞는 말이다. 그러나 수행과 하나님의 나라, 영성과 사회정의는 그렇게 나누어질 수 있는 것이 아니다.

예수를 본받으며 이루어진 수행은 자연스럽게 예수가 설교했던 하나님 나라까지 확대된다. 그의 사역의 시작부터 끝까지 예수는 하나님의 사랑, 평화, 자비, 정의의 통치가 가까웠다고 선포하셨고, 말씀을 듣는 모든 이들을 그 나라를 깨닫고 참여하라고 초대하셨다. 그의 첫 추종자들이 이 말을 들었을 때 그들은 세계의 종말이 가까웠다고, 예수가 가이사와 모든 압제자들을 물리칠 유대 메시아의 기대했던 통치를 개시한 것으로 생각했다. 예수가 죽은 다음에도 초기 기독교인들은 옛 약속을 성취하기 위하여 예수는 그들이 살아 있는 동안 돌아오실 것이라는 묵시적 기대 속에서 살았다.

예수가 돌아오지 않고 상황이 정치적으로 악화되었을 때, 기독교인들은 하나님의 나라를 눈에 보이는 교회의 통치로 재규정했다. 수 세기 후 그들은 그 나라를 참 신자들의 보이지 않는 교회로 다시 이해했다. 어떤 이들은 그 나라는 종교개혁의 때에 이미 왔다고 믿었다. 다른 이들은 그 나라가 시작되었지만 그것을 보는 것은 그야말로 어려운 일이라고 믿었다.

그러나 19세기 무렵 기독교인들은 하나님의 백성은 그들이 지상에서 행하는 선행을 통하여 그 나라를 생겨나게 하거나 세울 것이라는 관념을 수용했다. 선교사들이 주기도문을 읊으며 지구상으로 퍼져 나갔다. "나라가 임하시오며 뜻이 하늘에서 이룬 것 같이 땅에서도 이루어지이다." 그들은 모든 나라에 복음을 전했고, 병원과 학교를 세웠으며, 사회정의 원리에 근거하여 경제적, 정치적 구조를 변화시키려고 했다. 아마도 19세기 신자들보다 더 세상에 하나님 나라를 세우기 위해 그렇게 열심히 일하고 헌신했던 세대는 없었을 것이다. 제1차 세계대전이 그들의 낙관주의를 무너뜨렸을 때, 기독교인들은 실패에 굴복하거나 지상에서의 하나님 나라에 대한 희망은 잘못된 것이라고 믿음으로써 그 나라에 대한 관심에서 물러났다. 많은 이들이 하나님 나라에 대한 확신에 찬 비전을 포기하고, 그 대신 도피와 절망의 신학으로 돌아섰다.

퇴거의 신학이 되기보다는 영적 수행은 실제로 하나님의 통치에 대한 이해에 있어 옛 줄거리를 택하고 있다. 하나님의 통치에 대한 지배적인 전승은 앞에서 언급한 것이었다. 초기 기독교인들은 예수가 그 나라를 회복하시리라 믿었다. 중세기 기독교인들은 교회가 그 나라라고 믿었다. 개신교 개혁 기독교인들은 참 기독교인은 말씀과 성례전에서 그 나라를 구현한다고 믿었다. 현대 기독교인들은 행동을 통해 그들이 그 나라를 세울 수 있을 것이라고 믿었다. 그러나 하나님의 통치에 대하여 다른 이야기가 또한 있었다. 그것은 하나님의 백성은 영적 수행을 통하여 그 나라를 예지하고 그것에 참여한다는 생각이다.

예를 들어 기도의 경우를 보자. 비록 매우 개인적 수행이며, 많은 경우 궁극성이 '단편적인' 영성 가운데 있지만, 기도는 개인을 하나님과 관계시킨다. 그것을 통하여 우리는 하나님과 대화를 하게 된다. 그러나 기도의 기능은 또한 보다 우주적이고 종말론적이기까지 하다. 하나님께 기도하는 것은 기도하는 사람이 하나님과 직접 대면하여 말하게 될 어떤 미래의 시간을 **미리 보여준다.** 하나님의 나라에서는 우리와 하나님의 현존 사이에 어떠한 공간이나 시간의 장벽도 없을 것이다. 기도의 친밀성처럼 하나님과의 친밀한 관계는 하나님 나라 본연의 속성일 것이다. 여기 그리고 지금의 상황에서, 기도는 하나님이 우리의 영원한 친구라는 확실한 희망을 기도가 구현하는 바로 그 순간에 하나님과의 결합과 관계를 만들어 낸다.

기독교인의 모든 수행은 이런 식으로 작용한다. 환대의 수행은 우리의 마음을 낯선 자들에게 열어 놓는다. 그것은 하나님 나라에서는 언젠가 낯선 자들이 없게 되리라는 것을 미리 보여준다. 용서의 수행은 우리의 영혼에게서 죄책감과 부끄러움을 없애준다. 그것은 하나님의 나라에서는 모두가 용서받으리라는 것을 미리 보여준다. 자선의 수행은 우리가 가지고 있는 것을 결핍으로 고통당하는 사람들과 나눈다. 그것은 하나님의 나라에서는 아무도 굶주리고 고통 받고 슬프고 두렵지 않으리라는 것을 미리 보여준다. 청지기직의 수행은 너그러운 정신을 만들어 낸다. 그것은 하나님의 나라에서는 돈이나 소유라는 것이 없으며 모든 것이 하나님의 것임을 미리 보여준다. 수행은 지금 이 순간 우리를 지금 보다 낫고, 보다 지혜로우며, 보다 은혜가 넘치는 사람들로 만든다. 그것은 바로 이러한 수행이 세상으로 이미 들어왔고, 언젠가는 완전하게 경험하게 될 하나님 나라의 실재를 우리의 삶과 공동체 안에서 미리 보게 한다.

어떤 이들은 그것이 단순히 흥미롭거나 좋은 기분을 느끼게 하거나 혹은 삶에 새로운 의미를 주기 때문에, 어떤 영적 수행에 참여하는 일을 선택할 수 있다. 그러나 진지한 기독교 수행자는 곧 이 수행의 가장 깊은 신비를 발견하게 된다. 모든 기독교 수행은 그 안에 윤리의 차원을 포함하고 있다. 그 수행은 세상이 하나님의 사랑과 정의에 따라 바르게 고쳐질 하나님의 통치를 미리 보여준다. 수행은 단순히 우리가 스스로 만족하게 하는 영적 활동이 아니다. 수행은 세상에서의 하나님의 사역에 대하여 우리를 북돋우고 일깨워 준다. 우리는 하나님이 여기 그리고 지금 계시다는 것을 알고 있기에 성령이 평화로 통치하실 인간의 미래를 날마다 확신을 가지고 미리 본다. 우리가 어떤 특별한 길을 가고 있다 하더라도, 만일 우리가 예수를 본받으며 우리의 신앙을 수행한다면 그 결과는 정의일 것이다. 우리의 행동은 이러한 희망을 증거한다. 수행은 무엇인지, 무엇이 될 수 있는지, 무엇이 될 것인지의 문제를 하나로 묶는다. 영적 수행은 사랑과 정의의 세상을 향한 하나님의 의도를 나타내는 살아 있는 모습이다.

다시 한 번 '어떻게'

어느 더운 여름날 나는 앞마당에 여름성경학교(VBS: Vacational Bible School) 프로그램을 알리는 커다란 현수막을 내건 한 루터교회 앞을 차를 타고 지나갔다. 여러 색으로 그려진 그 표지는 성서적 보물을 열심히 찾는 해적 그림이 있는 것으로, 전문가가 만든 것처럼 보였다. 그러나 그것은 우스운 일이었다. 그 표지는 1마일도 안 되는 거리에 있는 한 침례교회에 걸려 있는 것과 똑같은 것이었다. 단지 날짜와 교회만 다를 뿐 똑같은 프로그램이 대량 생산된 현수막 위에 표시되어 있었다. 두 교회는 모두 똑같은 여름성경학교 프로그램을 구입했다. 최근 기독교 출판사들은 "돌진", "성지 모험", "진리 탐구", "거대한 성서 광맥"과 같은 이름을 붙인 여름성경학교 자료들을 개발했다. 판매 전에 포장된 이 "완벽한 성서 모험"은 성공적인 성경학교를 위해 "필요한 모든 것"을 포함하고 있다. 한 웹사이트는 자랑한다. "아이들이 늘어난다!"

그러한 프로그램들이 전국적으로 아이들을 즐겁게 하고 여름성경학교 교사들의 창조적 아이디어에 대한 부담을 덜어주는 것에는 의문의 여지가 없다. 여름성경학교 프로그램을 사고, 교사들을 훈련시키고, 꾸러미를 열고 아이들을 초대하라. 이런 것들은 나의 어린 시절 상황과 다르다. 그때는 교회 여신도들과 그 자녀들이 마분지, 유포(油布), 매직펜, 실, 단추, 낡은 양말 따위를 가지고 여름성경학교 자료를 만들었다. 그때와 달리 지금 여름성경학교는 영적 상품, 구매할 수 있는 종교적 경험이 되었다. 아마도 사람들은 여름성경학교를 어떻게 운영해야 하는지 잊어버렸는지 모른다. 그 누구도 그들에게 그것을 가르치지 않았는지 모른다. 그렇게 하는 것이 너무 어려울지 모른다.

슬프게도 많은 현대 교회들이 똑같다. 성공적인 교회들도 또한 상품 - 넓어지는 종교시장의 구미에 맞춘 번지르르한 프로그램들을 가지고 있는 클수록 좋은 건물 - 이 되었다. 그러나 영적인 상품화는 나라 전체에 똑같은 문화를 만들어 지역 교회들을 끌어들이고 있으며, 이에 따라 이웃과 함께하는 신앙의 특질을 잃어버렸다. 여러분의 교회가 성장하기 원하는가? 저명한 목회자가 주관하는 최근의 목회자 컨퍼런스에 참여하라. 광범위한 프로그램 자료를 제공하라. 화려한 크리스마스 쇼를 공연하라. 편리하게 이용할 수 있는 여름성경학교 프로그램을 사라.

얼마 후 나는 한 컨퍼런스에서 기독교인의 수행에 대하여 말하고 있었다.

"어떻게 기도해야 하지요?" 어떤 목사가 물었다. "기도를 배우는 프로그램을 추천해 주실 건가요?"

"수행은 프로그램이 아닙니다." 내가 대답했다. "목사님은 아마존(Amazon, 세계적인 인터넷 서점 - 옮긴이)에서 온라인으로 수행을 주문할 수는 없을 것입니다." 몇 사람이 웃었다.

그러나 질문자가 강변했다. "여름성경학교 자료 같은 프로그램을 살 필요가 없다는 말인가요? 나는 내 교회에 그 프로그램을 제공했고, 그들은 그것을 활용하는 방법을 알고 있어요."

"수행은 프로그램이 아닙니다"라고 말할 때마다 나는 교회 사람들의 얼굴에서 의아해하는 표정을 보곤 한다. 많은 사람들에게 신앙은 몇몇 교회 프로그램 - 교회학교에서 가르치는 것이나 전문적인 여행사에 의해 만들어지고 판매되는 선교 여행 커리큘럼 같은 - 에 참여하는 것을 의미한다. 아이들의 프로그램이 있고, 독신자를 위한, 대학생을 위한, 이혼한 사람들을 위한, 여성을 위한, 노인을 위한 프로그램들이 있다. 기도하는 방법, 성경을 읽는 방법, 전도하는 방법, 일터에서 신앙을 나누는 방법, 좋은 기독교인 부모가 되는 방법, 슬픔을 이겨내는 방법, 술을 끊는 방법, 혹은 성관계를 거절하는 방법에 대한 프로그램들이 있다. 신앙을 갱신하는 것에 대한, 교회를 성장시키는 것에 대한, 새로 건물을 짓기 위해 헌금을 걷는 것에 대한 프로그램들이 있다. 실제로 어떤 교회들은 일단의 프로그램들로 구성되어 있다. 그것들이 즐거움을 주거나 정보를 줄 수는 있다. 그러나 교회 안의 각기 다른 하위집단들은 영적 성숙을 추구하는 데 있어 서로 관계하는 일이 거의 없다.

프로그램에 입각한 교회의 최악의 모델은 시카고 북부에 있는 윌로우크릭 커뮤니티 교회였다. 30년에 걸쳐, 2만 명의 신도를 가진 그 교회는 다양한 프로그램들이 그 교회로 사람들을 끌어올 것이라는, 그리고 교회 활동에 자주 참여하는 것은 "그리스도의 제자들을 배출할" 것이라는 생각을 중심으로 조직되었다.11 아무리 외부인들에게는 윌로우크릭 커뮤니티 교회가 성공적인 것으로 보였다 하더라도, 교회 지도자들은 무엇인가 잘못되어 있다는 것을 깨달았다. 그들은 교회에 다니는 것이 사람들의 삶을 다르게 만드는지 알아보려고 집중적인 자체 조사에 착수했다.

그 연구는 교회 프로그램은 영적 깊이, 성숙, 혹은 덕성과 관계가 거의 없다는 것을 밝혀냈다. 한 목사가 논평했다. "일단의 이 활동들에 참여하는 수준이 증가한다고 더욱 그리스도의 제자가 되는 것은 **아닙니다**. 그것이 그들로 하여금 하나님을 더욱 사랑하거나 사람들을 더욱 사랑하게 하는 것도 **아닙니다**." 담임목사 빌 하이벨스도 인정했다. "우리는 프로그램에 지나치게 의존한 나머지 기도, 성경읽기, 그리고 관계성과 같은 옛 방식의 영적 수행을 잃는 과오를 범했습니다."12 윌로우크릭 커뮤니티 교회에서는 실제로 기독교에 **대한** 프로그램이 삶의 방식으로서 기독교를 **수행하는** 것을 대체했다. 그 결과는 무엇인가? 많은 사람들과 큰 건물을 가지고 있으나 영적 깊이는 거의 없다.

프로그램은 우리 삶에서 외면적인 것으로, 변형을 위한 일종의 외부 위탁

계획일 뿐이다. 그것은 기술을 얻기 위한 행동 계획이다. 멀리 떨어져 살고 있으며, 당신이나 당신의 고뇌에 대하여 아무것도 알지 못하는 누군가가 당신의 삶의 변화 - 예를 들면 당신을 날씬하게 만들고, 당신의 연인을 찾도록 도우며, 기도하라고 당신을 가르치고, 혹은 당신을 치유하는 - 를 약속하는 계획을 만든다. 그것은 한 달, 40일, 6주, 혹은 3달을 요구하는 것일 수 있다. 어떻게 효과를 낼 수 있을까? 만일 당신이 프로그램에 충실히 임한다면 결과는 보장된다. **만일** 당신이 그 단계를 잘 따른다면 프로그램은 효과가 있을 것이다. 그것은 한 달 혹은 40일 혹은 6주 혹은 3달 동안 효과가 있다. 그러나 그 프로그램이 끝나고 나면 당신은 대체로 정확하게 그것을 시작하기 전의 당신으로 되돌아가게 될 것이다. 당신은 실제로는 전혀 변하지 않았다는 것을 발견하게 된다. 당신은 전과 똑같다. 그리고 노력의 결과가 전혀 없다는 것은 영적 통찰과 변화를 추구하는 사람에게는 특히 낙심되는 일이다.

영적 수행은 프로그램보다는 숙련과 같은 것이다. 그 수행은 당신이 식별하고 선택하고 배우는 활동이며, 그 안에서 당신은 스스로 다른 종류의 사람이 되도록, 그리고 윌로우크릭 목사가 말했듯이 하나님과 이웃에 대한 당신의 사랑을 깊게 하도록 돕는 기술과 숙달 능력을 개발하게 된다.

"맞아요." 한 컨퍼런스에서 어떤 교회 음악 책임자가 외쳤다. "내가 어렸을 때 내 어머니는 나를 위한 프로그램을 가지고 있었어요. 그녀는 내가 피아노 배우기를 원했지요, 그것은 어머니의 생각이었어요. 그녀는 나를 레슨 받게 했고 연습하도록 했지요. 나는 늘 불평했어요." 동정어린 웃음이 그 방을 채웠다. "하루는 어머니가 나에게 하라고 하지 않았는데 혼자 피아노 앞에 앉았어요. 나는 그것이 좋았지요. 내 스스로 연습했어요. 그때부터 나는 피아노를 연습하기 위하여 학교에서 집으로 달려오기 시작했지요. 나는 음을 덧붙여 보고 조를 바꿔보기도 하고, 더 빠르게 혹은 더 느리게 연주해 보고, 나 자신의 곡을 쓰기도 하면서 음악을 즉흥적으로 연주하기 시작했어요. 내 어머니는 내가 보다 나은 선생이라는 것을 발견하셨지요. 나는 악보를 마음으로 배웠고, 마음으로부터 연주하는 법을 배웠던 것입니다." 그녀는 잠시 멈춘 후 진지하게 말했다. "어머니의 프로그램으로 음악을 시작했지만, 음악은 나의 열정이 되었습니다. 나는 연주하는 법을 아는 사람으로부터 변하여 음악가가 된 것이지요."

세상에는 가르치는 사람이 있고, 교사가 있다. 글을 쓰는 사람이 있고, 작가가 있다. 수영하는 사람이 있고, 수영선수가 있다. 그림 그리는 사람이 있고, 화가가 있다. 사랑하는 사람이 있고, 연인이 있다. 영적 수행은 어떤 것을 하는 것 - 취미를 즐기는 것과 같은 - 과 어떤 행동에 숙달되어 어떤 존재가 되는 것 사이를 잇는 다리이다. 그러나 당신은 어떻게 해야 할까? 무엇이 활동, 특히 영적인 활동을 외면적인 계획의 영역으로부터 내면적 변형으로 옮겨가게 하는가? 영적 수행을 배우기 위한 두 핵심적 요소는 **교사를 찾는 것**과 **시간**이다.

교사는 모든 장소에서 발견될 수 있다. 어리든 나이가 들었든 생도들과 **어떻게**를 공유할 때 학교, 교회, 대학, 지역 센터에서 "교사"라는 명칭을 얻는다. 종교 공동체는 교사로 넘쳐 있다. 교사 역할을 하는 것은 안수 받은 성직자뿐만이 아니다. 평생 기도 생활을 했던 지혜로운 장로, 많은 시간을 내서 병든 자를 방문하곤 했던 중년의 집사, 혹은 어린 시절부터 아름다운 음악을 노래했던 성가대 멤버가 모두 교사일 수 있다.

이따금 사람들은 나에게 영성이란 "너무 개인주의적이고, 공동체에는 초점이 맞춰져 있지 않다"고 불평한다. 그러나 만일 영성이 수행과 관련된 것이라면 그것은 결코 개인주의적일 수 없다. 실제로 모든 수행은 관계성의 리듬 가운데 존재한다. 예를 들어 요가를 배우고자 할 때 당신은 그것을 어떻게 배우는가? 나가서 요가 DVD를 사온 후 그것을 DVD 플레이어에 넣을 것이다. 그러나 그것이 쉽지는 않을 것이다. DVD를 보면서 동시에 같은 자세로 몸동작을 만드는 것은 어려운 일이다. 어떤 요가 자세는 강사 없이 배우는 것이 불가능하다. 그래서 당신은 요가 교실을 찾아간다. 거기서 교사는 당신에게 가르쳐줄 것이다. 그러나 그녀는 당신에게 단순히 가르치기만 하지는 않을 것이다. 그녀는 당신에게 다가와 당신을 위해 설명하고 당신의 팔다리를 정확한 위치에 놓도록 해 줄 것이다. 당신은 그녀를 지켜본다. 같이 배우는 동급생들을 주시한다. 당신은 자신의 몸에서 그 위치를 경험할 것이다. 당신은 공동체 안에서 영적 수행을 배운다. 당신이 자신감을 얻으면서 다른 사람들도 당신의 본보기를 따를 것이다. 당신은 학생이며 동시에 교사일 것이다.

아이를 기르는 것도 좋은 다른 예가 된다. 부모는 자녀에게 모든 종류의 수행을 가르친다. 동시에 부모 자신도 아이 기르는 수행을 배운다. 그들이 자녀를 가르침에 따라 자녀가 성장하지만, 자녀들은 그래도 예기치 못한 방식으로 질문하고 도전하고 행동한다. 부모는 자신의 부모, 친구, 혹은 믿을 만한 조언자의 도움을 청하고 묻는다. 그리하여 이제 그들이 얻은 지혜는 보다 원숙한 지침과 통찰을 통하여 그들의 자녀에게 되돌려진다. 자녀는 부모로부터 배운다. 부모는 자녀로부터 배운다. 자녀는 성숙해진 부모로부터 더 많은 것을 배운다. 이렇게 상호 배움과 가르침의 과정이 계속된다.

배움에는 시간이 걸린다. 대학교수 7년차 때 한번은 연구실에 앉아 책을 읽다가 약 30분 후에 수업이 있다는 것을 뒤늦게 깨달은 적이 있었다. 그날이 실제로는 목요일이었지만 수요일로 착각했던 것이다. 허둥대면서 나는 내 종교개혁사 과정의 수업계획서를 확인했다. 그날의 계획된 주제는 존 칼빈(John Calvin)이었다. 크게 낙심했다. 내 칼빈 강의록은 집에 있었다. 캠퍼스를 가로질러 가면서 나는 뭐라고 말해야 할지 초조해졌다. 수업을 취소해야 하나? 강의실로 들어가 학생들을 돌아본 후 말하기 시작했다. 한 시간 이상 동안 강의 노트 없이 칼빈 개혁 전통에 대하여 장황하게 이야기했다.

강의 시간이 끝났을 때 나는 생각했다. "무슨 일이 있었던 거지? 나는 존 칼빈의 전문가가 아니야. 나는 칼빈을 좋아하지도 않잖아."

내게서 일어났던 일은 내 주제를 알고, 교실에서 자신감을 가지며, 강의를 행하기에 충분한 시간인 7년을 교수로서 지냈다는 사실이다. 앤더스 에릭슨(Anders Ericsson)과 마이클 프리툴라(Michael Prietula)처럼 인간 행위를 연구하는 학자들은, 전문가가 되기 위한 1만 시간의 법칙을 발견했다. 즉 만일 당신이 1만 시간 - 대략 7~10년 - 을 어떤 기술에 바친다면 당신은 그 활동을 숙달할 것이다. 카네기 홀에서 바이올린을 연주하고 싶은가? 1만 시간을 연습하라. 프로 테니스 선수의 반열에 끼고 싶은가? 1만 시간을 연습하라. 노트 없이 강의하고 싶은가? 1만 시간을 연습하라.13 지속적이고 의도적인 수행은 사람들을 초보자로부터 대가로 옮겨가게 함으로써 그들의 삶을 실제로 변형시킬 수 있다. 에릭슨과 그의 동료들은 말한다.

> 전문적 기술을 습득하기 위해서는 특별한 종류의 연습 – **의도적인 연습** – 이 필요하다. 대부분의 사람들은 연습할 때 그들이 이미 방법을 알고 있는 것들에 초점을 맞춘다. 의도적인 연습은 다르다. 그것은 당신이 잘 할 수 **없는** – 또는 전혀 못 하는 – 어떤 것을 하려고 하는, 구체적이며 지속적인 상당한 노력을 수반한다.14

물론 기독교적 수행은 골프를 배우거나 체스 고수가 되는 것과는 다소 다르다. 신앙을 참으로 숙달하는 것은 불가능하다.

그러나 수행에 시간이 필요하다는 생각은 기독교 영성에서 중요한 통찰이다. 영적 여정에 착수하는 사람들은 자신감이나 깊은 지식이나 통찰력을 가지고 시작하지는 않는다. 실제로 초심자가 수행을 시작할 때, 그들은 일반적으로 그 일을 그리 잘 하지는 못한다. 바울이 신앙의 "요점"에 대하여 말했던 것처럼(고전 3:1~4), 기독교 전통은 수행의 진전을 성숙이라고 말한다. 의도적으로 영적 수행을 하는 사람들은 하나님에 대한 이해와 깨달음에 있어 성장하며, 기도, 용서, 분별력, 자비, 청지기 의식에 있어 점점 나아진다. 기독교 성자가 되는 길은 흔히 생각하는 것처럼 신비적인 것이 아니다 – 그것은 수행에 시간을 쏟는 문제일 수 있다.

이 모든 것은 나로 하여금 신도석이 교회에서 잘못 이해되고 있는 것이 아닌지 의문을 갖게 한다. 그 좌석은 기독교인들이 열을 맞춰 조용히 앉아 강의를 듣고 신앙에 대한 관념들을 암기함으로써 가장 잘 배울 수 있다고 생각하도록 사람들을 속인다. 교회는 강연장이 되어서는 안 된다. 교회는 요가 교실과 더 닮아야 한다. 혹은 보다 적절하게는 내 아버지의 꽃가게 같아야 한다. 영적 초심자가 견습생이 되고, 수련공이 되고, 장인이 되고, 마침내 대가가 되는 길드(guild) 같은 것이어야 한다. 그러나 떠맡기와 전승에 의해 지배된 길드였던 내 아버지의 꽃가게와는 달리 현대의 신앙의 길드는 의도를 가지고, 본받는 것을 통해, 그리고 평화와 정의의 희망찬 미래에 대한 예리한 예지를 가지고 수행을 한다.

영적이며 종교적인 : 의도적인 기독교 수행

'거의 끝났군.' 워크숍이 끝나고 먹게 될 점심식사를 기대하면서 나는 벽시계를 얼핏 보며 생각했다. "질문은 하나만 더 받겠습니다." 내가 참가자들에게 말했다.

한 여자가 손을 들었다. "그래요." 내가 말했다.

"당신의 책 「나머지 우리를 위한 기독교」(Christianity for the Rest of Us)에 대하여 매우 고맙게 생각해요. 우리는 교회에서 그것을 읽었지요. 우리는 활기찬 교회를 만드는 열 가지 수행에 대하여 나오는 그 책의 중간 부분을 좋아해요." 그녀가 멈췄다.

나는 미소를 지었다. "그 책을 좋아한다니 기쁘군요. 그것이 도움이 되길 바랍니다."

"물론 그래요." 그녀가 말했다. "만일 교수님의 책에 있는 그 열 가지 일을 한다면, 교회를 바로잡을 수 있으리라는 것을 우리는 배웠지요. 우리는 이미 그 수행들에 기초한 열 단계의 프로그램을 시작했답니다!"

나는 속으로 한숨을 쉬었다. 수행은 교회 성장을 위한 점검 목록이 아니다. 그것은 일시적 유행이나 복음 전도를 위한 최신의 술책이 아니다. 수행은 쇠퇴하는 교회를 위한 하나의 기술이나 일회용 반창고 같은 것이 아니다. 수행은 유연한 신앙, 영적인 여정, 그리고 삶의 방식이다. 그것은 혼란스럽고 창의적이며 개방적이다. 그것은 마음을 끌려는 의도가 없다(비록 흔히 그렇기는 하지만). 그것은 신실하게 행동하라는 의도를 갖고 있다. 이런 것들은 그 인기나 문화적 적합성에 관계없이 예수의 추종자들이 하는 일이다.

종교 - 제도적이고 조직화된 유형의 - 가 영적 수행을 만날 때, 종교의 첫 충동은 보다 많은 멤버들이 교회에 매력을 느끼고 더 많은 서약을 하게 할 프로그램으로 그 수행을 변형시키는 것이다. 그러나 브라이언 맥라렌이 말했듯이 "옛 방식과 옛 수행의 목적은 우리를 더욱 종교적으로 만드는 것이 아닙니다."15 수행에는 종교 제도의 쇠퇴를 지연시키려는 의도 또한 없다. 수행은 교회의 신도석을 채우거나 교회 지붕을 고치기 위해 헌금을 걷는 것처럼 우리의 목적을 이루기 위해 이용하는 도구가 아니다. 제도적인 종교가 영적 수행을 비호할 수는 있다. 그러나 제도 종교가 영적 수행을 프로그램으로 바꾸는 즉시 생명을 주는 수행의 활력은 고갈되어 버린다. 종교와 영적 수행 - 이러한 순서라면 - 은 거의 열정을 지속하기 힘든 조합이다. 종교가 이끄는 곳에서 수행은 항상 독선적인 '하라'와 '하지 말라'의 뒤죽박죽 상태로 전락하며, 흔히 자신의 마음 상태보다는 다른 이들의 행동에 더 초점을 맞춘다.

그러나 영적 수행과 종교로 그 순서가 바뀌면 각성이 가능해진다. 영적 수행이 의도성에 대한 책무, 본받음의 지혜, 그리고 하나님의 통치에 대한 초점을 유지한다면, 그것은 "종교"를 **렐리기오**, 즉 경이, 신뢰, 그리고 신앙의 경험으로 변형시킬 능력을 가지게 된다. 종교적이며 영적? 과한 욕심이다. 그러나 영적이며 종교적? 그것은 새로운 종류의 기독교로 향하는 길이다. 그것은 각성의 길이다.

행위와 관련하여 영적이며 종교적이 되는 것은 우리가 할 일을 사려 깊게 선택하고, 예수를 본받는 일들을 하며, 세상에서 의롭게 행동하는 것을 의미한다. 그것은 의도적인 기독교 수행이다. 그 과정에서 우리는 배우는 존재가 될 것이고, 그러고는 초보자, 견습생, 숙련된 장인, 그리고 대가로 변해갈 것이다. 단순히 교회의 멤버로 머무는 것이 아니다.

---

1   Richard Sennett, *The Craftsman* (New Haven: Yale Univ. Press, 2008), p. 51.
2   Charles Taylor, *Varieties of Religion Today* (Cambridge, MA: Harvard Univ. Press, 2002), pp. 63~107.
3   Brian McLaren, *Finding Our Way Again: The Return of the Ancient Practices* (Nashville: Thomas Nelson, 2008), p. 14.
4   Craig Dykstra and Dorothy Bass, "Times of Yearning, Practices of Faith," in Dorothy Bass, ed., *Practicing Our Faith*, 2d ed. (San Francisco: Jossey-Bass, 2010), p. 5.
5   Craig Dykstra and Dorothy Bass, "Times of Yearning, Practices of Faith," p. 4.
6   다른 ⅓은 한 종교 공동체에만 출석한다. 나머지 ⅓은 어떤 종교 공동체에도 출석하지 않는다. Pew Forum, "Many Americans Mix Multiple Faiths," December 9, 2009, pewforum.org/Other-Beliefs-and-Practices/Many-Americans-Mix-Multiple-Faiths.aspx#1.
7   그의 책 *Drive: The Surprising Truth About What Motivates Us* (New York: Riverhead, 2009)에서 다니엘 핑크(Daniel Pink)는 어떻게 외면적인 힘이 인간으로 하여금 일을 가장 잘 하도록 유발하지 않는지에 대하여 탐구한다. 그 대신에 자신을 형성하고, 일하며, 세상을 변화시키는 새로운 방식을 "만드는 데" 있어서는 세 가지 - 자율성, 숙달, 그리고 목적 - 가 사람들로 하여금 상상력과 창조성을 사용할 동기를 부여한다. 동인(動因)에 대한 주제는 신앙의 세계로 바꾸어 표현할 수 있다.
8   이 점은 중세기 말의, 그러나 오늘날에도 인기 있는 두 기독교 고전에서 멋지게 지적되고 있다. Brother Lawrence의 *Practicing the Presence of God*와 Thomas a Kempis의 *The Imitation of Christ*.
9   Taylor, *Varieties of Religion Today*, p. 94.
10 나는 그녀가 많은 United Church of Christ 목회자들에 의해 선호되는 하나님의 왕국(God's Kingdom)이라는 용어보다 덜 계급적이고 덜 성차별적 용어인 "친족-나라"(kin-dom)라고 말했다고 상당히 확신한다.
11 "Willow Creek Repents?" October 18, 2007, www.outofur.com/archives/2007/10/willow_creek_re.html.
12 "Willow Creek Repents?"
13 이 관념은 Malcolm Gladwell의 *Outliers: The Story of Success* (New York: Little, Brown, 2008)에서 대중화되었고, K. Anders Ericsson, Michael J. Prietula, and Edward Cokely에 의한 연구에 기초하고 있다. "The Making of an Expert," *Harvard Business Review*, June 7, 2007, www.coachingmanagement.nl/The%20Making%20of%20an%20Expert.pdf.
14 Ericsson, Prietula, and Cokely, "The Making of an Expert," p. 3.
15 McLaren, *Finding Our Way Again*, p. 182.

제6장
소속

 어머니가 돌아가신 후 나는 가족의 역사에 집착하게 되었다. 나는 앞서 간 세대들에 대한 실마리를 찾으려고 웹사이트 조상닷컴(ancestry.com)을 탐색하는 데에 여러 날을 보냈다. 나는 독일의 작센 지방에서 미국으로 왔던 조상의 계보를 추적했다. 그는 헤르만 호흐슈타트(Hermann Hochstadt)로서 1876년에 미국에 도착해 그의 아내 민나(Minna)와 세 어린 아들과 함께 필라델피아에 정착했다. 1880년 인구조사에서 그는 직업을 "꽃장수"라고 했다. 약 5년 후 볼티모어로 이사 가서 자신의 꽃가게를 시작했다. 아무리 온라인 자료를 구석구석 뒤져보아도 나는 그 가족을 이곳으로 싣고 온 배의 이름이나 이민 기록의 흔적을 찾을 수 없었다. 비록 그들의 출생 연월을 알고 있었지만, "호흐슈타트"와 "작센"에 대한 조사에서는 출생이나 세례에 대한 기록을 찾을 수 없었다. 나는 호흐슈타트 가문이 어느 마을이나 도시 출신인지 알 수가 없었다. 그러다가 어린 시절 짤막한 대화의 일부를 기억해 냈다. 즉, 나의 어머니는 원래의 호흐슈타트(그리고 결국 a를 e로 바꾸면서 Hochstedt가 되지만) 조상이 미국에 도착했을 때 그의 이름을 바꾸었을지 모른다고, 가족 가운데 누구도 그의 성이 무엇이었는지 기억하지 못하거나 말하려 하지 않았다고 말한 적이 있었다.
 계보가 끊겼다. 헤르만과 민나의 이야기를 알 수 없었다. 그들의 실제 이름은 무엇이었을까? 그들은 어디에서 왔을까? 왜 그들은 그렇게 어린 아이들과 함께 미국으로 왔을까? 역사적으로 단절되었다는 것이 내게 커다란 비애로 느껴지면서 나는 그들에 대한 생각을 멈출 수 없었다. 부모님이 돌아가신 후 나는 하나의 가문으로서 우리는 어디로부터 왔는지 이해함으로써 나 자신을 더 잘 이해하기를 원했다. 나는 내 가문의 원래 이름을 알기를 원했다. 나는 나의 조상을 찾기를 원했다. 나는 소속될 필요가 있었다. 그러나 나는 막다른 길에 도달했다.

헤르만을 찾기 위해 구글(Google)에서 많은 시간을 보낸 근심과 함께 뜻을 이루지 못한 좌절의 경험을 한 친구에게 알렸다. 그녀가 말했다. "부모님이 돌아가신 후에 가족의 내력을 탐색하는 것이 매우 흔한 일이라는 것을 너는 알고 있었어? 어떤 사람들은 옛 사진들을 자세히 살펴보느라고 몇 주를 보내기도 하고, 일기장과 옛 편지를 찾으려고 옷장과 다락방을 샅샅이 뒤지는 사람들도 있어."

나는 고개를 가로저었다. "아니, 몰랐어."

그녀가 계속 말했다. "슬픔에 잠긴 사람들은 전에 누가 있었는지, 그리고 그들에게 그 과거가 무엇을 의미하는지 연관시키고 기억하려고 노력하지. 그것은 상실 후에 네가 누구인지 발견하려는 것이야. 가족의 내력을 인터넷에서 찾아보려는 것은 그것의 현대적 방식인 셈이지. 그것은 아주 정상적인 일이야."

그것은 정상적이다. 그러나 어떤 사람들은 정체성의 탐구를 자기중심적이거나 탐닉하는 것으로 본다. "그것을 극복하고 삶을 다시 계속하라"고 그들은 충고한다. 그러나 자신의 정체성에 대하여 깊이 인식하는 것은 활기찬 영적 삶을 발전시키는 데에 가장 중요한 측면의 하나이다. 옛 영적 대가들이 가르쳤던 것처럼, 우리가 우리 존재의 가장 깊은 부분을 필요로 하며 인간의 영적 감동을 경험할 때, 자신을 아는 것은 하나님 이해의 시작이다. 로마 가톨릭의 신비가 아빌라의 테레사(Teresa of Avila)는 그녀의 책 「내면의 성」

(*Interior Castle*)의 첫 문단에서 그러한 자기 인식에 대하여 서술하고 있다.

자신의 과오를 통하여 자신의 본성이나 기원을 이해하지 못하는 것은 작은 불행이나 불명예가 아니다. 한 사람이 그의 이름이나 나라나 부모의 이름에 대하여 질문을 받았는데 대답할 수 없다면 그것은 총체적 무지가 아니겠는가? 이것도 어리석겠지만 우리가 몸을 가지고 있다는 것 외에는 우리의 본성에 대하여 아무것도 배우려 하지 않고, 사람들이 그렇게 말하고 그것이 신앙의 교리이기 때문에 우리가 영혼을 가지고 있다고 애매하게 인식하는 것은 말할 것도 없이 더욱 어리석은 일이다. 우리는 우리의 영혼이 어떠한 은사를 가지고 있으며, 그것 안에 누가 있는지, 혹은 그것이 얼마나 귀한 것인지에 대해서는 별로 생각하지 않는다. 따라서 우리는 영혼의 아름다움을 유지하려는 노력을 거의 하지 않는다. 우리의 모든 관심은 몸에 집중되어 있는데, 그것은 다이아몬드의 진열대 혹은 성의 외곽 벽에 불과한 것이다.

예수는 이것을 세련되지만 단순하게 말씀하신다. "하나님을 사랑하고 이웃을 네 몸과 같이 사랑하라." 만일 우리가 자신을 알지 못하고 사랑하지도 못한다면 어떻게 하나님과 이웃을 사랑할 수 있는가?

정체성의 괴리

소속은 정체성(identity)의 문제이다. 가족의 뿌리를 찾는 것, 자신의 국적에 자부심을 갖는 것, 클럽이나 교회에 나가는 것, 어떤 운동이나 정당에 참여하는 것 – 이 모든 것들은 사람들에게 소속을 통한 정체성 의식을 준다. 나는 이렇게 말할 수 있다. "나는 호흐슈테트 가문입니다." "나는 독일계입니다." "나는 미국인입니다." "나는 감독교회 교인입니다." "나는 민주당원입니다." 여러분은 다르게 말할 것이다. 스페인이나 인도의 가족 배경, 캐나다인이거나 호주인이거나 볼리비아인이거나 멕시코인, 침례교인이거나 성령운동교인이거나 가톨릭 신도, 공화당원이거나 녹색당원. 그 항목들을 열거할 때 우리는 모두 같은 것을 말하고 있다. 나는 이 가족의 일부이다. 나는 이 사람들과 관계되어 있다. 나는 이 족속과 운명을 같이한다. 나는 속해 있으며 동시에 존재한다. 소속은 존재와 밀접하게 관계되어 있다. 소속하는 것은 존재하는 것이다.

그렇다면 옛 형태의 소속이 없어지면 어떤 일이 벌어지는가? 옛 꼬리표가 더 이상 우리가 누구인지를 나타내지 못할 때는? 가족의 유대가 깨어지고, 국적과 인종이 모호해지며, 교회와 교파가 몰락의 길을 가고 있을 때는? 이때 일어나는 일은 사람들이 자신에 대한 의식을 상실하는 것이다. 정박해 있는 대신 사람들은 닻줄이 풀려버린 것처럼 느낀다. 그것과 함께 알 수 없는, 그러나 수많은 방식으로 경험되는 비탄이 자주 뒤따른다.

미국에서는 전통적인 개신교, 가톨릭, 유대교 정체성이 침식되고 있다. 개신교인들은 포괄적인 종교적 정체성을 취하거나 신앙을 완전히 버리고 있으며, 가톨릭 신도들은 교회를 떠나고 있고, 유대인들은 혼합 결혼 문제로 허덕거리고 있다. 종교적 쇠퇴는 오늘날 세계의 셀 수 없이 많은 사람들이 상실감으로 고통받고 있다는 것을 의미한다.

2007년 나는 "새롭게 뜨는 교회"를 주제로 한 미국 종교학회 공개 토론회에 토론자로 참석했는데, 토론은 예상했던 것보다 훨씬 더 뜨거웠다. 어떤 토론자가 주류 전통 교회들이 빈사 상태에 있고, 창조성이 결여되어 있으며 변화에 저항하고 있다고 비판했다. 비록 옛 교회들의 단점을 분명히 알고 있었지만 나는 그 교회들에 대한 그의 묘사에는 동의하지 않았다. 그의 말에 끼어들며 내가 말했다. "나는 수백 개의 주류 교회들을 방문한 적이 있었는데요. 비록 그 교회들이 변화에 대하여 항상 열려 있지는 않았지만 교회에서 발견되는 우선적인 느낌은 그보다는 다른 데 있었습니다. 그들의 우선적인 감정은 비탄입니다. 그들은 그들의 교회가 쇠퇴하고 있다는, 아이들이 교회를 떠나가고 있다는, 그들이 사랑했던 전통이 사라질 것이라는 사실 때문에 비탄에 잠겨 있습니다. 그들은 한탄하고 있습니다." 줄여 말하면 그들은 더 이상 자신이 누구인지, 혹은 그들의 자손이 어떻게 될 것인지 더 이상 알지 못하고 있다.

비탄에 잠겨 있는 사람들이 정체성에 관한 물음으로 방향을 바꾼다면, 상실의 무게를 느끼고 어느 곳에도 소속되지 못한 많은 사람에게 그 비탄은 얼마나 더 클 것인가? 만일 하나의 공동체 - 교회, 마을, 조직, 그리고 어떤 종류의 집단이라도 - 그것의 종말을 감지한다면, 어디에 속할 것인지를 발견하기 위해 가계도를 샅샅이 뒤져, 연속성과 변화의 커다란 이야기 속에 다시 자리 잡으려는 요구는 더 커질 것이다. 이와 같이 거센 문화적 격동의 시기에 전형적인 영적 반응은 정체성에 대한 - 우리는 누구이며 우리 삶의 방향은 무엇인지에 대한 - 고조된 불안을 내포하고 있다. 결국 새로운 어떤 것이 생겨나면 이 불안은 서서히 사그라들 것이다. 그러나 그 와중에 우리는 많은 사람들을 잠 못 이루게 하는 물음에 직면하게 된다. 나는 누구인가?

종교적 물음 : 나는 누구인가?

소속과 정체성에 대한 물음이 항상 오늘날의 그것처럼 신랄한 것은 아니었다. 예를 들어 중세기 유럽에서는 상대적으로 안정적인 정체감이 생겨나 있었다. 거대한 존재의 굴레에서 당신의 위치를 받아들임으로써, 교황과 왕으로부터 아래로 내려오는 계급을 세상에 대한 하나님의 질서로 인정함으로, 그리고 하나님이 당신을 지배하도록 권위를 부여한 이들에게 복종함으로써 사람들은 자신의 정체성을 확립했다. 사람들은 모든 것을 관장하는 하나님의 질서에 속해 있었다. 정체성은 정해져 있었고 하나님이 부여했으며 공동적인 것이었다. 개인적인 자기 인식에 대한 물음 - 오늘날 우리가 알고 있는 - 은 대부분의 사람들에게는 아마 존재하지 않았을 것이다. 중세 사람이 "나는 누구인가?" 하고 묻는 것은 상상조차 하기 어렵다. 그 대답은 너무도 자명했을 것이다.

그러나 중세기 말 이것은 변하기 시작했다. 새로운 중산 계급이 사회 이동을 경험하게 되면서 경제적 변화는 하나님이 사람들에게 특정 지위를 부여하셨다는 생각을 허물었다. 가톨릭교회 안에서 생겨난 일단의 위기는 하나님을 대변한다고 전에 믿었던 종교 당국에 대하여 의문을 품게 했다. 읽고 쓰는 능력이 향상되면서 사람들은 보다 깊이 생각하고 스스로 말과 관념을 고찰할 수 있게 되었다. 과학, 문학, 그리고 성경의 옛 지식에 대한 재발견은 의미의 새로운 세계를 열어 주었고, 이러한 세계를 통해 사람들은 자신과 환경에 대하여 해석할 수 있게 되었다. 옛 방식의 이해는 사라져 갔고, 그것이 자취를 감추면서 사람들은 자아에 대해 새로운 물음을 제기했다. "나는 누구인가?"

이런 상황에서 아빌라의 테레사는 하나님을 향한 여정으로서의 내면적 삶을 탐구하는 글을 썼다. 그녀의 개신교 경쟁자인 신학자, 존 칼빈도 같은 주장을 했다. "자아에 대한 지식 없이는 하나님에 대한 지식도 없다. 우리의 지혜가 참되고 확고한 것이라고 여겨지려면, 그것은 거의 전적으로 두 부분으로 구성되어야 한다. 하나님에 대한 지식과 자신에 대한 지식. 그러나 이 둘은 많은 관계와 연계되어 있기 때문에 어느 것이 선행적이고 다른 것을 야기하는지 결정하는 것은 쉽지 않다."[1] 비록 테레사와 칼빈은 자아에 대해서 정확하게 정반대 결론에 도달했지만 - 테레사는 자아가 근본적으로 선한 것이라고, 칼빈은 그것이 근본적으로 악한 것이라고 결론지었다 - 그럼에도 불구하고 정체성 탐구에 있어 그들이 공유하는 것이 있었다. 각자가 물었다. "나는 누구인가?" 그 물음에 답하고 자신의 자아를 발견하는 것은 하나님 이해를 향한 길이었다.

테레사와 칼빈을 따랐던 현대 사상가들은 자아에 대한 이해에 있어 많은 가능성을 제공했는데, 그 가운데 가장 영향력 있는 이는 프랑스 철학자 르네 데카르트(René Descartes, 1596~1650)였다. 데카르트의 세계는 수학과 철학의 연구로 넓혀졌고, 여행의 도움을 받았는데, 그것들이 결합되어 전통적인 종류의 종교적 확신을 무너뜨렸다. 그는 의심에 사로잡혔다. 데카르트에게는 아무것도 자명하지 않았다. 그는 그의 시대의 문제들 - 인간 존재에 대한 근본적인 회의주의를 포함하여 - 이 중요하다는 것을 느꼈다. 거부되는 교회의 권위, 유럽을 시끄럽게 하는 종교적 분열, 일상생활을 변화시키는 진화하는 테크놀로지, 그리고 유럽 사회의 본성을 변화시키는 현기증 날 정도의 새로운 과학과 인문학을 보면서 데카르트는 의미와 목적을 찾으려고 애썼다. 우리가 사물을 어떻게 아는가? 우리는 우리가 존재한다는 것을 어떻게 아는가? 그의 대답은 이것이다. "나는 생각한다. 그러므로 존재한다." 사유 - 합리성 - 가 존재를 입증했다. 자신이 존재한다는 것을 의심하는 것조차도 그가 존재한다는 것을 입증하는 것이다. 실제로 데카르트는 아빌라의 테레사와 존 칼빈에 의해 구축된, 자아는 영적 이해를 위한 출발점이라는 생각을 발판으로 삼았다. 그는 그 "자아"를 이성으로 특화시켰을 뿐이다.

지난 5세기 동안 철학자들과 신학자들은 데카르트에 동의하거나 그에 대하여 반박했다. 데카르트의 통찰을 수정하거나 그것을 거부함으로써 그들은 "나는 누구인가"라는 물음에 대한 대답을 발전시켰다. 존재론(ontology)이라고 불리는, 존재에 대하여 연구하는 철학의 한 분과는 계속 탐구를 심화시켜 자아에 대한 그 현대적 물음들을 수용하는 타협에 이르렀다. 비록 몇몇 고대 철학자들도 존재에 대한 물음을 물었지만, 자아를 이해하기 위한 탐구는 데카르트 시대 즈음에는 서구 기독교에서 새롭게 긴박성을 띠게 되었다. "존재론"이라는 단어 자체는 1606년 이전에는 유럽의 언어에서 나타나지도 않았다. 그리하여 "나는 누구인가?" 하는 물음은 서구 의식의 최전선으로 들어왔고, 그때 이후로 계속 우리와 함께 머물러 왔다.

소속

영적 물음 1 :
나는 어디에 있나?

나의 대학교 시절 철학 교수 한 분이 첫 수업 시간에 "나는 누구인가?"라는 물음으로 시작했을 때, 나는 그가 온전한 정신은 아니라고 생각했다.

"물론 나는 다이애나지"라고 생각했다. "그런 질문이 누구에게 필요하담?"

그는 계속했다. "여러분이 존재한다는 것을 여러분은 어떻게 압니까?" 후에 영화 〈매트릭스〉에서 교묘하게 제기된 것과 같은 질문으로 나를 당혹스럽게 만들며 그가 말했다. "이것이 꿈이 아니라는 것을 여러분은 어떻게 압니까? 아니면 여러분이 단지 누군가의 꿈속에서만 살고 있는 것은 아닙니까? 무엇이 현실입니까?"

대부분의 사람들은 철학 강의를 통하여 정체성의 문제에 도달하지는 않는다. 그러나 만일 그런 강의를 듣는다 해도 그들의 첫 반응은 내가 했던 것과 비슷할 것이다. 자아성(selfhood)은 자명한 것이다. "이다"(am)는 동사 "존재하다"(to be)의 한 형태이다. "나는 ~이다"라고 말하는 것은 존재로부터 나오는 나의 자아를 의미한다. 그러나 그 교수의 물음을 진지하게 생각했을 때, 나는 나의 자아성이 그렇게 분명한 것은 아님을 깨달았다. 결국 실제로 나는 누구였는가? 무엇이 내 존재를 구성했는가?

여러 세대 동안 그 물음(만일 누가 관심을 가지고 그것을 물었다면)에 내 가족 멤버들은 똑같은 방식으로 대답을 했다. 우리는 호흐슈테트 가문이며, 볼티모어로 이주해 온 독일의 꽃집 가족으로 가업, 약간의 부동산, 이름, 그리고 근면과 위계질서의 전통을 물려받았다. "나는 다이애나입니다"라고 말하는 것은 내가 어렸을 때는 많은 것을 의미했다. 그것은 내가 소녀(물론 가업을 이어받지는 않을 것이며, 따라서 대학에 갈 필요가 없었던)이며 내 아버지의 딸(누군가의 아들과 결혼하도록 강요되었을)이라는 것을 의미했다. 나는 조상, 독일 영웅(나의 증조부께서는 카를 대제〈Charlemagne 혹은 Charles the Great: 옛 프랑크 왕국의 왕으로 신성로마제국 황제를 겸임함 - 옮긴이〉의 이름을 따서 카를 마그누스라고 이름 지어졌다 - 유산 계급의 만용인가 아니면 조상의 혈통인가?), 혹은 성서적 인물의 이름을 따서 이름이 지어지지 않았다. 내 이름은 부모님이 젊은 시절 반항적 행동을 반영하듯 로큰롤(rock 'n' roll: 강렬한 리듬의 대중음악 - 옮긴이) 노래에서 따왔다. 나는 나의 조상들이 설립을 도와준 한 감리교회의 유아세례 명부에 이름 - 이교도적으로 들리는 이름이지만 - 이 기록된 아기였다. "다이애나"는 내 가족의 과거, 내 부모의 이야기, 그리고 그들이 기대했던 미래의 가운데 나를 있게 했다.

공교롭게도 우리는 이사를 했다. 우리는 1972년 볼티모어를 떠났다. 그리고 아주 특별한 경우를 제외하고는 나는 조부모님과 사촌들을 거의 다시 보지 못했다. 우리는 정체성과 자아에 대하여 예로부터 이어받은 이해(理解)를 뒤에 남겨두고, 예상되는 미래로부터 벗어나면서 의도적으로 가문과의 관계를 끊었다. 몇 해 후 나는 어머니에게 왜 우리가 애리조나로 옮겨 갔는지 물었다. 어머니는 간단히 대답했다. "네 아버지는 그의 아버지로부터 벗어나서 자신이 누구인지 발견할 필요가 있었단다. 우리는 우리 자신을 찾을 필요가 있었던 거지." 비록 1970년대에 사람들은 "자신을 발견하는 것" - 그것은 시류에 편승하는 비판가들이 자기도취증이라고 비웃었던 문화적 주문(呪文)이 되었다 - 에 대하여 말했지만 나의 어머니가 이에 동조했을 때, 그것은 신선하고 진정성이 있으며 자연스러운 것으로 들렸다. 애리조나로 옮김으로 우리는 우리가 자리매김할 새로운 풍경 - 지리적인 것은 말할 것도 없고 공동체적이고, 정서적이고, 물질적이고, 지성적이고, 영적이기도 한 풍경 - 을 발견했다. 철학 강의실이 아니라 살아낸 경험으로부터 나는 "다이애나"가 고착되거나 상속된 자아가 아니라는 것을 배웠다. "다이애나"는 새로운, 그리고 계속 변화하는 환경 속에서 발견 - 그리고 재발견 - 될 수 있었다.

이러한 경험은 나의 가족에게만 독특한 것이 아니었다. 1960년대와 1970

년대 많은 사람들이 비슷한 방식으로 거주지를 옮겼다. 역사가들은 이 대대적인 문화적 이주의 시기, 이러한 지적, 사회적 재배치에 대하여 여러 이름을 붙였다 - 그들은 그것을 "전통 이후의", "포스트모던의", "새로 생겨나는", 혹은 "후기 근대" 사회로 부른다. 그 이름이 어떤 것이든 간에 서구 사회들은 너무 크게 변했기 때문에 과거와 현재 사이의 연계가 단절되거나 파괴되었고, 가족, 일, 종교, 정치의 옛 질서가 새로운 형태의 삶에 그 자리를 내어 주었다. 다른 시대의 변화처럼 이 사회적 대격변은 자아에 대한 탐구를 촉발했다.

사람들이 점차 인간 이성의 한계에 대하여 회의적이게 되고, 육체와 정신의 생물학적, 화학적 연관성을 인식하게 됨에 따라 데카르트의 이성적 자아 - 그것의 모든 철학적 후손과 더불어 - 는 더 이상 충분한 것으로 보이지 않았다. 옛 세계의 종말과 새로운 세계의 도전은 우리의 자아 영역을 탐구하고 이해할 필요성을 열어 주었다. "나는 누구인가?"라고 묻는 것은 자기도취가 아니다. 보통 사람들 - 나의 부모와 같은 - 은 이 시대의 정신에 부응해서 그들이 껴안고자 하는 삶의 방식을 선택하려고 노력함에 따라, 그러한 질문은 오히려 대중적인 상식이 되는 것처럼 보인다. 몇 십 년 전에 사람들은 옛 것으로부터 벗어나기 위해서는 물리적으로 이동해야 했고, 변화나 새로운 가능성을 발견하기 위해서는 달아나야 했다. 그러나 속도가 계속 빨라지면서 아무리 우리가 일생 동안 똑같은 작은 마을에서 살아왔고, 여전히 일요일에 조부모를 방문한다 하더라도 변화는 우리에게 닥쳐온다. 이러한 이동성의 상황에서 철학자들과 신학자들은 자아에 대한 가장 논리적인 이해는 탐구자, 탐색자, 방랑자, 나그네, 순례자, 혹은 여행자의 그것 - 발견과 유동성이라는 정체성 - 이라고 말한다. "나는 누구인가?"라는 물음은 "나는 **어디** 있나?"라는 물음이 되었다. 나는 **저곳**이 내가 있었던 곳이고, **이곳**이 내가 있는 곳이며, 그리고 다른 어느 곳으로 **가고 있기** 때문에 내가 지금 존재한다는 것을 안다.

이동성이 정체성에 미치는 영향은 매우 커서 그것은 어디에서 살고 쇼핑을 해야 할지로부터 누구를 사랑하고 누구와 결혼을 해야 할지, 어느 교회나 학교에 다녀야 할지에 이르기까지 우리 삶의 거의 모든 양상에 영향을 미친다. 저널리스트 빌 비숍(Bill Bishop)이 주장하듯이, 우리는 "복잡한 분류"의 문화에서 살고 있는데, 이 문화 안에서 사람들은 혼란스럽고 나뉘어진 세계에서 위안, 의미, 그리고 정체성을 제공하는 친화적인 집단으로 자신을 분류하려고 움직인다.[2] 그러나 유동적인 정체성은 지나친 개인주의와 고립 혹은 정체성 정략에 있어 정반대적인 것(종교적 혹은 정치적 극단주의)과 같은 부정적인 결과를 초래할 수 있다. 많은 비평가들은 자아 발견을 위한 새로운 방안을 마련하고자 상품, 제품, 그리고 경험을 돈으로 구입함으로써 자신의 정체성을 물색하려는 풍요로운 서구 사람들의 부적절한 경향을 지적하고 있다.

그러나 문제와 비판은 일단 접어두고, "나는 누구인가?"라는 물음과 "나는 나의 여정에 있다"는 새로운 대답은 자아성에 대한 우리의 의식을 형성하는 새로운 경향으로 나타나고 있다. 21세기에는 내가 누구인지 이해하는 방법으로 "나는 어디에 있나?"라고 묻는 것이 더 나을지도 모른다.

영적 의미를 찾기 위해 여정을 떠나는 것은 전혀 새로운 것이 아니다. 히브리 그리고 기독교 성서에는 그러한 이야기들이 풍성하다. 아브람과 사래는 이름을 알 수 없는 하나님의 지시에 따라 그들의 고향을 떠났다. 사막을 떠도는 동안 그들은 놀라운 방식으로 하나님을 만난다. 그들은 하나님의 약속, 하나님의 신실함, 하나님의 기발한 유머 감각, 그리고 하나님의 능력을 발견한다. 그 과정에서 하나님은 그들에게 새로운 이름 - 아브라함과 사라 - 과 새로운 가족, 그리고 새로운 땅을 주신다. 때로는 하나님을 신뢰하고, 어떤 때는 신뢰하지 못하면서 그들은 생활의 터전이 되는 한 장소에서 다른 장소로 떠돌아다닌다. 그러나 그 과정에서 그들은 자신을 발견한다. 그리고 하나님을 발견한다. 아브라함과 사라는 누구인가? 신앙을 가진 첫 유목민이다.

내가 소녀였을 때 교회에서 우리는 아브라함과 사라의 순례 여정이나 그들의 정체감 변화에 대하여 별로 관심을 갖지 않았다. 그 대신 내가 어릴 적 목사님들은 아브라함의 믿음과 하나님께 대한 순종을 강조했다. 고향을 떠나는 것이 아브라함에게 얼마나 어려운 일이었을까! 그는 하나님을 따르기 위하여 모든 것을 뒤에 남겨 놓았다! 하나님에 대한 그의 믿음을 보라 - 그는 하나님이 명령하셨기 때문에 자신의 아들을 죽이려고까지 했다! 아브라함과 사라는 영적인 방랑벽에 사로잡혔던 것은 아니다. 그들은 하나님이 시험하셨고, 결국 하나님이 명령하신 대로 따랐던 변치 않는 (어느 정도는) 신앙인들이었다. 그들이 순종하는 것을 배웠을 때 하나님은 그들을 위대한 나라의 조상으로 만드심으로 그들에게 보상해 주셨다. 그것은 얌전한 기독교 아이들 혹은 충성스러운 교회 멤버들을 훈련시키기에는 멋진 해석이지만, 끊임없이 노력하는 영적 탐구자들에게는 별로 좋은 해석이 아니다.

이동은 대부분의 성서 이야기들을 활기차게 만든다. 아담과 이브는 에덴 동산에서 쫓겨난다. 노아와 그의 가족은 해상의 모험을 떠난다. 하갈은 거절된 아들과 함께 광야로 나간다. 롯은 소돔으로부터 도피한다. 모세는 나일 강으로 떠내려가고 이집트를 탈출하고 되돌아온다. 히브리인들은 바로에게서 벗어나 40년간 광야를 헤맨다. 여호수아는 가나안 땅으로 몰래 들어가 그곳이 하나님의 약속된 땅이라고 주장하고 그것을 얻기 위해 싸운다. 그러나 그것이 방랑의 끝은 아니다. 성서의 시인들, 선지자들, 그리고 역사가들은 계속 가고 오는, 포로로 잡혀가고 돌아오는 이야기들을 말한다. 예를 들어 새로운 땅에서 새로운 정체성을 발견하기 위해 자신의 민족을 떠나고, 그 과정에서 다윗 왕의 증조모가 되는 젊은 과부 룻의 이야기가 그렇다. 히브리 성서는 - 내 어린 시절 많은 목사가 설교했던 것처럼 - 이스라엘이 하나님을 믿는 데 실패하고, 그것에 대하여 하나님이 벌하시는 이야기가 아니다. 오히려 히브리 성서는 가족의 영적 순례에 대한 일종의 회상록, 하나님께 갔다가 하나님을 떠났다가 다시 돌아오는 공동체 여정의 기록이다. 그리하여 그것은 날로 커지는 신실성, 유대인이 되는 것이 무엇을 의미하는지에 대한 인식의 심화, 하나님과 하나님의 사랑과 정의에 대한 이해의 확장을 보여주는 것이다.

기독교 성서에도 이곳저곳 이동하는 것에 대한 똑같은 열정이 나타난다. 실제로 예수는 여행길에서 태어나셨고, 잠시 후 그의 부모는 갓난아기를 데리고 이집트로 피신한다. 모든 복음서를 보면 예수와 그의 추종자가 마을에서 마을로 옮겨 다니고, 예루살렘으로 여행을 가고, 광야로 물러나곤 했기 때문에 예수의 진로를 모두 추적하는 것은 어려운 일이다. 예수 자신도 기도하기 위하여, 하나님과 새롭게 만나기 위하여 자주 무리를 떠나가신다. 고난의 전승도 모두 이동의 이야기이다 – 예수는 예루살렘으로 오시고 동산에 오르시고 체포되시고 여러 관리들에 보내지시고 십자가의 길로 걸으시고 갈보리에서 십자가에 달리신다. 다음에도 예수는 쉬지 않으신다. 성 밖에 있는 무덤으로 옮겨지고, 사흘 후 그곳에서 아무도 그의 시신을 발견하지 못한다. 여인들은 그가 죽음으로부터 부활하셨다고 말하며, 그것을 입증하기 위하여 예수는 한동안 여기저기 나타나신다. 그 가운데 특히 인상적인 출현은 엠마오 도상에서 이루어지는데, 여기서 그의 두 제자는 음식을 나누면서 자신과 예수에 대한 새로운 의미를 발견한다. 예수는 그가 죽은 후에도 움직이는 것을 멈추지 않으신다! 그는 돌아올 것이라고 말씀하시면서 하늘에 있는 하나님께 올라가신다.

히브리 성서처럼 기독교 이야기도 또한 영적 여정의 하나이다. 성령이 새로운 교회로 내려온다. 사도들은 예수의 이야기를 전파하러 나간다. 바울은 다메섹 도상에서 영적인 빛과 마주쳐서 회심하고 얼마 동안 물러나 있다가 마침내 가르치고 설교하기 위해 넓은 세상으로 선교 여행을 떠난다. 바울의 편지를 받는 새 교회들이 예수의 가르침에서 벗어나는 바람직스럽지 못한 경향을 보이자, 그 사도는 그들에게 그리스도 안에서의 참된 길을 보여주는 일에 헌신한다. 실제로 기독교를 부르는 첫 이름은 "길"(the Way)이었다. 그리고 요한계시록은 하늘과 땅, 천사와 마귀, 하나님과 악마 사이의 영적 움직임을 보여주며, 인간 역사 전체는 이 세상과 다음 세상에서 넘치는 하나님의 사랑의 강에 대한 비전으로 절정에 이른다.

이 거룩한 책들에서 거듭 언급되는 이 모든 움직임, 역사의 흐름, 영적 여정의 한 가운데는 하나의 근거점이 있는데, 그것은 하나님이다. 그러면 하나님은 누구인가? "스스로 있는 자"(출 3:14)이다. 우리 자신, 즉 "내가 누구인지?"를 발견하려는 모든 방랑은 "스스로 있는 자"라고 이름 붙여진 분을 향하고 있다. 옛 성문서 안에는 여정, 하나님, 그리고 자아성이 서로 뒤얽혀 있다. 하나님의 존재와 인간 존재는 밀접하게 관계되어 있다.

영적 물음 2 :
나는 누구의 것인가?

1960년 신학자 발레리 세이빙(Valerie Saiving)은 논문 "인간 상황: 여성 운동적 관점"에서, 전통적인 기독교는 죄에 대한 교리를 잘못 이해하고 있다고 주장했다. 많은 서구 기독교 가르침이 죄를 교만, 자신을 하나님의 자리에 앉히는 인간의 교만, 그리고 인간이 자신을 영화롭게 하는 왜곡된 사랑이라는 질병으로 규정했다. "남성은 그가 전체의 일부분에 불과하다는 것을 알고 있지만, 그는 자신과 다른 이들에게 남성이 전체라고 설득하려고 한다. 죄란 자아가 자신의 능력과 위신에 대하여 가지는 정당성이 결여된 관심이다."[3] 세이빙은 그것이 남성이 어떻게 죄를 경험하는가 하는 것을 말해 줄 수는 있지만, 죄에 대한 여성의 관점은 반영하지 못한다고 주장했다. 죄에 대한 여성의 관점은 다음과 같은 항목들에 의해 더 잘 설명될 수 있다는 것이다. 하찮음, 마음의 혼란, 그리고 산만함. 중심이나 초점을 잡지 못하는 것. 자기 규정을 위해 남에게 의논함. 관용을 베풀다가 우월의 기준을 잃는 것 … 줄여

말하면 자아의 미개발 혹은 부정.4

세이빙은 약 50년 전 여성해방운동의 두 번째 물결이 있던 시기의 초반에 글을 썼고, 따라서 표면상으로는 그 주장 가운데 많은 부분이 이제는 시대에 뒤진 것처럼 보인다. 누가 죄를 "남성" 혹은 "여성"의 관점에서 보기 원할까? 그러나 지난 50년의 경험을 돌이켜 보면 우리는 그녀의 관찰에서 새로운 통찰을 얻을 수 있다. 서구 사회가 얼굴 없는 소비주의와 통제되지 않아 보이는 테크놀로지의 지배를 받는 지금 남자들은 아직도 신처럼 느낄까? 그렇지 않다고 본다.

오히려 지난 50년간 대부분의 유럽과 북아메리카 사람들 - 남성, 여성, 동성애자, 비동성애자, 성전환자, 흑인, 백인, 황인 할 것 없이 - 은 "하찮음, 마음의 혼란, 그리고 산만함"의 죄에 무릎을 꿇고 깨어진 기억, 즐거움을 주는 테크놀로지, 그리고 광란의 물질주의의 세계에서 자아에 대한 참된 의미를 상실한 듯하다. 실제로 철학자들과 대중적 관찰자들은 똑같이 많은 사람들이 이제는 향수(nostalgia)를 통해, 혹은 소비자 운동을 통해 자아 의식을 재구성하고 있다는 것에 주목해 왔다. 여성의 죄 많음에 대한 세이빙의 설명은 인간 조건의 많은 것을 나타내기에 이르렀다. 따라서 "나는 누구인가?" 하는 질문은 이 시대의 강력한 신학적 질문이 될 것이고, 영성 - 한때 기독교적이었던 서구에서 많은 사람들이 열망했던, 하나님의 살아 있는 경험 - 에 대한 성찰의 출발점이 될 것이다.

만일 과거에 죄가 하나님이 되려고 하는 왜곡되고 자기중심적인 추구로 보였다면, 구원은 타인 중심적이 되기 위해 자아로부터 벗어나는 것이었다. 만일 자아가 문제라면, 교회가 해야 할 일은 자아를 축소하고 하나님을 위한 여지를 만들도록 돕는 것이었다. 그리하여 구원은 우리의 자아, 우리의 인간성, 우리의 야망으로부터의 자유였다. 교회는 자아가 이끄는 것은 무엇이든 악하다고 가르쳤고, 공동기도, 의례, 예배, 그리고 고해를 만들어 울타리를 쳤으며, 인간성(humanness)을 억누르고 그 대신 선이라는 신적 이상을 추구

소속

하도록 했다. 서구에서 가톨릭과 개신교는 똑같은 목적을 이루기 위해 서로 다른 길을 택했다. 가톨릭은 인간의 딜레마에서 벗어나는 방법으로 고해, 고행, 그리고 성례전을 강조했다. 개신교는 (교파에 따른 차이는 있지만) 죄로부터 벗어나기 위한 길로 올바른 믿음, 재정돈된 마음, 그리고 도덕적 행동을 강조했다. 그러나 근본적으로 구원의 결과는 같았다. 초월적인 - 그리고 흔히는 멀리 있는 - 하나님께 복종하기 위해 인간의 본성을 배제하거나 대체하거나 혹은 포기하는 것이다.

나는 이것이 교회에 대한 많은 사람들의 불안 - 종교가 그들의 삶의 고뇌를 배려하지 않는 종류의 구원을 제공하는 것이라는 - 의 근원이라고 생각한다. 따라서 한때 이런 종류의 구원을 "믿었던" 사람들은 교회를 떠나게 되고, 그 대신 그들이 영성이라고 부르는 어떤 것을 추구하고 있다.

자만심과 교만이 특별히 인류의 문제인 것 같지는 않았다 - 히로시마에 첫 원자폭탄이 투하되었을 때 그러한 생각은 무너지기 시작했다. 지난 70년간 마치 우리가 알지 못하는, 어떻게 도달했는지 확실하지 않은 장소에 있는 고립된 섬, 즉 우리가 이해하지 못하는 이유로 무작위이고 예상하지 못했으며 예측할 수 없고 통제할 수도 없는 사건들이 일어나는 곳에 갇혀 있는 것처럼 일종의 상실감이 인류를 지배하고 있다. 실제로 교만은 종말을 고하였고, 우리는 교만 이후의 세계에 살면서 자신에게 묻는다. 이러한 상황에 처해 있는 우리는 누구인가? 이 곤경으로부터 어떻게 우리는 구원받을 수 있는가? 아마 우리는 이 섬으로부터 벗어날 수 없을지 모른다. 그러나 어쩌면, 정말이지 어쩌면 우리는 여기 있는 동안 보다 품위 있게 그리고 더욱 역사적으로 우리 자신 - 그리고 하나님과 우리 이웃 - 을 알게 될지도 모른다.

구원은 진노하시는 하나님 손에 의한 심판, 저주, 그리고 지옥불의 무서운 운명을 벗어나서 자신으로부터 구원받는(saved from) 것이 아니다. 오히려 그것은 잃어버렸던 것을 찾고, 사랑하시는 창조주의 섭리를 발견하는 기쁨을 찾음으로써 이루는 자신으로 돌아오는 구원(saved to)이다. 비록 대부분의 종교에서 "구원"이란 단어는 "영원한 생명"을 의미하게 되었지만, 구원의 영성을 이해하기 위해서는 그 말의 라틴어 어원 살부수(salvus)의 뜻을 살펴보는 것이 도움이 될 것인데, 그것은 "전체적인", "건강한", "치유받은", "안전한", "좋은", 혹은 "해가 없는"의 의미를 지니고 있다.5 구원과 영성과 자아는 관계되어 있다 – 영성은 우리를 전체와 연결시키고, 하나님과 하나님의 세계 안의 우리가 있는 곳에 한 줄기 빛을 보여주며, 우리의 상황과 정체성 가운데서 건강과 안녕에 관한 새로운 이해를 제공한다. 구원에 대한 관념이 거부될 필요는 없다. 오히려 구원은 그 어원의 의미를 참되게 가미한 것으로 되돌아올 필요가 있다. 우리가 진정한 의미의 자아성으로 돌아와 풀린 실을 다시 엮듯 하나의 새로운 전체를 엮어내야 한다. 성서적 관점에서 보면 그러한 엮어냄은 "스스로 있는 자"와의 관계성 가운데 "나는 누구인가?"라고 물음으로써 인간의 안녕과 연계시키는 작업이다.

몇 해 전 나는 어떤 목회자 모임을 인도하고 있었고, 주제는 교회의 정체성이었다. 나는 자신이 누구이며 무엇을 하라고 부르심을 받았는지에 대하여 분명한 이해를 가지고 있는 교회가 혼란스러운 정체성을 갖고 있는 교회보다 더 활기가 있다고 밝혔다. 말미에 나는 말했다. "앞으로 나아가기 위해 교회는 '하나님 안에서 우리는 누구인가?'라는 물음을 물을 필요가 있습니다."

질의응답 시간에 한 목사가 일어났다. "나는 20년간 목회를 했고, 내 교회를 매우 잘 압니다. 우리는 우리가 누구인지 이해하기 위하여 많은 조사를 수행했습니다." 그가 계속했다. "나는 우리 교회 교인이 얼마나 되는지, 그들의 연봉이 얼마나 되는지, 그들의 교육 수준은 어느 정도인지, 그들은 어떤 투표 성향을 보이는지, 우리의 이웃은 어떤 성향을 가지고 있는지 말할 수 있습니다. 그러나 우리가 실시했던 모든 조사에서와 우리가 고용했던 모든 경영진단자 가운데서 그 누구도 우리가 **하나님 안에서**(in God) 누구인지 묻지 않았습니다. 그들은 단지 우리 교회에 **관한**(about) 것 – 우리가 누구인지 –

소속

을 발견하도록 도왔을 뿐입니다. 나는 하나님 **안에서**(*in*) 우리가 누구인지를 생각해 본 적이 없습니다. 그 전치사가 차이를 만드는 것이군요."

데카르트가 "나는 누구인가?"라고 묻고 "나는 생각한다. 그러므로 존재한다"라고 제안했을 때, 대부분의 유럽인은 기독교인이었고 당연히 하나님은 존재한다고 생각했다. 1600년대에 모든 것이 변화되고 있었다 하더라도 하나님은 여전히 모든 물음과 사고의 배경으로 존재했다. 아무도 자아에 대하여 숙고할 때 "하나님 안에서"라는 것을 덧붙여 말할 필요가 없었다. 하나님은 바로 거기에 있었고, 질문과 대답 모두에 대한 암묵적인 부분이었다.

그러나 그 다음 여러 세대를 거치며 하나님은 더 멀리 단순히 배경으로 밀려나 버렸다.6 대부분의 사람들은 물음으로부터 하나님을 배제한 것은 아니지만, 그 물음은 하나님으로부터 인간의 경험으로 옮겨갔다. 결국 이러한 전환이 생겨남에 따라 그것은 인간에 대한 물음, 즉 하나님과 동떨어져 있거나 관련이 없는, 초월적 존재와는 거의 혹은 전혀 무관하게 던지는 "나"에 대한 물음으로 나타났다. 세월이 흐르면서 과거에 당연시되었던 구절 "하나님 안에서"는 잊혀졌다. 그리고 우리는 자아성의 신비와 경이에 대한 성찰의 능력은 감소된 채 단지 윤리적, 육체적, 심리적, 사회적, 그리고 물질적 방식으로만 "나는 누구인가?"라는 물음에 대답했다.

역사가와 사회학자는 이 과정을 세계의 "비마술화"(disenchantment: 이 용어는 사회학자 막스 베버가 사용하고 있는데, 그는 현대 사회가 합리화되면서 신비, 신화, 마술과 같은 개념은 점차 사라지게 될 것이라고 보았다 – 옮긴이)라고 부른다. 비마술화된 세계에 사는 것과 관련하여 근본적으로 잘못된 것은 전혀 없다. 실제로 우리 대부분은 암을 악마에 의해 감염된 영적 벌이 아니라, 하나의 질병으로 설명하고 취급할 수 있는 사회에서 살고 싶을 것이다. 그리고 신실한 기도 대신에 물리학의 법칙에 의해 비행기가 날아가는 것은 좋은 일이다. 그러나 자아에 대한 탐구는 암을 치료하고 비행기가 나는 것과 같은 범주에 그대로 들어맞는 것이 아니다. 지난 2세기 동안 사회과학자들의 탐구에 의해 모든 것이 설명되고 발견되었음에도 불구하고, 우리는 우리가 사상, 행동, 유전자, 인구학적 특성, 혹은 경제적 가치 이상이라는 것을 알고 있다. 자아를 이해하려는 탐구는 우리가 누구인지를 알게 하는 본성과 교육의 공헌을 인정하지만, 이상하게도 그 과정에서 우리가 항상 무엇인가 잃고 있는 것처럼 느끼는 불안정한 곳으로 우리를 인도해 왔다.[7]

전치사구 "하나님 안에서"(in God)를 의도적으로 첨가하지 않는다면, 우리는 영적 여정이 위대한 "스스로 있는 자"와 얽혀 있다는 것을 망각하게 될지도 모른다. "안에서"는 보다 큰 관계성에서 자아성이 지향점을 찾도록 한다. 우리는 여전히 우리 자신이지만 고립된 개인들이 아니다. 우리는 어떤 것 "안에" 존재한다. 자신을 영적으로 이해하기 위하여 우리는 그 전치사를 더할 필요가 있다. 전치사는 단어들을 연결한다. 그것은 목적어들을 관계로 연결시키며, 주어를 시간과 공간에 위치하게 한다. 영적인 삶에서 그것은 성찰과 인식을 위한 표시로 작용한다.

"하나님 안에서 나는 누구인가?" 이것은 기독교 영성의 고전적인 물음 가운데 하나로서, 예수의 성품에, 복음서에, 초기 기독교 공동체의 경험에 뿌리를 두고 있다. 마가복음(신약의 4복음서 가운데 최초의 것)에서 예수는 자신을 따르는 이들에게 물으신다. "사람들은 나를 누구라 하느냐?" 그러고는 재빨리 물음을 바꾸신다. "너희는 나를 누구라 하느냐?" 베드로가 대답한다. "기름 부으심을 받은 분이십니다." 이것은 "메시아" 혹은 "그리스도"를 의미하는 것이다(8:27~29). 그러나 실제적인 의미에서 그 대답은 매우 모호하다. 그 복음서 전편에 걸쳐 제자들은 예수가 하나님이 "기름 부으신 자"라는 것이 무엇을 의미하는지 이해하려고 애쓰고 있는데, 이 표현은 예수가 그들에게 아무에게도 말하지 말라고 하신 사실로 인하여 복잡해진 상황이다.

비록 예수의 정체성에 대한 물음이 마가복음에서 가장 핵심적인 주제 가운데 하나이지만, 네 복음서 모두 같은 문제로 씨름하고 있다. 그가 팔레스타인을 두루 여행하실 때, 예수는 "당신은 누구입니까?"라는 질문에 대한 대답을 알기 원하는 많은 사람들을 만나셨다. 그러나 그 질문은 예수에 대한 정보나 호기심 이상의 것으로 이어질 수 있다. 복음서에 나오는 사람들이 예수를 만날 때, 그들은 자신에 대한 새로운 통찰을 하게 된다. "너희는 나를 누구라 하느냐?"는 질문은 예수의 친구들로 하여금 그에 상응하는 "그리고 나는 누구인가?"라는 자기 물음에 빠져들게 한다.

기독교인은 예수에게 초점을 맞춰 복음서를 읽곤 하는데, 그것은 주로 우리의 부모와 교회가 그 책들의 목적은 예수가 누구인지 우리에게 말해줌으로써 그를 믿을 수 있게 하는 것이라고 우리에게 가르쳐 왔기 때문이다. 이렇게 그리스도에게 초점을 맞추는 것이 반드시 잘못된 것은 아니다. 그러나 만일 우리가 정확한 대답을 발견하기 위해 결국 건너뛰어야 하는 신학적 수수께끼로서만 복음서를 이해하려고 한다면, 그것은 우리의 상상력을 제한한다. 만일 우리가 초점을 바꾼다면 그 이야기들은 새로운 방향으로 우리를 인도한다. 만일 가장 중요한 물음이 예수의 정체성 자체가 아니라면 어떻게 될까? 만일 가장 중요한 물음이 복음서 이야기에 나오는 다른 사람들의 정체성이라면? 예수의 친구와 친지가 예수와의 동행 **안에서** 자신을 발견할 때, 그들은 어떻게 변하거나 새로운 통찰력을 얻을까? 그들이 하나님 **안에서** 자신을 발견할 때, 누가 제자이며, 추종자이며, 군중이며, 이름 없는 농부이며, 아이들이며, 병자이며, 억압받는 자이며, 분노하는 자이며, 근심하는 자인가? 예수를 만난 사람들에게 복음서는 해결되어야 할 수수께끼보다는 좋은 신비와 같은 것으로, 그 신비 안에서 우리는 직관과 발견의 과정을 통하여 항상 거기에 있었던 진리를 밝히기 위하여 켜켜이 쌓인 거짓, 어두운 동기, 그리고 숨겨진 성격의 껍질들을 벗기게 된다.

학자들은 네 복음서 각각이 서로 매우 다르며, 예수에 대한 설명에 있어 매우 다르게 - 때로는 모순적으로 - 묘사되고 있다는 사실을 자주 지적한다. 결과적으로 회의주의자, 의심하는 자, 비웃는 자는 복음서들이 일관성이 없고, 믿을 만하지 못하다고 외면한다. 실제로 복음서들의 외형적인 역사적

"사실들"은 뒤죽박죽이라 할 만하며, 그것들을 하나의 단일하고 일관되고 연대기적인 설명으로 조화시키는 것은 거의 불가능하다. 그러나 만일 "나는 누구인가?"라는 예수의 물음을 취하여 정체성 이해를 화두로 삼아 복음서들을 읽는다면, 그 네 이야기들(그리고 "자신을 모르는 사람은 아무것도 모르는 것이지만 자신을 아는 사람은 이미 모든 것의 깊이를 이해한 것"[8]이라고 예수가 말하고 있는 도마복음과 같은 비정경적 문서에 나오는 이야기들)은 훨씬 더 일관성 있는 초점을 갖춘다. "너희는 나를 누구라 하느냐?"라고 하는 예수의 물음에 우리가 답하려고 애쓸 때에, 복음서는 우리가 자기기만, 거짓, 책략의 껍질을 벗어버리고, 자신에 대한 신비에 빠져들어 하나님이 함께하시는 우리 존재가 정말 누구인지에 대한 깊은 지식에 이르게 하는 "좋은 소식"이 된다.

요한복음 4장에 보면 예수는 한 우물가에서 한 여인을 만난다. 그녀가 "당신은 유대인으로서 어찌하여 사마리아 여자인 나에게 물을 달라 하나이까?"(4:9)라고 물을 때, 대화는 빠르게 예수의 정체성에 대한 물음으로 바뀐다. 예수는 물, 우물, 그리고 예배에 대하여 말씀을 하시고, 다음에는 느닷없이 그가 메시아라는 것을 그녀에게 얘기하신다. 그 여자는 어떻게 반응하는가? 물동이를 버려두고 동네로 들어가서 사람들에게 말한다. "내가 행한 모든 일을 내게 말한 사람을 와서 보라!"(4:29). 이 이야기에 보면 예수의 정체성과 그녀의 정체성에 대한 물음이 상호 드러냄 가운데 하나로 엮인다. 예수가 누구인지 아는 것은 그녀를 자신이 누구인지 아는 데로 인도한다. 그리고 자신의 과오에 대하여 수치를 느끼는 대신에, 그녀는 자신의 이야기를 말하는 새로운 자유를 느낀다. 그것은 복음서 전체에 드러나고 있다. 예수를 만난 거의 모든 사람들은 떠나면서 말한다. "그는 나를 온전하게 하셨다!" "내가 치유되었다!" "나는 창녀도, 죄인도, 버림받은 자도, 나병환자도 아니다. 이제 나는 내가 참으로 누구인지 안다!" "나는 사마리아인이지만 하나님을 알 수 있다." "나는 사랑받고 있다." "나는 있는 그대로 받아들여지고 있다!" 예수 "안에", 그의 현존 안에, 혹은 그와의 대화 가운데 있는 것은 사회적 역할과 가면을 넘어 "나는 누구인가?"라는 물음에 대한 보다 깊은 깨달음에 이르게 하며, 이 물음을 형식적인 물음으로부터 "나는 누구의 것인가?"라고 더 적절하게 표현될 수 있는 관계적인 물음으로 바꾸어 놓는다.

따라서 "하나님 안에서 나는 누구인가?"라는 성서적 의문은 기독교 영성의 출발점이다. 기독교인은 왜 기도하는가? 기독교인은 원하는 것을 얻기 위하여 기도하지 않는다. 오히려 기독교인은 하나님 **안에** 있는 자신을 발견하기 위해 기도하며, 그렇게 함으로써 자신의 동기와 행동을 더 잘 알게 된다. 기독교인은 왜 예배드리는가? 기독교인은 즐기기 위해 예배드리지 않는다. 오히려 기독교인은 예수의 현존 **안에서** 자신을 더 잘 알기 위해 설교를 듣고 찬양을 하며 성찬식에 참여한다. 기독교인은 왜 다른 사람들을 섬기는가? 기독교인은 하늘의 보상을 받기 위해 자선 활동을 하는 것이 아니다. 기독교인은 그들의 이웃 **안에서** 예수를 발견하며, 그러한 접근이 세상에서 충만한 삶을 사는 보다 큰 통찰력을 줄 수 있다. 기독교인은 자신의 삶 **안에서** 예수를 추구하는 수행을 한다. 왜냐하면 그들이 하나님 **안에서** 자신을 발견할 때 거짓은 사라지고, 자아성의 가장 참된 차원이 드러나며, 그것이 개인에게 변화된 방식으로 행동할 수 있는 능력을 주기 때문이다.

기독교 영성은 전치사 "안에"와 함께할 때 온전해지는데, 그것은 이 전치사가 시간과 공간에서 우리를 하나님 혹은 예수의 성품에 가까이 있게 하기 때문이다. 그러나 그 전치사의 주어와 목적어가 뒤바뀌어 새로운 물음이 생겨나면 훨씬 덜 편하다. "내 안에 있는 하나님은 누구인가?" 세속적인 것과 신적인 것을 분명하게 구분하기를 원하는 사람들에게 이러한 위험한 뒤바꿈은 범신론(신은 모든 것이며, 모든 것은 신이라는 관념)의 색채를 띠고 있다.

여러 가지 면에서 "하나님 안에서 나는 누구인가?"라는 것은 호기심, 그리고 알려는 탐구에 근거한 분석적인 물음이다. 예수는 누구인가? 하나님과 관계되어 있는 나는 누구인가? 나 자신에 대하여, 그리고 하나님에 대하여 나는 무엇을 알고 있는가? 그러나 "내 안에 있는 하나님은 누구인가?"라는 물음은 신비스러운 질문이며, 입 밖에 내기가 매우 두려운 영적 질문이다. 혹자는 어느 정도 확신을 가지고 "하나님이 계신가?" 혹은 "하나님은 누구인가?" 하고 물을 수 있을 것이다. 그러나 "내 안에 있는 하나님은 누구인가?"는 어떨까. 이 물음은 하나님이 계신 곳을 묻는 것인가? 물음을 "하나님 안에서 나는 누구인가?"라고 반대로 묻는 것은 모세처럼 하나님의 얼굴 보기를, 사적으로 하나님을 보기를, 그리고 하나님이 인격으로 존재하는 것을 믿을 수 있기를 간청하는 것이다. 이러한 질문은 우리를 거룩한 영역으로 옮겨가게 한다.

비록 기독교인들은 때때로 이러한 물음을 꺼려하지만 그것은 복음서에서도 발견된다. 요한복음에 보면 빌립이 예수께 간청한다. "주여 아버지를 우리에게 보여 주옵소서. 그리하면 족하겠나이다." 예수께서 대답하신다. "내가 이렇게 오래 너희와 함께 있으되 네가 나를 알지 못하느냐? 나를 본 자는 아버지를 보았거늘 어찌하여 아버지를 보이라 하느냐?"(14:8~9) 예수께서 이어 말씀하신다.

> 내가 아버지 안에 거하고 아버지는 내 안에 계신 것을 네가 믿지 아니하느냐? 내가 너희에게 이르는 말은 스스로 하는 것이 아니라 아버지께서 내 안에 계셔서 그의 일을 하시는 것이라. 내가 아버지 안에 거하고 아버지께서 내 안에 계심을 믿으라. 그렇지 못하겠거든 행하는 그 일로 말미암아 나를 믿으라.(14:10~11)

비록 그 이야기에 나오지는 않지만 빌립은 반문했던 것처럼 보인다. "그러나 선생님은 가실 것 아닙니까? 그때에는 어떻게 우리가 하나님을 볼 수 있습니까?" 이에 예수는 하나님이 그의 안에 계실 뿐만 아니라 또한 그를 따르는 모든 이들 가운데 거하신다고 응답하신다. "내가 진실로 진실로 너희에게 이르노니 나를 믿는 자는 내가 하는 일을 그도 할 것이요 또한 그보다 큰

일도 하리니 이는 내가 아버지께로 감이라."(14:12)

예수에 따르면 자신만 아니라 그의 안에 있는 다른 사람들도 하나님을 본다. 사도 바울은 예수를 따라 계시하시는 하나님에 대해서 강조하면서 고린도 교인들에게 권면한다. "너희 몸으로 하나님께 영광을 돌리라"(고전 6:20). 슬프게도 너무 많은 기독교인들이 고린도 교회에 보낸 바울의 편지를 매우 율법적인 방식으로 읽어 왔으며, 그것으로부터 할 것(dos)과 함께 하지 말 것(don'ts)에 대한 일종의 종교적 목록을 추정했다("나는 술 마시지 않으며 담배 피우지 않고 춤추지 않으며, 그런 일을 하는 자와 어울리지 않는다"). 그러나 교인들에 대한 바울의 보다 깊은 의미는 "내 안에 있는 하나님은 누구인가?"라는 영적 질문을 명심할 때 발견된다. 예수의 부활에 대하여 쓴 다음에 바울이 말한다. "몸은 … 오직 주를 위하여 있으며, 주는 몸을 위하여 계시느니라."(6:13)

고대에는 성전이 단순히 신을 예배하기 위해 들어가는 건물이 아니었다. 그것은 신을 보기 위해 들어가는, 신의 실제적인 거처라고 믿어졌다. 바울이 교인들에게 그들은 하나님의 성전이라는 것을 상기시킬 때(고전 6:19), 그는 "여러분의 건물을 수리하십시오. 그러면 여러분은 하나님이 방문하실 좋은 장소가 될 것입니다"라고 말하는 것이 아니다. 오히려 그는 주장한다. "여러분이 거룩한 공간입니다. 여러분은 거룩하신 분이 거하실 곳입니다. 다른 사람들은 여러분 안에서 하나님을 봅니다! 여러분이 거룩한 곳이라는 것을 명심하십시오." 바울은 고린도 교인들이 삶의 한가운데서 그들 안에 하나님이 계신다는 비전을 갖기를 원한다. 빌립에게 하신 예수의 말씀을 되풀이하여 바울은 만일 그들이 예수처럼 행동한다면, 다른 사람들도 그들 안에서 하나님을 볼 것(볼 수 있을지도 모르는 것이 아니라)이라고 말하고 있다. 실제로 바울의 권면은 단 한 줄이지만 가슴 뭉클한 진술로 끝을 맺는다. "내가 그리스도를 본받는 자가 된 것같이 너희는 나를 본받는 자가 되라."(11:1)

영적 측면에서, "본받는 것"(imitation)은 연기, 가식, 모방, 혹은 꾸밈이 아니다. 오히려 그것은 하나님에 대한 표시, 정확한 표상, 혹은 형상과 같은 것이다. 예수와 바울은 모두 추종자들에게 **이마고 데이**(*imago dei*), 즉 사람은 하나님의 형상대로 창조되었다는 것을 상기시켰다. 하나님 안에서 자아를 발견하는 것은 또한 자아 안에서 하나님을 발견하는 것이다. 비록 기독교 영성은 흔히 그 두 가지 가운데 첫 번째 것으로 더 잘 이해되어 왔지만, 두 번째 것은 경험적 신앙의 강력한 – 급진적이기까지 한 – 토대이다. 초기 기독교 신학자 이레네우스(Irenaeus)는 이것에 대한 예수와 바울의 가르침을 확증하며 이렇게 말했다. "하나님의 영광은 온전히 살아 있는 인간의 성품이다."

수도원 전통, 중세 신비가의 저술, 퀘이커 교도와 초기 복음주의자뿐만 아니라 가난한 이들 가운데서 하나님을 보았던 도로시 데이(Dorothy Day), 마르틴 루터 킹(Martin Luther King), 그리고 오스카 로메로(Oscar Romero)와 같은 현대 인물에 이르기까지 기독교 영성의 가장 활발한 수행자들은 인간이 세상에 계신 하나님의 얼굴이요 손이며 발이라는 것을 알았다. 혹은 이레네우스가 요약하듯이, "하나님이 인간이 되셨기에 인간은 하나님처럼 될 수 있었다."9 폭력적인 희생의 잔학한 원형 경기장에서 예수의 죽음을 재현했던 초기의 순교자들로부터, 냄비를 닦으면서 하나님을 발견했던 로렌스(Lawrence)라는 이름의 조용한 수도승, 우리 각자가 육체적 몸에 지니고 있는 "영광의 무게"에 대하여 깊이 묵상했던 루이스(C. S. Lewis), "내 안에 계신 하나님"이라는 제목의 메리 메리(Mary Mary)의 랩 음악에 담긴 도시적인 복음적 통찰에 이르기까지 성서적인 영적 정체성은 우리 안에 있는 하나님의 성품으로부터 빚어진다. 하나님은 그리스도의 몸, 즉 교회 "안에"만 계신 것이 아니라, 이 세상에 태어난 인간 하나 하나, 그리고 인간 모두 안에 계신다. 그러한 하나님 인상이 우리 정체성의 본질이다. 우리는 하나님께 속해 있다. 왜냐하면 하나님은 우리 각자 안에, 그리고 우리 모두 안에 계시기 때문이다.

영적 통찰 : 명제에서 전치사로

데카르트는 자아란 하나의 명제라고 주장했다. "나는 생각한다. 그러므로 존재한다." 그러나 기독교 영성은 자아는 하나의 전치사라고 주장한다. 하나의 여정 가운데 있는 우리의 위치와 관련시켜, 그리고 우리 삶의 그물망을 형성하는 관계성을 통하여 우리는 자신을 발견하고 안다.

물론 "안에"(in)라는 말이 유일한 영어 전치사는 아니다. 위치를 나타내는 말로서 그것은 분명히 가장 흔한 전치사 가운데 하나이지만, 그것은 또한 영적 탐구를 위한 적절한 출발점이기도 하다. 그러나 자신의 자아를 이해하기 위한 여정은 보다 깊이 있는 어휘를 필요로 한다. "하나님을 **통하여**(through) 나는 누구인가?"라는 것이 생각해 볼 다른 물음이다. 사도 바울은 "내게 능력 주시는 자를 통하여 내가 모든 것을 할 수 있느니라"(빌 4:13)라고 하면서 (우리말 성서에서는 '통하여'라는 말 대신에 '안에서'라고 번역되어 있는데, 'through'와 'in'을 구분하기 위하여 여기서는 'through'라는 단어를 '안에서'라는 말 대신에 '통하여'라고 번역하기로 한다 - 옮긴이) 하나님은 빌립보 교회 교인들을 통해 역사하시며, 그들로 하여금 "자기의 기쁘신 뜻을 위하여 소원을 두고 행하시게"(2:13) 하실 수 있다고 말한다. "통하여"라는 말은 우리가 누구인지 이해할 수 있는 새로운 문을 열어준다. 우리는 하나님 안에 있을 뿐만 아니라 그를 **통하여** 존재한다 - 그것은 출입구에 서 있는 것과 그것을 통해 들어가는 것의 차이와 같다. 움직임과 관계된 전치사로 "통하여"라는 말은 우리가 움직임이 없는 존재가 아니라는 것을 상기시킨다. 우리가 인식된 한계를 넘어서 새로운 힘, 통찰, 그리고 열정을 향해 움직일 때 하나님을 통하여 성장을 위한 새로운 가능성이 열린다. 반대의 질문도 똑같이 도움이 된다. "나를 **통한** 하나님은 누구인가?", 내가 세상에서 하나님의 사랑과 정의를 실천할 때 하나님은 실제로 다른 사람들에게 어떻게 보이는가? 하나님의 어떤 비전이 나를 통하여 역사하고 계시는 것일까? 자아에 대한 기독교 영성은 하나님이 우리 **안에** 계실 뿐만 아니라, 하나님은 우리를 **통하여** 행동하시고 말씀하시고 치유하시고 사랑하시고 어루만져 주시며 축하하심을 일러준다.

보다 깊은 정체감을 발견하기 위하여 여정을 떠난다는 관념은 기독교 영성에 새로운 것이 아니다. 하나님 안에서, 그리고 그를 통하여 모든 것을 뒤에 남겨 놓고 유목민이 되는 성서적 여행자 외에도 옛 켈트족(Celts)은 실제로 영적 여정의 수행을 중심으로 기독교를 이해했다. 성 콜럼바(St. Columba)(521~97)는 쓰기를 "하나님은 아브라함에게 자신의 나라를 떠나 하나님이 그에게 보여주셨던 땅으로의 순례의 길을 떠나라고 권고하셨다. … 이제 하나님이 모든 믿는 자들의 조상에게 여기서 명하셨던 그 좋은 권고는 모든 믿는 자들에게 의무가 된다. 그것은 자신의 나라와 자신의 땅을 떠나서 … 그를 본받아 완전한 순례의 길을 가는 것이다."[10] 여정에 대한 그들의 이야기를 공유하기 위하여 켈트족 시인들은 모든 사람들을 하나님과 자아에 대하여 숙고하도록 초대하는 전치사들의 영적 어휘를 만들어 냈다. 18세기 찬송 「성 패트릭의 가슴받이」(St. Patrick's Breastplate) 보다 더 이러한 충동을 잘 표현한 시는 없다.

나와 함께(with) 계시는 그리스도, 내 앞에(before) 계시는 그리스도,
내 뒤에(behind) 계시는 그리스도,
내 안에(in) 계시는 그리스도, 내 아래(beneath) 계시는 그리스도,
내 위에(above) 계시는 그리스도,
내 오른편에 계시는 그리스도, 내 왼편에 계시는 그리스도,
내가 누울 때 함께 계시는 그리스도, 내가 앉을 때 함께하시는 그리스도,
내가 일어날 때 함께 계시는 그리스도,
나를 생각하는 모든 사람의 가슴 안에 계시는 그리스도,
나에 대하여 말하는 모든 사람의 입 안에 계시는 그리스도,
나를 보는 모든 눈 안에 계신 그리스도,
내 말을 듣는 모든 귀 안에 계신 그리스도.

하나님 안에 있는 나는 누구인가? 하나님과 함께 있는 나는? 하나님 앞에 있는 나는? 하나님 뒤에 있는 나는? 하나님 옆에 있는 나는? 내 안에 계신 하나님은 누구인가? 나와 함께 계신 하나님은? 내 앞에 계신 하나님? 내 뒤에 계신 하나님은? 내 옆에 계신 하나님은? 거룩한 문서들은 이러한 모든 거룩한 장소에 대하여 말하는 이야기, 시, 노래를 보여준다. 현대 신비주의 저자 네바다 바르(Nevada Barr)가 이것을 명확히 하고 있다. "여러 해 동안 실패하고 소진된 후에야 나는 내가 신이 아님을 발견했다. 마침내 나는 비록 내가 신은 아니지만 신의 것임을 깨달았다."[11] 전치사는 우리가 어떻게 움직이는지, 우리가 누구에게 관계되어 있는지, 그리고 우리가 어디에 있는지를 탐구함으로써 정체성을 숙고하도록 우리를 인도한다. 자신의 자아를 안다는 것은, 일단 찾으면 다시는 잘못 놓이지 않도록 보호되는, 잃어버린 물건을 발견하는 것과 같은 것이 아니다. 오히려 여정에서 자아를 발견하는 것은 톨키엔(J. R. R. Tolkien)의 말을 인용하자면 "왕복을 되풀이하는" 것이다. 다시 그곳으로 돌아가고, 또 다시 본래 자리로 돌아오고.

오늘날 많은 사람들이 "나는 장로교인이다"라고 말하는 것을 꺼리는 대신 "나는 장로교회에 다닌다"라고 말한다. 나는 한때 이것이 신학적 무지를 여실히 보여주는 슬픈 현실이며, 헌신에 대한 무능이고, 되풀이되는 교회 쇼핑이라고 생각했었다. 그러나 이제 나는 오히려 그 어휘 전환을 좋아한다. 그러한 사람들에게 장로교는 더 이상 정직이거나 옛 시대로부터 물려받은 정체성이 아니다. 오히려 그것은 정착하기 위한 장치이다. "나는 … 에 나간다"고 말하는 것은 어디를 향하여 있으며, 누구와 함께 움직이고 있는지의 의미를 나타낸다. 교회는 더 이상 한 제도에 속한 멤버십이 아니라, 사람들, 공동체, 전통, 거룩한 장소, 그리고 물론 하나님과의 관계성의 가능성을 향한 하나의 여정이다. 완전하고 분명한 확신을 가지고 나는 더 이상 기독교에 대한 명제적인 진리를 갖고 있지 않다고 고백한다. 오히려 나는 하나님 나라를 **향하여**(*toward*) 다른 사람들과 **함께**(*with*) 그리스도를 **통하여**(*through*) 하나님 안에서(*in*) 발견되는 전치사의 진리를 경험한다.

영적 삶은 동사, 목표 지향적인 단어, 그리고 움직임과 관계된 전치사로 구성되어 있다. 노스캐롤라이나 대학 교수 토마스 트위드(Thomas Tweed)는 종교의 본질에 대한 이론을 정립한 그의 책에서 말한다. "종교는 전치사에 의해 실체 없는 명사와 연결되는 활동적인 동사이다. **로부터, 함께, 안에, 사이에, 통하여,** 그리고 가장 중요하게는 **가로질러**(*across*). 종교는 우리가 어디**로부터** 오는지 규정하고, 우리가 누구와 **함께** 있으며 어떻게 우리가 **가로질러** 움직이고 있는지 밝혀준다."¹² 트위드는 또한 종교가 세 가지 의미를 가지는 "하나의 여정"이라는 규정이 썩 어울린다고 주장한다. "여정을 위한 제안, 여정의 표상, 그리고 여정 자체."¹³ 자아로의, 그리고 궁극적으로는 하나님으로의 순례는 하나의 영적 여정이다.

영적이며 종교적인 : 관계적 자아

"영성에 대하여 생각할 때 나는 개인주의를 떠올립니다." 한 루터교 목사가 말했다. "영성은 전적으로 '나'에 대한 것이지만, 그와 달리 종교는 공동체적입니다. 그것은 '우리'에 대한 것입니다."

나는 잠시 멈추었다. 교회 집단 안에서 단어 연상 토론을 했던 몇 달 동안 나는 이런 논평을 여러 차례 들었다. 그러나 그날 나는 그냥 지나가지 않았다.

"나는 그렇게 생각하지 않는데요." 내가 대답했다. "교회 임원 모임에 어떤 사람이 화가 난 채 들어와 '만일 당신이 그것을 내 방식대로 하지 않는다면 나는 맹세컨대 교회를 떠날 것입니다'라고 위협하는 경우가 목사님께 얼마나 있었습니까?"

사람들이 불편하게 웃으며 고개를 끄덕였다.

"그것이 목사님이 이해하는 개인주의라는 것입니다." 내가 주장했다. "교회 건물 안에 한 무리의 사람들이 함께 모여 있다고 그들이 공동체가 되는 것은 아닙니다. 공동체는 관계성에 대한 것이고, 연관성을 만드는 것입니다. 그것은 영적 작업입니다. 그런데 그런 일은 교회 안에서 일어날 수도 있고 그렇지 않을 수도 있습니다."

슬픈 사실은 많은 교회들이 공동체가 제대로 되지 못하고 있다는 것이다. 그들은 **어디**라는 질문에 "1번가와 중심가"라고 대답한다. 그들은 **누구**라는 물음에 "성 베드로 감독교회"라고 쓰인 팻말을 내걸어 대답을 한다. 이것이 정체성에 대한 충분한 설명이 된다고 생각하는 교회들도 있지만, 수백만의 사람들은 활기찬 영적 공동체를 추구하고 있다. 젊은 교회 멤버의 거의 3/4이 공동체를 열망한다고 하는 한편, 교파 밖에 있는 젊은이의 절반이 공동체를 갈망한다고 말한다. 실제로 구글에서 "공동체 탐구"를 치면 천만 이상의 조회 수를 보게 될 것이다.

1930년대에 인류학자들, 심리학자들, 그리고 철학자들은 자아를 이해하는 데 있어 데카르트의 명제는 막다른 골목에 도달했다고 생각하기 시작했다. 실제로 사회심리학자 조지 허버트 미드(George Herbert Mead)는 "개인은 자신을 직접적으로가 아니라, 같은 사회 집단의 다른 개인 멤버들의 특정 관점을 통해서 오직 간접적으로만 경험한다"고 주장했다.[14] 다른 사람들과 관계함으로써 인간은 자신을 형성한다. 그는 말한다. "자아란, 먼저 존재하고 다음에 다른 사람들과의 관계성으로 들어오는 어떤 것이 아니라, 그것은 말하자면 사회적 흐름 가운데 있는 하나의 소용돌이이다."[15] 우리는 우리가 거주하는 공동체와 관계할 때에 형성되고 재형성되는 과정 가운데 있는 자아이다. 두 현대 심리학자가 주장하듯이, "자아와 성품이 주로 중요한 타자들과의 경험에 의해 형성되기" 때문에 우리는 "서로 얽혀 있는" 자아들이다.[16] 실제로 데카르트 명제에 대한 보다 나은 표현은 "우리가 있기 때문에 나는 존재한다" 혹은 "우리가 관계되어 있을 때만 나는 존재한다"일 것이다.

관계적인 자아성은 신비적인 것, 영적인 것, 그리고 신학적인 것의 영역을 향해 움직인다. 실제로 관계적 자아성에 대한 관념은 우분투(Ubuntu) 아프리카 신학의 중심 개념이다. 우분투는 자아를 알고 하나님을 아는 하나의 방식이다. 우분투에서의 핵심적 개념은 "우리 모두가 있기 때문에 내가 있다"라는 것이다. 당신이 사람이기 때문에 나도 사람이다. 대주교 데스몬드 투투(Desmond Tutu)는 설명한다.

> 우리나라의 격언 가운데 우분투 – 인간됨의 본질 – 라는 것이 있다. 우분투는 특히 당신은 고립된 인간으로 존재할 수 없다는 사실에 대하여 말한다. 그것은 우리의 상호 연관성에 대하여 말한다. 당신은 혼자서는 인간이 될 수 없다. 그리고 당신이 이 특질 – 우분투 – 을 가질 때 당신은 관대한 존재로 알려진다. 우리는 너무 자주 우리 자신을 단순히 개인으로, 다른 이들과 분리되어 있는 것으로 생각하지만 당신은 연관되어 있고 당신이 하는 것은 전체 세계에 영향을 미친다. 당신이 잘 하면 그것은 퍼져 나간다. 그것은 인간 전체를 위한 것이다.[17]

따라서 우리의 존재 자체는 관계적인 것이다. 우리는 서로 **안에**, 서로를 **통하여**, 서로 **함께**, 서로 **옆에**, 그리고 서로**와 더불어** 존재한다.

기독교인에게 살아 있고 새로워진 교회로서의 영적 공동체는 그리스도 **안에** 있는 것, 즉 활기찬 신앙생활의 최초의 그리고 기본적인 관계성과 함께 시작된다. 따라서 교회는 하나의 제도, 하나의 조직, 혹은 하나의 건물이 아니라, 사람들의 자아가 사랑으로 엮여져서 하나님과 **함께**하고 서로서로 **함께**하는 관계성의 공동체이다. 1939년 신학자 에밀 브루너(Emil Brunner)가 썼듯이, "인간은 '홀로'는 인간이 될 수 없다. 그는 공동체 안에서만 인간일 수 있다. 왜냐하면 사랑은 공동체 안에서만 작용할 수 있으며, 이러한 사랑이 작용할 때만 인간이 인간일 수 있기 때문이다. … 그가 사랑할 때만 그는 참으로 인간일 수 있다."[18]

따라서 교회는 하나의 공동체일 뿐만 아니라, 또한 "교제(communion), 즉 존재의 방식을 구성하는 일단의 관계성"이다.19 우리의 세계에서 이 관계성은 다른 인간과 하나님 너머로 연장된다. 우리는 다른 사람들과 관계되어 있을 뿐만 아니라, 모든 피조물, 즉 숲, 강, 바다, 그리고 지구 자체뿐만 아니라 지구상에서 생명을 공유하는 동물들과 함께 공동체 안에 있다. 따라서 자아는 그리스도 **안에서**, 다른 이들과 **함께**, 자연을 **통하여**, 변화의 흐름 **위에서** 발견된다. 모든 것이 연관되어 있다. 영적인 깨달음은 우리가 그 안에서 살고 있고 움직이고 우리 존재를 발견하는, 모든 범위의 전치사적 관계성의 경험을 수반한다.

관계적인 자아성의 영역에서는, 영성에 대한 갈구, 즉 "경험"과 종교의 역할, 즉 "공동체"에 대한 요구가 만난다. 하나님과 자아에 대한 영적 탐구는 서서히 다른 이들과 세계를 향하여 나아간다. 왜냐하면 다른 이들 없이는 하나님을 발견하거나 우리가 누구인지를 아는 것은 불가능하기 때문이다. 우리는 존재하기 위하여, 그리고 존재가 되기 위하여 소속되어야 한다. 딱딱하게 굳어져버린 듯 보이기까지 하는 종교 제도는 공동체로 될 신학적 약속 - 대부분 기도, 의례, 성만찬, 노래 가운데서 - 을 가지고 있다. 그러나 소속은 멤버십, 서약서, 위원회 업무 담당, 혹은 어쩌다 하는 예배 출석 이상의 것이어야 한다. 참된 종류의 소속은 그 공동체가 신적인 것과 일상적인 것 사이에서, 역동적이고 지속적인 사랑, 열정적인 로맨스(romance)가 되어 우리를 하나님과의, 우리의 이웃과의, 그리고 우리 자신의 가장 깊은 자아와의 친밀한 관계성으로 이끄는 것이어야 한다.

'어디'와 '누구의'를 향한 움직임

나의 선조 헤르만과 민나가 자꾸 떠오른다. 나는 여러 세기 동안 존속한 작센이라고 불린 왕국에서 그들이 어떻게 살았으며, 1870년 어떻게 그 나라가 끝나고 독일이라 불리는 새로운 나라로 대체되었는지에 대하여 생각하고 있다. 6년 뒤 그들은 떠났다. 정체성과 함께 고국을 버리고, 그들은 새로운 곳에서 자신을 찾기 위하여 바다를 건넜다. 그들이 새로운 이름을 갖게 된 것은 놀랄 일이 아니다. 그들의 원래 가족 이름이 무엇이었든지 그들은 미국에서 "호흐슈테트"가 되었고, 새로운 지역에서 새로운 정체성을 택했다. 그들은 새로운 관계성의 그물망을 만들었고, 그 안에서 다른 사람이 되었다. 그리고 바라건대 그들은 새로운 세계로 옴으로써 옛 세계에서 깨어졌거나 잃었던 것을 회복했을 것이다. 그들은 분명히 자신을 따를 모든 이들을 위하여 새로운 미래를 만들었다. 그들이 있었던 곳의 변화는 소속에 대한 새로운 이해를 만들어 냈다. 이민은 지리적 여정일 뿐만 아니라, 영적 여정이기도 하다.

한 세기와 네 세대가 흐른 뒤 나의 부모도 비슷한 일을 했다. 20세기 중반 편안했던 그들의 세계 볼티모어는 사라지고 없고 다른 종류의 도시, 즉 보다 다양하고 포괄적이고 세계적인 도시로 바뀌었다. 그것은 그들로서는 이해하기 힘든 것이었다. 그래서 그들은 떠났다. 그러나 실제로는 탈출했다는 것이 맞을 것이다. 바다를 건너가는 배를 타는 대신에, 그들은 1972년형 포드 스테이션 왜건(station wagon, 뒷 좌석의 뒤까지도 지붕이 있는 승용차 - 옮긴이) - 옆에 나무판을 댄 노란 색의 - 을 샀고, 애리조나라고 불리는 먼 사막 지역으로 새로난 주간 고속도로를 타고 여정을 떠났다. 그들은 이름을 바꾸지는 않았으나 바꾸려고 했을지도 모른다. 이주 후에 그들은 전과는 다른 사람들이 되었고, 그들의 가족과 미래도 또한 달라졌다. 그 사막 도시에서 그들은 다른 사람들, 다른 종교, 다른 수행, 다른 언어를 가지고 있는, 다른 종류의 공동체 안에 있는 자신을 발견했다. 그들은 전에는 상상도 할 수 없었을 일들과 사람들 '안에', '과 함께', '가운데서', 그리고 '을 통하여' 새로운 곳에 있는 자신을 발견했다. 그들은 산과 사막과 광대한 푸른 하늘을 좋아하게 되었다. 그들은 소속의 새로운 장소, 신앙의 새로운 공동체를 발견했다. 그리고 거기에서 그들은 자신과 하나님을 발견했다.

1944년 감방에서 디트리히 본회퍼는 전에는 전혀 생각해 본 적이 없는 여정을 시작했다. 그는 나치에 의해 감옥에 수감되었고, 가족, 친구, 그리고 그가 사랑했던 모든 이들로부터 격리되었다. 실제로는 유배였다. 지금까지 알았던 것과는 너무 다른 바로 그곳에서, 그는 자신에 대해서도 실제로는 제대로 알지 못했다는 것을 발견했다.

나는 누구인가? 그들은 자주 내게 말한다.
내가 시골 저택으로부터 나오는 대지주처럼
조용하게, 생기 있게, 흔들림 없이,
나의 감방으로부터 걸어 나온다고.
나는 누구인가? …
나는 다른 사람들이 말하는 것의 실제인가?
혹은 나는 내가 자신을 알고 있는 것에 불과한 것인가? …
나는 누구인가? 이것인가 아니면 저것인가? …
내가 누구이든, 오 하나님, 당신은 아십니다.
나는 당신의 소유라는 것을![20]

만일 우리가 소속을 단순히 클럽, 조직, 혹은 교회의 멤버십으로만 생각한다면, 우리는 요점을 놓치는 것이다. 소속은 우리가 알고 있는 세계를 넘어 움직이려는, 순례의 길을 떠나려는, 방랑의 길을 가려는 모험이다. 그것은 그 여정에서 수많은 동반자들, 즉 하나님, 배우자, 친구, 아이들, 멘토, 선생, 우리와 같은 곳으로부터 온 사람들, 전혀 다른 곳으로부터 온 사람들, 모든 종류의 성자와 죄인, 우리에게 알려진 사람과 알려지지 않은 사람, 우리의 비밀스러운 갈망, 물음, 그리고 두려움과 함께하는 모험이다. 나는 누구에 속해 있는가? 오 하나님, 나는 당신의 것입니다!

1 John Calvin, *Institutes of the Christian Religion*, Book I, chapter 1, section 1, www.reformed.org/books/institutes/books/book1/book1ch01.html.
2 Bill Bishop, *The Big Sort: Why the Clustering of Like-Minded America Is Tearing Us Apart* (Boston: Mariner Books, Houghton Mifflin Harcourt, 2009).
3 Valerie Saiving, "The Human Situation: A Feminine View," in Carol P. Christ and Judith Plaskow, *Womanspirit Rising: A Feminist Reader in Religion* (San Francisco: Harper & Row, 1979), p. 26.
4 Saiving, "The Human Situation," p. 37.
5 마커스 보그는 그의 책에서 "구원"에 대한 단어의 풍부한 의미에 대하여 논의하고 있다. *Speaking Christian: Why Christian Words Have Lost Their Meaning and Power-And How They Can Be Restored* (San Francisco: HarperOne, 2011), chapter 3.
6 Charles Taylor, *A Secular Age* (Cambridge, MA: Harvard Univ. Press, 2007).
7 그러나 현대 무신론자들 모두가 물질적 용어로 자아성을 받아들이는 데 완전하게 동의하는 것은 아니다.
8 *The Book of Thomas the Contender*, translated by John D. Turner, www.gnosis.org/naghamm/bookt.html.
9 Bass, *A People's History of Christianity*, pp. 36~40에서 인용.
10 Bass, *A People's History of Christianity*, p. 99에서 인용.
11 Nevada Barr, *Seeking Enlightenment ... Hat by Hat: A Skeptic's Path to Religion* (New York: Putnam, 2003).
12 Thomas A. Tweed, *Crossing and Dwelling: A Theory of Religion* (Cambridge, MA: Harvard Univ. Press, 2006), p. 79.
13 Tweed, *Crossing and Dwelling*, p. 164.
14 George Herbert Mead, *Mind, Self, and Society* (Chicago: Univ. of Chicago Press, 1934), p. 138; Stanley J. Grenz, *The Social God and the Relational Self* (Louisville, KY: Westminster John Knox, 2001), p. 307에서 인용.
15 Mead, *Mind, Self, and Society*, p. 182; Grenz, *The Social God and the Relational Self*, p. 310에서 인용.
16 Susan M. Anderson and Serena Chen, "The Relational Self: An Interpersonal Social-Cognitive Theory," *Psychological Review* 109, no. 4 (2002): 619~45.
17 Ubuntu Women Institute USA, "Ubuntu Women Institute USA (UWIU) with SSIWEL as Its Frist South Sudan Project," accessed May 2, 2011, www.ssiwel.org/?page_id=83.
18 Emil Brunner, *Man in Revolt* (New York: Scribner, 1939), p. 106; Grenz, *The Social God and the Relational Self*, p. 313에서 인용.
19 John Zizioulas, "The Doctrine of God the Trinity Today: Suggestions for an Ecumenical Study," in *The Forgotten Trinity: The BBC Study Commission on Trinitarian Doctrine Today* (London: CTBI, 2011); Grenz, *The Social God and the Relational Self*, p. 334에서 인용.
20 Dietrich Bonhoeffer, *Letters and Papers from Prison*, p. 173.

소속

] 제7장
대반전

2009년 한 친구가 유튜브 화면 하나를 첨부해서 나에게 이메일을 보냈다. "너 이것을 꼭 봐야 해." 그가 썼다. "그것을 보고 희망이 있다는 것을 알게 됐어."

나는 그 파일을 클릭했다. 화면이 떠올랐다. 특별히 마음을 설레이게 하거나 전문가적 솜씨를 느끼게 하는 것은 없었다. "잃어버린 세대"(Lost Generation)[1]라는 말이 어두운 색을 배경으로 나타났고, 젊은 여성이 화면을 타고 흘러 내려가는 이 시를 한 행 한 행 읽었다.

나는 잃어버린 세대의 일부이다.
그리고 나는 내가 세상을 바꿀 수 있다고
믿기를 거부한다.
이것은 충격일 수 있음을 알고 있으나
"행복은 내면으로부터 온다"는 것은
거짓말이다. 그리고
"돈이 나를 행복하게 만들 것이다."
그래서 30년 후 나는 아이들에게 말할 것이다.
그들이 나의 인생에서 가장 중요한 것은 아니라고.

내 고용인은 우선순위에 있어 내게 일이 가족보다 더 중요하다는
것을 알 것이다.
이것을 네게 말해 주지.
옛날에는 가족이 함께했지만
우리 시대에는 더 이상 그렇지 않다.
지금은 임시변통의 사회이다.
전문가가 내게 말했지.
30년 후 나는 이혼 10주년을
기념하게 될 것이라고.
내 자신이 만든 나라에서 살게 될 것임을
인정할 수 없다.
미래에는
환경 파괴가 일상이 될 것이기에.
내 친구와 내가 지구에 대하여 염려한다는 말을
더 이상 들을 수 없다.
나의 세대가 무관심하고 무기력하다는 것은
분명해질 것이다.
희망이 있다고 생각하는 것은
어리석은 일이다.

"희망?" 나는 생각했다. "이것은 절망적인 내용인데." 그때 여자가 마지막 문장을 읽는다.

우리가 그것을 뒤집지 못한다면, 이 모든 일은 실제로 일어날 것이다.

그러더니 마치 필름이 앞으로 돌아가는 것처럼, 그녀는 그 시의 구절들을

거꾸로 읽기 시작했다. "희망이 있다." 젊은 여자는 말했다. "나의 세대가 무관심하고 무기력하다고 생각하는 것은 어리석은 일이다. 내 친구와 내가 지구에 대하여 염려하는 것은 분명한 일이다. …" 그녀는 시의 한 행 한 행을 끝에서부터 처음까지 거꾸로 읽으며 이렇게 끝을 맺는다. "나는 세상을 바꿀 수 있다. 그리고 내가 잃어버린 세대의 일부라는 것을 믿기를 거부한다." 그렇다. 내 친구가 옳았다. 희망. (영어는 어순이 우리말과 달라 위의 시를 거꾸로 읽어도 정확하게 그 뜻이 전달되지 않기 때문에 아래와 같이 영어 원문을 소개한다. 이 글을 뒤에서부터 읽어보라. 뒤에 이 글의 내용을 거꾸로 번역해 놓았다 - 옮긴이)

I am part of a lost generation
and I refuse to believe
I can change the world
I realize this may be a shock but
"Happiness comes from within"
is a lie, and
"Money will make me happy"
So in 30 years I will tell my children
They are not the most important thing in my life.
My employer will know that
I have my priorities straight because
work
is more important than
family
I tell you this
Once upon a time

Families stayed together

but this will not be true in my era.

this is a quick fix society

Experts tell me

30 years from now I will be celebrating the 10th

anniversary of my divorce.

I do not concede that

I will live in the country of my own making.

In the future

Environmental destruction will be the norm.

No longer can it be said that

My peers and I care about this earth.

It will be evident that

My generation is apathetic and lethargic.

It is foolish to presume that

There is hope.

희망이 있다.

나의 세대가 무관심하고 무기력하다고

생각하는 것은

어리석은 일이다.

내 친구와 내가 지구에 대하여 염려하는 것은

분명한 일이다.

환경파괴가 일상이 될 것이라는 말을

더 이상 들을 수 없다.

미래에는

내 자신이 만든 나라에서 살게 될 것이다.
30년 후 내가 이혼 10주년을
기념하게 될 것이라는 것을
나는 인정할 수 없다.
전문가가 말하기를
지금은 임시변통의 사회이지만
우리 시대에는 더 이상 그렇지 않을 것이다.
가족들이 함께했지.
이것을 네게 말해주지.
가족이 일보다 중요하기 때문에
나는 그것에 우선순위를 둔다.
내 고용인은 일이 인생에서
가장 중요한 일이 아니라는 것을 알 것이다.
그래서 30년 후 나는 아이들에게 말할 것이다.
"돈이 나를 행복하게 만들 것이다"라는
것은 거짓말이며,
"행복은 내면으로부터 온다"는 것을.
이것이 충격일 수 있음을 알고 있으나
나는 세상을 바꿀 수 있다.
그리고 내가 잃어버린 세대의 일부라는 것을
믿기를 거부한다.

때때로 우리에게 필요한 것은 대본을 거꾸로 돌려보는 것이다.

대반전

지난 몇 세기 동안 서구 기독교는 특별한 방식으로 신앙의 순서를 정했다. 가톨릭과 개신교는 믿음이 처음이고, 행위가 다음이고, 마지막은 소속이라고 가르쳤다. 교회들은 이 형태를 교리문답, 인격 형성, 그리고 신앙고백의 의례로 바꾸었다. 태어나면서 기독교 아이들은 세례를 받거나 하나님께 바쳐졌는데, 이때 후원자와 부모는 그들을 대신하여 믿음에 관련된 물음에 대답하고 그 신앙을 아이들에게 가르칠 것을 약속한다. 아이들이 자라면서 주일학교와 교리문답 교실이 기독교 교리와 성경을 가르쳐, 세대마다 그 전통의 지적 내용을 알고 있는지 점검했다. 점차 아이들은 주일학교 교실에서 "대예배실"로 옮겨가, 거기에서 성인의 교회 수행에 참여하고 기도하고 예배드리고 노래하고 헌금하고 친절하게 행동하는 방법을 배웠다. 기독교 아이가 지성적, 도덕적으로 책임질 나이에 이르면 - 대체로 일곱에서 열다섯 살 사이 - 교회는 성찬식, 견신례, 혹은 (침례교의 경우) 성인 세례 형식으로 정회원 의례에 참여하게 하였다. 믿고 행동하고 소속한다. 서구인들이 종교적 대본을 이런 식으로 읽는 것은 그렇게 훈련받았기 때문이다.

그러나 항상 그랬던 것은 아니다. 약 5백 년 전 서구 기독교는 단일한 교회에서 다섯 개의 서로 다른 주요 교회 가족으로 분리되었다. 로마 가톨릭, 루터교, 개혁 기독교, 성공회, 재침례교. 각 집단은 성서와 신학의 해석을 분명히 하면서 모든 다른 집단으로부터 자체를 보호할 필요를 느꼈다. 비록 종교적 다양성이 오늘날에는 매우 흔한 일이지만, 16세기에는 제한적인 다원주의 상황조차 심한 종교적 소란 - 노골적인 전쟁을 포함하여 - 을 야기했다. 경쟁적인 종교적 주장은 정치적, 경제적 힘에 대한 경쟁적 주장으로 바뀌었다. 종교 집단마다 자신의 신앙 견해를 지시하고 체계화하는 과정에 착수했다. 새로운 신학은 기독교 수행을 강조하는 것으로부터 기독교적 가르침을 명시하는 것으로 옮겨갔고, 모두가 그들 집단의 해석이 참되거나 가장 성서적이라는 것을 입증하려고 시도했다. 윌프레드 캔트웰 스미스는 기독교가 지성주의화되고 비인격화되어 "시간이 흐를수록 종교는 어떤 사람이 믿거나 믿지 않거나 하는 어떤 것, 그 명제가 진실이거나 진실이 아닌 어떤 것이라는 개념으로 자리를 잡아갔다"고 지적한다. 나아가서 그는 "그것의 유산은 오늘날에도 사람들의 '종교'를 설명할 때 그들이 무엇을 믿는가? - 마치 이것이 근본적인, **유일하게** 근본적인 물음이기라도 하듯 - 라고 묻는 경향이다"라고 말한다.[2]

따라서 여러 세기 동안 서구 사람들은 일반적으로 종교적 헌신은 일련의 체계화된 교리들에 동의할 때 시작되는 것으로 생각해 왔다. 만일 교회가 변하고 있거나 신앙이 위기를 맞고 있다면 그것은 옳을 수 있다. 만일 당신이 더 이상 가톨릭 신자로 있는 것이 편치 않다면, 당신은 이혼이 용납되는 교회를 찾으려고 주변을 둘러볼 것이다. 만일 당신이 더 이상 근본주의자이기를 원하지 않는다면, 당신은 성서가 문자적으로 사실은 아니라고 가르치는 교회를 찾을 것이다. 당신은 한 집단이 무엇을 가르치는지 알아내고는 그 관념과 씨름할 것이다. 참여하는 것은 그 집단의 신조, 신앙의 진술, 혹은 교회에 당신이 동의하는지 아닌지에 달려 있다. 만일 당신이 하나님에 대한 그 집단의 관념이 이치에 맞고 참되다는 것을 발견한다면, 당신은 이에 따라 새로운 기도를 배우고 가난한 이들을 섬기며 담배나 술을 끊고 보다 좋은 사람이 되려고 노력함으로써 당신의 삶을 새롭게 할 것이다. 마침내 당신은 한 멤버가 되어 그 교회에 가담하게 된다.

그러나 이 형태에는 이상한 어떤 것이 있다. 정치 정당에 가입하는 경우 외에 어떤 다른 종류의 공동체의 경우에도 사람들이 일련의 원칙에 동의함으로써 가입하지는 않는다. 뜨개질 모임에 가입한다고 가정해 보자. 뜨개질 모임에 가서 그들이 뜨개질을 믿고 있는지, 혹은 뜨개질에 대하여 어떤 진실을 가지고 있는지 묻는 사람이 있겠는가? 뜨개질에 대한 교리적 진술을 묻겠는가? 실제로 만일 당신이 뜨개질, 뜨개질의 역사, 또는 뜨개질의 원리에 대한 책을 읽음으로써 뜨개질을 시작한다면 당신은 그것을 결코 잘하지 못할 것이다.

뜨개질하기를 원한다면, 뜨개질을 하는 사람 가운데 당신을 가르칠 누군가를 발견해야 한다. 동네 편물 가게로 가서 뜨개질 교실이 있는지 알아보라. 빙 둘러앉은 사람들 가운데 어떤 이들이 당신에게 말을 걸 것이고, 바늘을 어떻게 쥐는지 알려주고, 당신의 손을 이끌어주며, 그들의 뜨개질 방식을 당신과 공유할 것이다. 뜨개질하는 사람이 되기 위한 첫 번째 단계는 뜨개질하는 사람들과 관계성을 형성하는 것이다. 다음 단계는 시도하고 연습함으로써 배우는 것이다. 얼마 동안 뜨개질을 한 후, 목도리와 모자와 벙어리장갑을 만들게 된 후에 당신은 뜨개질에 대한 착상을 하기 시작할 것이다. 당신은 뜨개질의 경험이 당신을 보다 영적이고 집중할 수 있는 더 나은 사람으로 만들고, 다른 이들에 대한 봉사의 느낌을 주며, 사랑과 돌봄을 표현할 수 있도록 해 준다고 생각하게 될지도 모른다. 당신은 당신이 하고 있는 것, 그리고 그것을 어떻게 더 잘할 수 있는지에 대하여 생각한다. 당신은 당신 자신의 뜨개질 방식, 기술에 관한 이론을 발전시킨다. 당신은 놀랍게 새로운 형태, 즉 새로운 뜨개질 방법을 발견할 수도 있다. 당신은 뜨개질 책을 쓰거나 뜨개질 선생이 될 수도 있을 것이다. 뜨개질에 있어서는 그 과정이 교회에서의 과정과 정확하게 반대다. 뜨개질 집단에의 소속은 뜨개질하는 사람으로서의 행위로 이어지며, 이 행위는 뜨개질에 대한 것들을 믿는 것으로 인도한다.

관계성은 기술로 인도하고, 그것은 경험적 믿음으로 인도한다. 그것은 어떤 사람이 다른 누군가로 되는 길이다. 변형의 길이다.

신약성서에서도 또한 그 길이 발견된다. 즉 그것은 하나님께로 인도하는 예수의 길이다. 오래전 지금으로부터 5백 년 전에(종교개혁 이전을 의미함 – 옮긴이) 기독교인들은 신앙은 첫째로 공동체의 문제요, 수행은 두 번째요, 믿음은 그 둘의 결과라고 이해했다. 우리의 직계 조상들(종교개혁자들을 의미함 –

옮긴이)이 그 순서를 뒤집어 놓았다. 이제 그것을 원래의 순서로 회복시키는 일은 우리에게 달려 있다.

앞의 세 장에서 나는 현대의 영적 갈망에 대한 응답은 전통적인 종교적 물음들을 비트는 가운데 포착될 수 있다고 주장했다. 그러나 더 커다란 과제가 요구되고 있다. 우리는 그 물음들이 질의되는 순서를 뒤바꾸어야 한다. 믿음, 행위, 그리고 소속 대신에 우리는 그 순서를 소속, 행위, 믿음으로 뒤집을 필요가 있다. 바로 거기에 제도로서의 종교와 영적으로 활기찬 신앙으로서의 **렐리기오**의 차이가 있다.

단계 1:
소속

예수는 믿음에 대한 질문으로 시작하지 않았다. 그 대신 예수의 공적 사역은 그가 공동체를 형성하며 시작되었다.

갈릴리 해변으로 지나가시다가 시몬과 그 형제 안드레가 바다에 그물 던지는 것을 보시니 그들은 어부라. 예수께서 이르시되 나를 따라오라. 내가 너희로 사람을 낚는 어부가 되게 하리라 하시니 곧 그물을 버려두고 따르니라. 조금 더 가시다가 세베대의 아들 야고보와 그 형제 요한을 보시니 그들도 배에 있어 그물을 깁는데 곧 부르시니 그 아버지 세베대를 품꾼들과 함께 배에 버려두고 예수를 따라가니라. (막 1:16~20)

여러 세기 동안 신학자들은 기독교 교회는 예수께 대한 베드로의 고백으로 시작되었다고 주장했다. "주는 메시아이십니다."(마 16:16). 베드로가 예수는 오래 기다렸던 구세주라고 말한 후에, 예수는 베드로를 "반석"이라고 부르시며 이 "반석" 위에 그의 교회를 세우실 것이라고 말씀하신다. 그러나 실제로 교회는 그 고백이 있기 오래전에 시작되었다. 그것은 예수가 "나를 따르라"고 부르시고, 그의 친구와 이웃들이 그들의 옛 삶을 떠나 새로운 공동체를 이룰 때 이미 시작되었다. 열둘의 남자와 한 무리의 여자들이 예수께 동참했고, 그들은 함께 신앙, 나눔, 그리고 사랑의 여정을 시작했다.

기독교는 고백으로 시작하지 않았다. 그것은 우정으로의 초대로 시작하여 새로운 공동체를 만들고 사랑과 봉사에 기초한 관계성을 형성했다.

무엇이 우리로 하여금 우리가 하는 것을 포기하고 우정과 공동체로의 부름에 주의를 기울이도록 촉구하는가? 호기심? 매혹? 루이스가 말했다. "우정이란 한 사람이 다른 사람에게 '뭐라고! 너도 그래? 나는 나 혼자인 줄 알았지'라고 말하는 순간 생겨난다." 공동체에의 소속은 인정받는 순간에, 연관성의 직관과 함께 시작된다. "내가 너를 알게 되었다는 것을 믿을 수 없어! 꼭 오래된 내 집 같아." 우리는 친구를 사귀고 집단에 참여하거나 사랑에 빠지는데, 그것은 우리의 마음을 밝게 하고, 기쁨과 위안을 가져오며, 세상을 더욱 재미있고 견딜 만하게 만드는 것은 이 사람 혹은 이 사람들이기 때문이다. 비록 한때는 사람들이 사업 평판을 만들기 위해서나 혹은 존경스러워 보이기 위해 교회에 출석했을지 몰라도, 그것들이 이 시대 신앙 공동체에 소속할 충분한 이유는 아니다. 사람들은 단순히 가입하는 것이 아니라 참여한다. 그리고 우리가 참여할 때 우리의 마음은 그 길을 인도한다.

예수는 내면적 삶, 즉 마음으로 시작하셨다. 실제로 그가 "너희가 진리를 알지니 진리가 너희를 자유하게 하리라"고 말씀하실 때, 그는 철학적 관념이나 일련의 교리에 대하여 말한 것이 아니었다. 마음의 성향이 진리의 근거라는 것이었다. 영적인 자유는 바르게 지향된 마음, 즉 자아로부터 생겨나는데, 그것은 두려움, 미움, 고립, 그리고 탐욕으로부터 멀어지게 한다. 그리고 예수께서도 말씀하셨듯이 사랑은 하나님과 이웃과의 관계를 통해서 형성되는 것이며, 자아를 사랑하고 깨닫는 데 열중하는 것이다. 믿음, 진리, 자유 -

그 모두 - 는 관계적인 것이지 사고하는 것이 아니다.

　초기 기독교 제자들은 이것이 옳다는 것을 알았다. 심지어는 가장 지성적인 제자 사도 바울도 우리가 모든 것을 안다고 해도 "사랑이 없으면" 우리는 아무것도 아니라고 쓰고 있다(고전 13:2). 실제로 예수와 바울 모두 사랑은 모든 덕 가운데 **가장 크고 첫째 되는 것**, 즉 선한 삶의 모태라고 말했다. 올바른 열정, 영혼의 성향, 어떻게 하나님과 이웃에게 관계하는가 하는 것이 출발점이다. 기독교 신앙의 가장 오래된 기도들은 하나님에 대한 관념을 올바로 얻는 것과는 관계가 없다. 오히려 그것들은 마음을 재정비하고 그것을 새롭게 지향케 하는 기도들이다. 옛 기독교 기도들은 무질서한 영혼(죄)을 깨닫고, 그 영혼이 자비와 회복된 관계성을 향하도록 하는 것이다. "우리가 우리에게 죄 지은 자를 사하여 준 것 같이 우리 죄를 사하여 주옵시고." 혹은 "하나님의 아들 주 예수 그리스도께서 죄인인 내게 자비를 베푸소서." 혹은 사막의 수도사 아바 팜보(Abba Pambo)가 말했듯이, "당신이 가슴을 가지고 있다면, 당신은 구원받을 것이다." 활기 있는 신앙은 교리적 검증이 아니라 열망과 성향으로 시작된다.

　영적 각성은 항상 안으로부터 시작된다. 어거스틴의 고뇌에 찬 갈망 "당신 안에서 쉴 때까지 우리의 마음에는 안식이 없습니다"라든지, 테레사 수녀의 현대적 통찰 "사랑에 대한 커다란 주림이 있습니다. 우리는 모두 우리의 삶 가운데서 고통과 외로움을 경험하고 있습니다. 우리는 그것을 인정할 용기를 가져야 합니다"라는 말은 그것을 잘 보여준다. 부활하신 예수를 처음 만난 사람들이 증거했다. "우리 속에서 마음이 뜨겁지 아니하더냐?"(눅 24:32). 성서는 깨어진 마음, 기뻐하는 마음, 귀 기울이는 마음, 넘쳐나는 마음, 굳어진 마음, 갈망하는 마음의 이야기로 가득 차 있다. 그리고 서구 종교가 점차 교리의 문제가 되어감에 따라, 마음을 강조하는 영적 운동들은 그 과정을 고치려고 시도했다.

　사랑은 깊은 내면으로부터 시작할 수는 있으나 거기에 머무르지 않는다.

가장 큰 계명이 무엇이냐는 질문을 받았을 때, 예수는 그것이 "하나님을 사랑"하고 "이웃을 네 몸과 같이 사랑"하는 것이라고 대답하셨다(마 22:37~39). 사랑은 관계성을 연결시키는 조직, 즉 하나님을 향해 뻗어 올라가고, 다른 이들을 향해 뻗어 나아가는 내면적 성향이다. 사랑이 고립되어 존재하는 것은 불가능한 일이다. 사랑은 관계성과 공동체 안에서의 표현을 필요로 한다. 사랑하기 위해서는 소속을 감행해야 한다.

단계 2 :
행동

예수를 따랐던 초기 공동체는 실천의 공동체였다. 예수의 추종자들은 불가에 둘러앉아 기독교 신학에 대한 강의를 듣지 않았다. 그들은 서로에게 어떻게 행동해야 하며, 세상에서 무엇을 해야 하는지에 대한 가르침을 주는 이야기들에 귀를 기울였다. 그들은 사람들을 치유했고, 자비를 베풀었으며, 함께 기도했고, 전통적인 수행과 의례에 도전했으며, 병든 자들을 돌보았고, 슬퍼하는 자를 위로했으며, 금식했고, 용서했다. 이러한 행동들은 기적을 일으켰으며, 그들에게 용기를 주었고, 희망을 가질 수 있게 했으며, 하나님에 대한 새로운 비전을 열어 주었다. 함께 일함으로써 그들은 다르게 보기 시작했다.

이것을 이해하는 것이 매우 중요하다. 예수와 그의 추종자들은 가난했다. 그들 대다수는 정치적으로, 종교적으로 탄압을 받았다. 그들에게는 로마가 그들에게 자유를 주거나 다음 통치자가 현실을 변화시킬 것이라는, 보다 나은 세상에 대한 희망을 가질 이유는 거의 없었다. 그들은 역사상 가장 지독한 제국들 가운데 하나의 희생자였다. 그들은 철저하게 희망이 없는 환경에서 살았다. 어떤 사람이 다가와서 "믿음을 가지시오. 당신의 형편이 나아질 것입니다"라고 말한다면 그것은 피해자에게 침을 뱉는 것과 별로 다를 바 없을 수도 있다. 신앙을 가지라고? 무엇에 대한? 매우 늦게 올 것 같은 오래전 약속의 메시아를?

예수는 갈릴리 호숫가를 걸으시며 어부들에게 "믿음을 가져라!" 하고 소리치지 않으셨다. 그 대신 그는 그들에게 무엇을 하라고 청하셨다. "나를 따르라." 그들이 따랐을 때 그는 그들에게 더 많은 할 일을 주셨다. 처음에는 그들이 하기 원하는 것을 말씀하셨다. 그리고 그는 그들과 함께 그 일을 하셨다. 마지막으로 그는 그들 스스로 그 일을 하도록 그들을 보내셨고, 그들에게 하나님의 통치를 선포하고 병든 자를 고치라고 말씀하셨다. 그들이 첫 선교로부터 돌아왔을 때, 그들은 실제로 일어났던 일들을 믿을 수가 없었다. 그들은 하나님 나라를 선포하는 것은 교리를 가르치는 문제가 아니라는 것을 발견했다. 오히려 그 나라는 예수의 행동을 닮는 문제였다. 예수는 그들에게 믿음을 가지라고 말하지 않으셨다. 그는 믿음을 실천하도록 그들을 세상 속으로 보내셨다. 제자들은 세상이 변하기를 바라지 않았다. 그들이 그것을 변화시켰다. 그리고 그렇게 함으로써 그들은 자신을 변화시켰다.

나중에 야고보서에서 저자는 말한다. "행함이 없는 믿음은 죽은 것이다"(2:17, 26). 이 구절은 기독교 역사에서 많은 논란을 야기했다. 그것은 우리가 노력하여 하늘나라에 갈 수 있다는 것을 의미하는가? 착한 행실이 우리를 구원하는가?

이 구절이 무슨 미래의 구원에 대한 - 어떤 이가 천국에 갈 것인지 아닌지에 대한 - 것으로 생각하는 것은 잘못된 것이다. 그 맥락은 영생이 아니다. 오히려 그 맥락은 여기에서의 삶이다. 여기 그리고 지금에 맞춰지면, 그리고 영적 길을 따른다는 맥락에서 보면, 그 의미는 매우 분명하다. 즉 행동이 믿음을 형성한다. 영적인 수행은 희망을 발생시킨다. 행동은 믿음을 위한 문을 열어준다. 전에는 어렵거나 불가능한 것처럼 보였던 것을 행하는 것은 다른 세상을 상상하고 우리가 변화를 만들어 낼 수 있다고 믿는 용기를 가질 수 있게 한다. 실천 없이는 신앙은 공허한 약속일 뿐이다.

단계 3 :
믿음

믿음에 대한 베드로의 고백은 그의 예수와의 우정으로부터, 그리고 그들이 함께했던 일 - 기도, 식사, 설교, 병 고침, 나누어 줌, 그리고 먹임 - 로부터 생겨났다. 마태복음에 보면 베드로가 예수를 메시아로 고백(16:13~20)하기 전에 예수와 그의 제자들은 그들 무리를 따르는 커다란 군중을 먹였다(15:32~39). 그들은 함께 대접하는 일을 실천했다. "너희는 나를 누구라 하느냐?"라고 묻기 전에, 예수는 그들에게 그 이적적인 대접의 행위를 상기시키면서 그 행동은 세상에서의 하나님의 능력과 현존의 더욱 위대한 영적 실재를 가리키는 것이라고 말씀하신다(16:8~10). 자신이 경험했던 것에 대한 반응으로 베드로가 무심코 비밀을 누설한다. "주는 메시아, 살아 계신 하나님의 아들이십니다!" 이것은 분석적인 혹은 철학적인 진술이 아니며, 과학적 방법을 통해 입증될 수 있는 가설도 아니다. 예수는 베드로의 통찰이 "혈육"에 속한 지식이 아니라 하나님의 영으로부터 온다고 말씀하신다. 베드로의 공동체 참여와 그들의 공유된 실천이 베드로의 믿음 진술을 위한 토대를 마련했다. 그 고백은 지성적으로 숙고된 신학적 사유의 진술이 아니다. 오히려 그것은 성서가 "위로부터의 지혜"라고 부르고 있는 것, 즉 하나님, 다른 사람들, 그리고 세계와의 관계로부터 오는 종류의 앎이다. 그것은 신앙고백이다. "당신은 치유와 사랑으로 인하여 내가 믿는 분이십니다!" 혹은 "당신은 내 마음이 기다려 왔던 분이십니다!"

신앙의 성서적 형태에 있어 믿음은 맨 마지막에 온다. 실제로 이 형태는 히브리 성서와 신약성서 모두에서 반복되고 있다. 아브라함과 사라를 부르신 것으로부터 위대한 선지자들과 이스라엘의 영웅들을 거쳐 예수와 초대교회에 이르기까지, 신앙의 길을 걸었던 사람들은, 따름으로 시작하여 하나님의 공동체의 일부가 됨으로, 하나님의 길을 실천함으로, 그리고 마지막으로는 하나님의 영광을 깨닫고 선포함으로써 그 길을 갔다.

기독교, 아미시 형태와 아프리카 형태

내가 볼티모어에서 자랐던 어린 소녀시절 내 가족은 일요일에 자주 펜실베이니아에 있는 아미시(Amish: 기독교 재침례교 계통 종파로 17세기에 유럽에서 생겨나 미국으로 들어왔으며, 그들만의 공동체를 형성하고, 전기, 전화, 자동차 등 모든 문명의 이기를 거부하며 자급자족하고 검약한 신앙생활을 하고 있다 - 옮긴이) 지역으로 드라이브를 하곤 했다. 아미시 사람들이 모는 마차, 그들의 단순한 옷차림, 전선이 연결되지 않은 집들, 들판에서 볼 수 있는 구식의 경작 도구 등이 모두 나를 매료시켰다. 우리는 가게에 들러 수공예품, 펜실베이니아 더치 향신료와 파이, 그리고 신선한 농산물을 샀다. 그 전원적 풍경 가운데 교회 건물은 발견되지 않았고, 농가, 헛간, 가게, 그리고 학교 교사만 눈에 띄었다. 어머니는 아미시 사람들은 가정에서 예배를 드린다고 설명했다. 나는 놀랐다. 나는 건물이나 신학교에서 훈련받은 성직자가 없는 기독교인에 대하여 얘기를 들은 적이 없었다. "그들의 신앙은 그들이 사는 방식이란다"라고 어머니가 말씀하셨다.

아미시는 16세기 위대한 종교개혁에서 생겨난 기독교 집단의 하나인 재침례교(Anabaptists)로부터 유래했다. 그 시대의 모든 영적 갱신 운동들은 구원, 성례전, 성가, 성서 읽기, 그리고 신앙 공동체 형성과 같은 기독교인 삶의 수행에 관심을 가졌다. 종교개혁은 하나님을 만나는 경험에 집중했다. 그러나 한 세대가 안 되어 로마 가톨릭뿐만 아니라 루터교, 칼빈주의, 성공회 신도들은 경험적 신앙으로부터 멀어져갔고, 그들의 신앙을 설명하기 위하여 보다 방어적인 철학적 입장을 지향했으며, 교의에 대한 조직신학과 해설을 썼다. 마음과 손의 신앙으로부터 머리의 신앙으로 옮겨가는 오랜 과정이 시작되었다.

그러나 재침례교의 경우에는 그렇지 않았다. 16세기의 다른 영적 공동체들과는 달리 그들은 신앙을 체계화하기 위한 새로운 열망을 결코 수용하지 않았다. 그들은 어느 정도의 고백을 썼고, 그들의 신학자들은 저술을 시도했다. 하지만 솔직하게 말하면 재침례교인들은 사치스러운 신학적 사고나 교리적 논쟁을 할 여유가 없었다. 모든 다른 기독교 집단들로부터 박해를 받아 그들은 이 나라에서 저 나라로 피신하고, 당국으로부터 벗어나고, 감옥에 있는 친구들을 위해 기도하며, 비교적 평화롭고 자유롭게 그들의 신앙을 수행할 수 있는 장소를 찾기에 바빴다.

다른 종교개혁자들 가운데는 많은 이들이 대학교육을 받았고 성직자이거나 철학자였다. 그러나 재침례교 신도들은 그렇지 않았다. 그들은 중간계급과 하층계급 출신인 경우가 많았다. 그리하여 그들이 읽는 법을 익혔을 때 그들은 고대 언어나 르네상스의 수사학적 이론에 방해받지 않고 성서를 읽었다. 그 대신 그들은 성서를 경험적으로 읽었다. 초기 재침례교 신도들은 성서의 입장에서 자신을 예수의 제자라고 생각했으며, 성서를 가장 즉각적인 방식으로 해석했다. 재침례교 신도들에게 "화평케 하는 자는 복이 있다"는 예수의 말씀은 말 그대로 예수가 의미했던 것이었다. 그의 추종자들은 평화를 만들어야 하고 폭력이나 전쟁에 가담해서는 안 된다. "가진 모든 것을 팔아 그 돈을 가난한 자에게 주라"는 예수의 말씀대로 재침례교 신도들은 그렇게 했고, 전체 공동체의 필요를 채우기 위하여 공동의 재원을 마련했다.

루터교, 칼빈주의, 성공회 신도들은 그렇게 단순하고 직접적인 성서 읽기에 동의하지 않았다. 그들은 성서가 전통이나 학식 있는 성직자의 도움, 즉 경험적 신앙의 과잉을 조절하기 위한 지침에 의해 해석될 필요가 있다고 주장했다. 실제로 루터교, 칼빈주의, 성공회 신도들도 성서를 사랑했고 그것을 폭넓게 읽으라고 촉구했으나, 그들은 또한 그것이 잠재적으로 오해를 낳을 수 있고 위험할 수도 있다는 것 - 정치적으로 불편한 것은 말할 것도 없고 - 을 알게 되었다. 그리하여 누구에게나 말씀 안에서 말씀이신 그리스도를 만나는 영적 운동으로 시작되었던 신앙운동이 재침례교 신도를 제외하고는 재빨리 신조와 고백과 복잡한 신학적 사고의 문제가 되어 버렸다.

그러나 재침례교인들은 포기하지 않았다. 성경 다음으로 그들에게 가장 중요한 신학적 책은 신학을 다루는 학술 서적이 아니었다. 그것은 감옥으로부터의 편지들과 초기 재침례교 순교자들의 개인적인 신앙 이야기들의 모음집인 「유혈의 무대」(The Bloody Theater), 혹은 「순교자의 귀감」(Martyrs Mirror)이라는 제목의 증언의 책이었다. 그것은 두꺼운 책이다. 그것의 현대판은 1천 페이지 이상이며, 무게도 5파운드(2.3kg)나 된다. 긴 길이에도 불구하고「순교자의 귀감」에 나오는 이야기들은 비슷한 기승전결의 패턴을 따른다. 한 사람이 예수를 만나고, 재침례교 공동체에 참여하고, 삶을 변화시키는 일단의 수행을 받아들이고, 마음으로부터 신앙을 이해하는 것과 관계된, 개인적이고 능력이 넘치는 방식으로 하나님을 경험하는 것이다. 초기 재침례교인들은 세상에서 매우 근본적인 차이를 만드는 삶의 길을 증거했다. 그것은 수행적인 신비주의, 경험적인 기독교, 영적인 공동체의 길이었다.

비록 이제는 급진적이라기보다는 별난 것처럼 보이지만, 기독교가 수행에 근거한 공동체 안에서의 삶의 방식이라는 통찰은 아미시 세계에서는 여전히 유효하다. 현대 아미시 공동체의 거울을 통하여 경험적인 신앙이 교의처럼 굳어질 수 있다는 것을 보는 것은 쉬운 일이다. 인간은 수행을 특별한 문화적 표현으로 동결시키는 경향을 가지는데, 아미시가 동결시킨 19세기 초의 삶의 방식이 그러하다. 실제로 말과 수레, 자동 기계의 금지, 데이트와 결혼에 대한 제약 등 모든 일이 예수와의 만남보다는 극단적 보수주의와 폐쇄적 전통, 다른 편협한 종교들만큼이나 많은 단점을 가진 전통으로 보인다.

그러나 한 사람이 교실 하나로 이루어진 아미시 학교 건물로 들어가 열 명의 소녀에게 총격을 가한 사건이 그들을 다시 보게 만들었다. 그 공동체는 그를 용서하고, 경찰에 의해 사살된 그의 장례식에 참석했으며, 그의 가족을 위해 자선적 기금을 마련했다. 대부분의 사람들이 이해하는 정치적 의미에서 그들이 "보수적"이었다면, 그들은 사법 처리를 요구하며 그 살인자의 가족에게 원한을 품었을 것이다. 그러나 아미시 사람들의 예수 경험은 다른 길을 택하게 했다. 예수가 용서했던 것처럼 그들도 즉각적이고 강력한 방식으로 용서를 실천했다. 반론이 제기되지도 않았다.

이것은 우리가 모두 아미시가 되어야 한다는 것을 말하는 것이 아니다. 또한 재침례교 운동이 역사상 유일한 경험적 기독교 운동이었다거나 그들의 판단이 항상 옳았다는 것을 말하는 것도 아니다. 그러나 그들은 매우 비슷하게 형성된 가장 초기의 기독교 공동체보다 더 우리 시대와 가까운 친숙한 예이다. 재침례교인은 - 그들의 수행 양상이 경직되었을 때조차 - 기독교는 예수를 본받는 경험이라는 기억을 간직하고 있다. 그들은 교회적 권위 혹은 교리에 의해서만 가능한 구원이 아닌, 기독교 역사에서의 제3의 길, 즉 경험적 신앙의 길 - 소속, 행동, 그리고 믿음 - 을 나타낸다. 그것은 하나의 공동체가 되고 신앙을 실천하며 하나님의 이야기를 고백하는 것이다.

"서구 기독교가 죽어가는 것은 사실이 아닙니까?" 한 기자가 내게 물었다. "그리고 아프리카와 라틴 아메리카의 보수적인 기독교가 이제는 기독교 종교의 지배적 형태가 아닙니까?"

그것은 기자가 이미 마음속에 답을 가지고 있는 물음들 가운데 하나이다. "반드시 그런 것은 아닙니다." 내가 대답했다. "그 지역들에서 출발한 기독교는 이제 주류적 지위를 차지할 것입니다. 그러나 아프리카와 라틴 아메리카 기독교는 우리 대부분이 이해하는 의미에서의 보수주의가 아니라 보다 경험적이고 직접적인 것입니다."

물론 아프리카와 라틴 아메리카에 있는 많은 기독교인들이 여성 목회자

문제나, 교회가 동성애자를 받아들이는 것과 같은 문제로 어려움을 겪고 있는 것은 사실이지만, 그것을 곧장 "보수주의"와 연결시켜서는 안 될 것이다. 지난 10년간 서구 기독교 교회에 나타난 지구적 긴장의 많은 부분은 이 두 주제를 중심으로 한 것이었다. 그러나 아프리카와 라틴 아메리카의 기독교인 역시 압제, 경제적 착취, 에이즈, 지구 온난화와 기후 변화, 공해, 어획량 감소, 기업 및 소비 식민주의, 교육, 정부 개혁과 규제, 그리고 보편적 의료보험의 문제들에 관심을 가지고 있다. 따라서 비록 성(gender)과 성적 취향(sexuality)과 관련된 문제의 각도에서 보면 그들이 보수적으로 보일지 몰라도(비록 일부 아프리카 교회 지도자들에게 일부다처제나 일처다부제에 대하여 생각을 묻는다면 "보수적인" 대답을 얻지는 못할 것이지만), 경제 발전이나 환경문제의 각도에서 보면 남반구의 많은 기독교인들은 상당히 진보적인 듯하다.3

그러나 일관성이 없는 것으로 보이는 것은 경험적 신앙의 시각을 통해서 볼 때 더 잘 이해된다. 초기 재침례교인들이 그랬던 것처럼 성서를 문자 그대로 받아들이기 때문에 남반구의 많은 기독교인들은 여자는 가르쳐서는 안 되며, 누구도 사유재산을 소유해서는 안 된다거나, 동성의 사람을 사랑하는 것은 "정상적이지 않다"면서도 기독교인은 항상 평화주의자가 되어야 한다는 결론을 내린다. 성서를 경험적으로 읽는 것은 자유주의나 보수주의와 같은 현대적 범주들에 손쉽게 들어맞지 않는다. 그것은 어떤 다른 것, 즉 성서 이야기에서 자신을 발견하고, 예수의 첫 추종자들이 했던 것처럼 그를 따르며, 성령에 힘입어 신앙을 실천하고, 세상을 바꾸려는 시도이다. 도움이 되지 않는 문자주의 경향을 보이거나 고대 문서와 수행의 맥락을 오해하는 것처럼 경험적 신앙이 항상 옳은 결과를 가져오는 것은 아니지만, 경험적인 기독교는 한 가지 점을 매우 분명히 한다. 신앙은 지성적 훈련이 아니다. 그것은 영적 여정이다.

경험적 기독교 : 새로운 비전

경험적 기독교는 하비 콕스가 "성령의 시대"라고 설명하는 것인데, 이 시대에 이르러 "삶의 방식으로서의, 혹은 인도하는 지침으로서의 신앙이 다시 한 번 시작되었다."4 그 바람은 아프리카와 라틴 아메리카와 아시아에서, 그러나 북아메리카와 유럽과 호주에서도 또한 불고 있다. 남반구에서 그들은 성령을 유지하기 위해 고투하고 서구에서 우리는 그것을 포용하기 위해 고투하고 있다. 성령의 시대, 이 새롭고 오래된 경험적 신앙이 도처에서 발견되고 있다. 기독교가 매우 새롭거나 혹은 매우 오래된 곳에서, 교회가 세워지거나 혹은 문을 닫고 있는 곳에서 "신의(of) 경험이 그에 **관한**(about) 이론을 대체하고 있다."5

관계적인 공동체, 열심 있는 수행, 그리고 경험적인 믿음은 21세기 기독교인이 된다는 것이 의미하는 바에 대한 하나의 새로운 비전, 곧 세계 도처에서 자라나고 있는 영적 각성의 한 형태를 이루고 있다. 우리는 하나님께, 그리고 서로서로에 속해 있고, 관계성의 그물망 가운데 모두에게 연결되어 있으며, 거기서 우리는 우리의 가장 참된 자아를 발견한다. 정의와 사랑에 근거한 하나님의 통치를 기대하면서, 우리는 예수를 닮는 행동으로 열심히 우리의 신앙을 실천한다. 서로를 통해서 그리고 이 세상 속에서 만나온 하나님을 신뢰하고 사랑하고 헌신하면서, 우리는 우리의 전 존재를 통해 믿는다. 우리는 존재한다. 우리는 행동한다. 우리는 안다. 소속하는 것, 행동하는 것, 그리고 믿는 것 – 적절한 원래의 순서로 되돌아간다. 이것이 각성된 기독교의 모습이며, 깊은 영적 종교의 신앙이다. 더 이상 단순히 종교가 아니라 **렐리기오**이다. 대반전(the Great Reversal)은 예수가 가르치셨던 것을 향해 되돌아가는 기독교의 대회귀(the Great Returning)이다. 사랑받고 사랑하는 공동체, 세상에서 실천하는 삶의 방식, 자비와 정의의 하나님 통치를 열심히 기대하는 깊은 하나님 신뢰.

1   Jonathan Reed, "The Lost Generation," www.youtube.com/watch?v=42E2fAWM6rA.
2   Wilfred Cantwell Smith, *The Meaning and End of Religion* (New York: Macmillan, 1962), pp. 39~40.
3   하비 콕스는 남반구 기독교는 많은 서구학자들이 생각하는 것처럼 보수적이거나 반동적인 것이 아니라는 점을 분명히 하고 있다. *The Future of Faith* (San Francisco: HarperOne, 2009), pp. 199~211을 보라.
4   Cox, *Future of Faith*, p. 19.
5   Cox, *Future of Faith*, p. 20.

제3부

각성

예수는 사람들을 새로운 종교가 아니라
삶으로 부르신다.

— 디트리히 본회퍼(Dietrich Bonhoeffer), 「옥중서간」

제8장
대각성

산타바버라, 캘리포니아
1979년

    화요일 밤마다 우리는 대학 기숙사의 한 방에서 만났다. 우리는 그것을 성경공부라고 불렀지만, 그것은 실제로 교회였다. 한 작은 복음주의 기독교 대학 학생들인 내 친구들과 나는 대부분의 산타바버라 교회들이 제공하는 찬양 합창과 편협한 신학에 싫증이 났다. 대학 채플은 우리에게 그 시대의 논쟁적인 문제들에 대하여 생각하도록 요구할 때는 흥미가 있었으나, 나머지 시간에는 그렇지 않았다. 우리들 대부분은 워싱턴 D.C.에 있는 한 색다른 종류의 교회에 대한 이야기인, 「헌신에의 부름」(Call to Commitment)이라는 책을 읽었다.[1] 그 교회의 헌신적인 멤버들은 내적 삶을 탐구하는 소집단과, 세상으로 나가 변화를 위해 일하는 정의 집단에 동시에 참가했다. 우리는 우리도 그렇게 되기를 원했다. 그리고 우리는 우리가 새롭게 발견한 원시 기독교 신학, 수행, 의전을 지구 공동체, 환경, 성 평등에 대한 새로운 열정과 결합시키기를 원했다. 마치 저마다 "나를 따르라"는 예수의 부르심을 각자 들 기라도 한 듯 우리는 초대교회의 분위기를 느꼈다. 그것은 매우 즉각적이고 영적으로 매우 활기 있는 것이었다. 우리는 제자들이었고 다시 시작하는 1세기 모임이었다. 우리는 아밍턴 홀(Armington Hall: 저자가 다닌 대학교 여자 생활관 건물 가운데 하나 - 옮긴이) 교회였다.

그러한 실험들은 캠퍼스 전체로 퍼졌다. 사회 행동을 위한 복음주의 집단이 다른 생활관 건물에 있었는데, 그들은 수도원 생활과 비슷한 삶의 규칙을 따르고 채식을 하며 해방신학을 공부했다. 도시 선교에 헌신하고, 노숙자를 돌보며 주말 저녁 시간을 보내는 집단도 있었다. 젊은 남자들의 한 작은 집단은 예수가 추종자들에게 "자아에 대해 죽으라"고 하셨을 때 그 의미가 무엇인지 1년간 탐구하겠다고 서약했다. 몇몇 여학생들은 캠퍼스에서 헝겊 주머니에 콩을 넣은 의자와 페미니스트 서적의 책이 차 있는 방에서 복음주의 페미니스트 강좌와 의식화 기도 모임을 시작했다. 몇몇 학생들은 멕시코 엔세나다(Ensenada)에 고아원을 세우기 시작했다. 식당에서는 정당전쟁론(just-war theory: 전쟁은 그 의도와 방법에 있어 정당한 것이어야 하며, 이 경우 전쟁은 정당화될 수 있다고 보는 기독교적 평화윤리 이론 - 옮긴이)과 평화주의(pacifism: 어떤 경우에도 전쟁이나 폭력은 거부되어야 한다고 보는 기독교적 평화윤리 이론 - 옮긴이)에 대한, 핵의 위력과 핵무기에 대한 논쟁이 벌어졌다.

우리에게 이런 일을 하라고 말한 사람은 아무도 없었다. 우리는 그냥 그 일들을 했을 뿐이다. 그것은 모두 매우 즉흥적인 것이었고 캠퍼스 전체에서 동시에 벌어졌다. 절정기에는 아밍턴 홀 교회의 예배와 기도에 거의 40명이 모였다. 우리는 함께 성찬식을 베풀었고, 설교를 돌아가면서 했으며, 서로에게 성경을 가르쳤고, 노래와 찬송을 했으며, 거기 모인 모두를 위해, 그리고 세계를 위해 기도했다. 우리는 예수를 열심히 따르자고 서로에게 격려하면서 일주일 내내 서로에게 책임감을 가지며 지냈다. 우리는 그 지역에 있는 교도소를 방문했고, 매춘부와 약물 중독자와 함께했으며, 신체적 장애인들을 보살폈다. 우리는 단순하게 살려고 노력했다. 우리는 성자들에 대한 책을 읽었고, 기독교 영성에 관한 고전을 연구했으며, 바르트(Barth), 불트만(Bultmann), 그리고 틸리히(Tillich)와 같은 신학자들을 붙잡고 씨름했고, 대주교 오스카 로메로(중남미 엘살바도르의 가톨릭 대주교로, 군사독재정권에 저항하는 비폭력 운동을 주도하다가 정권에 의해 1980년 암살당함 - 옮긴이)가 암살당했을 때는 함께 울었다. 우리는 예수를 우리의 친구로 경험했으며, 누가 우리의 어머니냐고 감히 하나님께 기도했다. 우리는 다시 시도되고 있는 징집제를 반대했고, 도덕적 다수(Moral Majority: 제리 폴웰에 의해 미국 버지니아주에서 1970년대 결성된 극단적 근본주의 기독교 집단 - 옮긴이)에 대해서는 우려를 표명했다. 1980년에는 우리의 생활관 교회에 나오는 거의 모든 사람이 함께 기도와 재정으로 돕는 한 여름 선교 프로젝트를 시작했다. 우리는 하나님과 서로에게 속해 있다는 것을 알았고, 뜨거운 열정으로 우리의 신앙을 실천했으며, 전에는 전혀 예상하지 못했던 방식으로 하나님을 믿게 - 신뢰하게 - 되었다.

우리는 우리가 다음 차례의 대각성, 즉 세계를 변화시킬 기독교 부흥의 일부라는 것을 알았다.

네 번째 대각성운동

돌이켜 보면 이러한 경험은 전형적인 대학 이상주의, 세계에서 자신의 길을 발견하려는 젊은이들의 "성숙의 시대" 이야기로 생각하기 쉽다. 비록 분명히 그런 면이 있기는 하지만, 그 작은 아밍턴 홀 교회는 1960년대 반(反)문화운동 이상의 것이었다. 그것은 북아메리카와 전 세계에서 벌어지고 있는 훨씬 더 큰 경향의 축소판이었다. 1960, 70년대 내내 사람들은 새로운 종교적 수행을 실험했고, 새로운 종교 공동체들을 세웠으며, 새로운 신학들을 수용했다. 예수사람운동과 카리스마운동으로부터 기독교 페미니즘, 의례의 갱신, 범인종적 종교 공동체, 해방신학에 이르기까지 옛 형태의 기독교 사상과 조직은 교회 안의 여러 계층으로부터, 그리고 교회 밖으로부터 의문이 제기되었고 도전받았다.

사람들이 보다 민주적이고 개방적이고 포용적이며 경험적인 형태의 신앙을 받아들이면서 1970년대의 각성운동(아밍턴 홀 공동체는 그 하나의 작은 부분이었던)은 전통적인 기독교 수행의 구조를 크게 벗어난 종교적 변형의 대 운동들로 이루어졌다. 복음주의 교회, 주류 교파 교회, 그리고 로마 가톨릭교회, 북아메리카와 세계 도처에서 보이듯이 그것은 여러 형태를 취했다. 그리고 그것은 또한 기독교 신앙의 경계를 넘어섰다. 실제로 전에는 고립되었던 종교 전통들이 서로 지속적인 대화에 착수함에 따라, 그리고 서구와 동양의 종교들이 서로 만나서 각각의 종교적 수행을 자신의 신앙으로 받아들임에 따라 얼마의 가장 극적인 영적 변화들이 일어났다.

그렇다. 우리는 네 번째 대각성운동의 일부였다. 그러나 그것은 1970년대 말 하나의 작은 기독교 대학에서 우리가 생각할 수 있었던 것보다 훨씬 더 전면적이고 다양하며 광범위한 것이었다. 윌리엄 맥루린은 「부흥, 각성, 그리고 개혁」에서 그것을 정의, 연관성, 다원주의, 그리고 포용적인 민주주의에 대한 새로운 이해에 근거한 각성으로 개괄하여 서술했다. 그것은 그가 말하는 경험적이고 탐구 지향적이며 자각적인 종교의 "낭만적" 정신의 비전으로 요약될 수 있다. 앞에서 지적했던 것처럼 그때 이래로 역사가, 저널리스트, 비평가들은 그것에 "다음의 기독교 세계"(Next Christendom) 혹은 "위대한 출현"(Great Emergence)과 같은 이름을 붙이며, 지난 40년은 개신교 개혁 이래로 기독교 신앙에 있어 가장 중요한 변화를 나타낸다고 주장했다.

이러한 지구적 분석들이 중요하다는 것은 의심의 여지가 없다. 그러나 그것들에는 하나의 문제가 있다. 그런 분석들은 너무 광범위한 견해이기 때문에 만일 당신이 신앙의 사람이라면 그것들을 어떻게 다루어야 할지 알기 어렵다는 것이다. 그런 책들 대부분이 너무 광범위한 종교적 변형을 논하기 때문에 평신도와 성직자들은 지구적인 패러다임 전환이 전개되는 드라마를 바라보는 것 이외에는 무엇을 할지 거의 알 수가 없다. 역사의 도도한 물결이 그야말로 우리 모두를 추월하고 있다.

　마치 종교는 제지할 수 없는 변화의 궤적을 따라가는 것 같이 보일지 몰라도 순수한 영적 변화는 역사적 결정론으로부터 초래되는 것은 아니다. 영적 각성은 근본적으로 보이지 않는 문화적 힘의 작용이 아니다. 그것은 다르게 보는 깨달음의, 기도의, 그리고 회심의 작업이다. 그것은 사람들이 하는 어떤 것이다. 각성은 신약성서 기자들이 **메타노이아**(*metanoia*: 회심이란 뜻의 희랍어 - 옮긴이)라고 부르는 것, 즉 혼돈을 넘어서 인간을 하나님, 그리고 신적인 일과의 새로운 조화를 향하여 움직이게 하는 관점과 전망의 변화이다. 어떤 기독교 집단에서는 **메타노이아**가 죄인의 기도를 암송하고, 마음 가운데 예수를 받아들이는 특별한 종류의 부흥운동과 동일시되었다. 그러나 **메타노이아**는 훨씬 더 심오한 개념이다. 영향력 있는 2세기 저작「헤르마스의 목자」(*The Shepherd of Hermas*)의 저자와 같은 원시 기독교인들은 **메타노이아**를 "위대한 이해" 혹은 인간을 어두움으로부터 빛을 향해 움직이게 하는 깨달음의 수행으로 규정했다. **메타노이아**는 필연적으로 인간의 작용을 함축하고 있으며, 초기 기독교 사상가들은 **메타노이아**가 하나님과 이웃으로부터 우리가 소외되어 있다는 것을 깨닫고, 사랑을 행해 마음과 정신이 돌아서게 하는 것과 관계가 있다는 것에 거의 모두 동의했다. 앞 장에서 사용된 구절로 되돌아가 본다면 **메타노이아**는 모든 창조물을 위한 조화, 일치, 평화, 존엄, 그리고 기쁨이라는 하나님의 의지를 향한 "대전환" 혹은 "대회귀"이다.

　메타노이아가 일어나기 위해서는 거시적 관점을 갖는 것이 필요하지만, 또한 보다 구별되는 견해를 갖는 것도 똑같이 중요하다. 각성이라는 각도에서 종교적 변화의 지형을 탐색하면 풍경 속에서 길을 찾는 일이 더 쉬워진다. 비인격적 변화의 예상에 의해 압도되는 대신에 다른 각성들에 비추어 이 각성을 숙고하는 것은 우리로 하여금 영적 변형은 단순히 알 수 없는 힘들의 결과는 아니라는 것을 상기하게 한다. 각성은 또한 **메타노이아**를 경험한, 그리하여 자신의 삶, 공동체, 세계를 하나님의 사랑과 정의로 갱신된 경험과 조화를 이루도록 변화시키려고 하는 사람들의 고된 작업이다. 각성은 매우 개인적인 깨달음이다. 누구나 하나님의 사랑 - 지옥의 위협으로서가 아니라 낙원의 약속으로서 - 을 향하는 힘을 경험할 수 있다. 그 새로운 영적 각성은 낙원, 즉 자유하게 하고 치유하는 사랑의 힘에 대한 깨달음의 예행연습이다. 하나님은 이 세상에서 우리와 함께하신다. 물론 각성은 초월적인 어떤 것이다. 그러나 각성은 또한 개인들이 참여하도록 선택할 수 있는, 다른 이들을 참여하도록 초청할 수 있는, 무시할 수 있고 거절할 수 있고 중단시킬 수 있는 어떤 것이기도 하다. 많은 사람들이 **메타노이아**를 경험할 때 우리가 누구에 속해 있으며, 우리가 무엇을 해야 하며, 우리가 어떻게 하나님을 이해하는지에 대한 우리의 의식은 변한다.

앞에서 개괄했듯이 미국 역사에서는 "각성운동"이라고 불리는 격렬한 종교적 부흥의 세 시기가 있었다.2 첫 번째(대략 1730~60년)는 미국의 독립운동 바로 전에 일어났다. 두 번째(대략 1800~1830년)는 미공화국 초기에 일어났다. 세 번째(대략 1890~1920년)는 미국이 세계적으로 산업 강국이 되었을 때 일어났다. 이 각각의 시기 동안 사람들이 세계에서 자아, 의미, 목적에 대한 보다 깊은 이해를 탐구함에 따라 종교적, 정치적, 사회적, 문화적 규범과 제도는 커다란 변화를 겪었다. 각성운동이 미국만의 독특한 현상은 아니다. 실제로 대부분의 문화는 새로운 이념과 테크놀로지의 도전을 받을 때 비슷한 과정을 겪는다. "그것은 근본적으로 대중운동이며, 한 민족이나 국가가 정체성을 재형성하고 사상과 행동의 형태를 변형시키며 환경 및 사회 변화와 건전한 관계성을 유지하는 수단이다"라고 윌리엄 맥루린은 말했다.3

지난 50년 동안 북아메리카와 유럽은 급격한 사회 변동을 경험했다. 우리는 옛 산업화된 도시 문화로부터 노벨상 수상자인 경제학자 로버트 윌리엄 포겔(Robert William Fogel)이 "기술 물리적 진화"(technophysio evolution)라고 부르는 것을 향하여 먼 길을 달려왔는데, 여기서는 테크놀로지와 생물학이 씨줄과 날줄이 되어 인간의 삶, 환경, 그리고 세계 경제를 다시 형성하고 있다. 단지 한 세대 전의 인간 존재와 비교해 봐도 우리의 삶은 놀라울 정도로 변화되었다. "믿지 못할 만큼의 속도로 변하고 있는 경제와 사회는 사람들로 하여금 자신의 방향을 잃어버리게 하고 있다"고 포겔은 말한다. "그들은 안전에 대해서뿐만 아니라, 또한 생존에 대해서도 두려워하고 있으며", "지속적인 우울"을 특징으로 하는 문화에 남겨진다. 불안, 실패, 긴장은 말할 것도 없고, 옛 형태의 신앙, 가족, 일이 붕괴된다.[4]

1970년대 후반에 "기술 물리적 진화"를 설명할 수 있는 - 이해하는 것은 더욱 - 사람은 별로 없었을 것이다. 우리의 일상적 삶이 지금은 우리가 당연히 여기는 디지털 기술과 지구적 네트워크에 의해 변화되기 전, 우리는 지금은 끝나가고 있는 무지하기는 하지만 활기에 넘친 복된 시기에 다양한 방식으로 살았다. 휴대용 컴퓨터, 스마트폰, 혹은 인터넷이 없었어도 1960년대와 1970년대에 많은 사람들이 새로운 세계관을 발전시켰는데, 그것은 낭만적 정신으로 이해될 수 있는 세계관이었다. 그것은 지구적 양심, 환경적 감수성, 진보적 평등에의 열정, 관계와 공동체에 대한 이해, 아름다움·미술·음악·시에 대한 강조, 그리고 자아실현의 윤리를 포함했다.[5]

제2차 세계대전 후에 태어나 1960, 70년대에 청년이었던 이들은 문화적 변화 환경에서 자랐으며 "포스트모던"으로 성년이 된 첫 세대였다. 어느 세대도 그와 같지 않았다. 앞으로 어느 세대도 그와 같지 않을 것이다. 종교는 변화 뒤에서 끌려가지 않았다. 많은 방식으로 새로운 형태의 신앙에 관계하는 사람들이 이 변화의 많은 부분을 이끌었다. 사람들이 새로운 형태의 기독교 믿음과 수행의 씨를 뿌림에 따라 1960, 70년대는 영적인 온상이며 각성의 진정한 정원이었다. 실제로 애플, 마이크로소프트, 구글, 페이스북, 트위터 이전에 옛 문서나 전승과 씨름하면서, 급변하는 세계에서 공동체와 의미를 형성하려고 노력하는 헌신적인 사람들의 작은 집단들이 있었다. 관계성, 평등주의, 그리고 인권을 강조하는 영적 혁명은 커다란 기술적, 사회적 변화를 받아들이는 길을 여는 데 기여할 수 있었다.

우리 시대를 과거의 도전과 변화의 시대들과 견주면서 윌리엄 맥루린은 1978년 "1960년 이래로 미국인들은 제4의 대각성운동 한가운데 있다"라고 썼다. "우리가 누구인지, 우리가 우주의 다른 세계와 어떻게 관계되어 있는지, 국내적으로는 질서를 위협하고 해외에서는 세계의 강국으로 참여하는 것을 위협하는 여러 위기들은 무엇을 의미하는지에 대한 이해를 추구하면서 다시 한 번 우리는 새롭게 방향을 정해야 하는 어려운 시대에 있다." 이 시기는 특별히 어려웠다. "우리는 아직도 일어나고 있는, 충격적이고 격렬한 이데올로기의 변화 과정 가운데 있다."[6]

만일 제4의 대각성이 이전의 대각성운동들과 비슷한 형태를 따른다면 맥루린은 1978년이 새로운 활력의 과정에서 중간 지점쯤 된다고 생각했다. 그는 1990년대 초가 되면 미국인의 삶과 제도에서 "근본적인 개조"를 초래할 "하나의 합의(consensus)가 생겨날 것"이라는 의견을 말했다. 영적인 표현을 빌리자면, 많은 사람들이 회심하여 광범위하게 제도와 정치를 개조하려고 했다. 맥루린은 그것을 **메타노이아**를 연상케 하는 용어로 설명한다.

그러한 재정향(再定向)에는 필경 모든 인류의 신비적 일치에 대한 새로운 이해, 그리고 인간과 자연 사이의 조화의 활력이 포함될 것이다. 신성은 이중적인 용어로 규정되지 않을 것이며, 그의 힘은 절대적이고 죄를 미워하며 죽음을 다루는 "하늘에 있는 전능한 아버지"라기보다는 생명을 주고 양육하며 공감하고 여유 있는 부모(부성적일 뿐만 아니라 모성적이기도 한) 이미지로 이해될 것이다. 위에 계신 화난 아버지의 진노가 아니라, 대지의 자양분을 공급하는 엄마 대지의 영이 종교 사상을 지배할 것이다. … 자신을 키우는 것이 아니라 희생하는 것이 덕으로 규정될 것이다. 다른 이들을 돕는 것이 덕목으로서의 경쟁을 대체할 것이다. 고립된 핵가족을 통해서가 아니라 협동적인 공동의 노력에 의해 개인의 요구가 성취될 수 있도록 제도가 조직될 것이다.[7]

실제로 이 낙관적인 구절들은 그 다음 20년 사이 생겨날 종교, 신학, 그리고 교회 생활의 발전을 예견했는데, 그것은 1970년대에는 초기 형태로만 존재했던 현대적 신앙의 양상이었다. 네 번째 대각성운동은 보다 경험적이고, 다원적이며, 통전적이고, 환경에 초점이 맞춰진, 공동체적인 종류의 미국의 종교와 정치를 초래할 것이었다. 1978년 윌리엄 맥루린은 우리가 거의 그 지점에 와 있다고 자신 있게 주장했다.

각성을 잃어버린 신기한 사례

우리가 1981년 대학을 졸업할 때 아밍턴 홀의 작은 교회는 해산했다. 우리는 신학교와 대학원에 진학하고 결혼하여 아이를 낳는 등 각자의 길을 갔고, 세상에서 각자의 일을 했다. 10년이 지난 후 나는 같은 캠퍼스에 교수로 돌아왔고, 10년 전 있었던 일의 흔적을 찾아보았다. 채식주의자 생활관 동(棟)도 없었고, 「성 베네딕트의 규칙」(Rule of St. Benedict)을 수행하는 학생도 없었으며, 지구적 기후 변화에 대하여 말하는 사람도 없었고, 평화를 외치는 집단이나 사회 행동을 촉구하는 복음주의자도 없었다. 여성 센터는 사라졌고, 그 자리는 비디오 게임기계로 가득 찬 방으로 바뀌었다. 나는 페미니스트 관련 서적들이 도서관 일반교양 영역에 모여 있는 것을 발견했다. 그 책 가운데 하나를 보니 가장 최근의 대출시기가 1983년이었다. 사회 정의와 해방신학에 대하여 말하는 학생도 없었다. 학생들은 정기적으로 모여 복음주의자 러시 림보(Rush Limbaugh)에 빠져 있는 동료 학생들 중 하나의 교내 방송을 들었다. 종교적 우파의 지지를 받았던 지역 후보의 연설을 기념하는, 꽃으로 장식된 작은 미국 국기들이 식당에 걸려 있었다. 보수적인 학생들에게 성서에 대한 자유주의적 독서를 하라고 독려했던 교수 대신에 보수주의 학생들은 비정통주의적으로 보이는 교수들에 대한 심문을 시도했다.

1991년 말 시카고에서, 잘 알려진 미국 복음주의 역사가인 내 대학원 지도교수와 함께 점심식사를 할 기회가 있었는데, 그가 나에게 새로운 교수직이 어떠냐고 물었다. 나는 그에게 나의 학창시절과는 모든 것이 변했다고 말했다. "무슨 일이 일어난 것일까요?" 나는 씁쓸하게 물었다. "내가 학생 때 경험했던 그 공동체에 어떤 일이 일어난 것일까요?"

그는 두 단어로 대답했다. "로널드 레이건(Ronald Reagan)." (공화당 출신의 보수적인 대통령으로 공산권이 붕괴된 후 1980년대 미국을 세계 유일의 초강대국으로 만들었다는 평가를 받고 있으나 또한 미국 패권주의를 강화시켰다는 비판도 받고 있다 - 옮긴이)

나는 놀라서 쳐다보았다. "'로널드 레이건'이라니 무슨 뜻이죠?"

그는 레이건이 1960, 70년대의 모든 경험을 거부했다고 대답했다. 레이건은 신화적인 미국의 과거를 재창조하여, 모든 것이 너무 빨리 변하고 사람들이 그 변화의 결과를 두려워할 때 사람들에게 안전감을 제공해주었다. 그것이 몇 년은 효과가 있었을지 몰라도 오래 가지는 못했다고 내 대학원 교수가 주장했다. 그가 말했다. "과거에 대한 향수를 가지고는 앞으로 나갈 수 없는 것이지."

그의 지적은 사람들이 얼마나 변화에 대하여 두려워하며, 미래가 불확실할 때는 얼마나 과거의 영광을 회복하겠다고 약속하는 지도자에게 의지하는지를 이해할 수 있게 해 주었다. 비록 실제로는 그렇게 하는 것이 불가능하다 하더라도 사람들은 흔히 상실과 불확실성의 시대에는 과거로 돌아가려고 시도하기 마련이다. 각성을 향한 순탄한 길은 없다. 변화는 어려운 작업의 여정이다.

그가 말할 때에 나는 또한 분노한 사람들이 어떻게 카터(Jimmy Carter: 정치적인 비윤리적 행위 - 정적에 대한 도청 - 로 대통령직에서 물러난 닉슨에 대한 국민적 반감에 힘입어 도덕성을 강조하며 1976년 대통령으로 선출되었지만, 강한 미국을 원한 국민은 다음에 레이건을 대통령으로 뽑았다 - 옮긴이) 대통령을 지지했는지를 떠올렸다. 그는 충분히 강하지도 않았고, 낙관적이지도 않았다. 그러나 돌이켜보면 나는 카터가 앞으로 올 시대에 크게 문제가 될 많은 일들 - 정의와 평등, 인권, 여성과 아이들에게 미치는 가난의 영향, 지구적 세계관에의 요구, 지구를 돌보고 단순하게 살 책임, 화해와 평화를 성취하기 위한 힘의 제한, 다른 신앙들과 대화하는 기독교 신앙의 지혜 - 을 예견했음을 이해하게 되었다.

1980년 대통령 선거에서 로널드 레이건과 지미 카터 사이의 선택은 그 경계가 뚜렷한 - 보수성의 미묘한 차이로 후보자들이 구분되는 선거들과는 다르게 - 것이었다. 한 사람은 선조들의 신앙을 회복하자고 했다. 다른 사람은 희미하게만 인식된 어떤 미래를 위한 근면을 제안했다. 1980년 접전의 선거에서 우리는 전 시대로 되돌아가는 길을 선택했다. 아마도 우리는 지쳤는지 모른다. 아마도 그 당시 우리는 제대로 이해하지 못했는지 모른다. 많은 이들이 분명히 1960, 70년대의 변화를 거부하기를 원했다. 내 친구 가운데 하나는 그것을 "1960년대 외상(外傷) 후 스트레스 장애"라고 했다.

결과적으로 1980년대는 현대 영적 각성의 역사에 있어 위기임이 드러났다. 불과 2년 전 맥루린은 제4의 대각성운동이 그 영적 과정의 종결을 향해 치닫고 있다고, 합의와 제도적 변화가 미국 사회에 임박했다고 매우 자신 있게 예측했다. 비록 그는 지미 카터를 여러 면에서 각성의 정신을 구현하는 지도자로 인용했지만, 그 역시 카터의 대통령직 수행이 미래를 위하여 요구되는 지속적인 제도적 갱신을 가져오리라는 데는 회의적이었다. 맥루린은 정의, 지구 공동체, 다신앙적 종교 이해, 그리고 환경 문제에 대한 관심에 있어 충분한 풀뿌리 합의가 있는지에 대해서 의문을 가졌다. 그는 1976년 지미 카터가 체제를 변화시키는 것이 아니라 그것을 땜질하도록 선출되었다고 생각했다. "기껏해야 1990년대 초 미래의 어떤 시점에" 미국인들은 정치에 있어서, 그리고 정치제도를 통하여 제4의 대각성운동의 열정을 구현하려는 공약을 가진 정치 지도자를 뽑을 것이라고 그는 추측했다.[8]

그러나 그가 전혀 예상하지 못한 것은 2년 후 미국인들이 로널드 레이건을 대통령으로 선출한 것이었다. 그 문제에 있어서 그는 제리 폴웰과 팻 로버트슨, 혹은 도덕적 다수나 기독교 연맹을 전혀 생각하지 못했다. 뿐만 아니라 러시 림보나 뉴트 깅리치 혹은 글렌 벡이나 티 파티를 예측하지 못했다.

그러나 어쩌면 그가 어느 정도는 그 결과를 예상했는지 모른다. 그는 말했다. "문화 안에는 거의 항상 보호주의적이거나 전통주의적인 움직임이 생겨난다. 그것은 완고한 성격을 가졌거나 옛 질서의 성패에 따른 이해관계를 많이 가진 사람들이 '옛 시절의 종교', '선조들의 방식', 그리고 '국기에 대한 존경심'으로 돌아가기 위해 반발을 조직하려는 시도이다." 그러한 움직임들은 다른 이들(대개는 특히 이민자와 국외자)을 희생양으로 삼으며 동조자들 가운데 높은 수준의 공포심을 유지하도록 한다. 왜냐하면 그들은 "끊임없는 긴장"에서 동력을 얻기 때문이다.9 만일 옛 체제의 수호자들이 극도의 흥분 상태로 불안을 고조시킨다면, 그들은 실제로 합의의 발전을 억제하고 필요한 변화가 일어나는 것을 막을 수 있다. 맥루린은 그가 알고 있는 "보호주의자들" - 윌리엄 버클리, 배리 골드워터, 그리고 보다 젊고 정치화된 빌리 그레이엄 같은 1960년대의 정치적, 종교적 지도자들 - 을 열거했는데, 그들은 문화적 변화를 막으려고 했고, 혁신적이고 포용적인 미래보다는 신화적인 과거를 구현하려고 했다.

1980, 90년대 미국인들이 알게 되었던 제리 폴웰, 팻 로버트슨, 짐 바커 그리고 일단의 다른 보수적인 복음주의 지도자들은 각성운동을 이끄는 것이 **아니었다.** 그러나 매체들은 그 복음주의 흐름을 각성운동이라고 보도했다. 실제로 그 당시에는 매체들이 종교에 대하여 거의 혹은 전혀 알지 못했다. 그러나 종교 역사에 대한 이해 없이 그들은 "부흥운동"과 "각성운동"을 이러한 다시 기승을 부리는 보수주의와 동일시했으며, 실제로 신앙의 부흥과 영적 운동의 활성화의 차이를 이해하지도 못했다. 폴웰, 로버트슨, 그리고 동조자들은 그들의 신앙운동이 각성운동이며, 국가의 옛 영광을 회복하고 과거의 기독교 미국을 재창조하도록 하나님은 1960년대의 쾌락주의, 이방주

의, 페미니즘, 그리고 불순한 신학으로부터 떠날 것을 미국에 요구하신다고 주장했다. 그들이 이끌었던 종교 운동은 분명히 각성운동을 닮았다. 보수적인 교회들이 성장하고 있었다. 옛 주류 자유주의 교회들은 죽어가고 있었다. 종교적 우익은 대통령을 선출할 수 있는 힘을 가졌다. 성조기가 펄럭였고 손을 쳐들고 환각적 기도를 했으며, 사람들은 눈을 감고 "빛나는 예수"를 노래했으며, 하나님의 치유하는 능력을 경험할 때는 강단에서 까무러쳤다. 1995년 한 부흥집회에서 나는 영에 사로잡혀 울부짖기 시작하는 한 남자 옆에 서 있었는데, 이것은 두 번째 대각성운동의 야외 집회에서 보고된 바와 꼭 같은 사례였다. 그것은 분명히 부흥운동, 각성운동처럼 보였다 – 성령운동의 불길이 전 세계를 휩쓸고 있었다.

보수적인 정치가 회복된 것은 맞다. 그러나 그것은 새롭게 출현하는 세계의 참된 도전과 노력을 경주하도록 요구되는 각성, 즉 변형적인 영적 활성화는 아니다. 물론 그 가운데 몇몇은 마음에 상처받고 상실감을 가지고 있으나 신앙의 힘을 새롭게 경험하면서 하나님 안에서 자신을 발견하는 개인들에게는 순수한 각성일 수 있었다. 그러나 폴웰이나 로버트슨 등의 부흥운동은 1970년대 일어난 각성운동에 대한 반발이었고, 국수주의라는 반개혁이었다. 자신의 주장을 관철하기 위하여, 그리고 그들이 믿는 "절대적이고 죄를 증오하며 죽음을 다루는" 신을 향해 역사의 과정을 되돌리기 위하여, 두려움을 느끼는 사람들의 감정을 이용하는 교활한 조종자들에 의해 그 시절의 종교적 우익운동은 힘을 받았다. 그들은 분명히 많은 사람들로 하여금 그들의 운동이 참된 각성운동이라고 생각하도록 현혹시켰지만, 그것은 윌리엄 맥루린이 그렸던 경험적이고 낭만적인 운동에서 일어났던 것과 같은 운동은 아니었다.

첫 대각성운동이 일어났을 당시 각성에 동조하거나 반대하는 집단은 각각 "새 빛"(New Light)과 "옛 빛"(Old Light)으로 불리게 되었다. '새 빛 집단'은 18세기의 영적 각성을 수용했고, 다른 이들에게 하나님의 경험, 개인적 변화, 그리고 보다 민주적인 교회와 사회를 향해 나아가도록 촉구했다. '옛 빛 집단'은 이 메시지를 거부했고, 유럽의 신조, 잘 구성된 예배, 그리고 목회적 권위가 사회를 개혁할 것이라고 주장했다. 그때 이래로 역사가들은 친 각성 집단과 반 각성 집단을 '새 빛 집단'과 '옛 빛 집단'으로 불렀다. 만일 그 용어들이 현대적 실재를 염두에 두고 규정된다면, 그 구분은 지금도 도움이 될 수 있다. 21세기에 친 각성운동 동조자와 반 각성운동 동조자들은 모두 경험적인 신앙, 개인적인 영적 갱신의 필요성, 그리고 보다 발전된 민주주의를 칭송한다. 영적이고 국가적인 변화의 필요성을 힘주어 말하는 그들의 설교자들은 흔히 매우 비슷하게 보일 수 있다.

그러나 세 가지 차이가 있다. 그것은 경험적 신앙이 시작되는 지점, 그것이 지향하는 목표점, 그리고 그것이 성취되는 기관이다. 오늘날의 새 빛 각성은 하나님의 형상으로 창조된 인간상으로 시작하여 하나님의 영을 통한 우주적 관계와 통전성(統全性)의 희망을 향해 나아간다. 새 빛 영성은 창조, 회복, 그리고 **샬롬**(*shalom*: 보편적 복지와 평화)을 강조한다. 새 빛 운동에 있어서 경험적 신앙의 우선적인 기관은 공동체 안에 있는 개인(individual-in-community)으로, 그는 공감과 온정에 기초하고 내면적 진정성으로 판단되는, 자유롭게 선택된 영적 길을 따른다. 오늘날의 옛 빛 운동은 타락한 인간상으로 시작하여 하늘에서의 구원이라는 미래적 보상이 있을 때까지, 질서정연한 정치와 권위적인 교회가 죄인들을 보호하는 세상을 향하여 나가도록 압력을 가한다. 옛 빛 운동은 타락, 구제, 그리고 구원을 강조한다. 그들에게 신앙의 우선적인 기관은 정부, 시장, 그리고 교회라는 중개 제도들이다. 따라서 옛 빛 운동이 "거듭났다"고 주장하고, 방언을 말하며 테레사 수녀와 같은 영적 신비가들을 칭송한다고 해도 모든 종교적 경험은 외부적 권위에 의해 판단되고 확증될 것을 요구한다. 이것은 매우 낡은 주장이다. 그리고 실제적으로 미국인들은 18세기 이래로 모든 연속적인 영적 각성에 있어 새 빛-옛 빛 논쟁을 되풀이해 왔다.[10]

실제로 이러한 새 빛-옛 빛 운동 사이의 긴장 형태가 사회학적인 조사에 서도 드러나고 있다. 최근의 책 「미국의 은총」(American Grace)에서 로버트 퍼트넘과 데이비드 캠벨은 최근 몇 십 년간 미국에서의 사회 변동 형태를 추적하고 있다. 맥루린처럼 그들 또한 1960년부터 시작하여 미국은 철저한 사회적 재정향의 시기에 들어갔다고 주장하는데, 그것은 문화적 변화의 지표에 대한 자료에서 드러나고 있다. 여러 페이지와 도표에서 그들은 성 역할에 있어서의 커다란 유연성, 자유와 사회적 평등의 탐구, 성에 관한 태도에 있어서의 현저한 자유주의, 증가된 종교적 다양성, 광범위한 영적 수행에 대한 헌신, 그리고 다름에 대한 수용과 함께 미국이 어떻게 점차 보다 "새 빛" 사회가 되었으며, 보다 개방적이고 포용적인 사회가 되었는지를 설명하고 있다. 도표와 그래프를 사용하면서 퍼트넘과 캠벨은 윌리엄 맥루린이 1978년 제4의 대각성운동을 개괄하여 서술한 것과 같은 내용을 보여주고 있다. 그러나 퍼트넘과 캠벨은 그것을 각성운동 혹은 새 빛 운동이라고 부르지는 않는다. 그들은 단순히 그것을 "충격", 극적인 변화의 통계적 양상이라고 부른다.

1977년 내가 대학에 들어갈 무렵, 그 전의 변화에 따른 "여진"(餘震)이 있었는데, 그것은 몇몇 사람들이 "50년대로의 회귀"라고 부르는 것이었다.11 그것은 또한 "옛 빛" 반동으로 이해될 수도 있었다. 퍼트넘과 캠벨의 연구에 따르면 1970년대 말과 1980년대 초 동안 사회 변동의 속도는 느려지다가, 다음에는 보통 수준이 되고, 결국에는 뚝 떨어져서, 마침내 중요한 문제들에 대한 태도는 1960년 이전 수준으로 되돌아갔다. 실제로 그들은 그러한 회귀와 보수적인 종교의 부상은 거의 일치하고 있으며, 보수적인 종교는 1960년대 이후의 첫 문화적 여진을 만들어 낸 주요 요인이었다고 주장한다.

연구 사례가 보여주듯이 다음 결론은 논리적이다. 비록 몇몇 양상이 전형적인 각성의 특성을 닮기는 했지만 보수적인 종교, 특히 보수적인 복음주의는 윌리엄 맥루린이 설명하는 각성운동이 아니다. 간단히 말하면 제1, 제2의 대각성운동의 새 빛 신앙이었던 부흥운동적 복음주의는 현대 영성 운동에 있어서 옛 빛 운동으로 변질되었다. 그것이 경험적 신앙과 닮은 것은 주로 역사적 요인과 전통 때문인데, 이 신학과 정치의 사안들은 의례화되었지만 주변 문화에 의미 있게 참여할 진정한 능력은 거의 갖고 있지 못하다. 그러나 21세기에 와서 새 빛 운동은 과거 그 이름을 낳게 했던 집단들에 의해 비켜가고 있다. 생명을 주는 영의 에너지는 이동을 했다. 이와 같이 보수적인 복음주의 집단들은 자신이 그러한 각성운동 세력이라고 주장하지만(주로 전통 때문에 그들은 쉽게 사태를 다르게 보지 못한다), 그들은 영적, 사회적, 그리고 정치적 변화에 대한 새로운 각성의 비전을 거의 구현하지 못하고 있다.12 그리하여 옛 각성의 새 빛 운동은 새로운 각성의 옛 빛 운동이 되었다.

단순히 "옛 빛"(변화를 무시하거나 이에 저항하는 이들)이 되는 것보다 훨씬 나쁜 것은 아마도 몇몇 보수적인 복음주의자들이 새로운 각성운동에 반대하는 활발한 **배타적** 반동 세력이 되었다는 사실이다. 맥루린의 분석대로 지난 반세기 동안 그들은 문화적 변화에 역행하고, 순수한 사회적 변형의 힘을 궁지로 몰아넣으며, 사람들의 불안을 조장하고, 많은 경우 설교, 신학, 교회 교육을 통하여 여성, 이슬람, 다원주의, 환경주의, 그리고 동성애에 대한 두려움을 증가시켰다는 것이 분명해졌다.13 퍼트넘과 캠벨은 이러한 새로운 발상들에 대해 많은 미국인들이 "그들의 근본적인 도덕적, 종교적 견해와 매우 대립된다"고 여긴다고 주장한다. 그리하여 복음주의, 전통적인 개신교, 로마 가톨릭, 그리고 유대교의 중요한 집단들이 질서와 권위를 주장하면서, 새로운 사회적, 문화적 변화에 대한 종교적 반동이 여러 신앙 공동체들에 걸쳐 공통적으로 생겨난다.14 그러나 그 변화에 저항하는 데 있어서 복음주의자들만큼 목소리가 크고 대중적인 집단은 별로 없다. 퍼트넘과 캠벨이 말한다. "1960년대는 그들의 가치에 대한 특별한 위협이 있었고, 그리하여 새로운 세계에서 표류하고 있다고 느끼는 이들에게 보수적인 복음주의의 호소력이 강해졌다."15

퍼트넘과 캠벨의 분석이 있기 30년 전에 맥루린은 보수적인 복음주의 종교 - 그것이 "종교적 우익"이라고 불리기도 전에 - 가 순수한 영적 각성을 탈선시킬 잠재적 가능성에 대하여 염려하며 말했다. "지금도 통용되는 방식으로 미래를 위한 '새 빛'을 제공할 수 있는 대표적인 교회 지도자들에게서 매우 심하게 편협한 권위주의와 반계몽주의가 발견되고 있다. … 그것은 다원적인 세상에서는 연합시키는 것이 아니라, 분열시키는 힘이다."[16] 그러나 맥루린은 또한 더 거대해진 복음주의 운동의 반동 "안에도" "당연히 이 각성의 새로운 빛의 씨가 있을 수 있다"고 생각했다.[17]

구세주의 교회(Church of the Saviour), 체류 공동체(Sojourners community), 사회행동 복음주의자(Evangelicals for Social Action), 혹은 아밍턴 홀의 작은 교회와 같은, 경험적이고 실험적인 복음주의 종교 공동체들이 많이 존재했다는 점에서 맥루린은 옳았다. 외부 세계에는 별로 주목받지 못하고 알려지지도 않은 두 종류의 복음주의 종교가 1970년대와 1980년대에 생겨났다. 하나의 유형은 제리 폴웰과 도덕적 십자군(moral crusade) 집단이었다. 다른 유형은 복음주의적 해방신학자와 개혁자 집단이었다. 나는 이 두 형태를 각각 **교조적 복음주의**(dogmatic evangelicalism)와 **낭만적 복음주의**(romantic evangelicalism)라고 부른다. 첫 번째 유형은 옛 빛 운동과 같은 종류이다. 그들은 다른 이들과 그들을 구분하는 경계선을 뚜렷이 하여, 신조를 강화하며 신학적 순수성과 엄격한 행위를 통하여 집단 정체성을 확실하게 하기를 원한다. 신앙의 새 빛 형태인 두 번째 유형은 자신과 같지 않은 사람들 및 이념과 관계하고, 이야기와 역사의 의미를 탐구하며, 가능한 한 많은 이들을 하나님의 품에 수용하기를 원하는 사람들에 의해 인도되고 있다. **교조적 복음주의**는 믿음 중심의, 외부적으로 경계선이 그어져 있는 옛 빛으로, 권위와 안정의 영역이다. **낭만적 복음주의**는 경험적이고 내면적으로 이끌리는 신앙의 새 빛으로, 모험과 영적 융통성의 영역이다.

교조적인 형태와 **낭만적인** 형태의 신앙이 복음주의의 유일한 범위는 아니다. 실제로 교조적인 로마 가톨릭 신도와 동방 정교회 신도, 교조적인 유대교인과 성공회 교인, 그리고 주류 개신교인들도 있다. 나는 교조적인 불교 신자와 힌두교인도 또한 있다고 생각한다. **낭만적** 형태의 종교는 1960년대 이래로 세계의 영적 변화에 기여했다. **교조적** 형태는 1970년대 말에서 1990년대 중반까지의 변화에 역행하는 데 더 두드러졌다.

옛 빛 교조주의와 새 빛 낭만주의의 차이를 분명히 밝히는 것은 최근 몇십 년간의 현대 신앙 - 그리고 종교적 쇠퇴와 영성의 성장 - 을 이해하는 데 크게 도움이 된다. 예를 들어 남침례교는 1980년대 갈등으로 시끄러웠다. 논평가들과 전투 당사자들은 그 이야기를 1920년대 근본주의-현대주의 논쟁처럼 남침례교 안에서의 근본주의자와 자유주의자 사이의 싸움으로 보았다. 그러나 이번에는 근본주의자들이 이겼고, 자유주의자들은 신학적으로 굴복했으며, 그 교단으로부터 쫓겨났다. 그러나 그 분석이 실제로는 적절하지 않다. 만일 당신이 어떤 남침례교인이라도 알고 있다면, 당신은 "자유주의적"이라고 판단될 수 있는 많은 이들 - 오늘날에도 - 을 발견하는 것이 어렵지 않다는 것을 알 것이다.

남침례교인은 교리 때문에 분열된 것이 아니었다. 그들은 사회 변화를 두려워하여 그것에 역행하기를 원하는 이들과, 미국의 최근 사회 변화 가운데 많은 것이 좋은 것이라고 생각하고 그 새로운 환경 안에서 기독교인이 되기를 원하는 이들로 갈라졌다. 그들은 권위주의적이고 신조 지향적인 침례교인과 침례교 신앙의 원래적인, 그리고 흔히 진보적이고 영적인 동력을 회복하기를 원했던 이들로 갈라졌다. 남침례교는 보수주의자와 자유주의자가 아니라, 교조주의자와 낭만주의자로 갈라졌다. 그것은 진지하고 충성스럽고 성서 지향적인 기독교인과, 1960년대 시작된 문화적 각성운동을 지향하는 - 토착주의든 낭만주의든 - 사람 사이의 분열이었다.

그러나 흥미로운 것은 교조주의자들이 반드시 정치적으로나 도덕적으로 보수적인 것은 아니라는 점이다. 교조주의자들은 옛 질서의 수호자들이다. 그들은 사태를 바로 잡기 위하여 "선조들의 신앙"으로 되돌아가기를 원한다. 로마 가톨릭 진영에서는 교조주의자들이 제2차 바티칸 공의회의 신학적, 의례적 혁신을 옛날로 되돌리려고 시도한다. 일반적으로는 신학적으로 자유주의적인 개신교 주류 교회에서는 교조주의자들이 예배, 교회 건축양식, 안수, 목회, 신학교 교육, 찬송가, 그리고 정책에 있어서의 혁신을 지속적으로 거부한다. 많은 교회 지도자들이 옛 방식이 최상의 방식이라고 주장한다 – 그리고 미래를 보장하는 최상의 방식은 과거를 유지하고 그때로 돌아가는 것이었다.

교조적인 복음주의자, 주류 개신교인, 로마 가톨릭 신도, 정교회 신도, 유대교인, 불교인, 그리고 무슬림 가운데서 일어나고 있는 배척주의 운동들은 신을 그의 보좌로 돌아가게 하고, 다윈(Darwin), 아인슈타인(Einstein), 그리고 스티븐 호킹(Stephen Hawking)을 보따리 싸게 하며, 만족하지 못하는 평신도의 불평을 강단에서 억누르고, 독실한 사람을 교회 책임자로 선출하며, 피임과 가족계획을 금지하고, 여자를 부엌으로 돌아가게 하여 미국적 예외를 옹호하는 사람들의 버팀목이 되려고 애쓰고 있다. 1960, 70년대가 지난 후 1980년대 배척주의를 향한 회귀는 매우 두드러진 변화처럼 보였다. 옛 정통주의가 다시 생겨났을 때, 매우 많은 미국인들이 미래를 향한 불확실한 영적 여정을 떠나기보다는 선조들이 누렸던 안전을 바라면서 옛 빛을 선택할 것처럼 보였다.

교조적 종교들은 시끄러워서 종종 언론의 기삿거리가 된다 – 그리고 열심히 일반 신도들을 정화시키려고 한다. 1980, 90년대 동안 십자군적 사고방식의 등장과 더불어 그 세대의 가장 혁신적이고 통찰력 있는 지도자의 일부가 복음주의 교회와 가톨릭교회로부터 이탈하는 결과가 초래되었다.

영적인 세력을 몰아내고 교조주의자들이 권력을 장악하면서, 그 배척주의 신앙을 기독교, 실제로는 종교 전체와 동일시하는 미국인들이 늘어났다. 2010년 여론조사 결과는 "종교적"이라는 것은 초월적이고 개방적인 신앙을 거부하고, 성서, 예수, 혹은 신조에 대한 물음 묻기를 두려워하며, 중요한 문제를 외면하고, 여성의 권리에 반대하며, 동성애자, 가난한 자, 그리고 이민자를 혐오하는 것을 의미한다는 것을 보여주고 있다. 경험주의자, 낭만주의자, 혁신가 - 기독교의 창조적인 계급 - 는 갑자기 "영적"이라고 불렸다. 대중적인 관점에서 "종교"는 참된 각성이기를 중단했지만, 점차 "종교적"이라는 말을 꺼리게 된, 그리고 "영적"이라는 자기 이해를 선호하는 운동과 수행들에서는 각성에 대한 욕구가 남아 있었다.

퍼트넘과 캠벨은 복음주의자의 숫자는 결코 언론에 나타난 것처럼 많지 않았다고 지적한다. "그것이 증가하는 것은 사실이고 통계적으로 의미가 있지만, 늘어난 숫자는 복음주의 평신도에 있어 미국인 스무 명 가운데 하나 정도"였으며, "복음주의 부흥에 대하여 많은 책들과 신문 논단들이 나왔지만, 절대적인 의미에서 그 변화는 결코 커다란 것이 아니었다"고 그들은 설명한다.[18] 우리 대부분이 생각하는 것보다 배척주의자들의 숫자는 훨씬 적었다. 그 경향은 훨씬 더 놀라운 어떤 것을 보여주었다. "복음주의 신봉자 숫자가 실제로 급감했던 1990년대 중반 복음주의 성장은 갑자기 멈췄다."[19] 그리하여 퍼트넘과 캠벨은 놀라운 주장을 한다. **"1970년대 시작되었던 복음주의 증가는 거의 20년 전인 1990년 초에 끝났다."**[20]

1996년 나는 공화당 전당대회에 가 본 적이 있었다. 대회장 복도에서 기독교 연맹 대표들과 얘기를 나누는 랠프 리드(Ralph Reed)를 보고 그의 신학에 대하여 물어보려고 했다. 그러다가 나는 대회장으로 들어오고 있는 팻 로버트슨에게 큰 소리로 질문을 던질 수 있을 만큼 가까이 가게 되었는데, 그만 일단의 그의 수행자들에 의해 떠밀려 버렸다. 나는 또한 샌디에이고 공원에서 열린 '구원 작전'(Operation Rescue)이라는 이름의 집회에 참석했는데, 수백 명의 참가자들은 "비관용은 아름다운 일"이라는 글이 자랑스럽게 새겨진 티셔츠를 입고 있었고, 십자가, 미국 국기, 그리고 낙태로 죽은 태아의 사진들을 높이 쳐들었다. 나는 필리스 슐래플리(Phyllis Schlafly)가 동성애자를 호되게 비난하자 청중들이 거칠게 열광하는 오찬 모임에도 갔다. 첨단 기기와 동원 전략을 가지고 있는 종교적 우익 멤버들은 무적인 것처럼 보였다. 그러나 무엇인가가 없었다. 그들이 매우 강력하고 매우 정치적이며 매우 언변이 있고 자신감에 넘쳐 있었지만, 그들은 작은 침례교 교회에서, 그리고 성령운동 기도 모임에서 예배드리는 선량한 사람들의 마음은 거들떠보지도 않았다.

집에 돌아왔을 때 한 친구가 나에게 그 전당대회가 어땠냐고 물었다.

"종교적 우익의 게티즈버그(Gettysburg: 미국 대통령 링컨이 유명한 연설을 했던 곳 - 옮긴이)를 본 것 같아." 내가 대답했다. "그들은 조금도 앞으로 나아가지 못하고 있어."

실제로 사회학자들과 여론조사들은 나중에 이러한 직관이 옳다는 것을 입증했다. 물론 그들이 그때 몰락하지는 않았다. 그러나 흐름은 곧 바뀔 참이었다. 몇몇 정치적 승리 - 대단한 승리도 일부 있었지만 - 에도 불구하고 그들의 운명은 얼마 후 공공연하게 미국에서 활력을 잃어버릴 것이었다.

초기의 각성운동 시기에 배척주의 운동은 강력하게 시작되었고, 새 빛의 문화적 변화를 몰아내려고 위협했다. 전의 모든 세 각성운동 시기에 배척주의자들은 정치적 정당을 장악했고, 후보자를 선출했으며, 십자군 운동을 시작했고, 교회를 분열시켰으며, 대중적 무대에서 위험한 선동을 일삼았다. 교조주의자들은 대체로 추종자들에게 자신을, 의미 있는 삶의 길에 대한 비밀을 제공하는 참된 영적 각성의 혁신적 공급자로 묘사했다. 그러나 점차 배척주의 운동들은 한계를 넘었고, 자주 폭력을 낳았다. 옛 방식에 대한 그들의 주장은 경제적, 사회적, 그리고 기술적 변화를 받아들이고 이에 적응하기 시작하는 보통 사람들의 일상생활에 점차 뒤떨어지는 것 같아 보였다. 두려움이 사라지고 새로운 형태의 공동체, 일, 그리고 가족이 보다 정상적인 것이 되면서, 배척주의 운동은 서서히 사그라들고 사회의 주변으로 밀려나게 된다. 과거에 권위와 질서에 대한 교조적 약속으로 위로를 받았던 사람들조차 새로운 형태의 신앙을 찾기 시작했다. 각성은 두려움 때문에 속도가 늦춰질 수 있지만, 만일 많은 사람들이 새로운 방식으로 영을 경청하고 이해하고 수행한다면 그것은 멈춰 세울 수 없다.

각성과 낭만적 종교 :
자아, 수행, 그리고 공동체

물론 영적 각성은 정치, 반복되는 자유주의, 혹은 단순한 반(反)문화의 가치 이상의 것이다. 각성운동은 전형적으로 제도화된 정통주의와 종교적 전통주의에 대한 하나의 저항으로서 종교의 낭만적 요소들 - 모험, 탐구, 신비주의, 직관, 경이, 경험, 자연, 일치, 역사적 상상력, 예술, 그리고 음악 - 을 구현한다. 첫 번째 대각성운동의 시기 동안 예수에 대한 진심에서 우러난 열정은, 형식화된 믿음 조항과 유럽적인 의례를 몰아냈다. 두 번째 대각성운동 시기에는 헌신적인 수행에 대한 개인적인 용기와 관심이, 칼빈주의 예정론과 성직자 권위를 밀어냈다. 세 번째 대각성운동 시기에 과정, 역사, 그리고 고고학에 대한 매료는 기독교인들로 하여금 과거 간소한 예배당이 있던 장소에 신(新)고딕 교회당을 세우게 했고, 자연, 시, 그리고 과거 안에 담긴 영감에 대한 새로운 이해로 이끄는 영적 상상력을 계발했다. 그 시대 가장 위대한 설교가들 가운데 하나인 헨리 워드 비처(Henry Ward Beecher) 목사(1813~87)는 모든 것들의 조화 가운데서 하나님을 발견한 많은 그의 동료들처럼 자신을 "낭만적 복음주의자"로 자부했다. 오늘날의 각성은 이원론, 개인주의, 자율성, 기술, 그리고 규칙 대신에 연계성, 그물망, 관계, 상상력, 그리고 이야기를 주장하는 특징이 있다.

과거의 일부 낭만 운동은 유토피아적 설계를 선호하여 세계로부터의 도피를 강조했다. 실제로 최근의 영적 각성의 이면에는 자기만족의 내적 생활, 고립된 신앙, 종파주의, 그리고 도덕적 상대주의를 향한 유혹이 있다. 그러나 가장 좋은 상태일 때의 현대적 각성은 **낭만적 현실주의**(*romantic realism*)

운동이다. 네 번째 대각성운동이 낭만적 정신을 흡수하고 있으나, 그것은 그것에 선행했던 지나치게 낙관적인 운동 - 사회공학 혹은 세상에 하나님의 나라를 건설하려는 기독교인의 노력을 통하여 인간 사회를 완전하게 하려는 계획과 같은 - 을 반면교사로 삼았다. 희미하게라도 새로운 낭만주의자들은 라인홀드 니버(Reinhold Niebuhr)의 명언을 기억하고 있다. "사회정의는 도덕적이고 합리적인 권고에 의해서만 해결될 수는 없다. … 갈등은 불가피하며, 이 갈등 가운데 힘은 힘에 의해 도전받아야 한다."[21] 그리하여 기도는 선을 행하려는 활기찬 열정과 짝을 이루어야 하며, 영성 자체는 점차 명상과 정의의 삶으로 규정되고 있다. 인간의 죄와 악에 대한 니버의 어두운 진단은 9·11 이후에 점차 사실이라는 것이 입증되었고, 새로운 각성을 형성하는 실용주의와 현실주의 성격을 심화시켰다.

낭만적 현실주의 정신은 아마도 현대 시에 가장 잘 발현되었을 것이다. "비전"(Vision)이라는 시에서 웬델 베리(Wendell Berry)는 낭만적 현실주의의 분위기를 보여주고 있다. 시구(詩句)들은 이러한 각성에 대한 하나의 찬송일 수 있다.

폐허가 된 곳에서도
그 땅을 새롭게 하고 풍요롭게 하는
느리게 자라나는 나무처럼
살아남아 서 있을 지혜를
우리가 가지고자 한다면,
땅과 하늘에 대해 묻지 않으면서
우리들의 계절을 여기서
반갑게 맞으려 한다면,
우리가 죽은 지 오랜 후에
우리가 지금 준비하는 삶은

여기서 살아가리.
그들의 집은 계곡 옆에 튼튼히 서 있고
들판과 정원은 풍성하리.
우리가 알지 못하는 가운데도
강물은 맑게 흐를 것이고
그 위를 덮은 새들이 노래하리.
언덕 위에는 푸른 초원이 있어
가축을 불러 모으리라.
탐욕과 무지로 옛 숲이 베어진 비탈에는
풍성한 잎들이 뿌리 위에 떨어져
또 다른 숲을 만들어 내리.
잊혔던 봄의 기운이 감돌며
가족들은 들에서 노래하리.
그들의 목소리에서
땅으로부터 샘솟는
음악을 들으리.
슬픔이 어떤 것이든
그들은 떠날 때 돌아오지 않을 땅에서
아무것도 취하지 않으리.
이 계곡에서의 기억은
수풀처럼 퍼져 나갈 것이고
기억은 전설이 되고
전설은 성찬이 되리라.
이곳의 풍요로움,
사람들과 새들의 노래는
건강이 되며, 지혜가 되며

내면의 빛이 되리.
이것도 결코 낙원의 꿈이 아니니
이는 역경이 곧 가능성이기 때문이리라.22

제4의 대각성운동은 세계로부터 도피하려는 탐구가 아니다. 오히려 그것은 세계의 중심으로 들어가, 도전들을 정면으로 응시하면서 옛 것 - 실패한 제도, 상처 입은 자연, 싫증난 종교, 병든 지구 - 을 가지고 그것이 지구 공동체 봉사에 작동할 수 있고 인도적인 것이 되게 하는 것이다. 여기에 기적이란 없다. 하나님은 인간의 손을 빌리지 않고는 치유하지 않으신다. 열심히 일하는 것이 가능성이다.

낭만적 현실주의는 관계성 가운데 있는 자아, 즉 아름다움과 정의와 사랑을 탐구하는 데에 고립되어 있는 영웅이 아니라, 그 삶이 다른 영웅적 삶들과 연계되어 있는 개인으로 시작된다. 낭만적 현실주의는 헌신, 성품, 그리고 윤리를 형성하는 영적 수행을 통하여 강화된다. 이 수행은 관심, 시간, 그리고 가르침을 요구한다. 그것은 길드(guild) 같은 초심자, 수련생, 숙련공, 명장(名匠), 그리고 혁신자의 공동체 안에서 형성되거나 양육될 필요가 있다. 자아, 공동체, 그리고 수행을 통하여 각성한 낭만주의자는 이웃을 지향하고, 지금 세계에서 작용하는 하나님의 평화, 선, 그리고 정의의 미래를 기대하는 데 전념하며, 신뢰, 헌신, 그리고 사랑의 새로운 가능성을 발견하면서 하나님을 경험한다. 목표는 유토피아적 천국을 이루는 것이 아니다. 오히려 목표는 세상의 삶 안에서, 그리고 그것을 위하여 하나님의 통치를 실행하는 것이다.

지금 각성하기

2011년 사순절이 끝날 무렵 나는 수표 몇 장을 입금하려고 동네 은행에 갔다. 그날 아침 창구 직원 세 명이 일했는데 모두 여자였다. 한 여성은 상아 색깔의 히잡을 머리에 쓰고 있었다. 두 번째 여성은 이마에 **빈디**(*bindi*: 인도 여성이 양 미간에 붙이는 진홍색 점으로 원래는 유부녀임을 나타냈으나, 오늘날에는 장식으로 붙임 - 옮긴이)라고 하는 진홍색 점을 붙이고 있었다. 세 번째 여성은 목에 작은 십자가 목걸이를 하고 있었다.

나는 들어가면서 웃었다. "여러분은 유엔이 은행 업무를 하는 것처럼 보이네요!"

그들은 서로를 보며 미소지었다.

"맞아요." 힌두 여성이 말했다. "우리는 다양한 고객들을 만나요! 우리 셋은 여러 언어를 맡아 하고 있지요."

사람들이 없는 아침이었다. 그들은 얘기하고 싶어 했다. 나는 사순절 기간 동안 채식주의자가 되는 것에 대하여 말했다. 힌두 여성은 내게 전통적인 채소 요리법을 일러주고 싶어 했다. 무슬림 여성은 기독교 금식 수행에 대하여 더 알고 싶어 했다.(가톨릭 여성은 당시 다른 사무실에서 전화를 받고 있었다)

나는 사순절 기간 동안 어떻게 간소하게 식사를 했으며 세계의 여러 지역에서 오는 채소들에 대해 알아보았는지 얘기해 주었다. 나는 설명했다. "우리가 인도 음식을 먹을 때는 인도에 있는 교회에 대하여 이야기하고, 인도에 있는 사람들을 위하여 기도하려고 노력해요. 아프리카와 아시아와 라틴 아메리카 나라들에 대해서도 마찬가지예요."

"멋진 생각이네요." 무슬림 여성이 말했다. "우리는 우리 전통을 사랑하고 우리의 신에게 충성할 필요가 있어요. 그러나 우리는 또한 다른 종교들의 아름다움과 선함에 대해서도 가르친답니다."

힌두 동료가 장단을 맞추었다. "그것이 평화에 이르는 유일한 길이지요. 우리 자신이 되면서도 또한 모든 사람들 사이에서 이해를 만들어내는 것 말이에요."

다음 몇 분 동안 그들은 종교적 자유가 있는 버지니아에서 사는 것이 얼마나 감사한 일인지 모르겠다고 공감했다. "여기서는 토머스 제퍼슨(Thomas Jefferson: 1776년 자유와 평등에 기초한 미국 독립선언문을 작성했으며, 나중에 미국의 3대 대통령이 되었다 - 옮긴이)이 약속한 것이 이루어지고 있어요." 무슬림 여성이 말했다. "아주 좋아요. 여기 사람들은 매우 관용적이고 다른 종교들에 대하여 관심을 가지고 있어요. 다른 곳보다 훨씬 좋은 곳이지요. 여기에는 존중하는 마음이 있어요. 이곳에서는 나도 좋은 무슬림이 될 수 있답니다."

나는 시계를 얼핏 보았다. 약속 시간 때문에 가야만 했다. 나는 그들의 사려 깊은 생각에 감사의 뜻을 전했다.

"당신들에게 즐거운 부활절을 맞으라고 하고 싶지만, 그 대신 평화를 빌게요." 나는 그들이 내 목소리에서 진정성을 듣기를 바라면서 말했다.

"선지자 예수의 평화가 함께하기를 바라요. 그리고 매우 즐거운 부활절 맞으세요." 무슬림 창구 직원이 내게 말하는 것을 들으며 나는 걸어 나왔다.

그러자 힌두 여성도 외쳤다. "즐거운 부활절 되세요!"

차에 도달했을 때 나는 내가 울고 있다는 것을 깨달았다. 내 마음 가운데 부활하신 예수의 힘을 그렇게 완전하게 느꼈던 적이 없었다.

우리 주변에서 일어나고 있는 각성을 발견하는 것이 어려울 때가 있다. 왜냐하면 이러한 각성은 과거의 그것들과 매우 다르기 때문이다. 미국 역사책에 나오는 각성들과는 달리 이 각성은 지난 3, 40년을 지나면서 완결된 것이 아니기 때문이다. 우리를 새롭게 한 영적 갱신은 아직 단 하나도 없다. 정치적 합의도 없었고, 참된 제도적 갱신도 없었다. 우리는 거의 두 세대 동안의 종교적 갈등을 경험했는데, 그것들은 대부분 우리 자신의 종교적 전통 안에 있는 사람들과 겪었던 것이다. 우리는 여전히 상실감을 느끼고 있으며, 분열되어 있고, 우리 제도는 우리에게 도움이 되지 않았다. 상황, 특히 영적인 문제와 관련된 상황은 종전과 다른데, 우리의 앞길은 분명하지 않다.

그 이유의 일부는 이 특별한 각성의 낯선 역사적 과정 - 급격한 변화의 시대에 이 각성은 오랜 시간이 걸리고 있다 - 으로 설명될 수 있다. 지난 50년간 종교적 변화를 이끌었던 윌리엄 맥루린이나 그 누구도 분명히 예측하지 못했던 것은, 네 번째 대각성운동이 두 독특한 시기에 펼쳐졌다는 것인데, 둘 사이에는 어떤 일이 있었다. 1960년에서 1980년에 이르는 제4의 대각성운동 1과 1995년경 시작하여 오늘날에도 지속되고 있는 제4의 대각성운동 2 사이에 1975년부터 1995년까지의 강력한 국수주의적 반동이 있었다. 그것은 종교적 우익 가운데서 명백하게 드러났고, 경쟁적이고 모순적인 형태의 부흥을 일으켰다.

비록 첫 단계가 평등, 지구를 돌봄, 진정성이라는 사회적, 이념적 비전을 만들어 냈지만, 그 초기 단계 이래로 두 가지 것이 중요하게 변화되었다. 그 둘은 각각 1980년대 국수주의를 약화시키는 데 기여했고, 새로이 생겨난 영적 각성의 추세를 변경시켰다. 첫째로, 테크놀로지는 연계시키고 소통하는, 정보를 공유하는, 그리고 세계의 사건들과 관심들을 알게 하는 우리의 능력을 기하급수적으로 증대시켰다. 실제로 조지 횟필드(George Whitefield)가 말을 타고 이 마을에서 저 마을로 돌아다니며 인간 그물망을 만들고, 부흥의 좋은 소식을 전했던 시대 이래로 테크놀로지의 발전은 미국이 경험한 주요 각성들에서 하나의 역할을 담당했다. 테크놀로지는 언제나 각성의 수단이었으며, 새로운 가능성과 관념에 **대한** 정보를 나르는 의사소통의 형태였다.

18세기에도 테크놀로지가 사람들이 일을 하는 방식을 변화시켰지만, 그때에는 테크놀로지와 사람 사이에 즉각적이고 밀접한 관계는 없었다. 그러나 오늘날에는 테크놀로지가 우리를 만들고 있다. 우리는 과거와는 다르게 우리를 만드는 방식으로 - 인간의 지혜를 증진시키고, 우리 모두를 새로운 차원의 영적 경험으로 인도하기까지 하는 방식으로 - 테크놀로지를 통합하고 내면화하는 과정에 있다. 테크놀로지는 단순히 각성을 가능하게 할 뿐만 아니라, 각성의 중요한 차원이 되고 있다. 초소형 전자공학 기술, 디지털 정보, 그리고 인터넷 이전 시대인 1960, 70년대에는 그러한 변화가 가능하지 않았다.[23] [21]

세기의 많은 테크놀로지는 말하자면 관계와 공동체에 대한 것이며, 그 둘은 모두 영성의 성격과 이 각성에 있어 중심적인 것이다. 실제로 인터넷의 징후 가운데 많은 것이 매우 영적인 것이다.

둘째로, 그 각성의 첫 번째 단계 동안에는 미국 문화에 있어서 종교적 다원주의가 1960, 70년대보다 훨씬 더 광범위하고 깊게 뿌리내리고 있다. 1960년대 중반 미국 정부는 아시아, 아프리카, 남아메리카 국가들에 대한 이민 할당률을 높여서, 비기독교, 비서구 신앙의 사람들 - 개신교와 가톨릭의 성령운동 형태가 강했던 나라 출신의 기독교인들도 마찬가지로 - 이 미국으로 보다 쉽게 이주해서 시민권을 얻을 수 있도록 허용했다. 각성의 첫 단계 동안에는 순례자들이 명상법을 배우거나 불교와 힌두교를 경험하기 위하여 티베트, 일본, 혹은 인도로 가야만 했다. 미국에 있는 이 종교들의 공동체 숫자는 매우 적었고, 동양 영성의 수행자들은 이국적으로 생각되었다.

그러나 이제는 만일 누가 다른 종교에 대하여 호기심이 있다면 우리는 대개 길을 건너가 이웃에게 그들의 기도 수행에 대하여 물어보면 된다. 숙모나 처제에게 물어볼 수도 있다. 실제로 종교적 다양성이 미국에서는 너무 강하여 우리는 "교류하는" 법을 발전시켰고, 그리하여 다양한 신앙을 가진 사람들과 친구가 되고 결혼을 하고 함께 일한다. 이 실용적인 다양성은 신앙심과 다양성 사이의 긴장을 창조적으로 다루는 개인과 종교 집단으로서 "좋은 미국인"이란 무엇을 의미하는지에 대하여 대부분의 미국인들이 생각하는 방식을 실제로 변화시키고 있다.[24]

저명한 개신교 지도자이며 뉴욕에 있는 유서 깊은 리버사이드(Riverside) 교회의 전임 목사였던 제임스 포브스(James Forbes) 박사는 자아와 하나님에 대한 통전적 이해를 구현하고, "균형"의 삶을 통해, 그리고 공동체 안에서 표현되는, 그리고 하나가 아니라 모든 신앙으로부터 도출되는 영적 갱신과 사회적 변형의 각성 가운데 우리가 있다고 믿는다. 그는 주장한다.

미국 역사에서 위대한 각성들은 모두 개인적 경건을 가져왔을 뿐만 아니라 또한 사회에서의 변형을 가져왔던 기독교 활성화 운동이었다. 그러나 다음의 위대한 각성은 종파를 초월하는 각성이어야 할 것이다.

포브스는 우리 동네 은행 창구 직원들과 매우 흡사하게 들리는 말을 계속한다.

종파를 초월하는 대각성운동은 영적 혹은 종교적 삶의 약화된 형태처럼 보이는가? 혹은 그것이 "인간 존재를 충만하게 하는 데 필요한 균형을 성취하고 유지하는 방법에 대하여 당신의 종교 전통은 뭐라고 말하는가?"라고 단순히 물음으로써 이 나라의 모든 종교 전통에 도전하는 것처럼 보이는가? 나는 내 교회에 자신의 종교의 본질을 흐릿하게 하지 말라고 당부하고 싶다. 종파를 초월하는 각성은 구원론, 즉 구원에 대한 교리를 비교하는 것이 아니다. 그것은 우리가 사용하는 이름에 대한 것이 아니다. 그것은 종말론, 즉 마지막 때에 대한 연구를 비교하는 것이 아니다. 그것은 우리에게 균형을 주는 것에 대한 것이어야 한다. 균형이라는 것이 내 몸에 적용되는 것처럼 국가에도 적용된다고 나는 확신하다. 우리로 하여금 균형을 추구하게 하는 경향이 있는 회전(回轉) 운동의 메커니즘이 존재하며, 그것이 위대한 각성이 일어날 가능성이 있는 이유이다. 위대한 각성들 각각에는 불균형, 비정상, 불안정, 그리고 적응이 불가능한 변화에 대한 지각이 담겨 있었다. 나는 우리가 위대한 각성을 위한 가장 중요한 주체라고 생각한다. 왜냐하면 우리는 그러한 요구에 분명히 직면하고 있기 때문이다. 그 요구는 비정상, 붕괴, 두려움, 심지어 우리의 이상이 실현될 것이라는 것조차 믿을 수 없는 상황으로부터 생겨나는 것이다.[25]

종파를 초월하는 각성이 모두가 자신의 독특성을 포기하거나, 교회, 사원, 사찰, 그리고 회당이 존재하지 않게 될 것이라는 것을 의미하는 것은 아닙니다. 또한 그것이 세계의 사람들이 갑자기 하나의 단일한 제국주의적 종교 - 그 종교가 개신교 근본주의, 로마 가톨릭교회, 이슬람교, 혹은 어느 다른 것이든 - 로 개종할 것이라는 것을 의미하는 것도 아닙니다. "충만한 인간 존재"를 향한 상호적이고 영적인 탐구 가운데서, 다른 신앙들의 지혜를 존중하면서 특정 신앙 안에서 산다는 것이 무엇을 의미하는지 우리는 서서히, 힘겹게, 그리고 참을성 있게 배우고 있다.

종교적으로 섞여 있기 때문에 제4의 대각성운동은 복수 형태인 제4의 대각성운동들로 더 잘 이해될 수 있다. 이 책에서 나는 대부분 개신교 유형의 기독교 각성운동에 대하여 설명했다. 과거에 대각성운동은 미국 개신교를 갱신하고 매우 동질적인 문화를 다시 활성화하는 데 기여했다. 그러나 이 각성운동은 단순히 복음주의 기독교인의, 혹은 더 크게 보면 개신교 기독교인의 사건이 아니다. 공동체적 정체성, 신앙의 수행, 그리고 경험적인 믿음을 강조하면서 - 흔히 권위주의적인 지도자들과 융통성 없는 종교 구조에 반대하여 - 자신의 전통에서 영적 차원에 새로운 관심을 기울일 때 가톨릭 신도, 무슬림, 힌두, 불교 신도도 비슷한 활성화 운동을 수행해 왔다. 소속, 행동, 그리고 믿음은 모든 종교적 상황에서 심오한 변형을 겪고 있다. 이 다중의 영적 각성들은 신앙적 경계를 넘어서는 비슷한 사건들이다. 이제 사람들은 같은 방향을 향해 가지만 옆에 다른 길을 통해 가는 사람들이 있다는 것을 깨닫고 있다. 같은 길은 아니지만 여행자들이 비슷한(그러나 동일한 것은 아닌) 여정에서 다른 이들과 친구가 될 만큼 충분히 가까운 길이다. 그리고 그 여정은 점차 전체 문화에 대하여 새로운 삶, 새로운 희망, 그리고 새로운 가능성을 가져올 것이다.

우리는 기독교인의 영적 각성의, 유대교인의 영적 각성의, 무슬림의 영적 각성의, 힌두의 영적 각성의, 불교인의 영적 각성의, 종교적 이름이 붙지 않은 영적 각성의, "종교가 없다"는 이들의 영적 각성의 시대에 살고 있다.

하비 콕스는 이 다중 종교적 각성을 성령의 시대, 즉 지구 전체를 휩쓸고 있는, 분출되고 있는 경험적이고 수행 중심적인 신앙의 충동이라고 설명한다. 지금은 위대한 각성운동들의 시대이다. 그 영적 범위가 그러한 만큼 그것은 "네 번째"가 아닐 수도 있는데, 왜냐하면 그와 비슷한 것이 역사에서 생겨난 일이 없기 때문이다.[26] 이것은 처음으로 생겨난 거대한 지구적 각성운동일 수 있다. 이런 종류의 영적 각성운동의 미국적, 혹은 캐나다적, 혹은 영국적, 혹은 호주적, 혹은 서아프리카적, 혹은 한국적, 혹은 라틴 아메리카적 형태는 광대한, 다국적인 종교적 변화의 지역적 표현인데, 이 표현 안에서 문화 가족들은 저마다 신적인 이야기와 그들 자신의 이야기 사이의 새로운 연관성을 탐구하고 있다. 미국에서 일어나고 있는 것은 신앙의 지구적 그물망 가운데 있는 하나의 영적 매듭이다. 실제로 기독교 또한 이러한 각성의 그물망 가운데 있는 하나의 영적 매듭이다. 우리나라, 우리의 사상 전통 안에서 우리는 단순히 하나님의 경이로운 사업의 훨씬, 훨씬 더 큰 망의 일부분일 뿐이다.

오늘날의 국수주의

그러나 이 모든 것은 위험을 내포하고 있다. 만일 사람들이 그들이 살고 있는 시대를 이해하지 못하고, 희망 대신에 두려움으로 반응한다면 각성은 지체되거나 점차 멈춰질 수 있다. 각성은 하나님의 사역이며, 어려운 작업이기도 하다. 모든 영적 각성은 반 각성운동을 초래하기도 하는데, 이 국수주의 운동은 옛 형태의 권위와 힘을 회복하려고 한다. 1980년대에 와서 나의 대학 시절의 부흥의 여세는 약화되었고, 어떤 경우에는 멈춰버렸다. 미국 전역에 있는 성령운동적이고 카리스마적인 교회들에서 무서운 하나님께 방언으로 기도하던 지도자들은 그들의 청중들에게 민주당, 페미니즘, 동성애, 환경운동, 그리고 낙태를 악이라고 가르치는 정치적 설교가들로 변했다. 보수적인 지도자들은 신적인 사회에 대한 비전을 확립하려는 정치적 목적을 위하여 부흥운동을 이용했다. 전에는 하나님의 자유롭게 하시는 경험이었던 것이 정치적 시금석의 점검표로 바뀌었다. 지도자들은 질문이나 일탈에 대하여 관용을 베풀지 않았고, 그들의 신정정치적(theocratic) 열망을 뒷받침하기 위하여 영적 위협, 지옥의 협박, 그리고 교권을 이용했다. 그들은 여성의 권리, 교회와 국가의 분리, 동성애, 그리고 환경운동에 반대하는 십자군 운동에 열심인 종교적 청중을 발견했다. "기독교 미국으로 돌아오라"고 그 국수주의자들이 외쳤는데, 그들은 1950년대 혹은 1840년대 혹은 1770년대가 그러한 미국이라고 믿었다. 미국의 각성운동 역사에서 처음으로 보수파 운동이 인권을 제한하고 미국의 종교를 덜 포용적으로 만들기 위해 영적 부흥을 이용하는 데 거의 성공했다. 그리고 그들은 오로지 자신들만이 미국의 신앙을 세웠으며, 그들에 반대하는 자들은 비신앙적이거나 악마적이라고 주장했다.

대체로 1980년과 1995년 사이에 그러한 반 각성운동이 미국에서 강력했으나, 그것은 결코 완전히 성공하지는 못했다. 여성, 산아제한과 인공유산, 혼전 성관계와 종교 간 결혼, 공립학교에서의 기도와 성경읽기, 동성애자의 용납에 대한 미국인들의 태도는 결코 1950년대 수준으로 되돌아가지 않았다. 카터 대통령이 설치했던 백악관의 태양전지판을 레이건 대통령이 떼어내긴 했지만, 미국인들은 결코 환경에 대한 인식을 완전히 떨쳐버리지 않았다. 실제로 비록 종교적 우익의 전성기 동안 사회 변화의 양상이 얼마의 경우에는 약간의 반대 현상을 보였지만, 많은 미국인들은 1960년대에 형성된 사회적 가치들을 계속 수용했다. 비록 종교적 우익이 신문이나 방송의 표제를 장식하고 있기는 하지만, 하나의 종교적, 문화적, 그리고 사회적 토대가 형성되었는데, 그것은 1990년대 중반에 나타나기 시작했고, 대부분 지역 갱신, 공동체 조직하기, 인터넷, 그리고 사회적 그물망 짜기에 의해 기성 종교와 정치에 풀뿌리 압력을 행사하기 시작한 영적 충동이었다.

1980년 로널드 레이건에 대하여 종교적 우익이 보여주었던 것처럼, 이러한 운동들은 2008년 오바마 대통령의 선출과 함께 대중의 의식으로 표출되었다. 그러나 옛 종교적 우익과는 달리 이 새로운 운동은 이름이 없다. 대중 매체는 때때로, 상상력의 빈곤을 드러내며 그것을 종교적 좌파라고 부른다. "영적 진보주의"가 그 특징에 더 가까울 수 있으나, 그 명칭도 그 운동의 본질을 충분히 포착하는 것은 아니다. 그것이 무엇이라 불리든 그것은 제4의 대각성운동의 바람이며, 거대한 지구적 각성의 미국적 부분이다. 그것은 실용적 이상주의, 모든 것의 상호 연관성, 절박성과 놀라움, 그리고 여기와 지금에 있어서의 신의 경험을 생산하는 영이고, 창조적이고 혁신적인 개방성이며, 희망에 찬 현실주의의 느낌이다.

무엇이라고 불리든 그것은 강력하고 실제적인 것이고, 셀 수 없이 많은 사람들의 삶을 변화시키고 있으며, 북아메리카에서, 유럽에서, 그리고 전 세계에서 변화의 동기를 부여하는 근원이다. 1960, 70년대 각성의 초기 단계처럼, 그것은 필요하다면 무슨 수단을 써서라도 완벽하고 분명하게 역사를 되돌리려고 하는 강력한 국수주의를 유발하기도 한다.

2010년 초가을 나는 시애틀에 사는 친구 리사(Lisa)와 데이비드(David)를 방문했다. 리사는 목사이며 데이비드는 대학 교수다. 대화는 다가오는 중간선거, 특히 오바마 대통령에 대한 강한 반발에 대한 것으로 옮겨갔다. 학문 분야에 있어 수사학, 종교, 정치 영역을 다루는 데이비드는 티 파티(Tea Party)에 대하여 분석하는 연구 과제를 수행하며 지난 여름을 보냈다.

"2008년 나는 다른 사람들처럼 버락 오바마에게 열광했었지." 그가 고백했다. "전문가로서 뿐만 아니라 개인적으로도 그랬어. 그는 미국인이 된다는 것이 무엇을 의미하는지에 대한 탁월한 이야기를 만들어 냈잖아. 역사에 기초하여 우리나라의 가장 깊은 주제와 영적 열망의 얼마를 끄집어낸 것 말이야. 그러나 그것은 개방적이고 수용적이며 설득력이 있었고, 과거가 아니라 미래지향적인 것이었어. 그는 수많은 사람들이 바라고 꿈꾸었던 것 - 평화로운 미국의 미래 - 을 분명히 표현했지."

데이비드는 한숨을 쉬었다. "나는 그 집회에 갔었어. '바로 이거야, 새로운 미국의 이야기 말이지. 마침내 앞으로 나아가고 있어. 뒤로 돌아가는 일은 없을거야. 미래를 향한 문이 활짝 열려 있어'라고 나는 생각했지."

그가 잠시 멈추었다. "내가 전혀 생각하지 못했던 것은 다른 이야기, 즉 열정적이고 깊게 뿌리내린, 의미로 차 있고 영적**이면서도** 미국적인 의미로 충만한 이야기는 다른 근원으로부터 온다는 사실이었어. 나는 티 파티에 완전히 당했던 거야."

그가 티 파티를 언급하면서 "국수주의자"라는 단어를 사용했는지는 기억나지 않는다. 그러나 그것은 그가 자신의 연구에서 분명하게 발견한 것이었다. 맥루린이 서술하는 것처럼 그것은 "그 체제가 작동했던 황금기로 돌아가는 것을 목표로 삼는 반동주의자들의 종교-정치 운동이다. 그들은 모두 옛 표준에 동조하기만 한다면 그것이 오늘날에도 여전히 작동할 것이라고 주장한다."27 두려움은 강력한 동기부여자이며, 좋았던 옛 시절은 경제적 변화, 산업의 붕괴, 그리고 사회적 불안정의 굴레에 사로잡혀 있는 사람들에게는 매우 좋은 것처럼 보인다. 그러한 운동 가운데서 많은 사람들이 진실되게 하나님, 가족, 나라를 사랑하며, 그들의 공동체와 미래를 열망한다. 반동적인 종교는 자주 자신이 참으로 정감적인 신앙인 것으로 이해하며, 불안정해 보이는 시대에 권위와 질서의 분명한 길을 제시한다. 그들에게는 성서나 헌법, 혹은 그 둘 모두에 대한 단일한 해석에 완전히 동조하는 것 - 그것을 자유롭게 수용하든, 힘 있는 자들에 의해 법적으로 통제되든 - 이 건강, 행복, 그리고 구원에 이르는 유일한 길이다.

그러나 강제와 두려움은 결코 정감적인 것이 아니다. 정감의 유일한 척도는 실천하는 사랑이다. 중세기에 기독교인들은 무력으로 다른 이들을 개종시키거나, 그 영혼을 정화시킨다는 명목으로 이단자들을 화형시키면서도,

자신은 하나님과 이웃을 사랑한다고 주장했다. 그러한 폭력을 자행했던 사제들과 십자군들도 그것이 사랑의 행위라고 진지하게 믿었지만, 상식과 인간 존엄성은 분명히 다르게 말한다. 이런 것들은 때 이른 죽음에 불안해하고, 경제 변화, 봉건 체제의 실패, 이슬람의 도전, 혹은 여성을 통제할 필요성 때문에 긴장하고 있는, 두려움에 가득 찬 사람들의 행위이다. 급격한 사회 변동의 시기, 그리고 서로 다른 신앙들 사이에서의 급격한 종교적 만남의 시기에는, 두려움을 가지고 있는 종교 집단이 정치권력을 획득할 때 자주 역사적인 비극을 초래했다. 그러한 경우 우리는 두려움에 빠져들 수도 있고 스스로 질서를 원할 수도 있다. 그러나 사랑에 대한 요구나 진정성은 보다 커다란 구조에서는 크게 중요하지 않을 수도 있다는 것을 인식할 필요가 있다. 국수주의가 위협할 때에 두려워하는 자들에 대해 연민의 마음을 가지는 것이 하나의 중요한 영적 수행일 수 있지만, 그것은 항상 사랑으로 진리에 대하여 말할 능력을 수반해야 한다. 두려움으로 가득 찬 종교는 정감에 기초한 영적 각성과 날카롭게 대조된다. 그 구분은 강단에서, 그리고 공중 앞에서 분명하게 이루어져야 한다.

    티 파티, 주류 교파 교회들의 분열적인 움직임, 혁신적인 젊은 목회자들을 이단으로 몰아가는 복음주의 지도자들, 수녀들을 조사하고 신학자들을 침묵시키는 바티칸, 여학교를 폐쇄하고 불상을 파괴하는 탈레반과 그 아류들, 이스라엘에 대하여 다른 견해를 가지고 있다고 동족을 공격하는 유대인들, 수백만 명에게 테러를 자행하는 폭력적인 지하드 전사들, 인터넷을 금지시키는 종교 독재자들, 동성애자들을 죽이고 아이들을 마녀라고 고문하는 서아프리카 근본주의자들 – 현대 역사는 공포를 야기하고 퇴행적이며 폭력적인 신자들로 가득 차 있다. 그러나 이것은 기독교 대 이슬람교와 같은 종교와 종교 간의 전쟁이 아니다. 오히려 새로운 종교재판이 만연하고 있으며, 최악의 폭력이 내부를 향하고 있다. 종교 세계에 있어 가장 문제가 생길 수 있는 지점은 교조주의자와 낭만주의자, 옛 빛 세력과 새 빛 세력, 옛 종교를 떠받들기를 바라는 사람들과 새로운 영적 각성을 수용하려는 사람들 사이이다.

국수주의자들이 분노하며 돌아왔다. 데이비드가 내게 말했듯이 "이것은 적어도 지난 150년의 미국 역사에서 최악의 형태의 종교적, 정치적 증오이다." 하비 콕스는 이것을 성령의 시대에 대하여 무섭게 반대하며 "믿음-중심"의 신앙에 집착하는 이들의 근본주의적 방어 행위라고 부르고 있다. 죽기 전의 가래 끓는 소리인가? 마지막 저항인가? 희망과 가능성의 지구적인 영적 각성들이 공포와 불안의 지구적 국수주의 운동을 야기했다. 우리는 위험한 종교적 전쟁의 시대에 살고 있다. 그러나 그것은 서로 다른 종교들이 벌이는 종교 간 전쟁 같은 것이 아니다. 오히려 우리는 종교 내, 즉 같은 신앙에 대하여 다른 이해를 가지고 있는 사람들 사이에서의 전쟁의 위험한 시대에 살고 있다. 모든 종류의 국수주의자들은 낭만적 현실주의의 영적 각성을 정지시키려고, 그리고 그것이 만들어 낼 수 있는 미래를 원래대로 되돌리려고 기를 쓰고 있다.

그것이 매우 나쁜 소식이라는 것을 나는 안다. 우리 모두가 그것의 무게를 느끼고 있다. 매일 신문과 인터넷은 희망적인 변화와 연민 대신에 두려움, 실패, 정치적 위기, 그리고 폭력의 이야기들을 전하고 있다.[28] 그러나 그 나쁜 소식은 요즈음 일어나고 있는 변화의 중요한 현실이다. 슬프게도 우리 사회는 - 반드시 명백하거나 깔끔하거나 혹은 자의식적인 것은 아니지만 - 옛 빛 집단과 새 빛 집단으로 나뉘어 있다. 그러한 집단 구분은 감상적이거나 혼란스럽거나 놀라운 것일 수 있다. 그러나 그러한 분리는 현실이며, 그것은 문화적 분노와 두려움을 감소시키기보다는 오히려 증가시키고 있다. 교조주의적이거나 국수주의적인 반대자들을 미쳤다거나 사악하다고 부르는 것은 쉬운 일이다. 그러나 영적, 사회적 변화에 대한 그들의 반발이, 예측할 수 있는 형태의 각성의 일부라는 것을 알아차리는 것은 훨씬 더 어려운 일이다. 이 운동들을 일축하거나 무시하는 것은 우리가 살고 있는 시대의 징표를 식별할 우리의 능력을 약화시킨다.

    이것은 좋은 소식이다. 만일 영적 각성이 없다면, 반동도 없을 것이다. 사실상 반동운동이 있다는 것은 실제로 각성이 얼마나 넓게 퍼지고 주목받게 되었는지를 나타내는 것이다. 인간은 상실에 대한 두려움 혹은 위기에 대한 두려움 없이는 미래를 향해 나아가지 못하며, 불안해하는 자들은 동정과 목회적 돌봄을 받을 만하다. 흔히 두려움이 매우 큰 사람들은 영적으로 실제적 변화에 가장 가까이 있다. 불안은 흔히 개인적 변화의 표시이다. 왜냐하면 불안은 가슴이 방향을 잃고 길을 잃고 있다고 느낄 때 생겨나는 우선적인 감정이기 때문이다. 실제로 각성과 그것이 야기하는 반동은 어김없이 일어나는 것은 아니지만, 개인과 사회에 그것들이 일어날 때 비롯되는 커다란 긴장과 분리는 영적, 문화적 활성화 과정의 정상적인(당황하게 하는 것이기는 하지만) 일부이다.

    이러한 상황에서 지도자들과 영적 공동체들은 변화의 시기에 상실감을 느끼는 사람들을 위로할 필요는 없다. 대신에 영적 지도자들은 이 두려움을 결의와 용기로 변화시키도록 도울 필요가 있다. 사람들은 영구적인 두려움의 상태에 머물러 있을 수 없다. 사람들을 앞으로 나아갈 수 있게 하고 그러한 힘을 주려면 지혜와 사랑이 요구되는데, 그 둘은 우리가 정치적 지도력에서는 볼 수 없는 특질이다. 그것은 또한 새로운 세계에 대한 예언자적 선포의 능력과 긴밀히 연관된 참을성 있는 통찰력을 요구한다. 참으로 좋은 소식은 영적 각성 자체가 신앙, 희망, 그리고 행동을 구현하는, 의미 있는 수행을 통하여 불안과 분열을 넘어서는 길을 제공하고 있다는 것이다. 기도, 통찰력, 환대, 타인에 대한 봉사, 용서, 고백, 대화, 그리고 우정 - 이 모든 것이 이웃들 간의 새로운 관계를 만들어 내고 공적 담화를 활성화한다. 갱신된 영적 수행은 불안해하는 사람들에게 자신과 다른 사람들에게 손을 내밀고, 우정과 공동체를 경험하며, 화해하고 치유하고 봉사할 수 있는 능력을 부여한다. 각성 가운데서 우리는 실제로 깨어나 다른 관점에서 자신을, 우리 이웃을, 우리 세계를 본다. 각성은 과거가 아니라 미래의 가능성을 향한 상상력을 열어준다.

무엇보다도 각성은 마음의 변화를 촉구한다. "회개하라(metanoeite)! 하늘나라가 가까웠다!"(마 4:17)라고 예수께서 외치신다. 예수는 감히 모험을, 이 세계에서 "건강과 지혜와 내면의 빛"을 만들기 위한, 삶을 주는 영적 과업을 해내는 이들을 초대하셨다.

"우리가 무엇을 할 수 있는가? 우리가 어떻게 변화될 수 있는가? 어떻게 이러한 일이 일어날 수 있는가?" 그 초대의 말씀을 들은 이들이 물었다. 각성은 우리가 받아들이는 기적이 아니다. 그것은 우리가 실제로 할 수 있는 어떤 것이다.

1　Elizabeth O'Connor, *Call to Commitment: The Story of Church of the Saviour, Washington, D.C.* (New York: Harper & Row, 1963).
2　이것은 캐나다와 서부 유럽 일부에서 일어나고 있는 다른 종교적 활성화 운동과 대체로 비슷한 것이다. Mark Noll, *A History of Christianity in the United States and Canada* (Grand Rapids, MI: Eerdmans, 1992), 그리고 Richard Carwadine, *Transatlantic Revivalism: Popular Evangelicalism in Britain and America, 1790~1865* (London: Paternoster, 2007)를 보라.
3　William McLoughlin, *Revivals, Awakenings, and Reform* (Chicago: Univ. of Chicago Press, 1978), p. 2.
4　Robert William Fogel, *The Fourth Great Awakening and the Future of Egalitarianism* (Chicago: Univ. of Chicago Press, 2000), pp. 74~83.
5　포겔에 따르면 "자아실현"(self-realization)에 대한 탐구는 새롭게 등장하고 있는 기술 물리 문화에서 의미를 추구하는 가장 독특한 포스트모던 경향들 가운데 하나이다. 그는 "자아실현"을 "소비자의 끝없는 축적과 쾌락 추구보다 깊은 삶의 의미를 발견하려는 욕망"으로 규정하고 있다. *The Fourth Great Awakening and the Future of Egalitarianism*, p. 176.
6　McLoughlin, *Revivals, Awakenings, and Reform*, pp. 1~2, xv.
7　McLoughlin, *Revivals, Awakenings, and Reform*, pp. 214~15.
8　McLoughlin, *Revivals, Awakenings, and Reform*, pp. 212~14. 2008년의 선거와 버락 오바마 대통령에 대하여 생각하지 않고 대통령 지도력에 대한 맥루린의 입장을 읽어서는 안 된다.
9　McLoughlin, *Revivals, Awakenings, and Reform*, p. 14.
10　현대 역사가들이 격렬한 종교적 논쟁과 각성의 시기 동안 많은 미국인들은 중간 입장에 있었고, 극단

적인 정당 편을 선택하지 않았다고 진술해 온 것에 대하여 나는 잘 알고 있다. 분명히 그렇다. 그러나 중간 입장의 사람이 많다는 것이 경쟁적인 정당들(그리고 그 안에도 다양한 편차가 있지만)이 영적, 정치적 미래에 대하여 경쟁했다는 것 - 그리고 경쟁하고 있다는 것 - 을 부정하는 것은 아니다.

11 Robert Putnam and David E. Campbell, *American Grace* (New York: Simon & Schuster, 2010), p. 101.
12 그 역동성은 공화당의 그것과 매우 유사하다. 19세기에 공화당은 개혁과 인종적 포용성의 정당이었고, 창조성과 사회정의를 강조했다. 그러나 서서히 공화당은 기업과 사회적 엘리트의 보수 정당이 되면서 가난한 자들과 주변적인 사람들을 위한 역사적 열정을 포기하고 현상(現狀)을 옹호하게 되었다. 공화당은 한때 "새 빛" 정치 정당이었으나, 이제 "옛 빛" 정당이 되어 버렸다 - 그럼에도 그것은 여전히 "링컨의 정당"이라고 주장하고 있다. 공화당이 링컨 대통령의 정당이라는 것은 역사적으로 사실이다. 그러나 그의 정신, 통찰력, 그리고 헌신이 현대 정치에 구현되고 있다고 보기는 어렵다. 링컨의 정신은 세계를 다루는 살아 있는 수행이라기보다는 의례화된 정체성이 되었다.
13 이것은 왜 "지옥"이 보수적인 복음주의자들에게는 그렇게 중요한 신학적 범주인지에 대한 이유이다 - 두려움을 강화시키고, 영원한 구원에 대한 열쇠를 쥐고 있다고 주장하는 설교가, 신학자, 교회지도자의 권위를 뒷받침하기 위해서는 물리적이고 문자적인 장소로서의 지옥이 필요하다. 지옥이 없으면 두려움이 감소된다.
14 역설적으로 그들은 자주 경험에 대해 호소함으로써 권위를 주장한다. 그리하여 경험적 신앙을 향한 영적 전환을 말하는 사례가 된다는 것을 입증하려고 한다!
15 Putnam and Campbell, *American Grace*, pp. 113~14.
16 McLoughlin, *Revivals, Awakenings, and Reform*, p. 214.
17 McLoughlin, *Revivals, Awakenings, and Reform*, p. 214.
18 Putnam and Campbell, *American Grace*, pp. 104~5.
19 Putnam and Campbell, *American Grace*, p. 105.
20 Putnam and Campbell, *American Grace*, p. 105, italics in original.
21 Reinhold Niebuhr, *Moral Man and Immoral Society: A Study in Ethics and Politics* (Louisville, KY: Westminster John Knox, 1932, 2002), p. xxvii.
22 Wendell Berry, "The Vision," in *Clearing* (New York: Harcourt, 1977).
23 예를 들면, Marc Prensky, "H. Sapiens Digital: From Digital Immigrants and Digital Natives to Digital Wisdom," www.wisdompage.com/Prensky01.html.을 보라
24 Putnam and Campbell, *American Grace*, pp. 516~50.
25 James Forbes, "The Next Great Awakening," *Tikkun*, September/October 2010, www.tikkun.org/article.php/sept2010forbes.
26 비록 초기의 각성은 흔히 여러 종교들의 일이었지만, 동시에 비슷한 영적 충동들은 종교 전통들의 다양성을 재구성한다. 가장 좋은 예는 1700년대 초에서 중반에 이르는 시기에 유럽 개신교, 가톨릭, 그리고 유대교를 변형시켰던 "가슴의 종교"를 향한 움직임일 것이다. 영국과 미국에서 그 영적 사건의 개신교 형태는 첫 번째 대각성운동(혹은 복음주의 부흥운동)으로 알려지게 되었다. 그러나 그때와 지금의 차이는, 그때에는 여러 각성운동들이 따로 존재했고 독특한 교회적 사건으로 종교적 경계선을 넘는 소통과 관계가 거의 없다는 점이다. 지금은 그러한 종교적 "고립"은 이민, 테크놀로지, 그리고 소통 때문에 거의 불가능하다.
27 McLoughlin, *Revivals, Awakenings, and Reform*, p. 14.
28 미국에서의 두려움, 그리고 두려움에 직면해서의 창조성의 가능성에 대한 사회학적 연구로는 Robert Wuthnow, *Be Very Afraid: The Cultural Response to Terror, Pandemics, Environmental Devastation, Nuclear Annihilation, and Other Threats* (New York: Oxford Univ. Press, 2010)를 보라.

제9장
각성의 수행

1734년 하나의 부흥운동이 매사추세츠 주 노샘프턴(Northampton) 마을을 휩쓸었다. 삼백 명의 사람들이 영적 각성을 경험했고, 조나단 에드워즈가 담임으로 있는 지역 회중교회에 참여했다. 부흥에 대한 소문이 퍼지자 친구들은 에드워즈에게 그 사건에 대하여 글을 써 보라고 강권했다. 4년 후 그는 「하나님의 놀라운 사역에 대한 신실한 이야기」(*A Faithful Narrative of the Surprising Work of God*)라는 책을 출판했는데, 이 책은 그 마을의 역사와 주민들의 영적 역사에 대하여 자세히 소개하고 있다. 예리한 심리학적 통찰력을 가지고 에드워즈는 그 집단 멤버들을 활기 있게 만든 영적 각성의 네 단계를 확인했다. 도덕적 삶을 향한 일반적인 경험, 개인적인 과실과 죄에 대한 깨달음, "회심케 하는 은총"의 경험, 그리고 하나님의 "새로운 빛"과 만나는 데서 생기는 명백한 기쁨의 느낌.

그 책은 즉시 베스트셀러가 되어 첫해에만 20판이나 발간되었다. 에드워즈의 영적 성공을 닮기 원하는 목사들은 열심히 그 책을 읽었다. 영국과 영국 식민지들에서도 종교 지도자들은 교회 나오는 사람들을 잠에서 깨우고, 각성을 고취할 수 있는 방법을 알기 원했다. 극적인 설교가 교회를 일깨울 수 있는가? 두려움의 느낌을 주입시키면 죄인들을 눈뜨게 할 수 있는가? 어떻게 설교자는 사람들이 하나님의 새로운 빛을 경험하도록 도울 수 있는가?

하나님이 영혼의 모든 행위를 주도하신다고 믿는 칼빈주의자 에드워즈는 부흥을 이루기 위하여 목사를 포함하여 인간이 많은 일을 할 수 있다는 생각을 거부했다. "놀라운 사역"은 실제로 하나님의 일이었다. 에드워즈는 그 각성에서 단지 하나님의 활동의 한 형태를 식별할 수 있었고, 따라서 그의 집단은 단순히 하나님께 응답했던 것이라고 주장했다. 그러나 목사 에드워즈에 따르면 사람들이 영적 각성을 위해 준비할 수 있는 일이 하나 있다. 그것은 기도이다. 기도가 하나님을 느낄 수 있게 마음을 열어 주었고, 하나님의 활동을 볼 수 있게 눈을 열어 주었다. "교회의 미래 발전은 서로 다른 곳에 거주하는 많은 사람들이 특별한 기도로 결합되면서 열매를 맺게 될 것이다"라고 에드워즈는 썼다.[1] 그것이 신실한 사람들이 할 수 있는 유일한 것이다. 기도하라.

매번 영적 각성을 하는 동안 사람들은 똑같은 질문을 했다. 갱신하기 위해 우리는 무엇을 해야 하나요? 어떻게 새 빛을 경험하지요? 우리가 하나님의 사역에 참여할 수 있나요? 그리하여 연속적인 각성의 시기마다 기독교인들 – 목사와 평신도 지도자가 똑같이 – 이 이런 문제에 대한 책들을 썼는데, 그 모든 것이 영적 사역의 활성화를 촉진시키는 방법을 설명하고 있다.

비록 각성의 동조자와 각성의 참여자 사이에서 갱신을 이루는 것에 대한 논쟁이 자주 있었지만, 거기에는 저마다 하나의 중요한 통찰이 두드러진다. 첫 번째 대각성운동 기간에 기도만이 하나님의 사역을 촉진할 수 있다는 에드워즈의 칼빈주의적 주장은 그 부흥운동을 확산시키는 데 중심적 역할을 했다. 식민지 지역들과 영국과 스코틀랜드의 목회자들은 지친 마음을 새롭게 하시는 하나님의 능력에 초점을 맞춘 "기도의 합주곡"을 만들어 냈다.

두 번째 대각성운동의 시기에는 부흥을 이루는 데에 설교가 으뜸가는 수행이었다. 미온적인 영혼들을 하나님의 열정적인 끌어안으심의 새로운 경험으로 나아갈 수 있게 하기 위해, 목사들과 부흥사들은 똑같이 흔히 감정과 생생한 묘사가 가득한 말씀의 능력을 강조했다. 그 결과는 전국의 목사들을 깜짝 놀라게 만들었다. 왜냐하면 셀 수 없이 많은 사람들이 야외 모임과 천막 부흥집회로 몰려들었고, 거기에서 설교되는 말씀의 마법에 사로잡혀 의자 위에서 열광적으로 전율하면서 새롭게 소개되는 강단의 부름에 그들의 마음을 예수께 맡겼기 때문이다.

세 번째 대각성운동은 복합적인 형태로 경험적 신앙의 옷을 입고 있는 두 영적 추진력이 혼합되어 있었다. 어떤 이들에게는 새로운 성령운동적 은사 - 방언을 말하고 기적적으로 치유하는 것 - 가 각성으로 향하는 길로 여겨졌다. 다른 공동체에서는 과학, 역사학, 심리학, 사회학, 신학, 그리고 성서 비평학의 통찰력을 받아들이고 적용하는 인간 진보에 대한 새로운 강조가 영적 각성과 하나님 나라를 향한 길을 만들었다. 비록 참여자들이 매우 다른 사회적 배경을 가지고 있기 때문에 자주 서로에 대하여 적대적이지만, 그럼에도 불구하고 성령운동과 진보주의는 전통적인 교회 출석을 대신하게 되었고, 20세기가 돋트면서 신앙과 충성심에 대한 새로운 비전을 가지고 기독교 세계를 밝혀 주었다. 그 두 가지 흐름의 각성은 교회 생활과 정치에 모두 흘러들어와, 정의와 공동선을 향한 기도와 예배의 종교적 수행을 - 지난 세기의 많은 것을 대체하면서 - 새로 만들었다.

기도, 설교, 성령의 은사, 그리고 진보적인 신학과 정치 - 이것들이 과거 각성들의 통로였다. 오늘날에는 무엇이 그 길인가? 사람들은 오늘날의 세계를 재형성하는 영적 갱신에 어떻게 참여할 수 있는가? 그것에 대하여 우리는 무엇을 할 수 있는가?

실행에 옮김

매 현충일에는 '울리는 천둥'(Rolling Thunder, 수천 대의 오토바이에서 나오는 거대한 굉음 때문에 붙여진 이름 - 옮긴이)이라고 불리는 이벤트를 위해 수천 명이 오토바이를 타고 워싱턴 D.C.로 행진한다. 어느 해인가 남편과 내가 교외의 주요 도로를 따라 운전하고 있을 때, 우리 옆 차선으로 한 오토바이가 다가왔다. 한 쌍의 성조기를 꽂은 인상적인 할리-데이비드슨(최고급 오토바이 제품 이름 - 옮긴이) 위에 앉아 있는 남자는 검은 티셔츠를 입고 있었고, 팔과 목에는 많은 문신을 했다. 짧은 반바지를 입고 익숙한 모습으로 팔을 남자의 허리에 두른 한 매력적인 여인이 그의 뒤에 앉아 있었다. 남자는 매우 크고 매우 굵은 시가를 피우고 있었다. 나는 남편을 흘낏 보며 웃었다. "어때요, 저건 테스토스테론(남성 호르몬의 일종 - 옮긴이)을 인상적으로 드러내는 것이 아닐까요?"

철학자 찰스 테일러는 진정성에 대한 현대적 탐구는 "상호 드러냄"(mutual display)의 문화를 생겨나게 했으며, 그것을 통하여 "사람들은 그들 자신을, 그리고 동시에 존재하고 행동하는 많은 다른 사람들을 이해한다"고 주장한다. 그는 유행을 이용하여 이루어지는 과시의 문화에 대하여 설명한다.

나는 나 자신이 좋아하는 모자를 쓰지만, 그렇게 함으로 나는 여러분 모두에게 내 취향을 드러내는 것이다. 이때 나는 여러분이 나의 취향에 대하여 반응하는 바로 그 순간 여러분 자신의 드러냄에 대하여 반응하고 있다. 유행의 공간은 우리가 상징과 의미의 언어를 유지하는 공간으로, 그것은 끊임없이 변하고 있지만 항상 우리의 몸짓에 의미를 부여하기 위해 필요한 배경이 된다.

테일러는 계속해서 말한다. "우리가 행동할 때에 다른 사람들이 우리가 행동하는 것에 대한 증인으로서, 그리하여 우리 행동의 의미에 대한 공동 결정자로서 거기 있다는 것이 우리 각자에게 중요하다." 테일러에 따르면 현대 세계는 낯선 사람들이 서로 "접촉하며" "각자의 삶에서 피할 수 없는 환경"을 만드는 무대 - 즉, 공적인 공간 - 로 구성되어 있다. 그 무대에는 이웃 축제,

지하철, 운동 경기장, 도시의 도로, 쇼핑몰, 커피점, 공원, 텔레비전과 인터넷이라는 가상의 공간 등이 포함되는데, 그 모든 것이 우리가 우리의 삶을 영위하는 공적인 공간들이다. "여기서 각 개인이나 작은 집단은 독자적으로 행동하지만, 그것은 다른 이들에게 무엇인가 말하고 있으며, 그들에 의해 반응이 생겨날 것이고, 모든 이의 행동에 영향을 미칠 하나의 공통된 분위기나 경향을 만들도록 도울 것이다"라고 테일러는 쓰고 있다. 결과적으로 진정성과 드러냄은 "사회 안에서 서로 하나 되는 새로운 방식"을 창조하는데, 그것은 "개인의 자아성과 공동체적 이익 모두에 대한 긍정적인 비전을 촉진할 수 있다"고 그는 주장한다.[2]

이런 문화적 배경에서 볼 때 그 '울리는 천둥' 오토바이 운전자들은 자아성에 대한 자기 이해 - 오토바이, 문신, 여자, 그리고 시가 - 를 표현하는 것이며, 동시에 공동체적 행사 - 전쟁 포로와 퇴역 군인의 필요에 대한 정치적 경각심을 높이기 위하여 의도된 행진 대회 - 에 참여하는 것이다. 그의 드러냄은 목적, 자기 표현, 정치적 행동으로 작용한다. 우리의 가장 진실된 자아를 발견하고, 의미 있는 사회 변화를 이루기 위하여 우리는 다른 이들, 즉 우리의 행동에 반응하고, 상호 우호적인 방식으로 응답하기를 바라는 사람들이 충분히 볼 수 있는 공적인 무대("사적인" 공간은 점점 적어지고 있다)에서 행동해야 한다.

드러냄의 문화는 영적 갈망, 관계, 그리고 경외를 상영하는 하나의 극장이다. 플래시몹(flash mob: 미리 정한 장소에 모여 짧은 시간 동안 약속된 행동을 한 후 아무 일도 없었다는 듯이 흩어지는 불특정 다수의 군중 행위 - 옮긴이)의 예를 들어보자. 2010년 크리스마스 쇼핑의 분주한 활동이 시작될 무렵 필라델피아 오페라단은 메이시(Macy) 백화점에서 헨델의 「메시아」 일부를 전격적으로 연주했다. 6백 명의 합창단원들이 쇼핑 군중들 틈에 익명으로 섞여 있었다. 미리 정해 놓은 어떤 시각에 단원들은 큰 소리로 "할렐루야"를 부르기 시작했다. 연주자와 청중 사이의 분명한 구분 없이 쇼핑하러 나왔던 사람들도 그 합창에 가담했고, 백화점은 전체가 노래와 축하의 거대한 무대로 변했다.

사람들은 놀라서 웃거나, 손을 들어 올린 채 황홀경에 빠지거나, 아이들에게 그 곡을 설명하거나, 혹은 조용히 서서 경외롭게 음악을 들었다.3 메이시에서 일어났던 것은 "무작위적 문화 행위"였지만, 그것은 또한 무작위적인 영성 수행, 즉 관계, 기억, 즐거움, 그리고 아마도 회심일 수도 있는 행위였다.

수행은 항상 각성에 있어 중요했다. 첫 번째 대각성운동에서는 조지 횟필드의 설교가 식민지 시대 최고의 수행이었다. 두 번째 대각성운동에서는 야외 모임이 즉흥의 무대였고, 거기서 회심한 사람들이 하나님과의 만남을 경험했다. 세 번째 대각성운동에서는 성령운동가들과 진보주의자들이 강단과 정치 모임이라는 무대에서 인종 통합, 여성의 지도력, 그리고 가난한 이들과 버림받은 이들을 돌볼 공적 가능성을 보여주었다. 미국의 종교 역사는 극적인 특징을 가지고 있으며, 종교 지도자들은 신앙을 가르칠 뿐만 아니라 수행하고 있다.

그러나 수행의 영성은 미국 기독교에 국한된 것이 아니다. 실제로 수행은 예수의 치유 행위로 시작되어 초기 기독교 의례에 이르는 오랜 기독교 역사를 가지고 있다. 그것은 성상(聖像)을 통하여 보여졌고, 중세기의 신비적 행위로 시연되었다. 신비주의자들은 사도적 청빈과 단순성을 실행에 옮겼으며, 루터와 칼빈의 추종자들은 기성 교회에 저항했다. 지난 2천 년 동안 기독교를 변형시키려는 모든 영적 각성운동은 성인들, 신학자들, 설교가들, 그리고 신앙심 깊은 사람들에 의한 급진적이고 관점을 바꾸는 공적 실천을 수반했는데, 그들은 그들 자신의 영성을 표현하고 신앙의 공동체적 무대를 만들며, 다른 이들을 새로운 삶의 방식으로 초대하기 위해 공유된 공간에서 하나님의 삶을 혹은 예수의 가르침을 실천했다.

그때와 지금의 수행 차이는 명백하다. 초기에는 공적 공간과 사적 공간 사이의 보다 분명한 경계가 존재했고, 그리하여 자아성의 양상을 드러내지 않았다.4 그 결과 과거의 각성은 항상 공적 수행과 관계되어 있었지만, 전적으로 드러냄 가운데, 그리고 드러냄을 통해서 촉진되거나 구성되거나 혹은 만들어지지는 않았다.5 새로운 지구적 대각성운동은 개교회의 무대에, 작은 집단 안에, 야외 집회에, 혹은 성령운동 집회나 진보 정치 모임에 국한되지 않는다. 이 각성운동은 그물망으로 연결된 세계에서 수행되고 있는데, 여기서는 성과 속의 경계가 허물어져 있고, 하나님 사랑과 이웃 사랑 - 그리고 소속하고 행동하고 믿는 것에 대한 새로운 비전 - 이 전통적인 종교 공동체를 훨씬 뛰어넘어 실천되고 있다. 비록 교회가 영적 각성을 수행하는 가장 자연적인 공간인 것처럼 보이지만, 당황스러운 현실은 서구 사회에서는 많은 사람들이 교회를 하나님의 영의 운동을 극적으로 만드는 거룩한 무대라기보다는 종교 박물관으로 본다는 것이다.6

각성운동에 참여하기 위하여 당신은 무엇을 하는가? 다른 사람들을 눈뜨게 하는가? 새로운 영적 각성에 대한 좋은 소식을 전하기 위하여 움직이는가? 신앙을 실천하라. 당신이 하는 모든 것 가운데서 하나님의 나라를 보여주라. 영적 수행 가운데서 하나님의 통치를 고대하라. 하나님의 사랑을 실행에 옮기라.

준비하라, 수행하라, 즐기라, 참여하라

신앙을 실천하는 것은 네 가지 중요한 행동과 관계되어 있다. **준비하는 것, 수행하는 것, 즐기는 것**, 그리고 **참여하는 것**. 그 이야기를 배움으로써 준비하고, 새로운 삶의 방식을 연습하며, 즐거움을 누리고, 다른 이들과 함께 참여하는 것이 영적 각성을 실행에 옮기기 위한 핵심 요소들이다. 이러한 행동들은 위대한 반전의 상황에서 일어나는데, 이때 수행을 통해 영성이 실천되며, 하나님을 사랑하고 신뢰하는 새로운 통찰력을 발견하는 가운데 새로운 경험적 공동체가 형성된다.

어떻게 되어가는지를 모른다면 참여하는 것이 매우 어렵다. 우리 시대의 전체적인 종교 이야기를 배움으로써 **준비**해야 한다. 그 이야기는 매우 단순하다. 그것은 전통적인 종교는 실패하고 있으며, 어떤 이들이 "영성"이라고 부르는, 그리고 **렐리기오**(*religio*)라고도 불릴 수 있는 새로운 형태의 신앙이 태동하고 있다는 것이다. 이것은 미국의 다른 각성들과 어깨를 나란히 하는 새로운 영적 각성으로 전 세계에서 일어나고 있는 영적 각성의 복잡한 그물망의 일부이다. 세계적 각성운동은 사람들을 자아에 대한 보다 깊은 인식, 지구 공동체 안에 있는 이웃들, 그리고 하나님과 연결시키는 관계, 수행, 경험을 강조함으로써 대부분의 종교들을 새롭게 만드는 과정 가운데 있다. 평등운동, 공동체운동, 환경운동, 경제생활, 그리고 상호 책임성이라는 강력한 새로운 힘들은 새로운 영성으로부터 생겨나고 다른 이들과 세계를 향한 새로운 형태의 애정 가능성을 열어놓는다. 우리는 **메타노이아**(*metanoia*)의 기회가 열린, 즉 사물을 다르게 보고 화해, 평화, 존엄, 정의라는 신적 꿈을 반영하는 지구적 공동선을 창조하는 대전환의 시기에 살고 있다. 기독교인들은 이것을 하나님의 통치라 부른다. 다른 신앙을 가진 사람들은 그것을 다른 이름으로 부른다. 그러나 모두가 우리의 공동체들을 새롭게 하고, 우리를 절망, 비인간화, 파괴로부터 구해낼 사랑의 방식으로서의 그 황금률을 실천하려고 노력한다.

　그 이야기를 구현하기 위하여, 그리고 다른 사람들이 그것을 경험하도록 돕기 위하여 우리는 사랑과 정의를 대망하는 방식으로 우리의 신앙을 의도적으로 **수행**할 필요가 있다. 예수께서 "나라가 임하시오며 뜻이 하늘에서 이루어진 것 같이 땅에서도 이루어지이다"라고 말씀하셨을 때, 그는 따르는 이들에게 무엇인가 하라고 지시하는 것이다. 하나님의 백성은 사랑, 자선, 친절, 선함, 긍휼, 평화, 용서, 그리고 정의를 연습하는 행동을 의도적으로 **행함**(*doing*)으로써 하나님 나라의 삶을 살아야 한다. 그리하여 연기를 준비하는 배우들처럼 우리도 기억해야 할 대사, 숙달해야 할 동작, 따라야 할 무대 지침, 표현해야 할 감정과 느낌을 가지고 있다. 처음에는 이러한 일들이 부자연스러워 보이겠지만, 연습을 해가면서 우리는 그것들을 느끼기 시작하며, 우리가 연기하는 인물이 되어 셰익스피어의 말대로 그 연극은 작품이 된다. 세계 전체가 하나의 무대이며, 하나님의 신적 드라마가 연출되는 극장이다. 우리가 열심히 연습할수록 우리는 더욱 우리의 역할을 잘 하게 된다.

수행은 연습의 고된 작업과 관계되어 있지만, 그것은 또한 **놀이**(play)를 수반한다. 때때로 변화의 운동은 수렁에 빠지기도 한다. 왜냐하면 그것은 참여하는 사람들이 그 일에 대하여 너무 심각해져서 재미, 기쁨, 즐거움에 대한 기본적인 인간 요구에 대하여 잊어버리기 때문이다. 각성은 웃음과 쾌활함 없이는 일어날 수 없다. 환희는 활기찬 영성에 필수적이다. 세상을 다르게 만드는 것, 하나님을 예배하는 것, 새로운 친구들을 맞는 것, 함께 축제를 하는 것, 작은 성공을 축하하는 것, 의미 있는 일을 하는 것 – 이 모든 것들이 사람들을 행복하게 만든다. 수행이 항상 드라마와 같은 것은 아니다. 놀이는 아이러니와 즉흥성, 자기 비하와 풍자와 관계될 수도 있다. 그 원래적 의미에서 수행은 "여흥"(entertainment)으로 그것은 "결합하거나 하나 되게 하거나 혹은 돕는 것"을 의미한다. 여흥의 목적은 가까이 있는 이야기에 초점을 맞춘 공동체를 만드는 것이었다. 웃음은 사람들로 하여금 어려운 목표를 향해 조화롭게 나아갈 수 있게 하며, 희극은 종종 가장 흥미를 돋우는 비극만큼 심오한 것이다.

마지막으로 수행은 우리가 **참여**할 것을 요구한다. 연기자를 관객과 구분하려는 유혹이 있을 수 있다. 연기자가 연기를 하는 동안, 관객은 그 작품을 평가한다. 연기자는 전문가이며, 관객은 비전문가이다. 그러나 배우와 관객의 이분법은 잘못된 것이다. 연기자와 관객은 서로 정보를 주고받으며 격려하고 반응한다. 이상적으로 보면 수동적인 관객이란 없다. 대신에 관객은 독특한 연출을 만들어 내기 위하여 배우들과 공모한다. 각성을 수행하는 것은 모두가 서로 바꿀 수 있는 역할들을 가지고 있는 공동체 극장처럼, 우리 모두가 참가해야 하는 – 때로는 배우로, 때로는 관객으로, 연출가로, 작가로, 무대 담당자로, 세트 디자이너로, 안내원으로 – 것을 의미한다. 각성이 전문적인 수행은 아니지만, 그것은 각자가 대본이 요구하는 대로 자기 역할을 감당하는 것과 관계되어 있다.

'울리는 천둥'의 오토바이 운전자들의 경우처럼 수행은 개인적인 것이며 동시에 공동체적인 것이다. 우리는 각자 자신의 행동을 하지만 거기에는 또한 공동적인 드러냄이 있을 수밖에 없다. 이것이 새롭게 나타나고 있는 각성 운동에서의 교회의 역할일 수 있다. 교회는 거룩한 수행이다. 교회는 의로운 사람들을 위한 클럽, 변화에 직면하여 종교적 동조를 유지하는 제도, 혹은 정통주의와 개인적 경건을 다루는 기업일 수 없다. 교회는 '울리는 천둥'이나 거룩한 플래시몹과 같은 것 이상이어야 한다. 교회는 믿음을 가진 사람들이 하나님 이야기의 대본을 배우고, 하나님의 통치를 연습하며, 기쁨·놀람·경이를 경험하고, 그 활동에 충분히 참여하는 수행의 거룩한 공동체라는 것을 파악 – 심오하고 진정성 있는 방식으로 – 해야 한다.

무엇을 할까?

2011년 여름 내 가족은 와이오밍 주에 있는 한 초교파 수련 센터인 링 레이크 목장(Ring Lake Ranch)에서 한 주일을 보냈다. 과거에 거룩한 비전을 탐구하기 위한 장소로 쉽이터 인디언들(Sheepeater Indians)이 이용했던 빙하 호수 계곡에 위치해 있는 링 레이크 목장은 영적 경외의 놀라운 힘을 발산하고 있다. 방문자들은 산과 물이 보이는 언덕에 흩어져 있는 단순한 통나무 오두막집에 머문다. 한 주간의 나날은 단순한 형태를 따른다. 공동의 아침 기도, 공동식사, 산 오르기, 고기 잡기, 혹은 말 타기, 그러고는 조용한 시간 갖기. 저녁 식사 전에는 아무나 그 집단 사람들과 열정, 취미, 혹은 이야기를 나눈다. 저녁 식사 후에는 한 연사가 성서, 시, 신학, 자연, 예술, 음악, 혹은 영성에 대한 주제를 소개한다.

거기에는 곰이 뒤질 수 없는 컨테이너에 쓰레기 넣기, 접시 닦는 것을 돕기, 호수물을 마시지 말기와 같은 몇몇 지침이 있다. 그 캠프 인도자인 칼(Carl)과 조이스(Joyce)는 지나치게 지시하지 않는다. 그들은 기도에 대한 계획을 세우고 광고를 하며 그날 할 수 있는 프로그램을 선택할 수 있게 한다. 사람들은 저마다 어떤 활동에 참여할 것인지 결정한다. 시계도 거의 없고 무선전화도 얼마 없으며 휴대폰 서비스는 안 된다.

계획된 활동이 너무 없어서 - 유일한 "프로그램"은 저녁 강좌뿐이다 - 나는 그곳이 개인주의적인 내향형 사람들을 위한 수련 모임은 아닌지 의아해했다. 그러나 우스운 일이 하나 일어났다. 이 아주 작은 구조에서 거기 모인 40명의 낯선 사람들이 우리 삶을 잇는 공유된 열정과 관계를 발견함에 따라 하나의 공동체를 만들기 시작한 것이다. 일주일이 채 되기 전에 어려움이나 계획 없이 우리는 영적 각성을 수행했다. 우리는 개인적인 이야기들, 성서의 이야기들, 그리고 자연과 세계에 대한 이야기들을 말하는 가운데 하나의 새로운 대본을 익혔다. 우리는 우리 자신이 선택한 영적 수행에 참여했다(내가 선택한 것은 매일의 아침 기도와 등산이었다). 우리는 놀았다(잔치와 춤). 그리고 자연의 장관에서 뿐만 아니라 걷고 현관 의자에 앉고 식탁에서 잡담하는 동안의 인간 교제에서, 우리는 함께 하나님 통치의 축소판, 신적인 것과 세속의 것이 얽혀 있는 경험을 만들었다. 비전을 탐구하기 위해 천 년 전 그 계곡으로 왔던 고대 쉼이터들처럼 우리는 영적인 것을 만났고, 우리의 눈은 자신의 삶과 세계를 위한 다른 가능성들을 향해 크게 열렸다. 우리는 각성을 경험했고, 동시에 그것을 만들어 냈다.

위대한 각성을 시작하기 위해서는 활용될 수 있는 특별한 기술이나 따라야 할 프로그램 따위는 필요 없다. 그것이 일어나기를 원한다면, 그냥 그것을 하기만 하면 된다. 그것의 지혜를 수행해야 하며, 그것의 희망으로 살아야 하고, 각성이 충분히 실현되고 있기라도 하듯 "행동"해야 한다. 그리고 상호적인 창조의 행위 가운데서 다른 이들과 함께 그것을 해야 한다.

물론 그것은 쉽지 않다. 최근 몇 십 년간 그러한 공동체가 발달할 수 있을 만한 장소 - 낯선 이들이 만나서 듣고 배우고 웃고 서로 이끌어주는 거룩한 작업을 자발적으로 시작할 수 있는 현장 - 가 감소했다. 이러한 종류의 작업을 기꺼이 함께 할 수 있는 낯선 이들, 심지어는 친구들조차 발견하는 것이 어려울 수 있다. 위압적인 문제와 두려움에 직면하여 많은 사람들이 참된 공동체에 대한 희망으로부터 "우리가 다른 사람들의 필요를 고려하지 않고 자신의 행복만을 추구할 수 있는" "자기 충족적인 사적 영역"으로 퇴거해 왔다.[7] 슬프게도 많은 교회들조차 참으로 소속감을 주는 공동체가 아니다. 오히려 그들은 각 멤버가 더 큰 세계에 대한 관심을 가지지 않은 채, 개인적 신학을 유지하고 있는 종교적인 "사적 영역"(private realm)을 만들어 왔다. 이러한 문화적 침식의 결과로 링 레이크 목장과 같은 일시적이고 임기응변적인 공동체들이 북아메리카에서 인기를 얻고 있다. 개방된 수도원, 교파 수련회, 성당과 도시 교회 공동체, 모든 종류의 영성 센터가 많은 사람들 - 현대 생활의 소음으로부터 벗어나기를 원하는 이들뿐만 아니라, 각성을 실천하는 다른 이들과 연계하려고 하는 이들도 포함하여 - 에게 매력을 주고 있다.

최근의 책 『민주주의 본질 치유하기』(Healing the Heart of Democracy, 이 책은 2012년 『비통한 자들을 위한 정치학』이라는 제목으로 우리말로 번역되었다 - 옮긴이)에서 파커 파머는 의도적인 퇴거(retreat)가 삶에 활기를 주는 공동체를 경험하고 만드는 유일한 방식이나 장소는 아니라고 지적하고 있다. 공동체가 총체적으로 사라져 가고 있음에도 불구하고 여전히 낯선 사람들이 모여 "존엄성, 독립성, 그리고 비전을 가지고 행동하는"[8] 조용한 공간들이 있다. 그러한 환경에는 다음과 같은 것들이 포함된다. 이웃, 공동체 정원, 도시의 거리, 대중교통, 공원, 카페, 그리고 커피숍. 화랑, 박물관, 그리고 도서관. 축제, 박람회, 그리고 농산물 직판장. 집회와 토론회. 공립학교, 교회 그리고 사회적 그물망.[9] 이들은 저마다 공동체의 가능성을 제공하며, 장차 각성이 수행될 수 있는 잠재적인 거룩한 무대이기도 하다.

물론 수행을 위해서는 주술적 형태의 공동체나 왕국이 도래하기를 기다리는 것뿐만 아니라 무엇인가 행하는 것이 필요하다. 링 레이크 목장과 같은 장소에서는 각성을 수행하는 것이 놀랄 만한 일로서, 그곳에서 자연과 열심 있는 참여자들이 함께 그들의 일상적 구조 밖의 거룩한 무대에 기꺼이 참여한다. 그러나 현실 세계에서는? 거기에서는 무엇을 할 것인가?

2010년 봄 나는 가족의 식품 예산 대부분을 지역 농산물 직판장(farmers' market)에서 쓰기로 결심했다. 마이클 폴란(Michael Pollan)의 「탐식가의 딜레마」(*Omnivore's Dilemma*)라는 책을 읽은 후 나는 음식, 지속 가능성, 그리고 미래에 관하여 세계를 다르게 만들 무엇인가를 하고 싶어졌다. 화요일 아침마다 나는 근처에 있는 직판시장으로 가서 똑같은 상인 15명으로부터 야채와 과일을 샀다. 나는 그 농부들을 알게 되었다 – 그들은 가족 농장에서 일하는 버지니아 토박이들, 멕시코에서 새로 이주해 온 사람들, 유기농 작물을 재배하거나 동물을 방목하는 은퇴자들 등이었다. 그들은 나에게 농작과 경작에 대하여, 미국 농작의 미래에 대한 희망과 두려움에 대하여 말하며, 좋은 식품에 대한 열정과 그것이 만들어 내는 삶의 방식을 나와 공유했다. 그들은 나에게 친숙하지 않은 채소를 요리하는 방법과 들소 고기를 석쇠로 굽는 방법을 가르쳐 주었다. 나는 그 시장 한구석에 자리잡은 지역 원예 클럽으로부터 원예 비법을 배웠고, 풀뿌리 정치 활동가들과 이야기를 나누었으며, 지역 목사 – 교회의 파이 만들기 대회를 위해 차량 가득히 많은 사과를 사가지고 왔던 한 감리교 목사를 포함하여 – 에게 달려가 신학에 대하여 담소했고, 지역의 유명한 주방장들이 어떤 재료들을 사는지 보려고 그들을 따라다니기도 했다. 정기적으로 만나는 사람들은 나를 알아보고 알려준 조리법이 성과를 거두었는지, 내 가족이 방학을 즐겼는지, 내 책이 잘 팔리는지 물었다. 오래지 않아 나는 그 농산물 직판장이 물건을 사고파는 장소 이상의 것이라는 것을 깨달았다 – 그것은 하나의 공동체였고, 더구나 하나의 살아 있는 영적 공동체였다. 화요일 아침마다 모여드는 그 사람들도 이야기를 배우고 수행을 공유하며 식품을 세상에 내놓고, 다른 종류의 세계의 축소판을 창조했다.

거대한 지구적 각성운동은 마음에 생기를 주고 사람들로 하여금 세상을 변화시키도록 힘을 주기 위해 올바르게 순서가 정해진 커다란 물음들 - 소속, 행동, 그리고 믿음 - 의 문제이다. 그러나 그것은 또한 링 레이크 목장과 같은 특별한 장소에서, 그리고 지역의 농산물 직판장과 같은 평범한 장소에서 우리가 함께 취할 수 있는 네 가지 행동의 문제이기도 하다. 각성을 발전시키기 위해 이제 무엇을 해야 하는가?

첫째로, 각성을 준비하라. 마지막이 가까웠다는 광고를 게시판에 올리거나, 파멸과 암흑에 대한 예언으로 사람들을 두렵게 하는 방식으로 해서는 안 된다. 새로운 방식으로 신앙의 거룩한 본문들을 읽고 배움으로써 준비하라. 마치 소설인 듯 현대적 형식으로 쓰인 성서 - 일상 영어 성경이나 「메시지 성경」 (The Message)이 그렇게 읽기에 좋은 번역 성경이다 - 를 읽으라. 만일 당신이 오래 교회 생활을 한 사람이라면, 마치 전에는 그 내용을 들어본 적이 없는 것처럼 성서를 읽으면서 당신이 전에는 깨닫지 못했던 놀라운 내용을 찾아보려고 노력하라. 다른 교회 전통의 설교를 들음으로써 자신에게 도전하고, 다른 신앙의 경전을 읽어보고, 논쟁적인 저자들의 책을 읽어보라. 수행에 참여할 준비를 하는 것은 다른 인물들을 흉내 내는 것이 아니라, 그 자료에 깊이 파고들어 그 안에서 옛 이야기들에 대한 신선한 해석을 발견하는 것이다. 그러나 이 이야기들은 문화로부터 고립된 형태로 읽혀서는 안 된다. 신학자 칼 바르트(Karl Barth)는 전에 기독교인은 신문과 함께 성서를 읽어야 한다고 말했다 - 이것은 여전히 좋은 제언이다. 거룩한 이야기를 읽는 것과 우리가 살고 있는 세계를 이해하는 것은 함께 이루어져야 하는 것이다. 성서를 읽을 때는 항상 물어야 한다. "이 곳에서 하나님의 영은 어떻게 활동하시는가?"

둘째로, 신앙의 두 가지 새로운 수행에 참여하라. 하나는 기도, 요가, 혹은 명상과 같은 내적 수행이며, 다른 하나는 노숙자에게 자비를 베푸는 것이나 이야기 작가가 되기를 배우는 것과 같은 외적 수행이다. 교회에서, 지역 센터에서, 혹은 비영리 단체를 통하여 이미 그 수행에 참여하고 있는 사람들의 공동체에 참여하라. 연수회에 가고, 강사의 말에 귀 기울이고 책을 읽음으로써 그 수행의 차원을 탐구하라. 당신의 활동에 참여하도록 친구나 가족을 초청하라. 이러한 일들에 시간을 바치되, 수행과 더불어 당신의 행함의 능력이 커진다는 것을 기억하라. 수행은 당신이 어떤 것을 잘할 때 하는 일이 아니다. 수행은 어떤 일을 잘하게 되기 위하여 하는 일이다.

셋째로, 즐겨라. 놀아라. 불안과 분열의 시기에도, 그들의 정치적 의견과 종교적 견해가 무엇이든지 간에 미국인들은 두 가지를 좋아한다. 스포츠와 먹기. 시합과 만찬은 마음을 즐겁게 만든다. 일상으로부터 벗어나서 좋아하는 팀을 응원하거나 이웃들을 모아 소프트볼 시합을 해 보라. 식당을 찾아가든지 혹은 각자 음식을 조금씩 마련해 가지고 오는 파티를 집에서 열어보라. 아이들 운동 경기에 조언을 해 보라. 동네 공원에서 원형 고리를 던져서 막대기에 꽂히게 하는 놀이를 해 보라. 공동체 장마당에서 자원봉사를 해 보라. 친구에게 당신 가족이 좋아하는 요리 만드는 법을 가르쳐 보라. 요즈음은 어려운 시기이고 걱정거리가 많은 시기이며 심각한 시기이다. 당신의 삶을 즐기고 그 방식을 따라 놀아라.

넷째로, 변화를 만드는 데 참여하라. 각성을 위하여 참여하라. 그것은 자명한 것처럼 보이지만 모든 사람은 행동하도록 선택해야 한다. 영적 변화는 자기 수양을 하는 구도자를 DVD에서 보는 것으로, 기도에 대하여 연구하는 것으로, 대단한 연설을 듣는 것으로 생겨나지는 않는다. 누구도 우리를 대신해서 그것을 할 수 없다. 영적 변화는 우리가 그 안으로 뛰어들어 변화를 만들 때에만 일어난다. 파커 파머는 이것을 한 흑인 여성의 이름을 따서 "로자 팍스 결단"(Rosa Parks decision)이라고 불렀는데, 그녀는 1955년 한 백인 남자에게 그녀의 버스 좌석을 내어주기를 거절했고, 그렇게 함으로써 인권 운동이 촉발되도록 도왔다(그 당시만 해도 미국에는 인종차별이 심했고, 심지어 버스 좌석도 백인, 흑인 좌석이 구분되어 있었으며, 흑인은 백인에게 좌석을 양보해야 했다 - 옮긴이). 파머는 "로자 팍스 결단"에 대하여 "차별받지 않는 삶을 살기 위한 결단을, 한 사람이 실천한 순간"이라고 기술했다.10 경험적인 신앙은 행동을 요구한다. 개인적으로 조용히 앉아 있거나 기도하거나 명상하는 것으로는 충분하지 않다. 경험적 신앙은 세상에서 일어난다. 공개적으로 행동하라. 물론 모험일 수 있다. 그러나 만일 당신이 공동체 안에서, 그리고 공동체와 함께 행동한다면, 다른 이들도 당신과 함께 모험을 할 것이다. 당신은 혼자가 아니다.

대각성의 실현

2011년 5월 오바마 대통령은 181개의 다른 나라들로부터 온 이민자들이 학위를 받은 학교인 마이애미 데이드 커뮤니티 대학(Miami Dade Community College)에 대한 이야기를 말함으로써 연설을 시작했다. "졸업식에서 181개의 국기들 - 거기 참석한 모든 학생들 국가의 국기 - 이 단상 위로 줄지어 올라왔고, 각 국기는 그 나라들과 관계있는 졸업생들과 졸업생의 친지들의 박수갈채를 받았다"고 그는 말했다. 그는 설명했다. "아이티 국기가 지나갈 때 모든 아이티 미국인 아이들이 소리를 질렀다. 과테말라 국기가 지나갈 때는 모든 과테말라 혈통의 아이들이 소리를 질렀다." 그렇게 181개의 다른 나라들, 181개의 다른 국기들, 그리고 모국에 열광하는 181개의 다른 민족 집단들의 행진이 이어졌다. "그러나 그때" 대통령이 계속해 말했다.

마지막 깃발 - 성조기 - 이 시야에 들어오자 그 방에 있던 모든 이들이 박수갈채를 보냈습니다. 모두가 즐거워했습니다. 그것은 미국 자체만큼 오래된 단순한 생각을 떠오르게 했습니다. 여럿으로 이루어진 하나(*E Pluribus*

Unum). 많으면서도 하나인 것입니다. 우리는 우리 자신을 이민자들의 나라, 미국의 이상과 미국의 규칙을 기꺼이 받아들이는 사람들을 환영하는 나라로 규정합니다. 그것이 우리 대부분의 수많은 조상들이 용감하게 고난과 커다란 위험을 무릅쓰고 이곳에 와서 자유롭게 일하고 예배하고 사업을 벌이고 평화와 번영 가운데서 삶을 살 수 있었던 이유입니다.11

이것이 미국의 미래라고 오바마 대통령은 결론지었다. **많으면서도 하나 되는 것**.(out of many, one)

사람들은 자주 나에게 이 각성에 대하여 설명해 달라고 부탁한다. 대답으로 나는 영적 갱신에 대한, 하나님의 사랑에 의해 변화된 세계의 이야기와 사례들을 말한다. 나는 놀라운 회중에 대한 이야기들을 말하고, 내가 비행기에서, 커피숍, 그리고 은행 창구 직원들과 나누었던 대화에 대하여 소개한다. 친구들과 가족으로부터 얻은 통찰을 나눈다. 사람들에게 여론조사, 서베이, 그리고 경향 조사 결과를 보여준다. 성서에 근거하여 설교한다. 시를 읽는다. 과거의 사람들에 대하여 가르친다. 나 자신이 고뇌하고 후회했던 것에 대하여 고백한다. 이 책에서 나는 옛 종교 세계의 종말에 대하여 기술했고, 우리 주변에서 생겨나고 있는 새로운 종교의 윤곽을 볼 수 있도록 여러분을 초대했다. 과거의 것이 사라졌다고 슬퍼할지 모르겠지만, 앞으로 올 것에 대하여 두려움을 가질 필요는 없다. 왜냐하면 미래는 여기에 부분적으로만 있으며, 앞으로 이루어져야 할 일이 많기 때문이다. 우리는 신앙의 새로운 길을 만들 수 있다.

나는 각성이 마이애미 데이드 커뮤니티 대학의 졸업식과 다소 닮았다고 생각한다. 사실 우리는 모두 현재 종교적 이민자, 옛 세계를 떠나 새로운 세계로 향했던 - 기꺼이 했든 마지못해서 했든 - 신앙의 사람들이다. 그리고 그 새로운 세계는 모두에게 평화와 번영을 주는, 의미 있는 삶의 방식을 추구하는 이들이 희망을 품고 모험을 하는 가운데 존재하고 있는 장소이다. 이것은 신앙과 관계될 때에 특히 그렇다. 옛 종교의 세계는 기울고 있으나 성령은 새로운 것을 일깨우고 있다. 각성의 무대 위에서 제각기 다른 이들이 성서, 기도서, 성상, 그리고 묵주를 지니고 있지만, 십자가를 높이 들고 있는 기독교인들을 나는 그려본다. 유대교인들은 토라(Torah)를 들고 있고, 무슬림들은 꾸란(Qur'an)을 지니고 있으며, 불교인들은 부처의 계율을 간직하고 있다. 원주민들은 북을 치고 있다. 이렇게 각 집단은 자신의 깃발에 환호하고 있다. 그러나 그 때에 이사야 선지자가 오래전 예언했던 하나님의 통치가 등장한다.

말일에
여호와의 전의 산이
모든 산꼭대기에 굳게 설 것이요
모든 작은 산 위에 뛰어나리니
만방이 그리로 모여들 것이라.
많은 백성이 가며 이르기를
"오라, 우리가 여호와의 산에 오르며
야곱의 하나님의 전에 이르자
그가 그의 길을 우리에게 가르치실 것이라
우리가 그 길로 행하리라" 하리니
이는 율법이 시온에서부터 나올 것이요
여호와의 말씀이 예루살렘에서부터 나올 것임이니라.
그가 열방 사이에 판단하시며
많은 백성을 판결하시리니
무리가 그들의 칼을 쳐서 보습을 만들고
그들의 창을 쳐서 낫을 만들 것이며

이 나라와 저 나라가 다시는 칼을 들고
서로 치지 아니하며
다시는 전쟁을 연습하지 아니하리라.(사 2:2~4)

모두가 박수를 받는다. 모두가 즐거워한다. 이것이 새로운 영적 각성이다. 우리는 각자 자신의 깃발을 자랑스럽게 무대 위로 들고 가서 우리 팀을 향해 외친다. 그러나 때가 되면 우리는 하나님과의 교제 가운데서, 우주와의 조화 가운데서 서로 사랑하며 모두가 하나가 될 것이다.

물론 신앙의 사람들은 수천 년 동안 그 나라를 찾았고 실망했다. 예수는 내면을 보라고 말씀하셨다. 그리고 그는 우리가 해야 하는 것에 대하여 말씀하셨다. 기다리는 대신에 우리는 우리의 삶, 교회, 공동체 안에서 각성을 보여줄 수 있다. 우리가 이러한 각성으로 하나님의 나라가 도래하게 할 수는 없고, 이사야의 옛 약속을 실현할 수 있는 것도 아니다. 그러나 우리는 이 세상에서 그것의 이상과 교훈의 일부를 보다 충분히 구현할 수 있다. 우리는 하나님과 이웃을 더욱 사랑할 수 있다. 비록 불완전한 방식이라 하더라도 모든 영적 각성은 창조를 위한 하나님의 꿈이 가시화되도록 촉구한다. 그리고 각성이 역사 속에서 보다 큰 사랑과 평등을 초래했던 것처럼 그것은 어느 정도 하나님의 뜻을 실현하는 일에 성공했다. 조나단 에드워즈는 각성 하나하나를 역사의 연못에 이는 잔물결로 묘사했다. 물에 조약돌을 던지면 연속적인 파장이 물가로 멀리멀리 퍼져 나간다. 이 각성이 인간 역사에서 마지막이 되지는 않을 것이지만, 그것은 우리의 각성이다. 성령에 맞서는 대신에 그것과 함께 움직이는 것은, 우리의 세계를 보다 인간적이고 정의롭고 사랑스러운 것으로 만드는 데 참여하는 것은 우리에게 달려 있다.

1   Edwards, *An Humble Attempt* (1747).
2   이 부분은 Charles Taylor, *Varieties of Religion Today* (Cambridge, MA: Harvard Univ. Press, 2002), pp. 84ff에 근거한 것이다.
3   비디오 "The Opera Company of Philadelphia, 'Hallelujah!' Random Act of Culture"는 유튜브에서 볼 수 있다. www.youtube.com/watch?v=wp_RHnQ-jgU.
4   공-사의 구분은 계몽주의 문화의 산물이며, 중세기 세계는 "사적인" 공간과 "공적인" 공간 사이의 경계에 있어(특히 공간이 거룩한 일들과 관계될 때) 우리들의 생각과 훨씬 더 유사하다고 주장될 수 있다. 이에 대한 논의로는 다음을 보라. *A People's History of Christianity*; 또한 Elizabeth Drescher, "Medieval Multitasking: Did We Ever Focus?," *Religion Dispatches*, July 12, 2010, www.religiondispatches.org/archive/culture/2942/medieval_multitasking:_did_we_ever_focus/를 보라.
5   첫 번째 대각성운동에서 조지 휫필드는 이러한 주장에 있어 예외가 될 수 있다. Harry S. Stout, *The Divine Dramatist* (Grand Rapids, MI: Eerdmans, 1991)를 보라.
6   나는 *Christianity for the Rest of Us*에서 영적 수행을 통해 각성을 실천하고 있는 몇몇 교회들에 대해서 썼다.
7   Palmer, *Healing the Heart of Democracy*, p. 92.
8   Sara Evans and Harry Boyte, *Free Spaces*: *The Sources of Democratic Change in America* (Chicago: Univ. of Chicago Press, 1992), p. 17, Palmer, *Healing the Heart of Democracy*, p. 97에서 인용.
9   Palmer, *Healing the Heart of Democracy*, p. 97.
10   Palmer, *Healing the Heart of Democracy*, p. 185.
11   "President Obama on Fixing Our Broken Immigration System: 'E Pluribus Unum,'" May 10, 2011, www.whitehouse.gov/blog/2011/05/10/president-obama-fixing-our-broken-immigration-system-e-pluribus-unum.

찾아보기

가족 신앙	80	기독교 역사	133, 246, 251, 301
각성운동	46, 81, 259, 261, 267, 268, 269, 270, 271, 273, 276, 277, 286, 287, 288, 301, 302, 303, 309	기독교 연맹	267, 275
		기술 물리적 진화	261, 262
		남침례교	35, 273
각성의 수행	296	낭만주의	273
감리교	59, 60, 74, 85, 93, 110, 151, 167, 168	낸시 깁스(Nancy Gibbs)	43
거대교회	27	네바다 바르(Nevada Barr)	226
경제적 불경기	102	네 번째 대각성운동	47, 49, 258, 259, 264, 278, 283
경험적 신앙	52, 145, 149, 223, 249, 252, 253, 269, 271, 298, 311	뉴트 깅리치(Newt Gingrich)	267
		니케아신조	156, 157
관계적 자아성	228, 229, 230	다원주의	239, 259, 271, 284
교리	19, 50, 69, 76, 77, 86, 87, 89, 117, 127, 129, 130, 131, 132, 135, 139, 150, 156, 159, 160, 161, 176, 201, 212, 239, 240, 243, 244, 246, 251, 273, 285	다중 종교적 각성	287
		다중 종교적 정체성	78, 79
		단편화된 문화	168, 185
교조주의	82, 273	달라이라마(Dalai Lama)	84
교회 출석	31, 34, 71, 72, 73, 75, 298	대각성운동 개괄	270
구원	39, 65, 69, 81, 109, 131, 147, 149, 151, 160, 213, 214, 215, 244, 246, 251, 269, 275, 285, 290	대반전	234, 239, 253
		대회귀	118, 120, 253, 260
		데스몬드 투투(Desmond Tutu)	229
국수주의	268, 283, 287, 289, 291, 292	데이비드 캠벨(David Campbell)	72, 73, 100, 270, 271, 275
권위	21, 41, 45, 62, 74, 88, 105, 127, 128, 131, 140, 150, 167, 169, 203, 251, 269, 271, 272, 276, 277, 287, 290	데이비드 코튼(David Korten)	115
		데이비드 흄(David Hume)	144
그랜트 워커(Grant Wacker)	147	도로시 배스(Dorothy Bass)	173
글렌 벡(Glenn Beck)	44, 267	두 번째 대각성운동	20, 46, 268, 277, 297, 301
기도수행	74		

교회의 종말

316

드러냄의 문화	300	마크 차베스(Mark Chaves)	32, 102
드와이트 프리센(Dwight Friesen)	135	말러(P. L. Marler)	71, 72, 112
디트리히 본회퍼(Dietrich Bonhoeffer)	34, 45, 232	메타노이아	260, 261, 263, 303
라인홀드 니버(Reinhold Niebuhr)	278	무슬림	61, 63, 67, 74, 78, 79, 97, 140, 172, 174, 274, 281, 282, 286, 313
라틴 아메리카 기독교	251	문화적 변화	23, 29, 30, 50, 71, 168, 173, 262, 267, 270, 271, 276
러시 림보(Rush Limbaugh)	264, 267	문화적 왜곡	50
레이몬 파니카(Raimon Panikkar)	79	문화적 이주	208
렐리기오	117, 118, 119, 120, 170, 197, 242, 303	미국 초월주의	148
로널드 레이건(Ronald Reagan)	265, 266, 289	반동적 종교	290
		발레리 세이빙(Valerie Saiving)	212
로마 가톨릭교회	98, 259, 286	방언	74, 110, 147, 269, 287, 298
로마제국의 종교	177	버락 오바마(Barack Obama)	104, 144, 289, 311, 312
로버트 라이트(Robert Wright)	82	베드로	217, 242, 247
로버트 벨라(Robert Bellah)	40	변화의 다섯 단계	50
로버트 윌리엄 포겔(Robert William Fogel)	261, 262	복음	26, 39, 160, 187, 197
로버트 존스(Robert Jones)	111	복음주의	20, 21, 28, 34, 40, 46, 68, 74, 76, 84, 92, 99, 100, 101, 102, 103, 105, 110, 143, 146, 256, 257, 259, 265, 267, 270, 271, 272, 274, 275, 286, 291
로버트 퍼트넘(Robert Putnam)	72, 73, 100, 270, 271, 275		
로버트 풀러(Robert Fuller)	86	본받음	182, 197
로완 윌리엄스(Rowan Williams)	161	부활	20, 44, 131, 137, 155, 156, 158, 159, 211, 222, 244, 282
루이스(C. S. Lewis)	223, 243		
르네 데카르트(René Descartes)	205	부흥	20, 21, 28, 31, 43, 45, 47, 50, 81, 120, 146, 151, 258, 259, 261, 267, 275, 283, 287, 288, 296, 297
리처드 도킨스(Richard Dawkins)	66, 82		
마더 테레사(Mother Teresa)	101, 244, 269		
마사이족 신조	160		
마이클 엘리엇(Michael Elliott)	44	불교	50, 74, 78, 81, 105, 161, 172, 175, 178, 273, 284, 286
마이클 프리툴라(Michael Prietula)	195		

불만	22, 29, 30, 37, 44, 54, 82, 95, 100, 103, 104, 105, 106, 107, 108, 109, 110, 111, 115, 119, 128		226, 250
		신약	127, 178, 179, 182, 183, 217, 241, 247, 260
브라이언 맥라렌(Brian McLaren)	33, 100, 172, 197	실천의 괴리	171
		아미시	248, 250, 251
브렌트 빌(Brent Bill)	77	아밍턴 홀 교회	257, 258
브리콜라주(bricolage)	178	아빌라의 테레사(Teresa of Avila)	200, 204, 205
비다 스커더(Vida Scudder)	34		
비마술화된 세계	216	아프리카 기독교	251
빌리 그레이엄(Billy Graham)	45, 267	애그니스 오즈먼(Agnes Ozman)	146
빌 하이벨스(Bill Hybels)	92, 191	앤더스 에릭슨(Anders Ericsson)	195
사도 바울	127, 182, 222, 224, 244	앤 라이스(Anne Rice)	36, 37, 38, 40, 42
사도신조	157, 158	앤서니 윌리스(Anthony F. C. Wallace)	50, 61
사회 변동	51, 261, 270		
새 빛	268, 269, 270, 271, 272, 273, 276, 291, 292, 297	엘렌(Ellen)	36, 38, 40, 41, 42, 53, 54, 57, 102, 103, 107
성령운동	19, 34, 45, 46, 49, 74, 146, 147, 148, 149, 268, 298, 302	영성	20, 32, 40, 47, 52, 54, 60, 85, 86, 87, 88, 89, 90, 108, 111, 112, 116, 117, 118, 119, 137, 150, 156, 169, 173, 181, 182, 186, 187, 193, 195, 213, 214, 215, 217, 220, 223, 224, 225, 227, 230, 257, 269, 270, 273, 278, 284, 301, 302, 303, 304, 305, 307
성령의 시대	22, 133, 146, 147, 149, 253, 287, 292		
성서	17, 62, 68, 69, 100, 127, 132, 143, 144, 154, 156, 183, 189, 209, 210, 211, 224, 239, 240, 244, 247, 248, 249, 250, 252, 264, 273, 274, 290, 298, 305, 306, 309, 312, 313		
		영적 권위	141
		영적 여정	171, 173, 195, 211, 217, 225, 227, 231, 252, 274
세 번째 대각성운동	46, 277, 298, 301	옛 빛	268, 269, 270, 271, 272, 273, 274, 291, 292
세속화 이론	66		
순례	40, 41, 77, 210, 225, 227, 232	오스카 로메로(Oscar Romero)	223, 258
쉴라 라슨(Sheila Larson)	40, 41, 42	우분투	229
신비주의	19, 23, 41, 42, 148, 149, 150,	웬델 베리(Wendell Berry)	278

윌로우크릭 커뮤니티 교회　92, 191
윌리엄 맥루린(William McLoughlin)　45, 47, 49, 50, 51, 52, 53, 81, 259, 261, 263, 264, 266, 267, 268, 270, 271, 272, 283, 290
윌리엄 시모어(William Seymour)　147
윌리엄 제임스(William James)　149, 170
윌프레드 캔트웰 스미스(Wilfred Cantwell Smith)　117, 119, 141, 240
윌 허버그(Will Herberg)　61, 62, 70
유대교　19, 31, 70, 74, 77, 79, 105, 109, 117, 174, 175, 176, 177, 178, 179, 202, 271
의도성　185, 197
이머징 교회　100
이사야　313, 314
이성　137, 145, 150, 152, 153, 154, 205, 208
이슬람교　50, 74, 79, 97, 105, 117, 175, 178, 286, 291
2000~2010년　43, 96
잃어버린 세대　234, 236, 238
자각　40, 185
자기표현　300
자아성　206, 209, 212, 215, 216, 217, 220, 300, 301
자유주의 개신교　105, 148, 149
재침례교　110, 239, 248, 249, 250, 251
적합성의 위기　50, 52, 64, 81
정감　151, 152, 155, 159, 290, 291
제도적 변형　51
제리 폴웰(Jerry Falwell)　28, 97, 258, 267, 268, 272
제임스 매카틴(James McCartin)　74
제임스 포브스(James Forbes)　284, 285
조나단 에드워즈(Jonathan Edwards)　151, 152, 155, 156, 296, 297, 314
조지 부시(George W. Bush)　96, 99
조지 휫필드(George Whitefield)　283
조직화된 종교　36, 91, 96, 101, 111, 148
존 미첨(Jon Meacham)　26, 27, 29
존 스튜어트(Jon Stewart)　43, 44
존 웨슬리(John Wesley)　85, 167
존재론　205
존 칼빈(John Calvin)　194, 204, 205
종교의 불황　102
종교의 세 차원　65
종교적 권위　139
종교적 다양성　64, 69, 239, 270, 284
종교적 명칭　76
종교적 변형　259
종교적 쇠퇴　52, 136, 202, 273
종교적 용어　86, 174
지그문트 프로이트(Sigmund Freud)　148
지미 카터(Jimmy Carter)　28, 265, 266, 288
진보주의　289, 298
짐 바커(Jim Bakker)　267
짐 월리스(Jim Wallis)　100
찰스 테일러(Charles Taylor)　167, 185, 299
1960, 70년대　258, 262, 265, 266, 274, 283, 284, 289
첫 번째 대각성운동　146, 277, 297, 301

파커 파머(Parker Palmer)	138, 154, 307, 310, 311	크레이그 딕스트라(Craig Dykstra)	173
페미니즘	258, 268, 287	크리스토퍼 히친스(Christopher Hitchens)	97, 117
포스트모던	47, 80, 208, 262	테크놀로지	22, 44, 213, 261, 283, 284
폴 프로에스(Paul Froese)	68	토마스 트위드(Thomas Tweed)	227
프랭클린 그레이엄(Franklin Graham)	97	티 파티(Tea Party)	104, 267, 289, 290, 291
프리드리히 슐라이어마허(Friedrich Schleiermacher)	148, 149	하나님의 나라	54, 186, 187, 188, 278, 302, 314
플래시몹	300, 305	하비 콕스(Harvey Cox)	22, 47, 133, 134, 146, 253, 287, 292
필리스 티클(Phyllis Tickle)	33, 47	합리주의	132, 133, 152
필립 브레너(Philip Brenner)	71, 72	헌신적인 수행	277
칼빈주의	248, 249, 250, 277	혼합된 신앙	179
캐럴 하워드 메리트(Carol Howard Merritt)	76	황금률	303
커크 헤이더웨이(Kirk Hadaway)	71, 72, 112	히브리 성서	210, 211, 247